名校名师

ACCOUNTING
注册会计师
全国统一考试专用教材

公司战略
与风险管理

■ 注册会计师全国统一考试研究中心 编著

U0750561

人民邮电出版社
北京

图书在版编目（ＣＩＰ）数据

公司战略与风险管理 / 注册会计师全国统一考试研
究中心编著. -- 北京：人民邮电出版社，2018.1（2018.4重印）
注册会计师全国统一考试专用教材
ISBN 978-7-115-47176-5

Ⅰ．①公… Ⅱ．①注… Ⅲ．①公司－企业管理－资格
考试－教材②公司－风险管理－资格考试－教材 Ⅳ．
①F276.6

中国版本图书馆CIP数据核字(2017)第290684号

内 容 提 要

本教材以注册会计师协会新颁布的《注册会计师全国统一考试大纲》为依据，面向"公司战略与风险管理"科目。在作者多年研究该科目大量真题的基础上，本教材总结、提炼出该科目考试的命题特点与解题规律，旨在帮助读者全面掌握知识点，提高实战能力，并能顺利通过考试。

本教材共 7 章，第 0 章为"考纲分析与应试策略"，旨在总结、提炼考试内容的重点及命题方式，为读者提供全面的复习与应试策略；第 1～第 6 章主要讲解战略与战略管理、战略分析、战略选择、战略实施、风险与风险管理以及内部控制等内容。在讲解的过程中，不仅穿插了针对重要知识点的大量例题、真题及详细解析，而且章末还安排了过关测试题，帮助读者在全面学习的基础上，掌握解题思路和答题技巧。

另外，本教材配有题库版模考与练习光盘，不仅为读者提供与教材同步的练习题，以及大量的真题、模拟题，还提供与真实机考环境完全一致的模考系统，读者可以像真实考试一样在该模考系统中进行登录、答题、交卷等操作，从而快速熟悉机考环境，避开失分雷区，提高应试能力。

本教材适合参加注册会计师全国统一考试 "公司战略与风险管理"科目的读者自学，亦适合作为各类院校与社会培训机构的相关教材。

◆ 编　　著　　注册会计师全国统一考试研究中心
　　责任编辑　　牟桂玲
　　责任印制　　沈　蓉　彭志环

◆ 人民邮电出版社出版发行　　北京市丰台区成寿寺路 11 号
　　邮编　100164　　电子邮件　315@ptpress.com.cn
　　网址　http://www.ptpress.com.cn
　　固安县铭成印刷有限公司印刷

◆ 开本：787×1092　1/16
　　印张：15.25　　　　　　　　2018 年 1 月第 1 版
　　字数：448 千字　　　　　　2018 年 4 月河北第 3 次印刷

定价：49.00 元（附光盘）

读者服务热线：(010)81055410　印装质量热线：(010)81055316
反盗版热线：(010)81055315
广告经营许可证：京东工商广登字 20170147 号

Preface | 前言

一、编写本教材的初衷

注册会计师考试（也称CPA考试）是根据《中华人民共和国注册会计师法》设立的执业资格考试，是目前取得注册会计师执业资格的必备条件。从1991年开始设立至今，我国的注册会计师考试已经成功举办了26次，注册会计师考试成为国内声誉最高的执业资格考试之一，并得到国际同行的广泛认可。

为了切实做好2018年注册会计师全国统一考试工作，指导考生全面掌握知识体系，提高考生的专业胜任能力和执业水平，我们组织了一批专业能力极强的老师，编写了这套集学、练、查为一体的指导性教材。

本套教材经过来自中国人民大学、复旦大学、东北财经大学、西南财经大学等10所财会类一流院校教授的严格编审，旨在为考生提供权威、详尽、准确的应考指南，帮助考生在掌握知识、提高专业能力的基础上，顺利通过考试。

二、本教材能给予读者的帮助

本教材面向注册会计师全国统一考试中的"公司战略与风险管理"科目，采用1册图书配1张题库版模考与练习光盘的形式为考生提供帮助。

■ 突出高频考点，重点难点一览无遗

本教材以新版考试大纲为依据，在全面覆盖考试大纲知识点的基础上，分章进行细致的讲解，并突出重点，将高频考点做了细致的标注与总结，帮助考生准确、快速地抓住重点、难点，大幅提高复习效率。

■ 紧抓真题，解析详尽，一举掌握命题规律与解题方法

本教材将在讲解各考点的过程中，结合不同类型的考试题型，以历年比较典型的考试真题为例进行讲解，并同步给出答案和详尽的解析，不仅能帮助考生通过真题训练吃透知识点，还能帮助考生快速掌握各类真考题型的命题特点与解题方法。

■ 设计贴心小栏目，结构明晰，知识掌握更全面、透彻

为了使本教材好读、易懂，从而有效地帮助考生全面掌握知识点、掌握解题规律，本教材不仅精心设计了内文版式，使之更为易读，而且还设计了若干贴心的特色小栏目。比如，"考情分析"栏目，透彻分析了各个知识点在历年考试中的考查情况；"学习建议"栏目，为考生提供学习与复习该知识点的方法；"名师点拨"栏目，总结提炼该知识点在考试中的命题，并提供应对策略；"知识拓展"栏目，主要是对一些相关的法律、法规或概念做进一步的补充说明。

■ 章末提供自测题，学练结合，复习更高效

本教材在每章末尾，按知识点和考点精心设计了不同题型的过关测试题。考生可以通过做题巩固所学知识点，并能举一反三，提高应考力。

■ 配套光盘，提前在真实机考环境中演练，应考更从容

本教材的配套光盘提供题库版模考与练习系统，主要有"考试指南""同步训练""题型特训""真题演练""模拟考场"和"PPT课件"等板块。其中"模拟考场"为考生提供真实的机考实战环境，引领考生"提前进入考场"。同时，该光盘提供错题重做与智能评分功能，可大幅提高考生的复习效率。

本光盘所带题库的题型全面，均为真考题型，而且全部是精心挑选的历年真题和精心编制的预测题，每一道题均配有参考答案及详细解析。考生可结合实际需要选择相应的题型、题量和答题时间等进行模拟实战。

三、怎样使用本教材

- 先认真研读本教材第0章的"考纲分析与应试策略"，深入了解考试大纲的要求与命题趋势，弄清重点章节，确立复习思路。

- 在学习第1～第6章时，考生应先认真阅读"考情分析"与"学习建议"，充分了解要考查的知识点，明确考试重点，掌握复习方法，并了解考试过程中应注意的问题。

- 抓住重要考点，有的放矢。考生应注重对各知识点进行归纳总结，在复习时抓住重点，掌握解题要领，以不变应万变。

- 强烈建议将教材与光盘配套使用，并利用光盘内容多做练习。考生应将大部分精力和时间放在教材中要求重点掌握和熟悉的考点上，然后通过配套光盘提供的模考与练习系统进行反复练习，以熟悉并适应机考环境。

四、致谢

在编写过程中，得到了不少资深执业注册会计师的指导，并获得国内知名高校财会专业教师的严格把关，在此谨表衷心的感谢！同时，教育部教育信息管理中心对本教材的题库建设、系统开发给予大力支持，在此一并表示衷心的感谢！

尽管编写组成员力求精益求精，书中亦难免有错误和不足之处，恳请广大读者批评指正。本教材责任编辑的联系邮箱为：muguiling@ptpress.com.cn。

编 者

将光盘放入光驱中，光盘会自动开始运行，并进入演示主界面，即"首页"板块。若不能自动运行，可在"我的电脑"窗口中双击光盘盘符，或在光盘的根目录下双击"autorun.exe"文件图标。

在光盘"首页"板块中有7个按钮，单击某个按钮，即可进入对应板块，如图1所示。下面分别介绍各个板块的功能。

图1　"首页"板块

1．"考试指南"板块

本板块主要介绍注册会计师考试的情况，以及"公司战略与风险管理"科目的考试大纲和应试策略，单击左侧窗格中的按钮，即可查看相应内容，如图2所示。

图2　"考试指南"板块

2．"同步练习"板块

本板块提供与教材每章内容同步的自测练习题，每道试题均可通过单击界面右上方的"显示答案"按钮来查看答案和解析，以便考生在练习的同时巩固所学知识点，如图3所示。

图3　"同步练习"板块

3．"题型特训"板块

本板块将题库中的所有试题，按考试题型进行分类，便于考生针对自己不擅长的题型进行专项练习，提高应试能力，如图4所示。

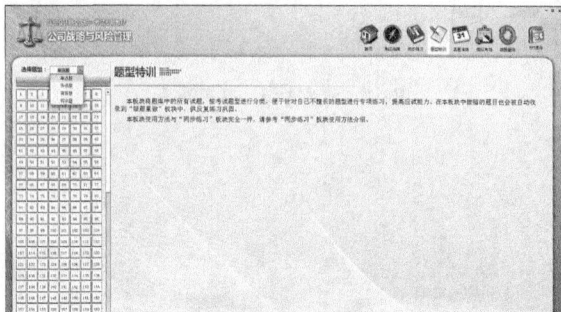

图4　"题型特训"板块

4. "真题演练"板块

本板块收集了最近9年的考试真题。学习完教材中的所有内容后，可以通过本板块的练习查漏补缺，总结历年考试的重点和难点，如图5所示。

图5　"真题演练"板块

5. "模拟考场"板块

本板块的测试系统与全国注册会计师考试系统基本一致，只是在细节上略有差异。通过本板块的测试，考生不仅能够提前熟悉命题类型，而且能够检验自己的学习效果，如图6所示。

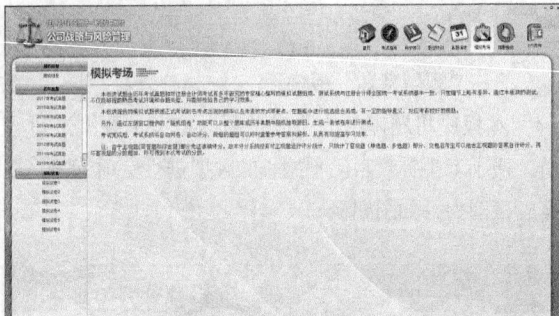

图6　"模拟考场"答题界面

另外，通过左侧窗格中提供的"随机组卷"功能，可以从整个题库中随机抽取题目，自动生成一套试卷来进行测试。

考试完成后，考试系统将自动判卷、自动评分，做错的题目可以即时查看参考答案和解析，从而有效地提高学习效率。

6. "错题重做"板块

凡是在"同步练习""题型特训""真题演练"和"模拟考场"等板块中答错的题目或在"模拟考场"板块中没有作答的题目，都会自动添加到"错题重做"板块中，考生可在其中反复练习这些题目，做到查漏补缺，如图7所示。

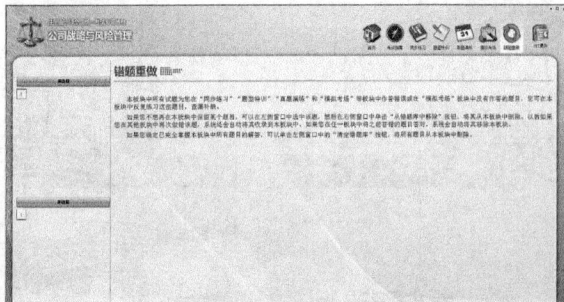

图7　"错题重做"板块

7. "PPT课件"板块

单击"PPT课件"按钮，将会打开光盘中的"PPT课件"文件夹，在其中可以查看本书配套的PPT课件。

Contents 目录

第 3 章　战略选择

第 4 章　战略实施

第 5 章 风险与风险管理

第 6 章 内部控制

附录　　过关测试题参考答案与解析

考纲分析与应试策略 第 0 章

第一节 考试简介

注册会计师考试，又称CPA考试，是根据《中华人民共和国注册会计师法》设立的执业资格考试，由财政部成立的考试委员会（以下简称"财政部考委会"）负责组织实施。该考试是取得中国注册会计师执业资格的必备条件，全国统一考试大纲，统一考试。

一、考试科目

该考试分为专业阶段考试与综合阶段考试。每一阶段的考试都是每年举办一次。

专业阶段的考试科目有6个，分别为会计、审计、财务成本管理、经济法、税法、公司战略与风险管理。单科合格成绩5年有效。在连续5年内取得专业阶段6个科目合格成绩的考生，将获得专业阶段合格证。

综合阶段的考试科目为职业能力综合测试（试卷一、试卷二）。考生在取得专业阶段合格证后，才能参加综合阶段考试，而且须在5个年度考试中完成（即通过该考试）。考生通过综合阶段考试后，将取得全科合格证。

二、考试形式

注册会计师的专业阶段考试，采用闭卷方式，并自2012年以来实施计算机考试模式（以下简称"机考"）。为适应机考环境的变化，该考试简化主观题题干，降低阅读量，并在保持试题难易程度总体不变的情况下，增加了客观题的比重。

在机考中，为方便考生输入，考试系统支持8种输入法，分别为微软拼音输入法、全拼输入法、智能ABC输入法、谷歌拼音输入法、搜狗拼音输入法、王码五笔型输入法、极品五笔输入法、万能五笔输入法。同时，为便于考生计算，考试系统亦提供模拟计算器，如图0-1所示。

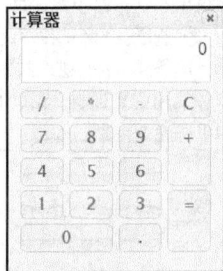

图0-1 模拟计算器

注册会计师考试的综合阶段，采用闭卷、机考的方式。

该考试由两张试卷组成，分别是试卷一，考查内容以鉴证业务为核心，涉及会计、审计和税法等专业领域；试卷二，考查内容以技术咨询和业务分析为核心，涉及财务成本管理、公司战略与风险管理等专业领域。

三、考试题型与答题时间

专业阶段考试的单科满分为100分，60分为合格，各科的题型与答题时间不尽相同，如表0-1所示。

表0-1 专业阶段6门单科题型及答题时间

科 目	题 型	答题时间
会计	（1）单选题。12小题，每题2分，共24分 （2）多选题。10小题，每题2分，共20分 （3）综合题。4小题，共56分。其中一道小题可用中文或英文解答，如用英文解答，须全部使用英文，答题正确的，增加5分，综合题最高得分为61分	180分钟
审计	（1）单选题。25小题，每题1分，共25分 （2）多选题。10小题，每题2分，共20分 （3）简答题。6小题，共36分。其中一道小题可以用中文或英文解答，如使用英文解答，须全部使用英文，答题正确的，增加5分，简答题最高得分为41分 （4）综合题。1小题，共19分	150分钟

续表

科 目	题 型	答题时间
财务成本管理	（1）单选题。14小题，每小题1.5分，共21分 （2）多选题。12小题，每小题2分，共24分 （3）计算分析题。5题，共40分。其中一道小题可以用中文或英文解答，如使用英文解答，须全部使用英文答题，正确的，增加5分，计算分析题最高得分为45分 （4）综合题。1题，15分	150分钟
税法	（1）单选题。24小题，每小题1分，共24分 （2）多选题。14小题，每小题1.5分，共21分 （3）计算题。4小题，共24分。其中一道小题可以用中文或英文解答，如使用英文解答，须全部使用英文答题，正确的，增加5分，计算题最高得分为29分 （4）综合题。2小题，共31分	120分钟
经济法	（1）单选题。24小题，每小题1分，共24分 （2）多选题。14小题，每小题1.5分，共21分 （3）案例分析题。4小题，共55分。其中一道小题可以用中文或英文解答，如使用英文解答，须全部使用英文答题，正确的，增加5分，案例分析题最高得分为60分	120分钟
公司战略与风险管理	（1）单选题。24小题，每小题1分，共24分 （2）多选题。14小题，每小题1.5分，共21分 （3）简答题。4小题，共30分。其中一道小题可以用中文或英文解答，如使用英文解答，须全部使用英文答题，正确的，增加5分，简答题最高得分为35分 （4）综合题。1题，25分	120分钟

综合阶段的试卷一与试卷二各有一道题，每题50分，合计得60分为合格。试卷一与试卷二的考试时长均为3.5小时。

第二节　考试大纲专家解读

本教材面向注册会计师考试专业阶段的"公司战略与风险管理"科目，下面详细介绍该科目的考试内容。

一、考查要点概览

"公司战略与风险管理"包括3部分内容，一是公司战略(第1章～第4章)，二是风险管理(第5章)，三是内部控制(第6章)，各部分的考核情况如表0-2所示。

表0-2　　　　　　　　"公司战略与风险管理"科目的考核要点

章 节	最新版考试大纲要求	近几年主观题主要考点	各章近几年分值比例	内容重要程度
第1章 战略与战略管理	了解公司战略的定义、层次，公司的使命和目标，战略管理的过程以及战略变革管理的内容	战略变革管理的内容	6%	★
第2章 战略分析	掌握企业外部环境分析［宏观环境分析、产业环境分析、竞争环境分析和国家竞争优势（钻石模型）分析］，内部环境分析（企业资源与能力分析、价值链分析和业务组合分析），SWOT分析	PEST分析、产品生命周期分析、钻石模型分析、波特的五力分析模型、企业核心能力分析、波士顿矩阵分析以及SWOT分析	17%	★★★
第3章 战略选择	掌握企业的总体战略（发展战略、稳定战略和收缩战略以及发展战略的主要途径），业务单位战略（成本领先战略、差异化 战略和集中化战略），了解职能战略（营销、研发、生产、采购、人力、财务和信息七大方面），掌握国际化经营战略	总体战略的类型（发展战略、稳定战略和收缩战略），业务单位战略（成本领先战略、差异化战略和集中化战略），国际化经营战略	29%	★★★

章　节	最新版考试大纲要求	近几年主观题主要考点	各章近几年分值比例	内容重要程度
第4章 战略实施	掌握企业组织结构的八种类型、公司战略与文化、了解战略控制以及战略管理中的权利与利益相关者；熟悉公司治理以及信息技术在战略管理中的作用	企业组织结构的八大类型、战略稳定性和文化的适应性、组织的战略类型和平衡计分卡	8%	★★
第5章 风险与风险管理	了解风险与风险管理的概念，风险管理的目标，掌握风险管理的基本流程、体系以及技术与方法	风险的种类、风险管理的策略以及如何应对企业的各种风险	18%	★★★
第6章 内部控制	重点掌握内部控制的要素、内部控制应用指引、内部控制自我评级以及审计委员会在内部控制中的作用	内部控制要素的要求、内部控制自我评价、审计委员会在内部控制中的作用	22%	★★★

从上表所列历年考试情况可以看出，"公司战略与风险管理"科目的考试具有考查全面、在理解的基础上需要进行大量记忆、试题灵活、结合实际等特点。

二、命题趋势分析

总结近几年考试命题，其命题趋势如下。

1. 考查全面

历年试题的命题范围以考试大纲为依据，基本覆盖了考试大纲所规定的考试内容。考生要在规定的考试时间内，完成大量的试题，不仅要求考生牢固掌握专业知识，而且要对教材内容相当熟悉。研究试题发现教材中的每一章都有考题，因此考生一定要按大纲规定范围全面学习，放弃盲目猜题、押题的侥幸心理。

2. 在理解的基础上需要进行大量记忆，理论联系实际

从近几年的出题情况看，"公司战略与风险管理"的试题几乎全部是需要在理解的基础上进行大量记忆的，对于客观题主要进行理解，对于主观题需要结合考题的案例和所学理论知识进行分析解答。例如，第2章的PEST分析、产品生命周期分析、波特的五力分析模型、企业核心能力分析、波士顿矩阵分析以及SWOT分析等。

3. 试题灵活，重点突出

"公司战略与风险管理"科目以公司战略为核心，并结合了企业的风险管理的相关内容。试题重点突出，考试每章都涉及，但是重点在公司战略部分，包括公司战略的分析、选择和实施等环节。

第三节　应试经验与技巧

"公司战略与风险管理"科目也与其他科目一样，采用的是机考系统。一般情况下，机考系统的题库中会备有两套或两套以上的试题，在考试时，机考系统将为每一位考生随机抽取一套。这样考试试题的涉及面广，考生必须做到全面复习。

此外，考虑到机考对考生的答题速度有一定影响，因而试题难度有所下降。因此，考生在牢固、熟练掌握教材内容的同时，要善于归纳，分题型加强练习，以适应机考的答题模式，尤其是对计算分析题和综合题，要准备充分，能快速地做出判断和处理，这是通过考试的关键。

下面分别介绍各类题型的解答技巧。

一、客观题

客观题的题型为单选题和多选题，虽然每道题的分值不高，但题量很大，总计约45分，所占比重很大。

可见，客观题是全面考查的具体体现，主要考查考生对知识的全面理解及分析判断能力。因此，考生要熟悉教材，理解教材的基本知识、基本理论与基本方法，只有这样才能保证客观题的得分量。

考生在解答客观题时，首先要看清题意和所有备选答案，常用的解题方法有以下3种。

1. 直接挑选法

这类试题一般属于法规、制度和规定性的"应知应会"内容，或者计算性的试题。考生只要掌握教材中知识的考查点，就能直接做出正确的选择，或者通过计算选择正确的答案。下面举例说明。

【例题1·单选题】（2017年真题）J国的S公司是一家全球500强企业，依靠严格的规章制度进行精细化管理，内部等级分明，决策权主要集中在上层，资历在员工晋升中发挥了重要作用。S公司的企业文化类型属

于（　　　　）。

　　A. 任务导向型　　　B. 人员导向型

　　C. 角色导向型　　　D. 权力导向型

　　【解析】本题考查的是企业文化的类型。企业文化的类型包括权力导向型、角色导向型、任务导向型和人员导向型。角色导向型企业尽可能追求理性和秩序。角色文化十分重视合法性、忠诚和责任；这类文化一般是围绕着限定的工作规章和程序建立起来的，理性和逻辑是这一文化的中心，分歧由规章和制度来解决，稳定和体面几乎被看成与能力同等重要。故C选项为正确答案。

　　【答案】C

　　2. 排除法

　　该方法是将备选答案中不正确或不符题意的选项排除，从剩余选项中选出答案。

　　【例题2·单选题】（2017年真题）某发达国家的X公司的滤水壶式滤水器领域中的世界第一品牌。在德国，消费者购买X滤水壶的主要原因是它可以降低当地水质的硬度，软化后的过滤水可以带来更好的口感。在法国和意大利，消费者将其作为瓶装水的一种低成本替代品。而在进入中国大陆市场初期，X滤水壶定位于高端生活改善消费品，它代表健康的水质和时尚的生活感受，在本例中，消费者的市场细分不包括（　　　　）。

　　A. 人口细分　　　B. 心理细分

　　C. 行为细分　　　D. 地理细分

　　【解析】本题考查的是市场细分。消费者市场细分包括地理细分、人口细分、心理细分和行为细分。题干中改善生活、健康的水质和时尚的生活属于心理细分，可排除B选项；高端生活属于行为细分，可排除C选项；德国、法国、意大利属于地理细分，可排除D选项。故A选项为正确答案。

　　【答案】A

　　3. 猜测法

　　遇有确实不会的题目可选用猜测法，因单选题和多选题选错并不扣分，其选错结果与不选是一样的。

二、综合题

　　综合题主要考查考生对知识的综合运用能力。综合题涉及的内容多，一般不是只考查某一个问题，而是把几个知识点联系起来考查，所以考生答题时必须认真审题，仔细阅读题目中给出的资料、数据和具体要求，同时要开阔思路，将各个知识点联系起来，通过分析理出解题思路。

　　综合题的题目要求一般分成几问，这通常是一种提示，所以，一定要按照题目所问的顺序答题，并注意答题的系统性。

　　下面通过例题说明如何解答综合题。

　　【例题3·综合题】（2016年真题）思达公司前身是C国丁省一家冷气设备生产企业，1985年开始，公司集中资源研发生产当时国内市场处于一片空白的家用空调和大型柜式空调，企业获得了迅猛发展。到1994年，思达公司已成为C国最大空调生产基地。

　　1994年，思达公司积累了大量的资金，急需找到新的投资渠道，为了最大限度地利用市场机会和公司在家电行业的优势地位，思达公司陆续上马了电冰箱、洗衣机、电视机、电脑等产品项目，希望利用公司的品牌优势为企业获取更多的利润。

　　然而1994年后，思达公司领导层不再看好家电行业，认为家电行业生命周期为衰退期，因此公司必须开拓新的领域，建立新的经济增长点。

　　要求：

　　（1）按照企业发展战略可选择的3种途径，说明思达公司进入几个主要产业所选择的途径。

　　（2）简要分析思达公司实施多元化战略的类型、动机。

　　【解题思路】

　　首先，明确考查的知识点。

　　（1）发展战略的主要途径，每种途径的特点。

　　外部发展指企业谋求发展的途径是通过取得外部经营资源来实现。从狭义的定义来讲就是指并购。

　　内部发展与外部发展正好相反，指企业谋求发展的途径是利用自身内部资源来实现。从狭义的定义来讲就是指新建。

　　战略联盟是指企业谋求发展的途径是通过两个及以上经营实体之间的合作来达到某种战略目的的方法。

　　（2）多元化战略的类型、特点和动机。

　　多元化战略分为相关多元化和非相关多元化战略。多元化战略指企业进入与现有产品和市场不同的领域。多元化战略属于开拓发展型战略，是企业发展多品种或多种经营的长期谋划。多元化经营，就是企业尽量增大产品大类和品种，跨行业生产经营多种多样的产品或业务，扩大企业的生产经营范围和市场范围，充分发挥企业特长，充分利用企业的各种资源，提高经营效益，保证企业的长期生存与发展。

【参考答案】

（1）发展战略的主要途径包括外部发展（并购）、内部发展（新建）与战略联盟。思达公司进入几个主要产业所选择的途径是内部发展（新建）。"公司集中资源研发生产当时国内市场处于一片空白的家用空调和大型柜式空调，企业获得了迅猛发展。到1994年，思达公司已成为C国最大空调生产基地""思达公司陆续上马了电冰箱、洗衣机、电视机、电脑等产品项目，希望利用公司的品牌优势为企业获取更多的利润。"这些思路和特点都是"内部发展"这一途径的体现。

（2）思达公司实施多元化战略的类型主要是相关多元化战略。在冷气设备生产企业的基础上又生产空调

基地和电冰箱、洗衣机、电视机、电脑等产品项目，都是以企业现有的领域和市场为基础采取的战略，所以是相关多元化战略。

采用多元化战略有下列3大原因。

①在现有产品或市场中持续经营并不能达到目标。这一点可通过差距分析来证明。当前产业令人不满，原因可能是产品衰退而导致回报率低，或同一领域中的技术创新机会很少，或产业缺少灵活性。

②企业以前由于在现有产品或市场中成功经营而保留下来的资金超过了其在现有产品或市场中的财务扩张所需要的资金。

③与在现有产品或市场中的扩张相比，多元化战略意味着更高的利润。

第四节 学习方法与建议

教材是考试大纲的具体化，考试的范围、命题依据一般不会超出教材。同样，万变不离其宗，无论试题如何变化，也不会脱离教材。因此，教材是复习考试的基础，建议考生对本教材进行反复的通读、精读，全面掌握相关知识点，精准掌握本教材提供的所有例题。

一般情况下，复习会经过以下三部曲。

第一，看懂。通过看教材进行系统学习，反复研读不懂的知识点，并通过教材上的例题进行深入理解，以透彻掌握该知识点。

第二，总结。在熟悉所有的知识点后，要注意梳理这些知识点，理解各章节所总结的解题要点。

第三，练习。多练习可以加深对知识点的理解和认识。本教材每章均提供适量的高质量试题。同时，本教材的配套光盘中也提供不少真题与模拟题，因此，考生不仅可以在书本上练习，还可以通过光盘的软件系统进行练习。

关于学习方法，具体建议如下。

1. 做好学习计划，合理分配学习时间

考生一定要清楚考试时间，并计算自己的学习时间有多少。在此基础上，根据考试重点、难点合理分配学习时间。

就"公司战略与风险管理"科目而言，公司战略部分的考试分值较多，记忆量较大，这部分（本教材前4章）所需的学习时间占所用总时间的2/3以上。考生在学习这部分时一定要有耐心和信心，不要半途而废，并且要进行重复循环式的记忆。

风险与风险管理这部分的记忆量略小一些，考题量也略小一些，所需的学习时间也相对较少。对于这部分内容，考生尤其要注意本教材所列出的学习重点，在复习时要有的放矢，提高复习效率。

2. "学"要系统，"练"要精细

在学习时，首先要系统地研读教材，全面掌握知识点，做到融会贯通，只有这样才能应对"公司战略与风险管理"科目在各章均会出题的命题规律。

同时要学练结合。练习时，不要搞题海战术，尤其是不能一开始就做大量习题，因为这样容易迷失在"题海"里。请注意，题不是做得越多越好，也不是越难越好。做题时，需要重视本教材中的经典例题、历年真题。这些试题是最接近真题的，也最能反映命题者的命题特点。因此，练习在于精，不在于多。在做题过程中，要注意收集错题，反复推敲做错的原因：是该知识点未能透彻掌握，以致换个出题角度就迷糊了？是自己粗心大意，看题不仔细……记住，错题也是"宝"，要时时翻看，不可做过即忘。

3. 书盘结合使用，讲求学习效率

本教材配套的光盘软件系统主要分为3大块：同步练习，与书中各章练习同步；题型特训，按照真考题型划分，提供每一类题型的特训试题；模拟考场，为考生提供无纸化考试方式与考试环境。

因而，考生在认真复习教材后，通过配套光盘进行有针对性的系统练习，便可熟悉各类知识点、各种题型的命题点、常考点，并熟悉无纸化模拟考试系统，为机考做好充分的准备，从而顺利通过考试。

战略与战略管理 第**1**章

本章主要介绍了公司战略的基本概念和公司战略管理的相关内容。作为统领教材内容的基础章节，它所涉及的概念较多，考生需要加深理解，为以后各章的学习奠定基础。

结合近几年考试，本章的平均分值为6分左右，考试题型一般为客观题和主观题。客观题的主要考点为：公司战略的概念、公司的使命与目标、公司战略的层次、战略管理过程。主观题的考点主要是战略变革管理，包括战略变革的动因、类型、时机选择、主要任务、实现等。

【本章考点概览】

战略与战略管理	一、公司战略的基本概念	公司战略的定义	★
		公司的使命与目标	★★
		公司战略的层次	★★
	二、公司战略管理	战略管理过程	★★
		战略变革管理	★★

第一节 公司战略的基本概念

考情分析： 本节考查的内容为公司战略的定义、公司的使命与目标、公司战略的层次。其中，公司的使命与目标是高频考点，希望考生重点掌握。

学习建议： 由于本节内容多为理论知识，考生应在理解的基础上适当记忆，着重理解相关定义和概念，熟练掌握公司的战略层次，精准掌握公司的使命与目标。

一、公司战略的定义（★）

公司战略是对公司各种战略的统称，通常包括竞争战略、营销战略、品牌战略、融资战略、技术开发战略、人才开发战略、资源开发战略以及发展战略等。它涉及公司计划性、整体性、长期性、应变性、竞争性和风险性等基本性问题。

【要点】两类公司战略概念的含义

【要点精析】公司战略的概念有多种表述，本书将其分为传统概念和现代概念两类。

（一）公司战略的传统概念

美国哈佛大学教授波特认为，"战略是公司为之奋斗的一些终点与公司为达到它们而寻求的途径的结合物"。它强调了公司战略的计划性、全局性和长期性。

（二）公司战略的现代概念

加拿大学者明茨伯格将战略定义为"一系列或整套的决策或行动方式"，这套方式包括刻意安排（或计划性）的战略和任何临时出现（或非计划性）的战略。

公司战略的传统概念和现代概念的区别如表1-1所示。

表1-1 公司战略的两种概念区别

区别要点	传统概念	现代概念
从字面上看	认为战略包括为达到企业的终点而寻求的方法与途径，包括企业终点本身	认为战略只包括为达到企业的终点而寻求的途径，而不包括企业终点本身
从本质上看	强调战略的计划性、全局性和长期性	现代概念更强调战略的应变性、竞争性和风险性

◀)) 名师点拨 ·········

战略的计划性认为，战略是在企业发生经营活动之前有意识、有目的地开发和制订的计划。

战略的应变性认为，战略是指导企业采取何种措施来适应所处的内外部环境，帮助企业确定自己在市场中的位置，并据此正确配置资源，从而形成企业可持续的竞争优势。

【例题1·单选题】（2015年真题）下列各项中，属于业务单位战略核心要素的是（　　）。

A. 选择企业可以竞争的经营领域

B. 协调每个职能中各种活动之间的关系

C. 协调不同职能与业务流程之间的关系

D. 明确企业的竞争战略

【解析】 业务单位战略也称为竞争战略。业务单位战略涉及各业务单位的主管及辅助人员。这些人员的主要任务是将公司战略所包含的企业目标、发展方向和措施具体化，形成本业务单位具体的竞争与经营战略。业务单位战略要针对不断变化的外部环境，在各自的经营领域中有效竞争。因此，选项D正确。

【答案】 D

【例题2·单选题】（2014年真题）下列属于公司战略现代概念属性的是（　　）。

A. 计划性　　　B. 竞争性

C. 长期性　　　D. 全局性

【解析】 本题主要考查公司战略的现代概念属性。公司战略的现代概念主要强调战略的应变性、竞争性和风险性。所以答案应该选择B选项。

【答案】 B

二、公司的使命与目标（★★）

本教材将企业生产、发展、获利等根本性目的作为公司使命的一部分，将公司目标作为使命的具体化。

（一）公司的使命

公司的使命首先是要阐明企业组织的根本性质与存在理由，一般包括公司目的、公司宗旨、经营哲学3个方面。公司目的是企业组织的根本性质和存在理由的直接体现；公司宗旨旨在阐述公司长期的战略意向，其具体内容主要说明公司目前和未来所要从事的经营业务范围；经营哲学是公司为其经营活动方式所确立的价值观、基本信念和行为准则，是企业文化的高度概括。

公司使命3个方面的具体内容如表1-2所示。

表1-2　　　　公司使命的3个方面

使命的3个方面	含　义	相关阐述
公司目的	是企业组织的根本性质和存在理由的直接体现	①企业组织按其存在理由可以分为：营利组织和非营利组织。营利组织的首要目的是为其所有者带来经济价值，其次目的是履行社会责任，以保障企业主要经济目的的实现；非营利组织的首要目的是提高社会福利、促进政治和社会变革，而不是营利②对于营利组织而言，公司的生存、发展、获利3个经济目的决定着企业的战略方向
公司宗旨	旨在阐述公司长期的战略意向，说明了公司主要从事的经营业务范围	①公司的业务范围应包括企业的产品（或服务）、顾客对象、市场和技术等几个方面②公司宗旨反映出企业的定位。定位是指企业采取措施适应所处的内外部环境。它包括相对于其他企业的市场定位
经营哲学	是公司为其经营活动方式所确立的价值观、基本信念和行为准则，是企业文化的高度概括	①经营哲学主要通过公司对利益相关者的态度、公司的共同价值观、政策、目标和管理风格等方面体现出来②经营哲学同样可以影响着公司经营范围和经营效果

◀)) 名师点拨 ·········

公司使命涉及公司目的、公司宗旨、经营哲学，理论上来说对公司使命的表述是比较详尽和全面的，但在实践中公司战略只是表述了公司主要的战略方向。这主要因为在当今复杂多变的环境中，详尽且全面的使命可能不利于公司战略的实施，这也正是公司战略现代概念强调应变性、竞争性和风险性的具体体现。

【例题3·单选题】 下列各项表述中可以作为企业使命的是（　　）。

A. 加强开发项目的质量管理

B. 5年内在市区建成2个地标性建筑

C. 为城市建设的现代化、特色化、合理化添砖加瓦

D. 在开发某地标建筑时，以中国传统文化为基础融入科技元素

【解析】本题主要考查公司使命的内涵。企业使命是要阐明企业组织的根本性质与存在理由，企业目标是企业使命的具体化。选项A属于战略范畴（职能战略）；选项B属于企业目标；选项C属于企业使命；选项D属于执行计划或预算（即策略范畴）。

【答案】C

【例题4·单选题】（2015年真题）以营利为目的而成立组织，首要目的是（　　）。

A. 保证员工利益　　B. 实现经营者期望

C. 履行社会职责　　D. 为其所有者带来经济价值

【解析】本题考查的是公司的目的。公司目的是企业组织的根本性质和存在理由的直接体现。组织按其存在理由可以分为两大类：营利组织和非营利组织。以营利为目的而成立的组织，其首要目的是为其所有者带来经济价值。

【答案】D

（二）公司的目标

公司目标是公司使命的具体化，目标是企业的基本战略，有具体的衡量标准。公司目标是一个体系，它由财务目标体系和战略目标体系构成，这两个目标体系都应该从短期目标和长期目标两个角度体现出来，目标体系的建设需要全员参与。

公司目标不是一种抽象概念，而是行动的承诺，借以实现企业的使命；它也是一种用以衡量工作业绩的标准，换句话说，目标是企业的基本战略。

公司目标体系的具体内容如表1-3所示。

表1-3	公司目标体系的具体内容
两种目标体系	**释　义**
财务目标体系	表明公司必须致力于达到下列结果:市场占有率、收益增长率、满意的投资回报率、股利增长率、股票价格评价、良好的现金流以及公司的信任度等
战略目标体系	战略目的在于为公司赢得下列结果：获取足够的市场份额，在产品质量、客户服务或产品革新等方面压倒竞争对手，使整体成本低于竞争对手的成本，提高公司在客户中的声誉，在国际市场上建立更强大的立足点，建立技术上的领导地位，获得持久的竞争优势，抓住诱人的成长机会等

短期目标体系主要是集中精力提高公司的短期经营业绩和经营成果；长期目标体系则主要是促使公司的管理者考虑现在应该采取什么行动，才能使公司进入一种可以在相当长一段时期内经营得好的状态。

三、公司战略的层次（★★）

公司战略一般分为3个层次，即总体战略、业务单位战略（竞争战略）、职能战略。公司战略的层次如图1-1所示。

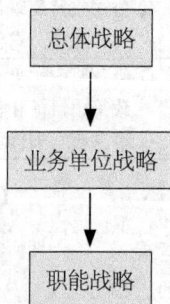

图1-1　公司战略的结构层次

总体战略是最高层次的战略；业务单位战略的制定需要根据企业的目标，确定企业可以获得竞争优势的领域；职能战略主要是为了合理配置企业经营所必需的资源。公司战略的3个层次具体内容如表1-4所示。

表1-4 公司战略的3个层次

公司战略层次	要点说明
总体战略,又称公司层战略,是企业最高层次的战略	公司总体战略的重点是:根据企业的目标,进而进入与企业目标相适合的经营领域,并合理配置其现有的资源,最终使企业各项经营业务之间互补互助。企业的财务结构和组织结构方面的问题是公司战略的关注重点
业务单位战略,又称为二级战略或竞争战略	业务单位战略的制定者是事业部门管理层,他们主要任务是使企业目标、发展方向等公司战略内容具体化为本业务单位的竞争与经营战略。业务单位战略目的是使资源在各经营单位内部有效的分配和使用,以保证企业的竞争优势 对单一业务公司来说,总体战略和业务单位战略合二为一,只有一个;对多元化业务的公司来说,既有总体战略又有业务单位战略
职能战略,是企业内各职能部门制定的指导职能活动的战略	主要涉及企业内各职能部门,如营销、财务等,其主要任务是将企业内部资源更好地配置,为各级战略服务,最终提高组织效率 职能战略中的协同作用非常重要,不仅体现在同一部门,也体现在不同职能部门的各种活动中。职能战略是保证公司战略和业务单位战略成功的基础

📢 **名师点拨** ·········

公司战略规定了企业使命和目标、企业宗旨及发展规划、整体的产品或市场决策以及其他重大决策。公司战略是由企业最高管理层制定,包括CEO、董事会成员、总经理及其他高级管理人员和相关专业人员。

【例题5·多选题】(2013年真题)甲集团的经营范围涉及网络游戏、医药保健。最近该集团宣布进军电子金融领域。由此可见,甲集团的公司战略层次包括( )。

A. 总体战略　　B. 多元化战略

C. 职能战略　　D. 业务单位战略

【解析】本题主要考查公司战略的3个层次。公司战略分为3个层次,即总体战略、业务单位战略、职能战略。甲集团应该是大中型企业,总体战略是企业最高层次的战略;经营业务范围涉及较广,是多元化经营的企业,有业务单位战略;为了给各个经营范围合理分配资源,需要职能战略。多元化战略是总体战略的一种形式,不属于公司战略的三大层次之一。

【答案】ACD

【易错警示】在解答此类题目时,B选项容易混淆,一定要准确区分公司战略的三大层次,以及各层次所包括的具体战略类型。

【例题6·单选题】(2014年真题)甲集团是国内大型粮油集团公司,近年来致力于从田间到餐桌的产业链建设,2008年收购了以非油炸方式生产"健康"牌方便面的乙公司,并全面更换了乙公司的管理团队。2009

年"健康"牌方便面市场份额下降,为了从竞争激烈的方便面市场上重新赢得原有市场份额,2010年年初需要制定方便面竞争战略。该竞争战略属于( )。

A. 公司战略　　B. 业务单位战略

C. 产品战略　　D. 职能战略

【解析】企业战略依据其影响区域和职能可划分为3个层次:公司战略、业务单位战略和职能战略。公司战略是指根据企业的目标,进而进入与企业目标相适合的经营领域,并合理配置其现有的资源。业务单位战略是在总体战略指导下,一个业务单位进行竞争的战略,也称为竞争战略。业务单位战略是在战略业务单位这个层次制定的,包括如何实现竞争优势,以便最大限度地提高企业盈利能力和扩大市场份额,确定相关产品的范围、价格、促销手段和市场营销渠道等。题干中,"为了从竞争激烈的方便面市场上重新赢得原有市场份额,2010年年初需要制定方便面竞争战略。"方便面属于企业的一个业务单位,故选择B。职能战略是企业内各职能部门制定的指导职能活动的战略。

【答案】B

【例题7·单选题】(2015年真题)多元化公司总体战略的核心要素是( )。

A. 选择企业可以竞争的经营领域

B. 协调每个职能中各种活动关系

C. 明确企业竞争战略

D. 协调不同职能与业务流程关系

【解析】在多元化公司里,总体战略是企业最高

层次的战略，它需要根据企业的目标，选择企业可以竞争的经营领域，合理配置企业经营所必需的资源，使各

项经营业务相互支持、相互协调。因此，选项A正确。

【答案】A

第二节　公司战略管理

考情分析：本节考查的内容为战略管理过程、战略变革管理，战略管理的循环过程这一知识点经常被考到，考生需重点掌握。考试题型主要以单选题和多选题为主，涉及简答题的可能性小。

学习建议：着重理解并适当记忆相关知识，熟练

掌握公司战略管理的过程，精准掌握战略变革管理。

一、战略管理过程（★★）

一般来说，战略管理的3个要素为战略分析、战略选择、战略实施，详细内容如表1-5所示。

表1-5　　　　　　　　　　　战略管理的3个要素

3个要素	具体内容	回答的问题
战略分析	对组织所处的外部环境和内部环境进行分析，以了解其竞争地位	企业目前处于什么位置
战略选择	战略方案制定、评估方案、选择战略、制订战略计划	企业向何处发展
战略实施	采取措施使战略发挥作用	如何将战略转化为实践

下面具体介绍战略管理的这3个要素。

（一）战略分析

战略分析主要包括外部环境分析和内部环境分析两个方面，如图1-2所示。

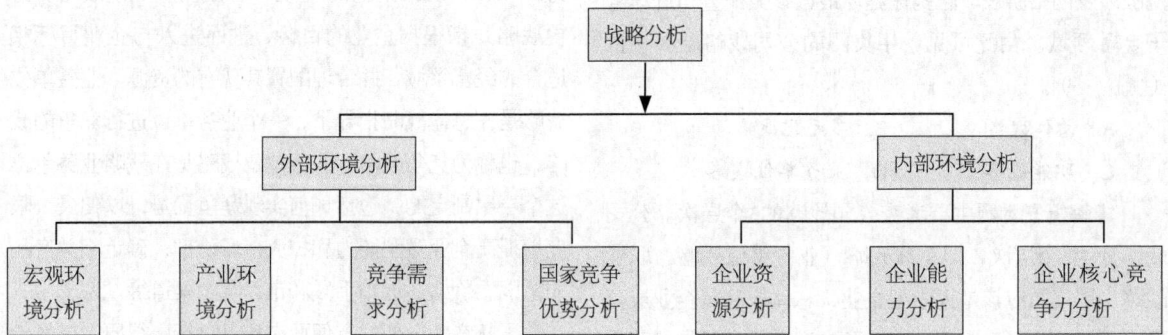

图1-2　战略管理过程

外部环境分析主要是从企业所面临的宏观环境、产业环境、竞争环境和市场需求状况等几个方面出发，了解企业所处的外部环境正在发生哪些变化，这些变化将给企业带来更多的机会还是更多的威胁。

内部环境分析主要是从企业自身的资源、能力以及企业的核心竞争力等几个方面出发，了解企业自身所处的相对地位，具有哪些资源以及战略能力。

【知识拓展】在内部环境分析中还需要了解与企业有关的利益相关者的利益期望，在战略选择和实施过程中，这些利益相关者会有哪些反应，这些反应又会对

企业行为产生怎样的影响和制约。其中常用的分析工具为波士顿矩阵、通用矩阵、SWOT分析等。

（二）战略选择

战略分析阶段点明了"企业目前处于什么位置"，战略选择阶段要明确的是"企业向何处发展"。企业在战略选择阶段要考虑可选择的战略类型和战略选择过程两个方面的问题。

1. 可选择的战略类型

公司战略的3个层次中包括不同的战略类型，如表1-6所示。

表1-6		公司战略类型
战略选择	总体（公司层）战略	包括发展战略、稳定战略、收缩战略
	业务单位（竞争）战略	包括成本领先战略、差异化战略、集中化战略
	职能（职能层）战略	包括市场营销战略、生产运营战略、研究与开发战略、人力资源战略、财务战略、信息战略等

2. 战略选择过程

1989年，约翰逊和施乐斯提出了战略选择有4个组成部分：①制定战略选择方案；②评估战略备选方案；③选择战略；④战略政策和计划。其具体内容如表1-7所示。

表1-7		战略选择过程
战略选择过程	制定战略选择方案	根据不同层次管理人员介入战略分析和战略选择工作的程度，主要有3种制定战略选择方案的方法 ① 自上而下。先由总部制定企业总体战略，然后由下属各部门将其具体化 ② 自下而上。总部先要求各部门积极提交战略方案，然后总部对各方案进行必要的修改后加以确认 ③ 上下结合。总部和下属共同参与制定适宜的战略
	评估战略备选方案	通常使用以下3个标准： ① 适宜性标准。考虑选择的战略是否有助于企业发挥优势，克服劣势，利用机会，削弱威胁，以有利于实现企业目标 ② 可接受性标准。考虑选择的战略能否被企业利益相关者所接受 ③ 可行性标准。考虑企业是否有相应的资源和能力来实施该战略
	选择战略	如果由于用多个指标对多个战略方案的评价产生不一致的结果，最终的战略选择可以考虑以下3种方法： ① 根据企业目标选择战略 ② 提交上级管理部门审批。对于中下层机构的战略方案，提交上级管理部门能够使最终选择方案更加符合企业整体战略目标 ③ 聘请外部机构。利用专家的丰富经验，能够提供较客观的看法
	战略政策和计划	制定有关研究与开发、资本需求和人力资源等部门的政策和计划

🔊 **名师点拨** ⋯⋯⋯⋯⋯⋯⋯⋯⋯

"制定战略选择方案"3种方法的主要区别在于战略制定中对集权与分权程度的把握，企业可以从对企业整体目标的保障、对中下层管理人员积极性的发挥，以及企业各部门战略方案的协调等多个角度考虑，选择适宜的战略制定方法。

【例题8·多选题】（2013年真题）甲公司在其5年发展战略中确立了以下目标：①降低产品成本，使现有产品单位成本在3年内降至同行业90%的水平；②为客户提供差异化服务，提高他们对产品的品牌忠诚度；③细分现有市场并发掘潜在客户，力争在3年内使市场占有率提升5%；④根据市场调研结果，研发新产品。以上目标所涉及的职能战略有（　　　　）。

A. 成本领先战略　　B. 研究与开发战略

C. 营销战略　　D. 差异化战略

【解析】本题主要考查职能战略所包含的具体战略类型。职能战略主要包括市场营销战略、生产运营战略、研究与开发战略、人力资源战略、财务战略、信息战略等。在本题中，提供差异化服务和降低成本离不开产品的研究与开发，所以有研究与开发战略；细分现有市场并发掘潜在客户是营销战略。而选项A"成本领先战略"与选项D"差异化战略"都属于业务单位战略的具体类型。因此，本题选B、C。

【答案】BC

【易错警示】本题要求选出的是"职能战略"，而不是"业务单位战略"。考生一定要注意区分各种具体战略类型到底是属于三大公司战略层次中的哪一个，不能"张冠李戴"。

🔊 **名师点拨** ⋯⋯⋯⋯⋯⋯⋯⋯⋯

解答此类题目的关键是首先要明确公司战略有三大层次，即总体战略、业务单位战略和职能战略，然后分别记忆每个层次下面所包括的具体战略类型，最后结合考题给的具体案例，灵活分析，要看题目问的是战略的三大层次，还是各层次下面包含的具体战略。

（三）战略实施

战略实施就是将战略转化为行动，为了将战略付诸实施，需要制定一些关键的决策，战略实施需要解决以下几个方面的主要问题，如表1-8所示。

表1-8 战略实施需要解决的主要问题

主要问题	解决办法
企业需要有一个有效的组织结构	制定组织结构涉及如何分配企业内的工作职责范围和决策权力，需要做出以下决定： ①企业的管理层次数目是高长型还是扁平型结构 ②决策权力集中还是分散 ③企业的组织结构类型能否适应公司战略的定位
人员和制度的管理颇为重要	人力资源关系到战略实施的成功与失败，而采用什么样的体制管理企业是不可忽视的问题
公司政治扮演着重要角色	企业内部各种团体有其各自的目标和要求，而许多要求是相互冲突的，这些利益冲突会导致各种斗争和结盟，在战略实施过程中发挥一定的作用
选择适当的组织协调和控制系统	战略实施离不开企业内各单位的集体行动和协调，企业必须确定采用什么标准来评价各下属单位的效益，控制它们的行动
协调好企业战略、结构、文化和控制诸方面	不同的战略和环境对企业的要求不尽相同，所以要求有不同的结构设置、文化价值观和控制体系

应当注意的是，战略管理是一个循环过程，而不是一次性的工作，因而，其3个要素——战略分析、战略选择与战略实施之间的关系，如图1-3所示。

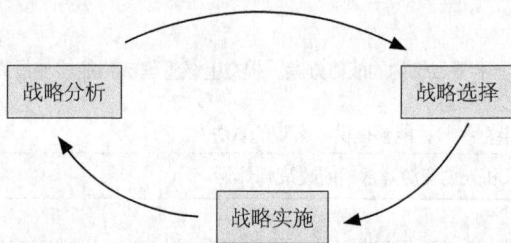

图1-3 战略管理的循环过程

在战略管理过程中，必须不断监控和评价战略的实施过程，修正原来的战略分析、选择与实施工作，这是一个循环往复的过程。

【知识拓展】企业战略的实践表明，战略制定固然重要，战略实施同样重要。制定一个良好的战略仅仅是战略成功的一部分，只有保证有效实施这一战略，企业的战略目标才能顺利地实现。如果对一个良好的战略贯彻实施很差，则只会事与愿违，甚至失败。

二、战略变革管理（★★）

（一）战略变革的含义

企业从进入市场到退出市场的过程中，为了适应环境的变化要不断地进行自我调整，这种调整是一种不经常的、一次性的、大规模的变革，这种变革被称为战略变革。

1. 渐变性变革与革命性变革的区别

按照战略变革的范围来划分，可分为渐变性变革和革命性变革。

渐变性变革：一系列持续、稳步前进的变化，使企业能保持平稳、正常运转。

革命性变革：在某一时刻影响企业体系当中的某部分，并且是全面性的变化过程。

渐进的变化往往在某一时刻影响企业的某些部分，而革命性的转化则是全面性的变化过程，可以使企业整个体系发生改变，如表1-9所示。

表1-9 渐变性变革与革命性变革的区别

对比内容	渐变性变革	革命性变革
在企业生命周期中的发生频率	常常发生	不常发生
变化的力度	稳定的推进	全面转化
影响范围	企业的某些部分	整个企业

2. 战略变革的发展阶段

从长远来说，企业在发展中会不断地改变其战略。而约翰逊和施乐斯在1989年提出企业战略变化是渐进的。他们将企业战略的变革分为4个阶段：连续阶段、渐进阶段、不断改变阶段、全面阶段，如图1-4所示。

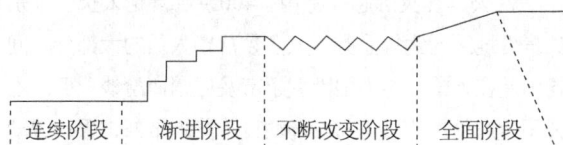

图1-4 战略变革形式的演变

（1）连续阶段：这个阶段中，制定的战略基本没有大的变化，可能仅有一些小的修正。

（2）渐进阶段：这个阶段中，战略会发生缓慢的变化，仅限于零打碎敲性的。

（3）不断改变阶段：这个阶段中，战略变化呈现出无方向或无重心。

（4）全面阶段：在较短时间内发生革命性的、转化性的变革。

🔊) 名师点拨

如果一个企业的战略经常发生质变，那么这个企业则无法正常运行。如果一个企业在渐进阶段的变化落后于此阶段的环境变化，则企业可能会因适应不了环境而发生革命性战略变革。

（二）战略变革的类型

戴富特将战略变革划分为4种类型：①技术变革；②产品和服务变革；③结构和体系变革；④人员变革。这4种类型的具体含义，如表1-10所示。

表1-10 战略变革4种类型的含义

类 型	含 义
技术变革	涉及企业生产过程的变革，包括工作方法、设备和工作流程的变革
产品和服务变革	涉及企业的产出变革，包括开发新产品或改进现有产品
结构和体系变革	涉及企业运作的管理方法的变革，包括结构变化、政策变化和控制系统变化等
人员变革	涉及企业员工价值观、工作态度、技能和行为方式等的转变

（三）企业战略变革的主要任务

（1）调整企业理念

首先，确定企业的使命（即企业展开生产经营的原动力是什么），其次，确定经营思想（即指导企业经营活动的观念、思想等），最后，建立行为准则以约束员工。

（2）企业战略重新定位

例如，根据波士顿矩阵对企业的业务进行分析，针对不同的类型，采用不同的战略（详见第2章）。

（3）重新设计企业的组织结构

根据企业战略目标的实施途径确定适合企业的组织结构（扁平化或集中化）。

【例题9·多选题】企业战略变革的首要任务是调整企业理念。调整企业理念包含（　　　　）。

A. 确立经营思想

B. 确定企业使命

C. 建立以人为本的管理理念

D. 靠行为准则约束要求员工

【解析】企业战略变革的首要任务是调整企业理念。企业战略变革首选的理念是得到社会普遍认同的，体现企业自身个性特征的，促使并保持企业正常运作以及长足发展而构建的，反映整个企业经营意识的价值体系。它是企业统一化的可突出本企业与其他企业差异性的识别标志，包含企业使命、经营思想和行为准则3部分。

【答案】ABD

（四）战略变革的实现

【要点】战略变革实现的步骤与方法

【要点精析】在战略变革中对人的行为的掌控是战略变革中最困难的，因此需要分别从变革的支持者和抵制者入手，逐个击破，才能保证战略变革的实现。

1. 变革的支持者推进战略变革的步骤

（1）高级管理者是变革的战略家，并决定做什么。

（2）指定一个代理人来掌握变革。高层管理者的作用：①当变革使得代理人和企业内部利益集团产生矛盾，并进一步激化时，支持代理人；②审议和监控变革的进程；③签署、批准并公开变革。

（3）变革代理人必须赢得关键部门的管理人员的支持，有了关键部门管理者的支持才便于战略变革在相关部门真正的贯彻落实。

（4）变革代理人应督促并支持关键部门的管理人员的行动。

2. 变革受到抵制的原因和障碍

有人支持变革，就有人反对，反对者之所以反对，是因为变革会给他们带来一些变化。

（1）生理变化。一般指工作模式、工作地点等。

（2）环境变化。一般指新的工作空间，新的人际关系等。

（3）心理变化。主要包括：①迷失方向，新的人际关系，会让人不知所措；②不确定性可能导致无安全感；③无力。

基于不同的抵制原因，变革会面临以下不同的障碍。

（1）文化障碍。企业过去形成的文化积累，变革可能会与原有的文化相矛盾，这就会受到变革阻力——文化障碍。

（2）私人障碍。变革中遇到的一些个人的变革阻力。主要包括：①习惯；②变革对个人收入的影响可能相当的大；③对未知的恐惧；④选择性的处理信息。

3. 克服变革阻力的策略

面对变革阻力时，应从变革的节奏、变革的管理方式和变革的范围这3个方面进行考虑。

（1）变革的节奏。变革应尽量采用循序渐进原则，需要更多一点的时间来完成变革；过于激进的变革，会激发人们的反感。

（2）变革的管理方式。面对变革的抵制者，尽可能地鼓励抵制者发表自己的意见，并与之沟通。压制抵制不是一种良好的变革方式。

（3）变革的范围。认真审阅变革的范围，范围过大会导致变革涉及面过广带来了巨大不安全感。

【例题10·多选题】 企业由于内外环境的变化而实行的战略变革，往往会遇到阻力。在克服变革的阻力，管理层应当考虑到（　　　）。

A. 变革的方向

B. 变革的节奏

C. 变革的管理方式

D. 变革的范围

【解析】 面对变革阻力时，管理层应从变革的节奏、变革的管理方式和变革的范围这3个方面进行考虑。

【答案】 BCD

【例题11·简答题】 乙公司是一家历史悠久的英国奶制品公司，业务遍布欧洲、亚洲和美洲，其规模在英国同行业中排名第二。乙公司生产的主要产品包括婴儿奶粉、全脂成人奶粉、各类乳酪制品，并一直使用单一品牌在各地市场上销售。

乙公司在英国总部聘用了400余名营销人员，分别负责各地区的销售业务。大多数营销人员的大部分时间均出差在外国，与当地大型超市及经销商洽谈业务。乙公司生产总部的厂房与农场均设于英国市郊，采用劳动密集型的生产及包装模式。乙公司各生产线的生产成本占公司总运营成本的30%，约比同行业平均水平高5%。

近年来，某些地区兴起以瘦为美的理念、崇尚多样口味的饮料，导致奶制品市场竞争激烈。由于乙公司未能对各个地区市场变化采取应对措施，导致其总体市场份额和利润率均下降10%以上，在成人奶粉细分市场的份额下降了20%，但尚未达到破产的境地。

经研究分析，最高管理层发现乙公司在战略制定、内部组织结构和经营管理等方面存在缺陷，急需进行调整。最高管理层决定在乙公司内推行全新的运营模式，并拟将总部直接管理各地区业务的业务管理模式调整为区域事业部制的组织结构。

要求： 简要分析乙公司在成人奶粉市场面对的挑战，并提出可以增强乙公司竞争优势的可选战略建议。

【答案】

根据案例材料可知，在成人奶粉市场上，出现了某些地区兴起以瘦为美的理念、崇尚多样化口味的饮料等变化趋势，从而导致该企业总体市场份额和利润率均下降10%以上，在成人奶粉细分市场的份额下降了20%。针对这种情况，该公司可以采取的战略如下。

第一，采用集中差异化的战略，针对以瘦为美的消费理念变化和崇尚多样化口味的饮料等变化趋势，研发出低脂、并具有独特口味的奶制品，不断改善自身的市场份额。

第二，采用成本领先战略。由于乙公司生产总部的厂房与农场均设于英国市郊，采用劳动密集型的生产及包装模式。各生产线的生产成本占公司总运营成本的30%，比同行业平均水平高约5%。所以该公司也可以同时采取措施降低成本，例如将厂房搬离市郊，设在离市场较近的地方；对现有生产及包装模式进行改造，采用现代化的生产及包装模式以改善效率，降低成本等。

过关测试题

一、单项选择题

1. 下列说法不正确的是（　　　　）。
   A. 公司战略又称公司整体战略
   B. 竞争战略主要考虑产品和服务在市场上的竞争问题
   C. 职能战略又称为竞争战略
   D. 职能战略的重点是提高企业资源的利用效率，使企业资源的利用效率最大化

2. 在战略变革中对人的行为的掌控是最重要也是最困难的，其中，高级管理层的作用不包括（　　　　）。
   A. 当代理人和企业中的利益集团之间出现矛盾时，高级管理层应当支持代理人
   B. 审议和监控变革的进程
   C. 签署和批准变革，并保证将它们公开
   D. 必须赢得关键部门的支持

3. 某公司在变革的过程中，试图对原有的技术进行改进，使新产品的性能较原有产品能进一步提高。该公司采取的战略变革有（　　　　）。
   A. 人员变革
   B. 技术变革
   C. 产品和服务变革
   D. 结构和体系变革

4. 公司在选择战略的过程中，根据不同层次的管理人员介入战略分析和战略选择的程度来划分，战略形成的方法不包括（　　　　）。
   A. 自上而下的方法
   B. 上下结合的方法
   C. 自下而上的方法
   D. 横向管理方法

5. 甲公司是一家生产服装的进出口公司，在2008年经济危机时，国外市场出口量大幅下降，遭受重大损失，该公司最高管理层决定由出口转内销，并做了未来5年的战略规划：针对国内市场，降低产品生产成本，扩大客户群体，并根据这一规划明确了企业人财物的配置。这种战略属于（　　　　）。
   A. 总体战略
   B. 竞争战略
   C. 业务单位战略
   D. 职能战略

6. 下列是企业组织的根本性质和存在理由的直接体现的是（　　　　）。
   A. 公司目的
   B. 公司宗旨
   C. 经营哲学
   D. 职能战略

7. 京东商城的"6·18"十周年庆典大促销，淘宝天猫的年中大折扣等方式进行网络促销，上述体现的战略是（　　　　）。
   A. 职能战略
   B. 业务单位战略
   C. 广告战略
   D. 总体战略

8. 向南公司是一家全国性的生产大家电的企业，产品的范围包括有洗衣机、电冰箱、彩电、空调等，公司为了加强空调类产品的竞争力，在市场上并购了其他一些地方性的空调生产公司，使空调的生产能力和市场占有率大大提高，增加了空调类产品的竞争力。该公司的这种并购战略属于（　　　　）。
   A. 公司层战略
   B. 业务单位战略
   C. 职能战略
   D. 企业整体战略

9. 下列不属于评估战略备选方案通常使用的标准的是（　　　　）。
   A. 战略的可行性标准
   B. 战略的适宜性标准
   C. 战略的可实施性标准
   D. 战略的可接受性标准

10. 在战略变革的发展阶段中，公司制定的战略其变化呈现出无方向或无重心的特点。以上表述体现的战略变革的发展阶段是（　　　　）。
    A. 全面阶段
    B. 不断改变阶段
    C. 渐进阶段
    D. 连续阶段

11. 侧重于为企业内各职能部门配置企业内部资源的是（　　　　）。
    A. 公司战略
    B. 职能战略
    C. 业务单位战略
    D. 竞争战略

12. 下列各项中，不属于企业业务单位战略核心要素的有（　　　　）。
    A. 低成本、低价格战略
    B. 制定关键职能战略，建立对市场有宝贵价值的资源
    C. 地理区域性市场覆盖面及纵向一体化程度
    D. 采取措施，分离衰弱或者没有吸引力的业务单位

13. 下列选项中，不属于企业竞争战略的有（　　　　）。
    A. 研究与开发战略
    B. 成本领先战略
    C. 差异化战略
    D. 集中化战略

二、多项选择题

1. 企业战略变革面临的障碍有（   ）。

A. 文化障碍

B. 变革对个人收入的影响

C. 对于未知的恐惧

D. 选择性的信息处理导致员工忽略管理层对于变革的要求

2. 变革受到抵制的原因可能是变革会对企业人员的健康产生一定的影响，变革受到抵制的原因可能有（   ）。

A. 迷失方向

B. 工作地点和工作模式变化造成的

C. 环境变化

D. 不确定性可能导致无安全感

3. 在公司战略的概念中，加拿大学者明茨伯格将战略定义为"一系列或整套的决策或行动方式"，这套方式有时是刻意安排的。根据以上描述，没有体现的是战略的（   ）。

A. 计划性   B. 适应性

C. 长期性   D. 全局性

4. 战略分析需要考虑许多方面的问题，主要包括外部环境分析和内部环境分析，下列属于外部环境分析的是（   ）。

A. 市场需求分析   B. 竞争环境分析

C. 产业环境分析   D. 企业资源分析

5. 下列有关公司目标的说法中，正确的有（   ）。

A. 公司既要建立财务目标体系也要建立战略目标体系

B. 财务目标体系主要体现短期目标

C. 战略目标体系主要体现长期目标

D. 公司目标体系的建立需要所有管理者的参与

6. 公司为了选择适应的战略制定方法，在评估战略备选方案时，通常使用的标准包括（   ）。

A. 可接受性标准

B. 适宜性标准

C. 多样性标准

D. 可行性标准

7. 为了使战略成功，企业需要一个有效的组织结构。制定组织结构及考虑如何分配企业内的工作职责范围和决策权力时，企业需要考虑的是（   ）。

A. 企业的管理层次数目是高长型还是扁平型结构

B. 决策权力集中还是分散

C. 企业的组织结构类型能否适应公司战略的定位

D. 企业员工的文化程度

8. 战略管理过程包括企业战略管理的3个核心领域，它们是（   ）。

A. 战略变革   B. 战略分析

C. 战略制定   D. 战略选择

9. 下列关于可选择的战略类型的说法正确的是（   ）。

A. 包括总体战略选择、业务单位战略选择、职能战略选择3个层次

B. 总体战略包括发展战略、稳定战略和收缩战略3种基本类型

C. 业务单位层面的竞争战略包括成本领先战略、差异化战略和集中化战略3种基本类型

D. 职能战略仅包括市场营销战略、生产运营战略、研究与开发战略、人力资源战略和发展战略

10. 对于战略的定义有不同的表述，将战略表述为"战略是公司为之奋斗终身的一些终点与公司达到他们而寻求的途径的结合物"。对于这类观点的说法正确的有（   ）。

A. 这些观点属于战略传统概念的范畴

B. 这些观点属于战略现代概念的范畴

C. 这些观点反映的战略具有计划性、全局性和长期性的属性

D. 这些观点反映的战略具有应变性、竞争性和风险性的属性

11. 甲公司的100多家生活日用品百货超市，分布于一个三省交界的地域，分别由公司下设的5个地区事业部管理，各个事业部实行自我计划和自我管理。所以该公司的企业战略的结构层次应当包括（   ）。

A. 公司战略   B. 业务单位战略

C. 市场战略   D. 职能战略

12. 下列选项中，不属于竞争战略的是（   ）。

A. 集中化战略   B. 稳定战略

C. 财务战略   D. 收缩战略

三、简答题

1. 据相关机构发布的数据称，三星已经超越诺

基亚，成为手机销售市场的冠军，结束了诺基业长达14年的世界最大手机厂商的历史。标准普尔评级公司（Standard & Poor）更是给诺基亚带来了又一个噩耗：诺基亚的信用评级已经降为"垃圾级"BB+/B。数据显示，2012年第一季度，诺基亚手机的出货量为8 300万台，而三星的出货量为9 200万台。在手机市场领域，能保持14年的冠军宝座的确令人惊叹，然而，出于各方面的原因，诺基亚的领军优势在过去几年渐渐减少，销售量大不如前。诺基亚被三星超越的原因主要为以下几个方面。

（1）反应迟缓，延误时机。

诺基亚是智能手机市场的先锋军。2002年，诺基亚发布了运行Symbian 60系列平台的智能手机。接下来的五年之间内，Symbian系统的智能手机轻松占据智能手机领域的领军位置。然而到了2007年，苹果公司发布了iPhone手机。带着全触屏界面以及基于应用的操作系统，iPhone改写了智能手机的定义。但是诺基亚忽视了用户随之而改变的消费需求。随着iOS和Android系统相继出现，Symbian系统越来越无法跟上时代的步伐。与此同时，智能手机市场也日益成熟——越来越多的手机用户想要追求更好的智能手机体验，厌倦了无聊的WAP浏览器。

（2）"两端"市场受伤。

除了反应迟缓而延误了时机之外，诺基亚也没有涉及低端智能手机市场。其他的智能手机品牌如HTC、华为和中兴，都趁机进军低端智能手机市场。

（3）诺基亚缺乏创新。

诺基亚没能成为一个创新者，坦白地说，他们也的确没能在创新上有多大建树，至少在开发Windows Phone手机之前是这样的。

（4）缺乏执行力。

三星做得比诺基亚和许多其他厂商要好的地方，就是执行。三星借鉴苹果的策略，用其高端旗舰产品Galaxy S Android手机征服了消费者。

斯贝克特表示："苹果真正做得最好的地方，在于他们对iPhone手机品牌的组织能力。三星也采用了相似的策略。每年，消费者们都在等待新款Galaxy S的发布。三星以此激发了消费者的期待，推动了消费者的需求。"

这种状态使得诺基亚集团的领袖决定实施新的战略变革。由于陷入了财政困难，诺基亚因此缩减了许多开支，他们打算将重点放在公司的彻底改造上面。但是，短期内，诺基亚将在难挨的时光中度过。

要求：

（1）从战略变革的时机选择来看，诺基亚的此次变革属于哪种变革，并作出简要评价。

（2）简述戴富特对战略变革的4种类型。

（3）简述战略变革的发展阶段。

（4）简述战略变革的主要任务。

2. 好时代公司是一家大型运动用品零售集团，品牌连锁店分布于欧洲和亚洲，各地区销售收入合占公司收入的80%和20%。由于全球经济不利影响，欧洲业务未见起色，公司在未来两年希望将业务慢慢地转移到亚洲。一方面，由于欧洲业务营运成本不断增加，收入连续数年下滑，欧洲一些地区业务甚至出现严重亏损，公司面临着巨大的财务压力。另一方面，近年来亚洲城市网上商城盛行，加剧了零售行业的竞争。为了开源节流，集团董事会正在考虑运营上可能实施的变革和重组方案，主要包括以下几种。

计划（一）：将东南亚地区的行政、支持性部门，包括人力资源部、会计部、采购部等工作重组为共享服务中心的运作模式，在重庆市集中处理。但是，公司的首席执行官担心此变革不能得到各地区领导层及员工的接受。

计划（二）：开拓网上商城的市场，希望吸引喜欢使用网上消费的群组进行网上购物。

计划（三）：在中国及新加坡增设二十多家专卖店，以进一步扩大销售网络，但预计最少需投入资金4 000万元人民币，对公司来说是一个巨大的财务挑战。

要求：

（1）简要分析好时代公司未来两年进行的战略变革的类型。

（2）简要分析好时代公司各地区领导层及员工可能反对变革计划（一）的原因，并指出首席执行官在处理该变革阻力时应考虑哪些因素？

战略分析

第 **2** 章

本章内容是战略管理的第一步——战略分析，也是战略管理重要的一步。战略分析是指对企业所处的环境进行分析，包括外部环境、内部环境。学习本章要明确不同的环境要采用不同的分析工具，并且要准确把握每种分析工具包含哪些内容，如何进行运用，要在理解的基础上记忆。

结合近几年考试，本章的平均分值为17分左右，考试题型一般为客观题和主观题。

涉及客观题题型的考点有：PEST分析、产品生命周期、五力模型、消费细分、资源分类、核心能力、价值链分析、波士顿矩阵、通用矩阵、SWOT分析和钻石模型分析。

涉及主观题题型的考点有：PEST分析（主观题呈上升趋势）、产品生命周期（主观题呈上升趋势）、五力模型（主观题呈上升趋势）、资源分类（偶尔采用主观题）、波士顿矩阵（主观题的高频考点，考生须全面仔细把握）、SWOT分析（考生须熟练运用）。

【本章考点概览】

战略分析	一、企业外部环境分析	宏观环境分析	★★
		产业环境分析	★★
		竞争环境分析	★★
		国家竞争优势（钻石模型）分析	★★★
	二、企业内部环境分析	企业资源与能力分析	★★
		价值链分析	★★
		业务组合分析	★★
	三、SWOT分析	基本原理	★★
		SWOT分析的应用	★★

第一节　企业外部环境分析

考情分析：企业外部环境包括宏观环境、中观（产业）环境和微观环境（竞争环境、市场需求分析）。宏观环境采用PEST分析，这种分析方法需要重点把握。中观环境分别采取产品生命周期分析、波特5种竞争力模型（以下简称"五力模型"）分析和成功关键因素，其中，产品生命周期分析和波特5种竞争力模型分析几乎年年必考，必须掌握。微观环境中竞争环境采取竞争者分析和产业内的战略群组，考生须重点关注产业内战略群组，此处一般易考选择题；市场需求分析采取消费者细分，建议考生主要把握一些细分的细节，此处一般会考客观题。

学习建议：首先，要熟记每种分析工具适用的分析范围；然后，准确把握每种分析工具的基本内容；最后，对于PEST分析、生命周期理论分析、波特5种竞争力模型这几个重点分析工具，一定要深入理解，并结合案例进行练习。

一、宏观环境分析（★★）

【要点】宏观环境分析（PEST分析）

【要点精析】宏观环境因素总括为以下4类。

P：Political Factors，政治和法律因素（2个因素）。

E：Economical Factors，经济因素。

S：Social Factors，社会和文化因素（2个因素）。

T：Technological Factors，技术因素。

PEST就是这4个因素英文的第一个字母的组合，因此宏观环境分析也称为PEST分析，是宏观环境分析的一种方法，是进行宏观环境分析的一种工具。图2-1是对宏观环境因素的汇总。

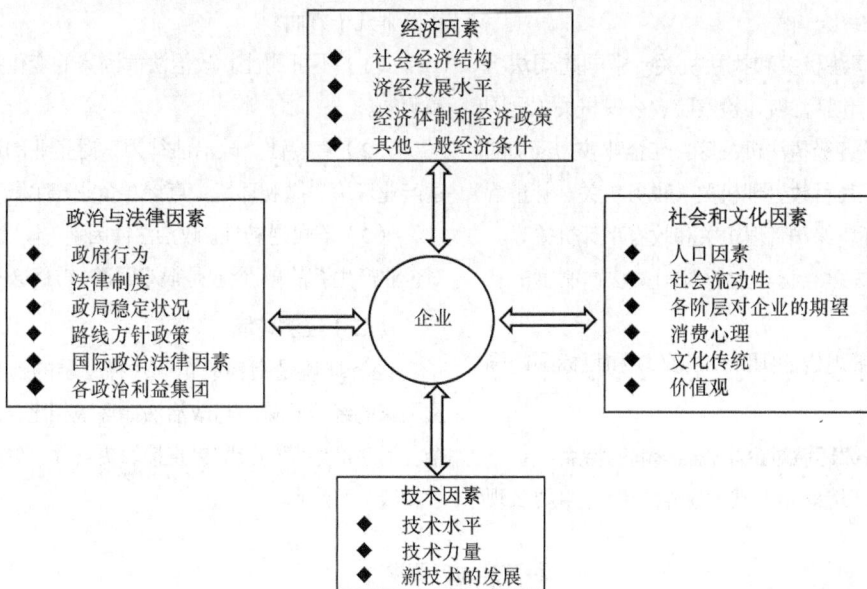

图2-1 宏观环境因素的汇总

（一）政治和法律因素

政治和法律环境是指会对企业经营产生影响的政治要素和法律环境，以及运行状态。它是保障企业生产经营活动的基本条件。政治环境包括国家有关的政治制度、颁布的方针政策、权力机构、政治团体以及政治形势等因素。法律环境包括法律、法规、法令以及国家的执法机构等因素。

企业只有在一个稳定的法制环境中，才能真正实现公平竞争，获得自己的合法权益，从而得以长期稳定的发展。国家政策法规对企业的生产经营活动具有控制和调节作用，同一个政策或法规，给企业会带来不同的机遇或制约。

1. 政治环境分析

政治环境的分析，一般包括以下4个方面。

（1）企业所在国家和地区的政局状况。

◀)) 名师点拨 ••••••••••••••••••

①分析企业的政局状况是指企业所在地的政局状况。例如，W集团的母公司设立在上海，其A子公司设立在美国，其B子公司设立在泰国，在分析企业所在国家和地区的政局状况时，分析W集团的母公司应分析上海的政局状况，分析A子公司应分析美国的政局状况，分析B公司应分析泰国的政局状况。②政局状况分析，一般分析该国和该地区是否发生战乱、暴动，是否变更国家领导人等。

（2）政府行为对企业的影响。政府对其拥有的土地资源、自然资源相关规定的改变会对企业产生影响。

（3）执政党所持的态度和推行的基本政策，以及这些政策的连续性和稳定性。基本政策包括产业政策、税收政策、进出口限制政策等。政府通过各种法律、法规、政策旨在保护消费者、保护环境、调整产业结构和引导投资方向。例如，十八届三中全会大力提倡加快能源体制改革，大力发展清洁能源、再生能源，加强节能减排降耗，建设绿色环保型社会。相关的产业政策，促进了如风力发电等清洁能源行业的大力发展。

（4）各政治利益集团对企业活动产生的影响。这些政治集团利用其议员或代表力量，既可以影响国家的政策导向，又可以对企业施加压力影响，相关利益集团采用的影响方式为诉诸法律、利用传媒渲染社会舆论。

2. 法律环境分析

法律因素是指国家制定的法律、法规、法令以及国家的执法机构等因素。法律是政府管理企业的一种手段。通常来讲，政府是通过其制定的法律、法规来控制或影响企业的生产经营活动。国家制定这些法律法规具有以下几个方面的目的。

（1）保护企业，维护市场公平竞争。

（2）保护消费者的合法利益不受侵害。

（3）保护员工，包括涉及员工招聘的法律和对员工工作条件进行控制的安全与健康方面的法规。

（4）保护公众权益免受不合理企业行为的损害。

法律环境分析，主要对以下4个方面进行分析。

（1）法律规范，特别是与企业生产经营密切相关的经济法律规范。例如，公司法、税法、证券法、合同法、商标法等。

（2）国家的司法机关和执法机关。中国的司法机关和执法机关主要包括法院、检察院、公安机关（含国家安全机关）以及各级执法机关等。与企业较为密切的行政执法机关有工商行政管理机关、税务机关、计量管理、物价机关、环境保护管理机关和政府审计机关等。

（3）企业的法律意识。企业对相关法律制度的认可和评价程度。

（4）国际法所规定的国际法律环境和目标国的国内法律环境。

3. 政治和法律环境对企业战略影响的特点

政治和法律环境对企业战略影响的特点主要表现在以下几个方面。

（1）不可测性。政治法律因素的变化趋势是很难预测的。

（2）直接性。政治法律因素对企业的影响可以越过产业环境、微观环境，直接对企业产生影响。

（3）不可逆转性。政治法律因素一旦发生了变化并对企业产生了影响，企业是很难回避、转移这些影响的。

（二）经济环境

经济环境是指构成企业生存发展的社会经济状况及国家的经济政策。与政治法律环境相比，经济环境对企业的生产经营的影响更直接、更具体。经济环境各要素如表2-1所示。

表2-1   经济环境各要素

经济环境要素	要点阐述
社会经济结构	社会经济结构是指国民经济中不同的经济成分、不同的产业部门及社会再生产各方面的比例关系 社会经济结构主要包括产业结构、交换结构、分配结构、消费结构、技术结构
经济发展水平	经济发展水平是指一个国家经济发展规模、速度和所达到的水平 相关的衡量指标包括GDP、人均GDP和经济增长速度（指标越高代表市场越活跃）
经济体制	经济体制是指一个国家经济组织的形式，它规定了国家与企业、企业与企业、企业与各经济部门之间的关系 我国经历了从计划经济体制到中国特色社会主义市场经济体制的转变
宏观经济政策	宏观经济政策实现国家经济发展目标的战略（长期的）与策略（短期的），包括综合性的发展战略和产业政策、国民收入分配政策、价格政策、物资流通政策等。综合性的发展战略包括我国制定的"十一五""十二五"规划等
当前经济状况	相关经济指标包括：税收水平、通货膨胀率、失业率、贸易差额和汇率利率、信贷投放以及政府补助
其他一般经济条件	相关指标包括：工资水平、供应商和竞争对手的价格变化以及政府政策

◁))) **名师点拨** ••••••••••••

产业政策属于企业宏观环境中的政治因素，而产业结构属于企业宏观环境中的经济环境因素。税收水平、政府补助不属于政治因素，属于经济环境中的当前经济状况。

【例题1·单选题】 下列各项中，不属于PEST分析的经济因素是（　　）。

A. 产业结构

B. 经济发展水平

C. 国民收入分配政策

D. 人口地区分布

【解析】 PEST分析中的经济因素包括有社会经济结构、经济发展水平、经济体制、宏观经济政策、当前经济状况、其他一般经济条件。其中，产业结构属于社

会经济结构，国民收入分配政策属于宏观经济政策，人口地区分布属于社会和文化环境因素中的人口因素。

【答案】 D

（三）社会和文化环境

社会和文化环境是指企业所处的社会结构、社会风俗和习惯、信仰和价值观、行为规范、生活方式、文化传统、人口规模与地理分布等因素的形成和变动。

社会和文化环境对企业影响也是很重要的一个方面，例如，人口规模、社会风俗、消费习惯、生活方式、文化传统等，这些因素都影响企业的投资方向和产品结构的布局等。

社会和文化环境因素众多，概括起来主要包括人口因素、社会流动性、消费心理、生活方式的变化、文化传统和价值观等，其具体内容如表2-2所示。

表2-2	社会和文化环境因素
社会和文化环境因素	要点说明
人口因素	人口因素对企业战略具有重大影响。人口因素包括：企业所在地居民的地理分布及密度、年龄、教育水平、国籍等。大型企业则通常会通过统计分析人口数据来定位市场产品 分析人口因素的相关指标：结婚率、离婚率、出生率、死亡率、平均寿命、人口的年龄分布和地区分布等
社会流动性	社会流动性是指社会的分层情况、各阶层之间的差异以及人们是否可以在各阶层间转化、人口内部各群体的规模、财富及其构成的变化以及不同区域的人口分布 近年来，我国大力进行城镇化建设，许多人从农村搬迁到城市，社会流动性加快，也带来消费市场的变化，如对房屋、家具等产品的需求
消费心理	消费心理对企业战略也会产生影响。不同的消费者有不同的消费心理，有些消费者喜欢追求物美价廉。有些消费者喜欢奢侈高端，也有部分消费者追求时尚个性产品
生活方式的改变	生活方式的改变主要包括新兴的生活方式。例如，互联网购物的兴起，改变了越来越多消费者的购物习惯，原来习惯性地去实体店逛，现在足不出户也可以买到满意的吃、穿、住、行、用等产品
文化传统	文化传统是一种社会习惯，它是影响企业经济活动的一个重要因素。例如，中国的春节和西方的圣诞节会给某些企业带来商机
价值观	价值观是指社会公众评价各种行为的观念标准。不同国家和地区有着不同的价值观

【例题2·单选题】某国际快餐连锁公司宣布在中东开设连锁店，只出售牛肉汉堡、鸡肉汉堡和鱼肉汉堡。这说明该国际快餐连锁公司在战略分析中考虑了（　　）。

A. 政治和法律因素

B. 经济因素

C. 社会和文化环境因素

D. 技术因素

【解析】中东大多为伊斯兰教徒，该快餐店的作法是考虑当地的文化传统，属于社会和文化环境因素。

【答案】C

【例题3·单选题】商界有句名言"女人和孩子的钱好赚"。从战略分析角度来看，该说法主要分析的因素是（　　）。

A. 人口因素　　　　B. 价值观

C. 生活方式变化　　D. 消费心理

【解析】首先看选项，4个选项都是属于社会和文化环境因素。再结合题干"女人和孩子的钱好赚"，反映的是不同顾客群体有不同的消费偏好，属于消费心理因素。

【答案】D

（四）技术环境

技术环境是企业所处的环境中的科技要素及该要素之间相关的各种社会现象的集合，包括科技体制、科技政策、科技水平以及科技发展趋势等。

技术环境对战略所产生的影响包括以下几个方面。

（1）基本技术的进步使企业能对市场及客户进行更有效的分析。例如，零售巨头沃尔玛有一个非常好的系统，可以使得供应商们直接进入到沃尔玛的系统，沃尔玛把这个系统叫作零售链接。任何一个供应商可以进入这个系统当中来了解他们的产品卖得怎么样，昨天，今天，上一周，上个月和去年卖得怎么样。他们可以知道这种商品卖了多少，而且他们可以在24小时之内就进行更新，这项技术使得沃尔玛能够有效地了解客户及市场的需求。

（2）新技术的出现使社会和新兴行业对本行业产品和服务的需求增加，进而扩大了企业的市场。

（3）技术进步可创造竞争优势。例如，技术进步可让企业使用新的技术创造优质、高性能的产品和服务。

（4）技术进步会导致现有产品被淘汰，或大大缩短产品的生命周期。例如，智能手机的出现，导致一般功能的手机逐渐被淘汰，缩短了一般功能手机的生产周期。

（5）新的技术的发展使企业更多地关注环境保护、企业的社会责任及可持续成长问题。例如，可降解塑料技术的发现，大大改善了塑料产品生产企业的产品，也使得企业更多地关注环境保护。

【例题4·多选题】甲公司为国内上市的电信公司。甲公司正在研究收购某发展中国家的乙移动通信公司。下列各项因素中，属于甲公司在PEST分析中应当考虑的有（　　　　）。

  A. 甲公司收购乙移动通信公司符合其总体公司战略

  B. 乙移动通信公司所在国政府历来对企业实施高税收政策

  C. 甲公司在国内提供电信服务积累的经验与技术有助于管理乙移动通信公司的业务

  D. 乙移动通信公司所在国的电信行业10年来发展迅速，移动通信业务过去10年增长了300倍

  【解析】题干中明确了是PEST分析，PEST分析表示从P（政治和法律因素）、E（经济因素）、S（社会文化因素）、T（技术因素）4个方面分析所处的宏观环境。结合选项，只有B是从政治和法律因素方面分析，D是从经济因素方面进行分析。

  【答案】BD

  【例题5·综合题】甲公司为从事石油化工及投资的大型企业。甲公司下属子公司乙公司于2007年在香港成功发行股票并上市。2010年9月乙公司购入总部位于英国的丙公司4.2%的股份。经过与丙公司的接触，乙公司认为，全面收购丙公司符合其长远发展目标。

  丙公司在尼日利亚的全资子公司是其营业收入和净利润的主要来源，经营石油开采、管道运输、加工、销售等石油化工相关的业务，拥有的油气储量占尼日利亚已探明油气储量的1/5。此外，丙公司于2009年年初在伊拉克以15亿英镑的价格购买了新的油田，目前正在进行深入勘探。对于丙公司购买的伊拉克油田，很多股东对该油田储量的预测并不乐观，导致丙公司的股票价格自2009年开始一直低于每股15英镑。

  2011年4月7日，乙公司认为收购丙公司的时机已经成熟。因而向丙公司的股东发出收购要约，拟以每股18英镑的价格收购丙公司其他股东持有的全部股份，该收购价格比报价前20个交易日丙公司股票的平均收盘价格高出25%。

  在乙公司发布要约收购丙公司消息的当天，丙公司股票价格大幅上涨，报收于每股19英镑。并且，英国政府相关监管部门表示，将密切关注乙公司收购丙公司事宜。

  【要求】

  （1）简要分析乙公司做出收购丙公司的决策时应当特别考虑的政治环境因素。

  （2）简要分析乙公司做出收购丙公司应当特别考虑的当前经济因素。

  【解题思路】

  首先，明确考查知识点。

  （1）考查PEST分析中政治环境因素。政治环境因素主要包括以下几个方面。

  ①企业所在国家和地区的政局状况。

  ②政府行为对企业的影响。政府对其拥有的土地资源、自然资源相关规定的改变会对企业产生影响。

  ③执政党所持的态度和推行的基本政策，以及这些政策的连续性和稳定性。

  ④各政治利益集团对企业活动产生的影响。

  （2）考查当前经济因素。经济因素的经济指标包括：税收水平、通货膨胀率、失业率、利率、信贷投放以及政府补助。

  【参考答案】

  （1）乙公司做出收购丙公司决策应当特别考虑政治环境因素。

  由于丙公司的总部位于英国，而其全资子公司在尼日利亚以及购买了伊拉克油田，因此乙公司需要考虑的政治环境因素包括：

  ①英国、尼日利亚和伊拉克的政局稳定状况；

  ②英国、尼日利亚和伊拉克的政府行为对企业的影响；

  ③英国、尼日利亚和伊拉克的执政党对外资企业的态度和推行的基本政策，以及这些政策的连续性和稳定性；

  ④英国、尼日利亚和伊拉克各政治利益集团对企业活动产生的影响。

  （2）乙公司做出收购丙公司决策应当特别考虑的当前经济因素。

  ①税收水平。乙公司是属于香港上市的公司，而丙公司的总部位于英国，而其全资子公司在尼日利亚以及购买了伊拉克油田，乙公司收购丙公司涉及了英国、尼日利亚和伊拉克3个不同的国家，因为不同的国家其相应的税收政策会不同，并会给乙公司的盈利带来不同的影响，所以要考虑税收水平这个当前经济因素。

  ②外汇汇率。乙公司收购丙公司涉及了英国、尼日利亚和伊拉克3个不同的国家，因此外汇汇率的变动对乙公司的财务状况和经营成果会有很大的影响，因此，需要考虑外汇汇率这个当前经济因素。

  ③通货膨胀率。由于乙公司将于2011年进行收购活动，正处于2008年次贷危机之后的后金融危机时代，

许多国家都在头行宽松的货币政策来刺激经济，这就容易导致这些国家经济中需求过度增长，一旦超过生产能力将产生通货膨胀也就是所谓经济中出现泡沫，进而会对乙公司产生重大的不利影响。

二、产业环境分析（★★）

产业是由一群相似替代品的公司组成的。产业环境分析即我们常说的行业环境分析。波特在《竞争战略》一书中指出："形成竞争战略的实质就是将一个公司与其环境建立联系。公司环境的最关键部分就是公司投入竞争的一个或几个产业。"

（一）产品生命周期

【要点】产品生命周期的4个阶段

【要点精析】产品生命周期是指产品从投入市场到最终退出市场的整个过程。产品生命周期要经过4个阶段：导入期、成长期、成熟期和衰退期。这些阶段的划分是按产业销售额增长率的拐点划分的。产品生命周期图如图2-2所示。

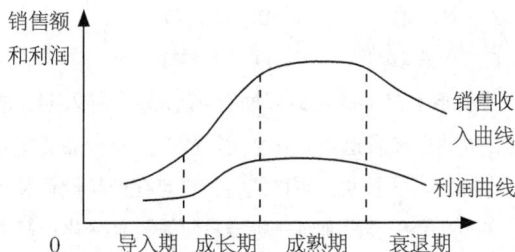

图2-2 产品生命周期图

1. 导入期

由于产品刚进入市场，用户少，产品设计新颖、但质量有待提高，产品的特点、性能和目标市场都处于变化当中，产品的推广和营销成本高。

市场竞争对手少，可以采用高价格、高毛利的策略，但是销量小利润低。

产品的规模小，企业的战略目标是扩大市场份额，争取成为"领头羊"。这个时期的主要战略路径是投资于研究、开发与技术改进，提高产品质量。导入期的经营风险非常高，存在很大不确定性。

2. 成长期

由于产品已经进入市场一段时间，这个时期的产品消费群已扩大，产品销售量逐步攀升，增长快速。产品成本以及销售由于销售量的扩大，规模效应显现，因

此单位销售成本降低。

由于市场竞争者大量涌入，对人才和资源需求也加大，可能出现兼并等市场操作现象，从而引起市场的动荡。由于需求大于供应，此时的价格最高，由此净利润也达到最高。

成长期企业的战略目标是争取最大的市场份额。企业在这一时期的战略路径是市场营销、改变价格形象和质量形象的好时机。

成长期市场经营风险有所下降，但由于竞争加剧了，市场的不确定性增加了，所以经营风险仍然维持在一个较高的水平。

3. 成熟期

进入成熟期的标志是竞争者之间出现价格上的竞争行为。这时市场虽大，但基本上进入饱和状态，新客户减少，销售量达到最高，销售额以及现金流量也达到前所未有的水平，但销售的增长率变缓。

生产稳定，产能过剩，毛利开始降低，利润空间开始被压缩。产品逐渐标准化，差异越来越不明显。竞争激烈，并爆发价格竞争。其战略目标是转向巩固市场份额，同时提高投资效率。其主要战略路径是提高效率，降低成本。

成熟期的经营风险进一步降低，达到中等水平。其风险主要是稳定的销售额持续时间，以及总盈利水平的高低。

4. 衰退期

这一时期的客户对产品的性价比有了更高的要求。由于各产品的差别小，价格差异也小。只有大批量生产并有自己销售渠道的企业才具有竞争力。由于产能过剩，价格、毛利都很低。

销售降低，增长率为负。有些竞争者退出市场。这个时期企业的经营战略目标是防御，获取随后的现金流量。采取的战略路径是控制成本，以求能维持正的现金流量，如果不能控制成本，应采取退出策略，尽早退出。

经营风险进一步降低，主要的悬念是产品何时退出市场。

◀)) **名师点拨** ··

前面主要使用产品生命周期分析方法对生命周期的4个阶段进行了详细分析，生命周期中各阶段的特点如表2-3所示。另外，该分析方法并不是只能用以研究产品的生命周期，可以用该模型对整个产业进行环境分析。

表2-3 产品生命周期的4个时期

对比项目	导入期	成长期	成熟期	衰退期
销售量	较小，增长缓慢	节节攀升，增长快速	达到最高，但增长变缓	降低，增长率为负
成本费用	较高	高，但单位成本费用低	局部产能过剩	拥有自己的销售渠道才有优势
产品毛利	较低	达到最高	开始降低	很低
产品特性	质量等不稳定	参差不齐	标准化	顾客性价比要求高
竞争者	很少	较激烈	异常激烈，价格竞争	部分先退出
经营风险	非常高	减弱，但仍较高	中等水平	进一步降低，风险点是否退出
战略目标	成为"领头羊"	争取最大市场份额	巩固市场份额	获取现金流
战略路径	研究开发	改变价格形象、质量形象	降低成本	获取现金，若不能则退出

产品生命周期理论不足之处表现在以下几个方面。

（1）不同的产业其产业生命周期的4个阶段持续时间不同，且具体处于哪个阶段不是特别清楚。

（2）产品生命周期曲线并非总是"S"曲线，即并非一定经历4个阶段，可以从成长期直接到衰退期，也可以在成长期和成熟期循环往复。

（3）企业也可以通过产品创新、重新定位，使企业不再以"S"曲线形式发展。

（4）不同产业的每一阶段的竞争属性会不同。

【例题6·单选题】（2017年真题）近年来，国内智能家电产业的产品销售量节节攀升，竞争者不断涌入。各厂家的产品虽然在技术和性能方面有较大差异，但均可被消费者接受。产品由于供不应求，价格高。在产品寿命周期的这个阶段，从市场角度看，国内智能家电产业的成功关键因素应当是（ ）。

A. 建立商标信誉，开拓新销售渠道

B. 保护现有市场，渗入别人的市场

C. 选择区域市场，改善企业形象

D. 广告宣传，开辟销售渠道

【解析】本题考查的是成长期的企业战略途径。销量节节攀升，增长快速属于成长期的特点。成长期的主要战略途径是市场营销，这时正是改变价格形象和质量形象的好时机，建立企业信誉，积极开拓新的销售渠道，进一步扩大市场，故A选项为正确答案。

【答案】A

【例题7·单选题】（2014年真题）某企业的产品是标准化的产品，根据此特征初步判断该产品属于生命周期的（ ）阶段。

A. 导入期　　　　B. 成长期

C. 成熟期　　　　D. 衰退期

【解析】产品的生命周期有4个阶段：导入期、成长期、成熟期和衰退期。各个阶段的产品及产品变化有各自的特征。导入期：质量低劣；重点在产品设计及开发；许多产品种类没有统一标准；频繁设计变化；基本产品设计。成长期：产品具有技术和性能方面的歧异性；复杂产品的关键在于可靠性；竞争产品的改进；优良的质量。成熟期：质量优异，产品歧异性不明显；标准化；产品变化不迅速——更多的是细小变化；折价具有重要意义。衰退期：产品歧异性小；产品质量出现问题。产品标准化是成熟期产品的特征，故本题选C。

【答案】C

（二）产业5种竞争力

【要点】产业5种基本竞争力

【要点精析】波特认为，在每一个产业中都存在5种基本的竞争力量，包括潜在进入者、替代产品、购买者、供应商、与现有的竞争者之间的抗衡，如图2-3所示。这5种力量共同决定着整个产业竞争的激烈程度和利润率的高低，竞争激烈了自然利润会降低，利润降低了就会有企业退出行业，然后利润又升高，有利润又会有新的企业进入，这样周而复始。

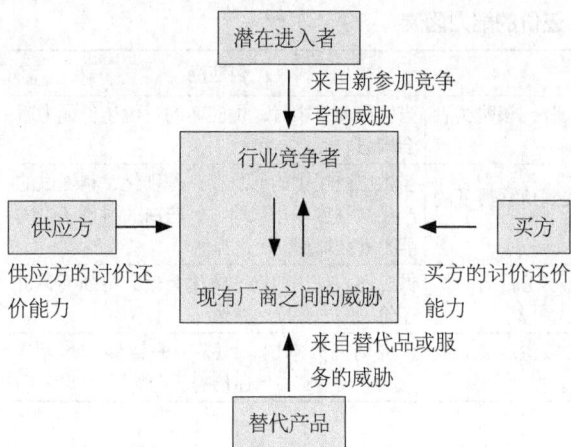

图2-3 产业5种基本竞争力

1. 5种竞争力分析

（1）潜在进入者的进入威胁

只要有利润的空间，就会吸引潜在进入者的进入。潜在进入者将在两个方面影响现有厂商利润：首先，瓜分原有市场以获取一些业务；其次，减少市场集中度，进而激发竞争。

进入者威胁的大小取决于进入障碍。进入障碍是指那些允许现有企业赚取正当的经济利益，是产业的新进入者无利可图的因素。

①结构性障碍，波特认为有7种主要障碍：规模经济、产品差异、资金需求、转换成本、分销渠道、其他优势及政府政策等。按照贝恩的分类，则可将7种主要障碍归纳为3种主要进入障碍：规模经济、现有企业对关键资源的控制和现有企业的市场优势。

第一，规模经济。规模经济是指企业所生产的产品或劳务的绝对量增加时，其单位成本趋于下降。

第二，现有企业对关键资源的控制。关键的资源表现为：资金、专利或者专利技术、原材料的供应、分销渠道、学习曲线等资源及资源使用方法的积累与控制。学习曲线，又称经验曲线，是指当某一产品生产的量增加时，由于经验与专有技术的积累所带来的产品单位成本的下降。学习曲线与规模经济的相同点为：两者都会使产品的单位成本降低。

不同点为学习曲线是由于经验和专有技术的积累来降低产品单位成本；而规模经济是由于规模的扩大来降低产品的单位成本。

第三，现有企业市场的优势。市场优势主要表现为：品牌优势，即由于产品差异化形成的顾客不同的忠诚度；政府的政策、法规和法令，如一些市场准入条件、地方保护等。

②行为性障碍（战略性障碍），即现有企业对进入者实施报复手段所形成的障碍。

第一，限制定价。以较低的价格来阻止潜在进入者的进入。

第二，进入对方领域。潜在进入者进入市场后，现有企业采取行动进入潜在竞争者的领域，以消除对方的行为给自己带来的风险。

（2）替代产品的替代威胁

替代产品是指功能或作用相同或者类似的产品。产品替代分为以下几种。

①直接产品替代，某一种产品直接取代另一种产品。

②间接产品替代，某一产品间接取代另一种产品。

🔊 **名师点拨** ••••••••••••••••••••••

①直接替代产品和间接替代产品只能是一个相对的概念，彼此之间没有清晰的界限。

②新产品能否替代老产品，主要取决于两种产品的性能——价格比的比较。性能——价格比也可以用价值表示，价值=功能÷成本。

③替代品的替代威胁并不一定意味着新产品对老产品最终的取代，新老产品可以并存。如火车、汽车、飞机、动车、高铁等交通运输方式长期并存。

（3）供应者、购买者讨价还价的能力

5种竞争力模型的水平方向是对产业价值链的描述。它反映了产品从原材料获取开始到产品销售的过程。企业战略的一个中心问题就是如何组织纵向链条。产业价值链表示一个厂商之间为生产最终交易的产品或服务，所经过的价值增值的活动过程。价值链上的每个环节都具有双重身份，对其上游而言，它是购买者，对其下游而言，它是供应者。供应者与购买者讨价还价的主要内容围绕功能与成本这两个方面的价值增值。供应者、购买者讨价还价的能力大小，取决于以下4个方面的实力，如表2-4所示。

表2-4 供应者、购买者讨价还价的能力因素

讨价还价的能力因素	购买者	供应商
买方（或卖方）的集中程度或业务量的大小	当购买者购买力集中，或者业务量大时，该购买者讨价还价能力就会增加。反之亦然	当供应商集中时，供应商的讨价还价能力就会增强。反之亦然
产品差异化程度和资产专用性程度	如果产品无差异化，购买者总可以买到价格最低的产品	当供应商提供的商品存在差别化，其提供的产品是高度专用化的，供应商的讨价还价的能力就会增加。反之亦然
纵向一体化程度	如果购买方实行了一部分一体化或存在后向一体化，就会增强其讨价还价的能力。反之亦然	供应商表现出前向一体化，会增强其讨价还价的能力。反之亦然
信息掌握的程度	购买者充分了解需求、实际市场价格或供应商的成本信息时，会增强其讨价还价的能力。反之亦然	供应商充分掌握了购买者的转移成本等信息，会增强其讨价还价的能力。反之亦然

（4）产业内现有企业的竞争

产业内现有企业的竞争是指一个产业内的企业为市场占有率而进行的竞争。这种竞争通常表现为价格战、广告战或对消费者的增值服务。

产业内现有企业的竞争在下面的几个方面可能很激烈。

①产业内有众多的或势均力敌的竞争对手。

②产业发展缓慢。

③顾客认为所有的商品都是同质的。

④产业中存在过剩的生产能力。

⑤产业进入障碍低而退出障碍高。

【例题8·多选题】（2017年真题）近年来，国内调味品企业面临着激烈的竞争压力：其一，海外调味品企业不断通过收购国内品牌或在国内直接建厂进入国内市场；其二，原料成本、用工成本不断上涨，同时由于国内企业众多，产品差异小，利润微薄；其三，天然营养的综合型调味品层出不穷，对传统调味品形成部分替代。从五种竞争力角度考察，国内调味品生产企业面临的竞争压力包括（ ）

A. 产业内现有企业的竞争

B. 潜在进入者的进入威胁

C. 供应者讨价还价

D. 购买者讨价还价

【解析】本题考查的是五力模型。题干中，（1）"国内企业众多"属于产业内现有企业的竞争，故A选项正确；（2）"海外调味品企业不断通过收购国内品牌或在国内直接建厂进入国内市场"属于潜在进入者的进入威胁，故B选项正确；（3）"原料成本、用工成本不断上涨"属于供应者、讨价还价的能力，故C选项正确；（4）"产品差异小，利润微薄"属于购买者讨价还价，故D选项正确；"天然营养的综合型调味品层出不

穷，对传统调味品形成部分替代"属于替代产品的替代威胁。故A、B、C、D选项均正确。

【答案】ABCD

2. 应对5种竞争力的战略

企业进行波特的5种竞争力分析后，应采取以下步骤以对抗这些竞争力。

（1）进行自我定位。企业是采用"成本优势"还是"差异优势"将自己与5种竞争力进行分离。

（2）选择企业的细分市场，并进行"集中战略"。

（3）协调这5种竞争力，即建立长期"战略联盟"。

3. 五力模型的局限性

波特的五力模型在分析企业所面临的外部环境时很有效，同时也存在其局限性，具体如下。

（1）该分析模型基本是静态的。即反映的是某一时点的竞争格局。

（2）该模型能够确定行业的盈利水平，但对于非营利机构，该模型不适用。

（3）该模型是基于这样一种理想的假设，即一旦进行了分析，企业就可以制定战略来处理分析结果。

（4）该模型是基于这样一种理想假设，即战略的制定者可以了解整个行业的信息（包括所有潜在的进入者和替代产品）。

（5）该模型低估了企业与供应商、客户与分销商、合资企业之间可能建立长期合作关系以减轻相互之间的威胁的可能性。

（6）该模型对产业竞争力的构成要素考虑不够全面。

哈佛商学院教授大卫·亚非在波特的五力模型的基础上，提出了第六要素，互补互助作用力。亚非认为任何一个产业内部都存在不同程度的互补互动（相互配套使用）的产品或服务业务。例如，对于房地产业，与之相关的交通运输、学校、医院、超市等都是相互配套

使用的，具有互补互动的作用力。

互补互助作用力理论包括以下两个方面。

①产业发展初期，企业可以考虑控制部分互补产品的工业，以有助于改善整个行业结构。

②随着行业的发展，企业应有意识地帮助和促进互补行业健康发展，可以采取捆绑式经营或者交叉补贴等策略。

捆绑式经营或者交叉补贴，例如，某些房地产企业出售商品房时，如果业主一次性支付一定比例房款的现金，业主就可以享受免一年的物业管理费等措施。

【例题9·多选题】甲公司是一家重型汽车生产企业。管理层正在考虑进军小轿车生产产业，并创立一个全新品牌的小轿车。甲公司评估面临的进入障碍时，应当考虑的因素有（   ）。

A. 为加入小轿车产业而成立新厂所需要的资金是否足够

B. 政府是否出台限制某些公司进入小轿车产业的政策

C. 甲公司是否能够承担从重型汽车生产到小轿车生产的转换成本

D. 市场上汽车生产用合金材料的供应商的数目及其议价能力

【解析】本题考查的是五种竞争力相关内容。进入小轿车生产产业将面临的主要障碍：有关键资源的控制，包括资金、专利或者专利技术、原材料的供应、分销渠道、学习曲线及资源使用方法的积累与控制；现有企业市场的优势，包括品牌优势、政府的政策、法规和法令。故选A、B、C，选项D表示的是供应商的议价能力。

【答案】ABC

【例题10·多选题】根据波特的五力模型，下列各项中，可以提高购买商议价能力的原因有（   ）。

A. 购买商主要为零散的个人，但是通过协议方式进行集体大量购买产品

B. 市场上的替代产品多

C. 购买商对于产品的性能、规格、质量以及售价信息很了解

D. 购买商对于产品的供应时间要求迫切

【解析】本题考查的是波特的五力模型相关内容。五力模型理论指出，购买者和供应商讨价还价的能力取决于以下4个方面因素：①买方（或卖方）的集中程度或业务量的大小；②产品差异化程度和资产专用性程度；③纵向一体化；④信息掌握的程度。

当购买者购买力集中，或者业务量大时，该购买者讨价还价能力就会增加，选项A正确。当供应商提供的商品是标准化的、差异不大的产品，对于消费者而言可以随意选择功能近似的产品，此时购买者讨价还价能力（议价能力）就会增加，选项B正确；购买者充分了解需求、实际市场价格或供应商的成本信息时，购买者讨价还价能力（议价能力）就会增加，选项C正确；购买商对于产品的供应时间要求迫切会使购买者的议价能力降低，选项D不正确。

【答案】ABC

【例题11·多选题】（2014年真题）东华公司是全国最大的建筑材料供应商，下列各项中会降低东华公司讨价还价能力的有（   ）。

A. 近年来，东华公司采购人员素质下降

B. 东华公司不能自行生产建筑材料

C. 东华公司80%的商品销售给少数的几个大客户

D. 市场上存在着多家相同建筑材料的供应商

【解析】A选项采购人员素质下降，不具有高超的谈判技巧会降低购买商讨价还价能力。B选项购买商不能自行生产产品会降低购买商的讨价还价能力。C选项企业的采购量占供应商销售量的比例高，会降低供应商的议价能力。D选项市场上供应商数目多会提高购买商讨价还价能力，降低供应商的议价能力。

【答案】ABCD

（三）成功的关键因素分析

【要点】产业成功的关键因素

【要点精析】成功的关键因素（KSF）是指公司在特定市场获得盈利必须拥有的技能和资产，也是公司要获得竞争与财务成功所必须具备的一些因素。它是企业取得产业成功的前提条件。

确认产业的关键因素必须考虑以下3个问题。

（1）顾客在各个竞争品牌之间进行选择的基础是什么？

（2）产业中的一个卖方厂商要取得竞争成功需要什么样的资源和竞争能力？

（3）产业中的一个卖方厂商获取持久的竞争优势必须采取什么样的措施？

在白酒行业，其成功关键因素是拥有超强而专业的酿酒能力，完善而强大的经销网络，上乘的广告宣传；而在服装行业，其成功关键因素是吸引人的设计与色彩组合以及低成本制造。最一般的关键成功因素清单如表2-5所示。

表2-5 最一般的关键成功因素清单

关键成功因素	要点说明
与分销相关的成功关键因素	企业独有的分销渠道、经销网络；企业快速的送货方式；企业低成本的分销方式等
与市场营销相关的成功关键因素	周到的售后服务、热情的销售服务等
与技术相关的成功关键因素	产品创新的能力、产品更新换代的能力
与技能相关的成功关键因素	丰富的生产经验、独特的产品的设计、独有的产品价值等
与制造相关的成功关键因素	较高的规模经济效益、较高的设备利用率等
其他类型的成功关键因素	公司对于买方来说，其拥有的形象/声誉、能够获得的融资机会、专利技术等

◄))) 名师点拨 ·······················

①成功关键因素随着产业的不同而不同；②在相同的产业中，成功的关键因素也会随着产业驱动因素和竞争环境的变化而随时变化；③即使在同一产业中，不同的企业其成功的关键因素也会有不同的侧重点。

【例题12·多选题】（2013年真题）对于电梯制造企业而言，其产业的成功关键因素包括（   ）。

A. 拥有其核心能力

B. 具有比其他竞争对手做得更好的能力

C. 销售能力

D. 售后服务

【解析】成功的关键因素（KSF）是指公司在特定市场获得盈利必须拥有的技能和资产。选项A不正确，因为拥有核心能力是使企业具有竞争力，而不是成功的关键因素，其要求比成功的关键因素更严格。选项B不正确，因为具有比其他竞争对手做得更好的能力，是站在公司个体的角度，而成功的关键因素分析是站在产业的角度。销售能力和售后服务是产业成功的两大关键因素，故选择C、D。

【答案】CD

三、竞争环境分析（★★）

竞争环境分析包括以下两个方面：一是从个别企业视角去观察分析竞争对手的实力；二是从产业竞争结构视角观察分析企业所面临的竞争格局。5种竞争力的分析侧重于对产业环境的整体进行分析，而竞争环境分析更侧重于对5种竞争力中的与企业直接竞争的每个企业进行分析。

（一）竞争对手分析

【要点】竞争对手分析的核心内容

【要点精析】竞争对手分析主要有4个方面的内容：竞争对手的未来目标、竞争对手的假设、竞争对手的现行战略、竞争对手的能力。

1. 竞争对手的未来目标

对竞争对手的未来目标的分析，可以帮助提升竞争对手的驱动力。有利于对竞争对手目前的市场地位以及财务状况的满意程度进行预测，进而推断其改变现行战略和受其他企业战略行为影响的可能性。

对竞争对手未来目标的分析可以从以下3个方面展开：①竞争对手目标分析对本公司制定竞争战略的作用。制定战略的一种方法是在市场中找到既能达到自身目的又不威胁竞争对手的位置。了解竞争对手的目标不仅能找到每个公司都相对满意的位置，还能帮助公司避免那些可能威胁到竞争对手达到其主要目标从而引发激烈战争中的战略行动。②分析竞争对手业务单位的目标的主要方面。③多元化公司中母公司对其业务单位未来目标的影响，即分析竞争对手在母公司总体战略中的重要性和匹配性。

2. 竞争对手的假设

竞争对手的假设分为以下两类：一是竞争对手对自己的假设；二是竞争对手对产业及产业中其他公司的假设。对竞争对手的假设进行了解，目的在于提示竞争对手对其自身所处产业以及其他企业的评价和看法，有利于正确判断其战略意图。

3. 竞争对手的现行战略

对竞争对手的现行战略进行分析，有利于了解其正在做什么、能够做什么。还可以帮助公司了解竞争对手目前是如何进行竞争的。

4. 竞争对手的能力

对竞争对手能力的分析，目的是了解竞争对手的优势和劣势。能力分析主要包括核心能力、成长能力、快速反应能力、适应变化的能力和持久力。

【例题13·单选题】（2013年真题）2008年美国次贷危机爆发，波及中国大部分金融企业。在此期间，国外投行K预计其竞争对手在中国的一家银行将会逐步降低权益类投资，并逐渐降低对客户理财产品的收益率。投行K对这家银行进行上述分析属于（　　　　）。

A. 财务能力分析

B. 成长能力分析

C. 适应变化的能力分析

D. 快速反应的能力分析

【解析】分析竞争对手的能力主要包括核心能力、成长能力、快速反应能力、适应变化的能力和持久力。其中，分析其核心能力包括分析竞争对手在各职能领域最强之处是什么、最弱之处是什么等；分析其成长能力包括分析其在哪些方面可以持续增长，在人员、技能和工厂方面其发展壮大的能力如何；分析其快速反应能力包括分析竞争对手对其他公司的行动迅速反应的能力如何、立即发动进攻的能力如何；分析其适应变化能力包括分析竞争对手对外部事件作出的反应，诸如，持续的通胀、经济衰退、政府相关的条例等，分析其持久力包括分析其可能对收入或现金流造成压力的持久战的能力有多大等。结合题干，"国外投行K预计其竞争对手在中国的一家银行将会逐步降低权益类投资"属于分析竞争对手对外部事件作出的反应，诸如，持续的通胀、经济衰退、政府相关的条例，属于适应变化的能力。

【答案】C

【例题14·单选题】（2014年真题）竞争对手在其战略一致性检测方面表现怎样？这个问题用于分析竞争对手的（　　　　）。

A. 核心能力　　　B. 适应变化能力

C. 持久力　　　D. 成长能力

【解析】核心能力分析包括：①竞争对手在各职能领域中能力如何？最强之处是什么？最弱之处在哪里？②竞争对手在其战略一致性检测方面表现怎样？③随着竞争对手的成熟，这些方面的能力是否可能发生变化？随时间的延长是增长还是减弱？

【答案】A

（二）产业内的战略群组

【要点】战略群组分析的特征和意义

【要点精析】产业内的战略群组是要确定产业内的所有主要竞争对手的战略方面的特征。战略群组是指某一个产业中在某一战略方面采用了相同或者类似的战略，或者具有相同战略特征的各公司组成的集团。一个产业中，可以只有一个战略群组，也可以每一个公司是一个战略群组。一般来说，在一个产业中仅有几个战略群组，它们采用特征完全不同的战略。

1. 战略群组的特征

同一战略群组内的企业会有相似或相同对待的战略要素，主要包括公司结构、品牌、技术程度、研究开发能力、生产能力、产品质量标准、企业的规模、定价策略、分销渠道的选择、客户的服务以及与政府、金融界利益相关者的关系等。

为了识别战略群组，必须选择这些战略要素的2～3项。在选择划分产业内战略群组的特征时要避免选择同一产业中所有公司都相同的特征。

2. 战略群组分析的意义

战略群组分析有助于企业了解相对于其他企业，本企业的战略地位以及公司战略变化可能的竞争性影响。

（1）有利于很好地了解战略群组的竞争状况。可以主动地发现近处与远处的竞争者，还可以了解某一群组与其他群组间的不同。

（2）有利于了解各战略群组之间的"移动障碍"。移动障碍，即一个群组转向另一个群组的障碍。

（3）有助于了解战略群组内企业竞争的主要着眼点。虽然同一战略群组内的企业采用了相同或相似的战略，但由于群组内各个企业的优势不同会形成各企业在实施战略的能力上有所不同，从而导致虽实施同样的战略但效果不同。

（4）利用战略群组图还可以预测市场变化或发现战略机会。

（5）可以帮助企业了解所在战略群组内各个竞争对手的优势、劣势和战略方向。

🔊 **名师点拨**

在对所有企业进行战略群组划分时，确定要以哪些特征作为划分依据是十分关键的。所以，战略管理层最好选择符合产业本身的特征，以及产业在竞争上所采取的较独特且具有决定性的成功关键因素作为划分战略群组的依据。

【知识拓展】20世纪80年代的食品业战略群组图如图2-4所示。

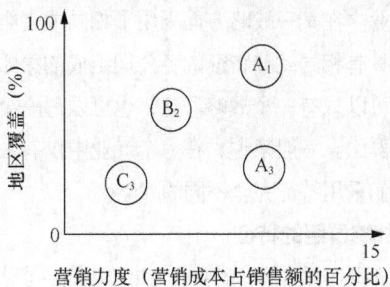

图2-4　20世纪80年代的食品业战略群组

图2-4以20世纪80年代的食品业作为例子，以地区覆盖和营销力度作为划分的战略群组的特征。A_1代表具有高地区覆盖率、高营销力度的一类战略群组；A_3代表具有低地区覆盖率、高营销力度的一类战略群组；B_2代表具有中等地区覆盖率、中等营销力度的一类战略群组；C_3代表具有低地区覆盖率、低营销力度的一类战略群组。

【例题15·多选题】（2013年真题）以下关于企业战略群组的描述，正确的有（　　　　）。

A. 利用战略群组图可以预测市场变化

B. 通过战略群组分析可以了解组内企业竞争的主要着眼点

C. 突破战略群组的边界就能进入"蓝海市场"

D. 分析战略群组可以更好地了解不同战略群组之间的状况

【解析】本题主要是考查战略群组的意义。战略群组分析不仅有助于了解不同战略群组之间的状况，还有助于了解组内企业竞争的主要着眼点，并且可以利用战略群组图预测市场变化。"红海"战略是指在现有的市场空间中竞争，是在价格中或者在推销中作降价竞争，他们是在争取效率时，增加了销售成本或者减少了利润。"蓝海"战略是相对于"红海"战略而言的，"蓝海"战略是开创无人争抢的市场空间，超越竞争的思想范围，开创新的市场需求，开创新的市场空间，经由价值创新来获得新的空间。"蓝海"战略的视线将超越竞争对手移向买方需求，跨越现有竞争边界，将不同市场的买方价值元素筛选并重新排序，从给定结构下的定位选择向改变市场结构本身转变。故选择A、B、C、D。

【答案】ABCD

【例题16·多选题】（2014年真题）战略群组分析有助于企业了解，相对于其他企业，本企业的战略地位以及公司战略变化可能的竞争性影响。具体来讲，其意义有（　　　　）。

A. 有助于很好地了解战略群组间的竞争状况

B. 有助于了解各战略群组之间的"移动障碍"

C. 有助于了解战略群组内企业竞争的主要着眼点

D. 可以预测市场变化或发现战略机会

【解析】战略群组分析的意义包括以下几点。

（1）有助于很好地了解战略群组间的竞争状况。

（2）有助于了解各战略群组之间的"移动障碍"。

（3）有助于了解战略群组内企业竞争的主要着眼点。

（4）可以预测市场变化或发现战略机会。

【答案】ABCD

【例题17·单选题】（2016年真题）甲公司是一家区别于传统火锅店方式的火锅餐饮企业，在给顾客提供餐饮服务的同时，还免费给顾客提供擦鞋、美甲、擦拭眼镜等服务。甲公司的经营模式取得了成功，营业额高速增长。甲公司实施蓝海战略的路径是（　　　　）。

A. 跨越时间

B. 重新界定产业的买方群体

C. 跨越战略群体

D. 重设客户的功能性或情感性诉求

【解析】本题考查的是蓝海战略。甲公司通过为顾客提供经营范围之外的其他服务，更好地满足消费者的需求，注重客户对于产品的有用性需求以及能够带来情感抚慰的需求，属于重设客户的功能性或情感性诉求。

【答案】D

四、国家竞争优势（钻石模型）分析（★★★）

1990年，波特在《国家竞争优势》一书中，利用钻石模型对能够加强国家在产业中的竞争优势的国家特征进行分析。他识别出了国家竞争优势的4个决定因素，并以钻石图来显示，如图2-5所示。

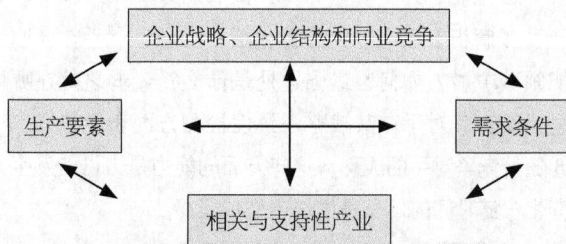

图2-5　用于国家竞争优势分析的钻石图

钻石图模型的4个决定因素：生产要素；需求条件；相关与支持性产业；企业战略、企业结构和同业竞争。

钻石模型的4个决定因素，如表2-6所示。

表2-6 　　　　　　　　　　　　　　钻石模型的4个决定因素

钻石模型的4个决定因素	具体释义
生产要素	（1）生产要素的第一种分类 ①初级生产要素：天然资源、气候、地理位置、非技术工人、资金等 ②高级生产要素：现代通信、信息、交通等基础设施，受过高等教育的人力、研究机构等 （2）生产要素的第二种分类 ①一般生产要素 ②专业生产要素：高级专业人才，专业研究机构，专用的软、硬件设施等 （3）一个国家只有通过发展高级生产要素和专业生产要素，才能建立起产业强大而又持久的优势。国家把竞争优势建立在初级生产要素或一般生产要素的基础上，通常是不稳定的 （4）一个国家的竞争优势其实可以从不利的生产要素中形成
需求条件	国内需求：产业发展的动力（本地客户的本质、预期性需求）
相关与支持性产业	对形成国家竞争优势而言，相关和支持性产业与优势产业之间是一种互补互助、休戚与共的关系，例如产业集群的概念
企业战略、企业结构和同业竞争	这是波特开出的企业治理三角习题，指如何创立、组织和管理公司，如何应对同业竞争对手等问题

【例题18·单选题】（2013年真题）甲汽车制造企业公司准备到发展中国家M国投资，对M国诸多条件进行了认真的调查分析，以下分析内容不属于钻石模型要素的是（　　　　）。

A. M国汽车零部件产业发展状况

B. M国劳动力价格和素质

C. M国对汽车的需求状况

D. M国政府对汽车业发展的产业政策

【解析】本题考查的是波特的钻石模型。M国政府对汽车业发展的产业政策不属于钻石模型的要素，故选择D。其中，选项A，M国汽车零部件产业发展状况，属于钻石模型4要素中的企业战略、结构和竞争者要素。选项B，M国劳动力价格和素质属于钻石模型4要素中的要素状况类。选项C，M国对汽车的需求状况属于钻石模型4要素中的需求状况类。

【答案】D

【例题19·多选题】（2014年真题）构成钻石模型的要素有（　　　　）。

A. 生产要素

B. 需求条件

C. 相关与支持性产业

D. 企业战略、企业结构和同业竞争的表现

【解析】钻石模型4要素包括：生产要素，需求条件，相关与支持性产业，企业战略、企业结构和同业竞争的表现。

【答案】ABCD

第二节　企业内部环境分析

考情分析：本章主要讲企业内部资源分析的方法，包括企业资源与能力分析（企业资源分析、企业能力分析、企业核心能力的分析）、价值链分析（包括两类活动）和业务组合分析（波士顿矩阵分析和通用矩阵分析）。其中，重点把握企业资源的判断类型、基准类型和波士顿矩阵分析。企业能力分析、价值链分析易以选择题的形式考查。

学习建议：首先，要熟记每种分析工具适用的分析范围；然后，准确把握每种分析工具的基本内容；最后，对于波士顿分析模型分析，一定要深入理解，并结合一定案例进行练习。

一、企业资源与能力分析（★★）

前面学习了企业外部环境分析，接下来学习企业内部环境分析，即企业所拥有的独特资源与能力所支配的行为。

（一）企业资源分析

【要点】企业资源分析的目的

【要点精析】企业资源分析的目的在于识别企业的资源状况、企业资源方面的竞争优势和劣势以及对未来战略目标制定和实施的影响。

1. 企业资源的主要类型

企业资源是指企业所拥有或控制的有效因素的总

和,包括资产、生产或其他作业程序技能与知识等。企业的资源主要分为以下3种:有形资产、无形资产和人力资源,如表2-7所示。

表2-7 企业资源类型

企业资源类型	概　念	要点说明
有形资源	有形资源是指可见、能用货币直接计量的资源,包括物质资源与财务资源	物质资源包括土地、厂房、生产设备、原材料等;财务资源包括资金,即应收账款、有价证券等 具有稀缺性的有形资源能使公司获得竞争优势(如独有的地理位置)
无形资源	无形资源是指企业长期积累的、没有实物形态的,甚至无法用货币精确度量的资源	无形资源包括品牌、商誉、技术、专利、商标、企业文化及组织经验 由于无形资源一般难以被竞争对手了解、模仿、购买或复制,所以,无形资源是企业的一种重要的核心竞争力的来源
人力资源	人力资源是指组织成员向组织提供的技能、知识以及推理和决策能力	人力资源也是公司获得竞争优势的一个来源。在信息技术迅速发展的新时代,人力资源在企业发展中的作用越来越大

🔊 **名师点拨** ••••••••••••••••••

应注意以下几点:①由于会计核算的原因,资产负债表所记录的账面价值并不能完全反映有形资源的战略价值;②资产负债表所记录的无形资产并不能代表企业的全部无形资源(商誉等在资产负债表中不属于无形资产)。

2.决定企业竞争优势的企业资源判断标准

分析一个企业拥有的资源时,必须知道哪些资源有价值,只有有价值的资源才能使企业获得竞争优势。判断一个企业的资源是否有价值的判断标准如下。

(1)资源的稀缺性

资源的稀缺性包括:①拥有稀缺资源的企业更能获得竞争优势;②稀缺资源拥有得越持久,由这种稀缺资源产生的竞争优势越持久。

(2)资源的不可模仿性

资源的不可模仿性是指企业创造价值的核心。不可模仿性包括以下4种形式。

①物理上独特的资源。例如,茅台酒独特的地理位置,使得酿造出来的白酒浓香四溢。

②具有路径依赖性的资源。它是指那些必须经过长期的积累才能获得的资源。例如,海尔长年形成的完善的售后服务。

③具有因果含糊性的资源。它是指企业并不能清晰地解释该资源形成原因,这样也使得竞争者无法模仿。

④具有经济制约性的资源。它是指竞争对手已经具有复制资源的能力,但因市场空间有限不能与其竞争的情况。

(3)资源的不可替代性

由于不能替代,所以竞争者不能取得竞争地位。

(4)资源的持久性

资源的贬值越慢,越有利于形成核心竞争力。

【例题20·多选题】(2017年真题)天翔航空公司于2016年初率先布局航空互联网,现在该公司已有50多架飞机完成改造和机组培训,为乘客提供了稳定的互联网接入服务,并由此赢得了明显的竞争优势。天翔航空公司的竞争优势来源于其拥有的( )。

A. 文化资源 B. 人力资源

C. 技术资源 D. 物质资源

【解析】本题考查的是企业资源分析。企业的资源主要分为3种:有形资产、无形资产和人力资源。无形资源包括品牌、商誉、技术、专利、商标、企业文化及组织经验由于无形资源一般难以被竞争对手了解、模仿、购买或复制,题干中,公司已有50多架飞机完成改造和机组培训,为乘客提供了稳定的互联网接入服务属于人力资源和技术资源,故B、C选项为正确答案。

【答案】BC

【例题21·单选题】(2014年真题)以下不属于能够帮助企业建立竞争优势的资源的是( )。

A. 新产品的专利权

B. 海底捞独特的企业文化

C. 耐克的商誉

D. 好利来的生产用面粉

【解析】企业竞争优势资源的主要判断标准包括以下几个方面。

(1)资源的稀缺性。如果企业掌握了取得处于短缺供应状态的资源,而其他的竞争对手又不能获取这种资源,那么,拥有这种稀缺性资源的企业便能获得竞争优势。

(2)资源的不可模仿性。资源的不可模仿性是竞争优势的来源，也是价值创造的核心。资源的不可模仿性主要有以下4种形式。

①物理上独特的资源，如A选项。

②具有路径依赖性的资源。

③具有因果含糊性的资源，如B选项。

④具有经济制约性的资源。

（3）资源的不可替代性。企业的资源如果能够很容易地被替代，那么即使竞争者不能拥有或模仿企业的资源，他们也仍然可以通过获取替代资源而改变企业的竞争地位。

（4）资源的持久性。资源的贬值速度越慢，就越有利于形成核心竞争力。一般来说，有形资源往往都有自己的损耗周期，而无形资源和组织资源则很难确定其贬值速度，如C选项。D选项中好利来生产用的面粉是各企业均能获得的，不能形成竞争优势。故选择D。

【答案】D

（二）企业能力的分析

企业能力是指企业配置资源、发挥其生产和竞争需要的能力，即企业对有形资源、无形资源和人力资源等各种资源的有机组合。企业能力主要包括研发能力、生产管理能力、营销能力、财务能力和组织管理能力，如表2-8所示。

表2-8 企业能力组成

企业能力		要点说明
研发能力		①研发能力是保持企业竞争活力的关键因素 ②衡量指标：研发计划、研发组织、研发过程和研发效果
生产管理能力		①生产活动是企业最基本的活动，生产是指将投入转化为产品或服务并为消费者创造效用的活动 ②衡量指标：主要从生产过程、生产能力、库存管理、人力管理和质量管理衡量
营销能力		营销能力是指企业指导消费，以获取产品竞争能力、销售活动能力和市场决策能力
	产品竞争能力	主要可以从产品市场地位、收益性、成长性等方面分析 产品的市场地位：用市场占有率、市场覆盖率等指标衡量 产品的收益性：用利润空间和量本利进行分析 产品的成长性：用销售增长率、市场扩大率等指标进行比较分析
	销售活动能力	销售活动能力是对企业销售组织、销售绩效、销售渠道、销售计划等方面的综合考查 销售组织分析主要包括对销售机构、销售人员和销售管理等基础数据的评估 销售绩效分析是以销售计划完成率和销售活动效率为主要内容 销售渠道分析则主要分析销售渠道结构（如直接销售和间接销售的比例）、中间商评价和销售渠道管理
	市场决策能力	市场决策能力是以产品竞争能力、销售活动能力的分析结果为依据
财务能力	筹集资金的能力	衡量指标：资产负债率、流动比率、已获利息倍数
	使用和管理所筹集资金的能力	衡量指标：投资报酬率、销售利润率、资产周转率
组织管理能力		①职能管理体系的任务分工 ②岗位责任 ③集权和分权的情况 ④组织结构（直线职能、事业部等） ⑤管理层次和管理范围的匹配

（三）企业核心能力的分析

【要点】企业核心能力的辨别与评价

【要点精析】核心能力是指企业在具有重要竞争意义的经营活动中能够比其竞争对手做得更好的能力。企业的核心能力可以是完成某项活动所需的优秀技能，也可以是在一定范围内和深度上的企业的技术诀窍，或者是那些能够形成很大竞争价值的一系列具体生产技能的组合。企业的核心能力是企业中有价值的资源，它根源于企业的各种技巧、知识和人的能力之中，使企业获得竞争优势。

1. 核心竞争力的辨识

根据核心能力的概念，企业能力中需同时满足3个关键测试才能被确认为核心能力。

（1）它对顾客是否有价值？

（2）它与企业竞争对手相比是否有优势？

（3）它是否很难被模仿和复制？

可以用以下3种方法来辨识核心竞争力，如表2-9所示。

表2-9 核心竞争力的辨识方法

辨识方法	要点描述
功能分析	结合前面企业拥有的5种能力（研发能力、生产管理能力、营销能力、财务能力、组织管理能力）分析企业是否具有核心竞争力。它是比较有效的常用方法，但只能识别出具有特定功能的核心能力
资源分析	结合前面企业拥有的3种资源（有形资源、无形资源、人力资源）分析企业是否具有核心竞争力。分析有形资源很容易，但分析无形资源比较困难
过程系统分析	通过对企业整个系统进行分析来判断企业的经营状况，进而分析企业是否具有核心竞争力

【例题22·多选题】（2014年真题）企业的核心能力是能够通过一些方法来识别的，下面（　　　）方法可以识别核心能力。

A. 产品分析　　　　B. 资源分析

C. 功能分析　　　　D. 过程系统分析

【解析】核心能力是能够通过一些方法来识别的，包括功能分析、资源分析以及过程系统分析。

（1）功能分析。考查企业功能是识别企业核心竞争力常用的方法，这种方法虽然比较有效，但是它可能只能识别出具有特定功能的核心能力。

（2）资源分析。另一种识别方法是分析企业的资源。分析实物资源比较容易，例如，企业商厦所处的区域、生产设备以及机器的质量等，而分析像商标或者商誉这类无形资源则比较困难。

（3）过程系统分析。过程涉及企业多种活动从而形成系统。过程和系统有可能仅是企业单一的功能，不过通常都涉及多种功能，过程系统本身是比较复杂的，但是企业通常还是会使用这种方式来识别企业的核心能力，因为只有对整个系统进行分析才能很好地判断企业的经营状况。因此本题应选 B、C、D 选项。

【答案】BCD

2. 核心能力的评价

（1）评价的基础和方法。只有当企业的核心能力不仅仅是企业的优势，而且这种能力很难被模仿或复制时，这种优势才具有战略价值。可以使用以下几种方法来了解企业的能力是否强于竞争对手，如表 2-10 所示。

表2-10 评价的基础和方法

方　　法	要点描述
企业的自我评价	它是对企业内部信息收集与整理的方法，是一种快速而经济的方法
产业内部比较	产业专家通常会收集产业内包括市场份额、成本结构、关键成本以及顾客满意度等数据进行企业间的比较
基准分析	基准分析是指将企业和竞争对手的业绩相比较，这种比较可以是与国内的一流企业、也可以是与国外的一流企业，既可以比较单个具体活动，又可以比较整个系统或过程
成本驱动力和作业成本法	企业使用作业成本法以便找出企业的成本驱动力，进而对核心能力进行评价
收集竞争对手的信息	企业采用多种方式收集竞争对手的信息，如与顾客、供应商、代理人以及产业分析师进行沟通；实地考察竞争对手，对竞争对手产品进行分析，雇用竞争对手的员工，电话与网上询问竞争对手的产品

（2）基准分析的概论与实践。基准分析是指被用于分析同产业内一流企业的产品或服务的一个连续系统过程，其目的是学习竞争对手的优点，取长补短，发现竞争对手的缺点并以其为突破口，战胜并超越竞争对手。

①基准对象。基准对象可以衡量业绩的活动。主要包括占用资金较多的活动、能显著改善与顾客关系的活动、能最终影响企业结果的活动等。

②基准类型。不同的基准对象决定了不同的基准类型。

· 内部基准。内部基准是指企业内部之间互为基准进行学习与比较。

· 竞争性基准。竞争性基准是指直接以竞争对手为基准进行学习与比较。

· 过程和活动基准。过程和活动基准是指以具有类似核心经营的企业为基准进行比较，但二者之间的产品和服务不存在直接竞争的关系。

· 一般基准。一般基准是指以具有相同业务功能的企业为基准进行比较。

· 顾客基准。顾客基准是以顾客的预期为基准进行比较。

③基准分析练习。一个企业进行基准分析的成败主要取决于高层管理人员的行为，管理人员在明确基准对象时需要尽可能地精确。

（3）竞争对手分析。通过与竞争对手比较所获得的企业竞争优势能为企业带来有用的战略信息。而对竞争对手的未来目标、假设、现行战略和潜在能力的分析都是企业自身核心能力评价不可或缺的步骤与内容。

【例题23·单选题】（2017年真题）西康酒店是一家位于中国西部某著名旅游景区的五星级酒店，为了提升管理水平，西康酒店定期派人去东部旅游景区的五星级酒店学习，从而逐步提升了服务质量和财务业绩。西康酒店进行基准分析的基准类型是（ ）。

A. 内部基准　　　B. 过程或活动基准

C. 一般基准　　　D. 竞争性基准

【解析】本题考查的是核心能力的评价。一般基准是指以具有相同业务功能的企业为基准进行比较。题干中的西康酒店和五星级酒店都是酒店，有相同业务，但不存在竞争关系，故C选项为正确答案。

【答案】C

3. 企业核心能力与成功的关键因素

（1）企业核心能力与成功的关键因素的异同点。

相同点：都是公司盈利的指示器。

差异点：企业核心竞争力是个别企业的特征，是从企业内部环境的角度进行分析。

成功的关键因素是产业和市场层次的特征，是从产业环境的角度进行分析。

（2）拥有成功的关键因素是企业拥有的竞争优势

的必要条件，而不是充分条件。

【例题24·单选题】迅驰电梯公司是世界上最大的电梯、自动扶梯和自动走道制造、安装和服务公司。2003年公司总裁鲍勃在主持公司年度会议时，为迅驰电梯公司提出了一个愿景：超越自己，在提供卓越服务方面成为世界范围内所有公司——不仅仅是电梯公司——公认的领袖。为了追求服务卓越，迅驰电梯公司未来的参照标准是像UPS这样具有类似的核心业务的公司。从基准分析方法判断，鲍勃的观点是基于（ ）。

A. 竞争性基准　　　B. 过程或活动基准

C. 一般基准　　　　D. 顾客基准

【解析】基准对象不同决定了不同的基准类型，5种基准类型各具特点：内部基准主要用于企业内部之间互为基准进行学习与比较；竞争性基准用于直接以竞争对手为基准进行学习与比较；过程和活动基准是以具有类似核心经营的企业为基准进行比较，但二者之间的产品和服务不存在直接竞争的关系；一般基准是以具有相同业务功能的企业为基准进行比较；顾客基准是以顾客的预期为基准进行比较。题干中表明 "UPS是具有类似的核心业务的公司"，故选择B。

【答案】B

二、价值链分析（★★）

迈克尔·波特在《竞争优势》一书中引入了"价值链"的概念。波特认为企业每项生产经营活动都是其创造价值的经济活动。价值链即企业所有的互不相同但又相互关联的生产经营活动构成的创造价值的动态过程。

价值链分析是把企业活动进行分解，通过考虑这些单个活动及其相互之间的联系来确定企业的竞争优势。

（一）价值链的两类活动

价值链将企业的经营活动分为基本活动和支持活动，各类活动的具体内容如下。

（1）基本活动

基本活动又称主体活动，是指生产经营的实质性活动，可以分为以下5种活动，如表2-11所示。它们与企业商品的实体加工流转直接相关。这些活动是企业的基础增值活动。

表2-11　　　　　　　　　　　　　基本活动的类型

分　类	要点说明
内部后勤	内部后勤又称进货物流，是指与产品投入有关的进货、仓储和分配活动，包括原材料的装卸、入库、盘存运输以及退货
生产运营	生产运营是指将投入转化为最终产品的活动，包括机加工、装配、包装、设备维修、检测
外部后勤	外部后勤又称出货物流，是指与产品的库存、分送给购买者有关的活动，包括最终产品的入库、接受订单、送货等
市场销售	市场销售指与促进和引导顾客购买企业产品的活动，包括广告、定价、销售、渠道等
服务	服务是指与保持和提高产品价值有关的活动，包括培训、修理、零部件的供应和产品调试等

（2）支持活动

支持活动又称辅助活动，是指用以支持基本活动而且企业内部各部门之间又相互扶持的活动，包括采购管理、技术开发、人力资源管理和企业基础设施4种活动，如表2-12所示。

表2-12　　　　　　　　　　　　　支持活动的类型

分　类	要点说明
采购管理	采购管理是指采购企业所需投入产品的职能，包括生产原材料的采购、其他有资源投入的管理（广告策划、市场预测、管理信息系统设计、法律咨询等）
技术开发	技术开发是指可以改进企业产品和工序的一系列技术活动。包括生产方面的工程技术、通信方面的信息技术、领导的决策技术。它是判断企业竞争实力的一个重要因素
人力资源管理	人力资源管理是指企业职工的招聘、雇佣、培训、提拔和退休等管理活动，它对提高企业竞争力有着重要作用
基础设施	基础设施是指企业的组织结构、惯例、控制系统以及文化活动等。它是支持整个价值链运行的基础

◀)) 名师点拨 ···

基本活动中的内部后勤指采购投入品本身，而支持活动的采购管理是指采购投入品的职能。

【例题25·多选题】（2014年真题）按照波特的价值链理论，企业的下列各项活动中，属于支持活动的有（　　　）。

A. 书店提供网络在线销售服务

B. 家电生产企业利用外包仓库储存其产成品

C. 快递公司重整其人力资源管理，提升员工的服务能力

D. 制鞋企业设立特定研究中心专门从事人体工程学和产品生产的研究

【解析】书店提供网络在线销售服务，属于基本活动中的市场销售，所以，选项A错误。家电生产企业利用外包仓库储存其产成品，属于基本活动中的发货后勤，所以，选项B错误。快递公司重整其人力资源管理，提升员工的服务能力，属于辅助活动中的人力资源管理，所以，选项C正确。制鞋企业设立特定研究中心专门从事人体工程学和产品生产的研究，属于辅助活动中的技术开发，所以，选项D正确。

【答案】CD

（二）价值链确定

为了判断企业的竞争优势，结合波特的价值链分析，为一个特定产业的竞争定义企业的价值链是非常必要的。价值链中的每个活动都能分解为一些相互分离的活动。价值链确定的过程就是将技术特征经济效果可以分离的活动分解出来。分解的适当程度依赖于这些活动的经济性和分析价值链的目的。这些活动被分解的基本原则如下。

（1）具有不同的经济性。

（2）对产品差异化产生很大的潜在影响。

（3）在成本中比例很大或所占比例上升。

满足以上条件的活动对企业的价值而言很重要，进而就需要单独分解，反之，就需要被组合起来。

（三）企业资源能力的价值链分析

企业价值分析的关键是认识企业如何将自身的资源进行有效的整合。所以，对企业资源能力进行价值链分析，需要明确以下几点。

（1）确认那些支持企业竞争优势的关键性活动

确认这些关键性活动的目的是在此基础上建立和强化这种优势，这样企业就很可能获得成功。

（2）明确价值链内部活动之间的联系

明确内部活动之间的联系，并研究其究竟是增加了企业的价值，还是增加了企业的成本，以此来选择和构筑最适合企业的联系方式。

（3）明确价值系统内各项价值活动之间的联系

价值活动的联系既存在于企业价值链内部，也存在于企业与企业价值链之间。价值活动链活动指的是企业与企业的价值链之间的联系，包括企业与其供应商、分销商和客户之间的价值链的联系。图2-6所示是价值系统内包括供应商、分销商和客户在内的各项价值活动之间的联系。

例如，沃尔玛是全球最大的零售业巨头，其建立的全球供应链系统，能使其所有的供货商及时了解某种产品的销售状况，并及时补货。

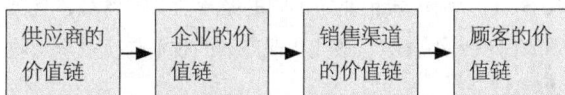

```
┌──────┐   ┌──────┐   ┌──────┐   ┌──────┐
│供应商的│ → │企业的价│ → │销售渠道│ → │顾客的价│
│价值链 │   │值链  │   │的价值链│   │值链  │
└──────┘   └──────┘   └──────┘   └──────┘
```

图2-6 价值系统

【例题26·单选题】 贾某经营一家美发店，尝试利用波特的价值链理论分析向顾客提供服务的各项活动。针对下面几项活动，比照价值链5种基本活动的概念及解释，属于美发店外部后勤的活动是（　　）。

A. 迎送进店顾客　　B. 引导顾客消费

C. 清洁门前环境　　D. 为客户头发造型

【解析】 外部后勤是指与产品的库存、分送给购买者有关的活动，包括最终产品的入库、接受订单、送货等，故选择B。选项A迎送进店顾客属于服务，是与保持和提高产品价值有关的活动，包括培训、修理、零部件的工业和产品调试等。选项C清洁门前环境属于市场营销，是与促进和引导顾客购买企业产品的活动，包括广告、定价、销售、渠道等。选项D为客户头发造型属于生产运营，是将投入转化为最终产品的活动，包括机加工、装配、包装、设备维修、检测。

【答案】 B

【例题27·多选题】 （2013年真题）甲公司是一家复印机生产企业。关于甲公司的价值链，以下表述正确的是（　　）。

A. 进货材料搬运、部件装配、订单处理、广告、售后服务属于基本活动

B. 运输服务、原材料采购、信息系统开发、招聘等活动属于支持活动

C. 价值链的每项活动对甲公司竞争优势的影响是不同的

D. 公司的基础设施包括厂房、建筑物

【解析】 价值链包括两类活动：①基本活动，包括内部后勤、生产经营、外部后勤、市场营销、服务。其中，内部后勤包括原材料的装卸、入库、盘存以及退货；生产经营包括机加工、装配、包装、设备维修、检测；外部后勤包括最终产品的入库、接受订单、送货等；市场营销包括广告、定价、销售、渠道等；服务包括培训、修理、零部件的工业和产品调试等。②支持活动（辅助活动），包括采购管理、技术开发、人力资源管理、基础设施。其中，采购管理包括生产原材料的采购、其他有关资源投入的管理（广告策划、市场预测、管理信息系统设计、法律咨询等）；技术开发包括生产方面的工程技术、通信方面的信息技术、领导的决策技术；人力资源管理包括企业职工的招聘、雇佣、培训、提拔和退休等管理活动；基础设施包括企业的组织结构、惯例、控制系统、文化以及企业高层管理者等。

【答案】 ABC

三、业务组合分析（★★）

对于多元化经营的公司而言，需要将企业的资源和能力作为一个整体来考虑，还需要对企业进行业务组合分析。对公司业务进行组合分析是公司战略能力分析的一个重要部分，公司战略的主要责任是保证业务组合的优化。业务组合分析的主要方法有两种：波士顿矩阵和通用矩阵。

（一）波士顿矩阵

1. 基本概念

波士顿矩阵（BCG Matrix）又名市场增长率。相对市场份额矩阵、波士顿咨询集团法、四象限法、产品系列结构管理法等，由美国著名的管理学家、波士顿咨询公司创始人布鲁斯·亨德森首创。这种方法的核心在于，要解决如何使企业的产品品种及其结构适合市场需求的变化。如何将企业有限的资源合理而有效地配置到产品结构中去，以保证企业的盈利能力，是企业竞争取胜的关键。

波士顿矩阵认为市场引力与企业实力是决定产品结构的两个基本因素。市场引力包括市场增长率、目标市场容量、竞争对手强弱及利润高低等。作为最主要的反映市场引力的综合指标的市场增长率，这是决定企业产品结构是否合理的外在因素。

企业实力包括企业市场占有率、技术、设备和资金利用能力等。市场占有率是决定企业产品结构的内在要素，它直接显示出企业竞争实力。市场增长率与市场占有率既相互影响，又互为条件。

2. 基本原理

波士顿矩阵将企业所有的产品从市场增长率和相对市场占有率角度进行再组合，将企业的所有产品分为以下4类："明星"产品、"问题"产品、"现金牛"产品、"瘦狗"产品。图2-7所示为波士顿矩阵，纵轴表示市场增长率，横轴表示企业在产业中的相对市场占有率。

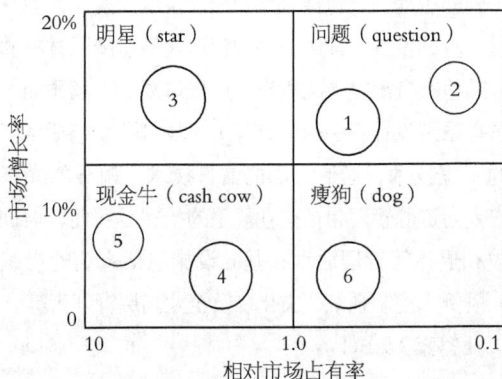

图2-7　波士顿矩阵

【知识拓展】

（1）波士顿矩阵的纵坐标表示市场增长率，表示经营业务所在市场的相对吸引力。通常用10%作为划分高增长率和低增长率的分界线。

$$市场增长率=\frac{今年的销售收入-去年的销售收入}{去年的销售收入}$$

（2）波士顿矩阵的横坐标表示企业在产业中的相对市场份额，表示该经营业务在市场上的竞争地位。通常以1.0作为划分相对市场占有率的分界线。

$$相对市场份额=\frac{本企业的某项业务的市场份额}{市场上最大竞争对手的市场份额}$$

（3）图2-7中纵坐标与横坐标的交叉点1、2、3、4、5、6分别代表企业的不同的经营业务或产品，且圆圈的面积大小表示与该业务或产品的收益与企业全部收益的比。

波士顿矩阵可以把企业全部的经营业务定位在4个区域中，它们分别为"明星"业务、"问题"业务、"现金牛"业务和"瘦狗"业务，如表2-13所示。

表2-13　　　　　　　　　　　波士顿矩阵的4种业务

	"明星"业务	"问题"业务	"现金牛"业务	"瘦狗"业务
市场增长率	高 较高的市场增长率代表需要大量资金进行投入	高 较高的市场增长率代表需要大量资金进行投入	低 较低的市场增长率代表盈利率较高，且不需要大量投资	低
相对市场占有率	高 较高的相对市场占有率代表能为企业带来大量现金	低 较低的相对市场占有率代表不能为企业带来大量现金	高 较高的相对市场占有率代表能为企业带来大量现金	低
剩余现金状况	较低 大量的现金收入伴随着大量的现金投入，使得企业的剩余现金较低	最差 大量的现金投入却没有产生相应的现金流来弥补，导致企业的剩余现金最少，情况最差	大量的现金 大量的现金收入且不需要大量现金投入，该产品为企业带来了大量的现金，可以支持其他产品或业务	很低 饱和的市场，激烈的竞争可获得利润很低
采用战略	积极扩大经济规模和市场机会，"提高"市场占有率	选择性战略 要么对其重点投资，使之转化为明星产品；要么逐渐放弃该产品，使之转化为"瘦狗"产品，并逐步退出市场	收获战略 ①把设备投资和其他投资尽量压缩 ②采用榨油方法，在短时间内获取更多的利润	撤退战略 首先，减少批量，逐渐撤退；其次，将剩余资源转向其他产品；最后，整顿产品系列
采取的组织形式	事业部制	智囊团或项目组织	事业部制	将"瘦狗"产品与其他事业部合并，统一管理
主管经营者特质	技术和销售两方面都在行	有规划能力、敢于冒险、有才干	市场营销型人才	

【例题28·单选题】（2016年真题）近年来中国公民出境游市场处于高速发展的阶段，实行多元化经营的鸿湖集团于2006年成立了甲旅行社，该旅行社专门提供出境游的服务项目，其市场份额位列第二。根据波士顿矩阵原理，鸿湖集团的甲旅行社业务属于（　　）。

A. 明星业务　　　B. 瘦狗业务

C. 问题业务　　　D. 现金牛业务

【解析】本题考查的是波士顿矩阵。由于出境旅游处于高速发展阶段，而且甲旅行社的市场份额位列第二，说明其具有高增长率和高市场份额的"双高"业务，即明星业务的特点。

【答案】A

3. 波士顿矩阵的运用

对于4种不同的业务，有4种不同的战略目标（发展、保持、收割、放弃）与之适应。

（1）发展，即追加投入，以提高相对市场占有率。适用于想尽快成为"明星"产品的"问题"产品。

（2）保持，即维持现状，保持现有市场占有率。适用于较大的"现金牛"产品。

（3）收割，即最大限度地获取现金收入。适用于处境不佳的"现金牛"、没有发展前途的"问题"和"瘦狗"产品。

（4）放弃，进行清理或撤销某些业务，以降低成本费用。适用于无利可图的"瘦狗"和"问题"类产品。

4. 波士顿矩阵的启示

波士顿矩阵的贡献主要体现在以下几个方面。

（1）波士顿矩阵是最早的组合分析方法之一。

（2）波士顿矩阵将企业不同的经营业务综合在一个矩阵中，简单明了。

（3）该矩阵指出了每个经营单位在竞争中的地位，使企业能有选择和集中地将企业有限的资金运用到相应的经营单位上。

（4）在竞争对手也使用波士顿矩阵分析技巧的基础上，可以帮助企业推断竞争对手对相关业务的总体安排。

5. 波士顿矩阵的局限性

企业在使用波士顿矩阵工具进行分析时，也应注意它的局限性。

（1）对于企业实务来说，要确定各业务的市场增长率和相对市场占有率是一件比较困难的事情。

（2）波士顿矩阵过于简单。市场增长率和企业相对占有率两个单一指标不能全面反映这两方面的状况。市场占有率、相对市场份额只划分为高、低两级，过于粗略。

（3）进行波士顿矩阵分析的前提是企业的市场份额与投资回报成正比。但在有些情况下这种假设可能是不成立或不全面的。

（4）另外，波士顿矩阵还以资金是企业的主要资源作为前提进行分析。但在许多企业内，重要资源还有技术、时间和人员的创造力。

（5）波士顿矩阵在具体运用中有很多困难。

【例题29·单选题】（2013年真题）下列各项企业竞争策略运用了波士顿矩阵分析的是（　　）。

A. 放弃与对手的竞争，不再对市场增长快的产品加大投入

B. 重新定位进入成熟期的产品价格，提高该产品的竞争力

C. 减少对市场占有率低且价格竞争激励的产品的投资

D. 加大对市场占有率下滑的产品的广告投放，以使该产品的市场占有率回升

【解析】根据波士顿矩阵的原理与应用，对于4种不同的业务（明星、问题、现金牛、瘦狗），有4种不同的战略目标（发展战略、保持战略、收割战略和放弃战略）与之适应。选项A，市场增长快的产品属于"明星"产品或者"问题"产品，适用发展战略。选项B，进入成熟期的产品属于处境不佳的"现金牛"产品，适用收获战略。选项C，市场占有率低价格竞争激烈的产品属于"瘦狗"产品，适用放弃战略，应减少投资，故正确。选项D，市场占有率下滑属于处境不佳的"现金牛"、没有发展前途"问题"和"瘦狗"产品，适用收割战略。

【答案】C

（二）通用矩阵

通用矩阵又称行业吸引矩阵，是美国通用电气公司设计的一种投资组合的分析方法。

1. 基本原理

通用矩阵针对波士顿矩阵过于简化的不足，进行了一些改进。

- 针对波士顿矩阵——市场增长率和企业相对占有率两个单一指标不能全面反映这两方面的状况的不足，通用矩阵的横轴用多个指标来综合反映企业竞争地位，纵轴用多个指标来综合反映产业吸引力。

- 针对波士顿矩阵——市场占有率、相对市场份额只划分为高、低两级,过于粗略的不足,通用矩阵的产业吸引力和竞争地位两个指标都划分为高、中、低3档。通用矩阵如图2-8所示。

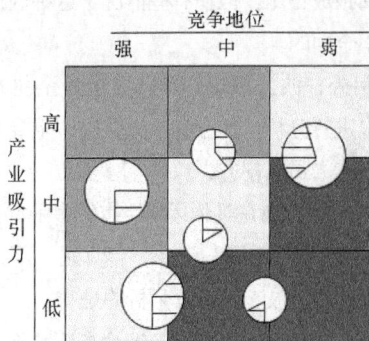

图2-8 通用矩阵

【知识拓展】

（1）产业吸引力指标：市场增长率、市场价格、市场规模、获利能力、市场结构、竞争结构、技术及社会政治因素。

（2）竞争地位指标：相对市场占有率、市场增长率、买方增长率、产品差别化、技术生产力、生产能力、管理水平等。

（3）通用矩阵图中的圆圈面积的大小表示某项业务产业规模的大小,圆圈中的扇形表示该业务在整个市场中的占有率。

处于左上方3个方格中的业务区域：最适用采取增长与发展战略。

处于对角线上3个方格中的业务区域：最适用采取维持或有选择地发展的战略。

处于右下方3个方格中的业务区域：最适用采取停止、转移、撤退战略。

2. 通用矩阵的局限

（1）用综合指标来测算产业吸引力和企业的竞争地位,各个指标权数较难确定,且容易造成综合指标的不准确进而带来偏差。

（2）分划较细,对于多元化业务类型较多的大公司没有必要且较为繁杂。

【例题30·单选题】（2014年真题）下列不属于内部环境分析的是（   ）。

A. 企业资源分析　　　B. 市场需求分析

C. 企业能力分析　　　D. 企业核心竞争力分析

【解析】公司内部环境分析从以下3个方面进行分析：企业的资源与能力分析、价值链分析、业务组合分析。其中,企业的资源与能力分析具体包括：企业的资源分析、企业的能力分析、企业的核心能力分析。市场需求分析属于企业的外部环境分析,故选择B。

【答案】B

第三节 SWOT分析

考情分析: 本节只讲了一种分析工具——SWOT分析,常以综合题的形式出现,所以要重点学习,深入理解。

学习建议: 首先,了解SWOT分析的4个关键点：优势、劣势、机会、威胁；然后,结合一些案例进行练习。

一、基本原理（★★）

SWOT分析是由美国哈佛商学院率先采用的一种经典的分析方法。它是根据企业拥有的资源,综合考虑企业内部条件和外部环境的各种因素,进行系统评价,从而选择最佳经营战略的方法。SWOT的具体含义如下。

S：Strengths,企业内部的优势。

W：Weakness,企业内部的劣势。

O：Opportunities,企业外部环境的机会。

T：Threats,企业外部环境的威胁。

内部环境的优势和劣势主要表现在：是否拥有专业知识、是否拥有独特的资源、是否拥有雄厚的资金、是否拥有资质知识产权、是否有良好的品牌声誉等。这些都是针对竞争对手而言的。

外部环境的机会和威胁主要表现在：政府的支持、市场的增长速度、竞争对手是否有较强的竞争力、购买者和供应商的议价能力等。这是影响企业当前竞争地位或影响企业未来竞争地位的主要障碍。

二、SWOT分析的应用（★★）

SWOT分析根据企业的目标列出对企业生产经营有重大影响的内部和外部环境因素,并对这些因素进行评价,从而让企业了解自己的优势、劣势以及自己正面临的机会与威胁,进而企业需要根据自己SWOT分析的结果来选择如何最优的运用自己的资源，并制定相应的战略。这也是SWOT分析最核心的部分，如图2-9所示。

		外部环境 机会O	外部环境 威胁T
内部环境	优势S	增长型战略（SO）（I）	多元化战略（ST）（IV）
内部环境	劣势W	扭转型战略（WO）（II）	防御型战略（WT）（III）

图2-9 SWOT分析

增长型战略：企业具有良好的内部优势和众多的外部机会，采用增长型战略以把握机会发挥优势。

扭转型战略：企业面临众多的外部机会，但受限于内部的劣势，采用扭转型战略，转劣势为优势。

防御型战略：企业处于内忧外患的时期（外部有强大威胁，内部受限于劣势），采取防御型战略，尽量避开一切不利因素。

多元化战略：虽然面临外部的威胁，但充分把握自身的优势，采取多元化战略，寻找长期发展的机会。

【例题31·单选题】（2012年真题）在对企业外部环境和内部环境进行综合分析时，可以运用的战略分析工具包括（　　）。

A. 波特五种竞争力模型　　B. 价值链分析

C. 行业吸引力测试　　D. SWOT分析

【解析】对企业内部和外部环境进行综合分析的最佳工具是SWOT分析。外部环境分析一般有：①宏观环境分析工具（PEST分析）；②产业环境分析工具（产品生命周期、波特五种竞争力模型、竞争环境分析、市场需求分析）。内部环境分析一般包括企业资源与能力分析、价值链分析、业务组合分析（波士顿矩阵、通用矩阵）等。因此，D选项正确。

【答案】D

【例题32·多选题】（2013年真题）甲公司是国内一家印刷机制造企业，主要产品是胶印机。为了开发“印后设备”（即折页装订、模切、包装等设备），该公司进行了SWOT分析。在以下表述中，符合该公司SWOT分析要求的是（　　）。

A. 甲公司产品在国内具有较高的品牌知名度和完善的销售渠道，但在短期内“印后设备”的研发能力不足，甲公司寻求一家有印后研发能力的企业进行战略合作，战略为WT战略

B. 由于甲公司短期内“印后设备”研发能力不足，国外“印后设备”制造商竞争对手实力强大，因此，甲公司决定与一家国外“印后设备”制造商进行战略合作，此战略为ST战略

C. 由于甲公司短期内“印后设备”研发能力不足，面对国内对“印后设备”日益强劲的市场需求，甲公司寻求一家有“印后研发”能力的企业进行战略合作，此战略为WO战略

D. 甲公司产品在国内具有较高的品牌知名度和完善的销售渠道，国家政策鼓励优势企业进行产品和技术开发进入市场需求旺盛的印后设备领域，甲公司决定借政策东风，迅速进入印后设备领域，此战略为SO战略

【解析】企业需要根据自己SWOT分析的结果来选择如何最优的运用自己的资源，并制定相应的战略。选项A，甲公司产品在国内具有较高的品牌知名度和完善的销售渠道，但在短期内“印后设备”的研发能力不足——企业的劣势，应采用WO或WT战略，故不正确；选项B，甲公司短期内“印后设备”研发能力不足——企业的劣势，国外“印后设备”制造商竞争对手实力强大——外部的威胁，应采取WT战略，故不正确。而C、D两项符合该公司SWOT分析要求的战略决策，因此，C、D选项正确。

【答案】CD

过关测试题

一、单项选择题

1. 下列因素中，能够决定产业进入障碍大小的因素不包括（　　）。

A. 现有企业有较强的学习曲线效应

B. 规模经济

C. 现有企业的市场优势

D. 买方的集中程度或业务量大小

2. 通用矩阵虽然改变了波士顿矩阵过于简化的不足，但是也因此带来了自身的不足。下列选项中属于通用矩阵局限性的有（   ）。

A. 过于简化，采用市场增长率、相对市场份额两个单一指标分别代表产业的吸引力和企业的竞争地位

B. 分划较细，对于多元化业务类型较多的大公司必要性不大，且需要更多数据，方法比较繁杂

C. 资金是企业的主要资源，但在许多企业内，要进行规划和均衡的重要资源不仅是现金，还有技术、时间和人员的创造力

D. 通用矩阵事实上暗含了一个假设，即企业的市场份额与投资回报是成正比的

3. 据不完全统计，2004年国外对我国橡胶产品的反倾销（包括复审）案多达14起，产品涉及鞋、轮胎、自行车内外胎、橡胶助剂等。该内容体现了我国橡胶产业受到外部环境中（   ）的影响。

A. 经济环境　　　B. 政治和法律环境

C. 社会和文化环境　D. 技术环境

4. A公司是一家生产婴幼儿相关产品的企业。近年来该公司发现销售总额显现略有下降的趋势，故派专员进行了有关的市场调查。其中，一项调查显示，近年来新生儿的出生率正呈现出不断下降的趋势。公司经过分析这一项调查结果，决定逐渐将以婴幼儿产品为主业转为婴幼儿和老年产品共同经营。根据以上信息可以判断，A公司的这次市场调查属于环境分析PEST分析的（   ）。

A. 经济环境　　　　B. 政治和法律环境

C. 社会和文化环境　D. 技术环境

5. 某行业特征是销售产品的总量迅速增长、销售产生的利润达到前所未有的最高点，并吸引着大量的潜在者进入，从该特征分析该行业处于（   ）。

A. 导入期　　　　　B. 成长期

C. 衰退期　　　　　D. 成熟期

6. 从产品生命周期来看，市场销售产生的现金流达到最大的阶段属于（   ）。

A. 导入期　　　　　B. 成长期

C. 衰退期　　　　　D. 成熟期

7. 近年来智能手机市场的品牌越来越多，从最初的苹果、诺基亚、三星、HTC等发展到联想、华为、酷派、魅族、小米、黑莓、中兴等众多品牌，出现了"百花齐放、百家争鸣"的市场现象，消费者对智能手机品牌的选择开始出现多样化的态势。从竞争格局来看，这种变化属于（   ）。

A. 替代品　　　　　B. 产业内现有企业竞争

C. 购买商　　　　　D. 供应商

8. 大卫·亚非教授根据企业全球化经营的特点，在波特五种竞争力理论基础上提出了第六个要素，即（   ）。

A. 购买者讨价还价的能力

B. 替代品的替代威胁

C. 互动互补作用力

D. 潜在竞争者的进入威胁

9. B公司是一家从事咨询的中介机构，为了正确、合理地评价本身的核心竞争力，提高服务水平，把一家知名的广告企业作为基准对象进行分析，并实地考察，B公司进行基准分析的类型属于（   ）。

A. 内部基准　　　　B. 竞争性基准

C. 过程或活动基准　D. 一般基准

10. 基准分析是一个不断循环往复的过程，如果将基准对象作为起点，则以下关于基准分析正确的循环是（   ）。

A. 确定潜在的合作伙伴—交流—实施—分析—责任分配—评价

B. 责任分配—实施—确定潜在的合作伙伴—交流—分析—评价

C. 实施—责任分配—确定潜在的合作伙伴—交流—评价—分析

D. 责任分配—确定潜在的合作伙伴—交流—分析—实施—评价

11. 阿里巴巴集团有6个核心价值观（被戏称为"六脉神剑"）：客户第一；团队合作；拥抱变化；诚信；激情；敬业。这6个核心价值观成就了今天的阿里，造就了今天的马云。那么对于阿里巴巴而言，它可能拥有了比其他公司更好的（   ）。

A. 有形资源　　　　B. 无形资源

C. 协作资源　　　　D. 人力资源

12. 下列各项中，属于高增长、低市场占有率的业务为（   ）。

A. "明星"业务　　　B. "问题"业务

C. "现金牛"业务　　D. "瘦狗"业务

13. 企业要发展就必须能准确把握外部的环境，在

进行企业外部因素分析时，不包括对下列（　　　　）。

   A. 宏观环境分析　　B. 企业能力分析

   C. 行业环境分析　　D. 经营环境分析

14. 进行基准分析，在选择基准对象时主要关注内容除下列（　　　　）。

   A. 占用较多资金的活动

   B. 价值增值活动

   C. 能显著改善与顾客关系的活动

   D. 能最终影响企业结果的活动

15. 消费者分析可以从某些战略问题展开，不包括下列（　　　　）。

   A. 消费细分　　　　B. 企业能达到的标准

   C. 消费动机　　　　D. 消费者未满足的需求

16. 下列各项属于物质资源的有（　　　　）。

   A. 有价证券　　　　B. 品牌

   C. 企业文化　　　　D. 厂房

17. 下列各项属于识别企业核心能力的常用方法的是（　　　　）。

   A. 功能分析　　　　B. 资源分析

   C. 过程系统分析　　D. 以上均不正确

18. 钻石模型分析的提出者是（　　　　）。

   A. 安索夫　　　　　B. 迈克尔·波特

   C. 明茨伯格　　　　D. 加里·哈梅尔

二、多项选择题

1. 下列各项中，属于五力模型局限性的是（　　　　）。

   A. 该分析模型基本上是静态的

   B. 该模型是动态的，而实际上应该研究的是企业一个静止的状态

   C. 该模型假设战略制定者可以了解整个行业（包括所有潜在的进入者和替代产品）的信息，但这一假设在现实中并不存在

   D. 该模型能够确定行业的盈利能力，但是对于非营利机构，有关获利能力的假设可能是错误的

2. 下列关于成功关键因素的说法正确的是（　　　　）。

   A. 酿酒能力是啤酒行业的成功关键因素之一

   B. 在铝罐行业中，区域性市场份额远远比全国性市场份额重要

   C. 服装生产行业需要引起购买者兴趣

   D. 胶卷的生产要着重发展工程设计和技术能力

3. 下列属于企业的能力范畴的是（　　　　）。

   A. 核心能力　　　　B. 财务能力

   C. 研发能力　　　　D. 组织管理能力

4. 下列关于波士顿矩阵的说法中不正确的是（　　　　）。

   A. 市场增长率高的业务类型包括"明星"业务和"现金牛"业务

   B. "明星"业务应该采取收获战略

   C. "瘦狗"业务的特征是低相对市场占有率和低市场增长率

   D. 放弃战略适用于"现金牛"业务

5. 乙企业的一组产品相对市场占有率比较低，但是市场增长率比较高，那么适合采取的战略有（　　　　）。

   A. 发展　　　　　　B. 保持

   C. 收割　　　　　　D. 放弃

6. 御风公司是全国最大的灯具供应商，下列各项中会降低御风公司讨价还价能力的有（　　　　）。

   A. 近年来，御风公司采购人员素质下降

   B. 御风公司不具有后向一体化的条件

   C. 御风公司80%的商品销售给少数的几个大客户

   D. 市场上存在着多家相同灯具的供应商

7. 通过价值链区分活动是有一定原则的，下列各项属于该原则的有（　　　　）。

   A. 具有不同的经济性

   B. 对产品差异化产生很小的潜在影响

   C. 在成本中比例很大或所占比例上升

   D. 以上均正确

8. 下列关于技术环境对战略产生影响的说法中，不正确的是（　　　　）。

   A. 技术的进步不可以使企业对市场和客户进行更有效的分析

   B. 技术进步可以创造竞争优势

   C. 基本技术可以导致现有产品被淘汰

   D. 新技术会使企业不关注环境的保护

9. 某房地产企业在温州修建了一片商品房，该商品房临江而建，视野宽阔，景色优美。相较于温州的其他均价为3万/m²的商品房，该临江商品房高达8万/m²。该商品房临江而建，视野宽阔，景色优美，从企业资源角度分析属于（　　　　）。

   A. 是该临江商品房难以被竞争对手模仿的无形资源

   B. 有助于该商品房获得竞争优势

C. 是一种有形资源

D. 是一种稀缺性资源

10. 价值链分析有助于对企业的能力进行考查，这种能力来源于独立的产品、服务或者业务单位。但是，对于多元化经营的公司来说，还需要将企业的资源和能力作为一个整体来考虑。公司战略能力分析的另一个重要部分就是对公司业务组合进行分析，以保证业务组合的优化，它是公司战略管理的主要责任，业务组合分析的主要方法有（　　　）。

A. PEST分析法　　　B. 波士顿矩阵

C. 通用矩阵　　　　D. SWOT分析

11. 经济对于企业的发展是非常重要的，会影响到企业的并购决策、发展方向及产品研发等，公司制定战略时应该考虑的经济因素有（　　　）。

A. 价格政策　　　　B. 税收政策

C. 进出口限制　　　D. 国民收入分配政策

12. 下列描述中，属于SWOT分析中W的是（　　　）。

A. 海尔优质的售后服务

B. 富士康苛刻的制度

C. 某房地产商趁经济危机进行收购

D. 移动3G网络太慢经常受到消费者的抱怨

13. 下列组合中不属于战略群组的是（　　　）。

A. 麦当劳和肯德基

B. 麦当劳和可口可乐

C. 新东方和东奥

D. 沃尔玛和沃尔沃

14. 下列关于通用矩阵的说法正确的是（　　　）。

A. 企业中处于左上方3个方格的业务最适合采取增长与发展战略

B. 企业中处于右下方3个方格的业务，一般就采取停止、转移、撤退战略

C. 企业处于对角线3个方格的业务，一般就采取停止、转移、撤退战略

D. 企业处于对角线3个方格的业务，应采取维持或有选择地发展的战略

15. 下列各项属于识别企业核心能力的方法是（　　　）。

A. 功能分析　　　　B. 资源分析

C. 过程系统分析　　D. 以上均不正确

16. 企业常用的战略分析工具包括（　　　）。

A. 波士顿矩阵　　　B. 通用矩阵

C. 内插法　　　　　D. 波特五种竞争力模型

17. 下列属于钻石模型分析中的初级生产要素的有（　　　）。

A. 天然资源　　　　B. 人力资源

C. 资金　　　　　　D. 受过高等教育的人力

18. 钻石模型分析的决定因素有（　　　）。

A. 生产要素

B. 需求条件

C. 相关与支持性产业

D. 企业战略、企业结构和同业竞争的表现

三、简答题

1. 从耳熟能详的脑白金到黄金搭档，再到现在的安利，保健品行业述说着一个个传奇的故事，现在就让我们来看看这几十年来，保健品行业究竟处于一个什么样的环境之中。

20世纪80年代才刚刚起步的中国保健品行业，在短短十几年时间里，已经迅速发展成为一个独特的产业。保健品产业之所以蓬勃发展，原因有以下几点。

（1）人民生活水平明显提高。

生活水平的提高促使了保健品行业的强劲势头，我国城乡的恩格尔系数分别为5.9%和5%，处于温饱向小康的过渡阶段，东南沿海一些大中城市和地区已达到了中等收入国家水平。人们的消费观念、健康观念发生了较大变化，促进城乡保健品消费支出以每年15%～30%的速度快速增长。

（2）人民生活方式的改变。

多层次的社会生活需要是保健品行业发展的重要契机，为保健品行业的发展提供了广阔空间。除了在家庭和事业双重压力下的中年人逐步加入到保健品消费行列之外，老年人、青少年也是保健品消费的主力军。

（3）国外跨国公司一直鲜有涉足，市场被本土保健品企业牢牢占据。

从2000年开始，保健品行业连续发生负面事件，媒体连篇累牍的负面报道，让保健品行业陷入"信任危机"，从而导致不少保健品企业崩盘，保健品迅速从巅峰跌入谷低。2000年保健品行业销售额持续下降。随着我国加入WTO，WTO给中国保健品企业带来了世界级的竞争对手，面临日益加剧的市场竞争。在保健品行业陷入低潮之时，美国安利凭借独特的销售模式异军突

起，实现了年销售额3亿元的惊人业绩。尽管安利的营销模式颇有争议，但不能否认，随着跨国保健品公司进军中国的步伐加快，国内保健业面临更大的市场竞争压力。加上国内行业的竞争，市场营销模式也有进一步变化。所有从事保健品生产的中国企业都应该清醒地认识到，未来保健品竞争的核心必将是科技含量，加强科技投入迫在眉睫。特别是已经有一定经济实力的企业更要重视保健品的应用基础研究，努力提高新产品的科技含量和质量水平，使保健品企业向高新技术企业过渡，科技含量高的产品将成为主流。只有保健品企业不断更新技术和提高技术含量，开发出效果好、质量高、有特点的第三代保健品，使产品从低层次的价格战、广告战中走出来，转向高层次的技术战、服务战，才能在"入世"后，缔造出我国的保健品世界品牌，才有能力进军国际市场。电子信息技术的发展，也使电子商务成为销售重要渠道。各销售商都抓住电子商务的有力武器，搞销售网站，拓宽销售面，丰富产品种类。单单做电视购物的试用型销售，所涉及的消费者群体毕竟有限。通过投入设备和资金，开设购物网站的形式来发展更多的消费人群，同时也可以利用网络这一先进技术进一步的宣传产品，以及让消费者先试后买，推广买什么都满意的先进销售理念。这一切都为保健业的发展壮大提供了技术基石。

一方面，由于缺乏有关的行业管理和国家标准，造成保健品行业目前假冒伪劣产品、虚假广告、价格虚高等现象严重。企业在现有法规下宣传自己的产品很容易违规。法规规定，保健食品不能宣传治疗作用。另一方面，保健食品中使用的中草药在药典中都有治疗作用。可是一用到保健食品里就不能宣传了，似乎治疗作用全没了。2003年3月7日，国务院公布机构改革方案决定成立国家食品药品监督管理局，原属卫生部管理的保健品划归国家食品药品监督管理局管理，自2003年6月1日起，卫生部已停止受理保健品的申报。国家食品药品监督管理局完成交接，正式开展保健品的审批工作。受非典、部门移交影响，当年度保健品报批工作停顿了半年之久。从长期看，国家食品药品监督管理局接手保健品行业管理职责，有助于让保健品行业更规范、更健康地发展。

要求：利用PEST模型分析保健品行业。

2. 在已经过去的一年里，中国电信的新闻热点、焦点不断。电信资费的调整、中国电信南北大分拆以及中国电信将面临入世挑战等让人们瞩目。在新的一年里，中国电信又将上演一场"与狼共舞"的惊险剧目。

面对激烈的市场竞争，对中国电信进行SWOT分析，也许能让大家对中国电信未来的发展有一个清醒的、客观的认识。

自20世纪80年代中期起，中国电信经历了近20年的高速发展，已经形成了规模效益。尽管此间经历了邮电分营、政企分开、移动寻呼剥离、分拆重组等一系列的改革，但在中国的电信业市场上，有中国电信的利好因素也有非利好因素，主要归纳为以下几个方面：

（1）中国电信市场引入竞争机制后，中国电信与中国移动、中国联通、中国网通等运营商展开激烈竞争。中国电信南北分拆后，在保留原有大部分固定电话网和数据通信业务的同时，继承了绝大部分的客户资源、保持良好的客户关系，在市场上占领了绝对的优势。1.79亿的固定电话用户，1500多万的数据通信用户，为中国电信发展业务，增加收入奠定了良好的基础。

（2）改革开放三十多年来，中国电信已建成了覆盖全国，以光缆为主、卫星和微波为辅的高速率、大容量、具有一定规模、技术先进的基础传输网、接入网、交换网、数据通信网和智能网等。同时DWDM传输网，宽带接入网相继建设，数据通信网络和智能网不断扩容。中国电信的网络优势已经成为当前企业发展的核心能力，同时具备了向相关专业延伸的基础和实力。

（3）中国电信在发展过程中培养和储备了一大批了解本地市场、熟悉通信设备的电信管理和技术的能力较强、结构合理的管理和专业人才。同时中国电信还积累了大量丰富的运营管理经验，拥有长期积累的网络管理经验、良好的运营技能和较为完善的服务系统。

（4）中国电信成立了集团客户服务中心，为跨省市的集团客户解决进网需求；中国电信还建立了一点受理、一站购齐的服务体系，最大限度地方便用户；紧接着中国电信推出了首问负责制，解决了企业在向用户提供服务过程中的相互扯皮、相互推诿的问题；另外，中国电信还设立了服务热线、投诉热线等，建立了与用户之间的沟通服务，提供互动式服务。

（5）一方面是企业决策层只重视当前战术和策略，忽视长远战略，湮没在日常经营性事物中，不能统观大局；另一方面企业缺乏应对复杂多变环境的企业运作战略策划人才。这个问题是当前实现企业持续发展、保持长久竞争优势的核心问题。

（6）面向计划经济的职能化业务流程、管理模式、组织模式已经呈现出与快速发展的不适应，并逐步成为制约电信企业参与全球化竞争的主要因素。ERP 管理和组织模式的改革创新以及企业特色人文环境的建设是实施企业发展战略应考虑的焦点问题。

（7）中国电信虽然拥有比较完善的网络基础设施，但这大都不是根据市场的实际需要建设的，而是为了满足普遍服务的需要。

（8）新中国电信的主要阵地将固守在南方市场，而北方市场将由网通占领。即使受到拆分影响，但中国电信的实力仍然最强，只是苦于无全国网络，无法开展全国性的业务。

（9）据有关研究报告测算：中国到完成加入 WTO 的各项承诺之后的 2005 年，其 GDP 和社会福利收入分别提高 1955 亿元和 1595 亿元人民币，占当年 GDP 的 1.5% 和 1.2%。本地经济比较优势的重新配置资源所带来的巨大收益将进一步增强当地经济实力。而且入世将推动外资的引进和内需的拉动。入世后各地极大改善投资环境，法律透明度提高和国民待遇的实现吸引大量外来资本，本地企业实力得到提高和增强。企业电信消费水平随之提高。劳动力市场结构的调整和转移必然带来社会人员的大量流动，同时拉动巨大的通信需求，话务市场将进一步激活。

（10）电信业法律法规不断健全完善，电信业将进入依法管理的新阶段，为中国电信的发展创造了公平、有序的竞争环境。随着电信业法制的健全，政府的经济职能将发生根本的转变，政府会把企业的投资决策权和生产经营权交给企业，让企业经受市场经济的考验。这意味着政府将给中国电信进一步松绑，给予应有的自主权，有利于中国电信按市场经济规律运作。

（11）电信市场潜力巨大。首先，我国经济发展不平衡，地区之间、消费层次之间的差异决定了电信需求的多层次和多样化，而通信技术的飞速发展，促进电信企业的网络升级换代和业务的推陈出新，在固定电话网与计算机通信的融合点上开发新业务潜力巨大，激发出新的消费需求。因而，从总体上看，我国电信市场孕育

着巨大的需求潜力。其次，从固定电话看，中国电信平均主线普及率只有 13.8%，远低于发达国家平均水平。主线收入、盈利水平和市场规模也与发达国家平均水平相差甚远，发展的空间和潜力仍旧巨大。最后，从中国电信的其他业务看，互联网和固网智能网业务的市场规模和盈利能力将随着企业外部环境层次的提高而不断扩大。

（12）电信市场竞争格局由局部转向全面、简单转向多元。首先，在竞争趋势方面，国内市场竞争将由价格竞争向核心能力创新竞争过渡。在过渡期间，市场份额的抢夺将成为市场跟随者的发展重点。其次，入世后的国际资本竞争压力也将逐步增大。国外电信运营商将通过兼并、联合和收购等方式实现全球服务化的速度不断加快。中国电信市场的 ICP、EMAIL、数据库、传真、视频会议等增值业务首当其冲地受到较大冲击，对电信企业的稳定增长产生影响。

（13）国内外许多公司采用高薪、高福利等政策吸引中国电信人才，造成中国电信人才严重流失。这一现象至今仍未得到解决。人才的流动是竞争的必然结果，是关系到中国电信生存发展的关键问题。因此，如何体现人才价值、发挥人才潜能，是中国电信必须正视的一个问题。

（14）中国电信在经营许可、互联互通、电信资费、电信普遍服务等方面受到相对严格的行业管制。在目前的中国电信市场上，管制的不平等已经制约了中国电信的发展，在日趋激烈的电信市场竞争形势下，不尽快进行改革，中国电信只有一死。新中国电信公司不久后通过上市进行机制转换，实现与中国联通、中国移动相同的机制平台，从而开展有效的公平竞争。

要求：

利用我们所学的 SWOT 分析方法，结合案例中的中国电信所面临的有关外部环境和内部环境的问题，请用简要的语言分析一下中国电信的优势、劣势、机会、威胁分别是什么？

战略选择

第3章

本章主要介绍3个层次的战略（总体战略、业务单位战略和职能战略）以及国际化经营战略等内容。本章知识点很多，且是历年考试的重点，客观题和主观题均可能出现，在学习时要注重理解，并在理解的基础上进行记忆。

结合近几年考试，本章内容的平均分值为29分左右，考试题型一般为客观题和主观题。客观题题型考试的考点有：信息系统类型、信息系统效益、控制类别、国际化发展战略、促销战略、产品上市定价法、财务风险与经营风险的搭配、信息战略类型、一般控制、应用控制等。以主观题题型考试的考点有发展战略、多元化战略、成本领先战略、集中差异化战略、基于企业发展阶段的财务战略等。

【本章考点概览】

战略选择	一、总体战略（公司层战略）	总体战略的主要类型	★★★
		发展战略的主要途径	★★★
	二、业务单位战略	基本竞争战略	★★
		中小企业竞争战略	★★
		"蓝海"战略	★★
	三、职能战略	市场营销战略	★★
		研究与开发战略	★★
		生产运营战略	★★
		采购战略	★★
		人力资源战略	★★
		财务战略	★★
	四、国际化经营战略	企业国际化经营动因	★★
		国际市场进入模式	★★
		国际化经营的战略类型	★★
		新兴市场的企业战略	★★

第一节　总体战略（公司层战略）

考情分析：本节主要讲的是战略的第一个层次——总体战略。具体讲了3种总体战略：发展战略、稳定战略和收缩战略。本节需要掌握每种战略的定义、分类、动因、优缺点、适用条件等，需要在理解的基础上进行记忆。本节重点是发展战略和收缩战略。

学习建议：本节是考试的重点小节，必须仔细学习。首先，根据本书归纳的知识点进行理解，并结合考点及后面所附的历年真题，把握出题的思路；然后，在理解的基础上，进行记忆；最后，结合本书的练习题，巩固知识点，并进行自我检测。

一、总体战略的主要类型（★★★）

总体战略又名公司层战略，常常涉及企业的财务结构和组织结构方面的问题。企业的总体战略（公司层战略）主要可分为发展战略、稳定战略和收缩战略3大类。

（一）发展战略

【要点】总体战略类型——发展战略

【要点精析】发展战略是向更高目标发展的总体战略。发展战略主要强调充分利用外部环境的机会以及充分挖掘企业内部的优势资源，以求得企业在现有战略基础上向更高目标的发展。

表3-1　　　　　　　　　　纵向一体化战略的优缺点

优　点	①使与上、下游企业在市场上进行购买或销售的交易成本大大节约 ②控制稀缺资源，进而能够使关键投入的质量得以保证 ③吸引新客户
缺　点	由于规模的不断扩大，会增加企业的内部管理成本

🔊 名师点拨 ⋯⋯⋯⋯⋯⋯⋯⋯⋯⋯⋯⋯⋯⋯⋯

纵向一体化能够节约与上下游企业之间的交易成本，结合前面第2章我们学习的波特五种竞争力模型中供应商（购买者）的议价能力思考，当交易对方的议价能力变弱的时候，相应的交易成本就会下降。

企业采用纵向一体化战略的主要风险：

①进入新领域，由于不熟悉而带来的风险。

②如果需要投资金额很大且资产具有专用性，则会增加企业在该产业的退出成本。如矿山的开采权、养殖场等。

发展战略细分为以下3类：一体化战略、密集型战略和多元化战略。

1. 一体化战略

一体化战略是指企业对已有的优势产品或业务，沿着企业的经营链条向其纵向深度和横向广度进行拓展，以扩大规模，实现企业成长。具体包括纵向一体化和横向一体化。

（1）纵向一体化战略

纵向一体化战略是指企业沿着产业链向前或向后，延伸和拓展原有业务的战略。这种战略的实质就是扩大单一业务的经营范围。纵向一体化战略的优缺点如表3-1所示。

纵向一体化战略包括前向一体化战略和后向一体化战略两种。

前向一体化战略是指获得下游企业的所有权或加强对他们的控制权的战略。企业对自己所生产的产品作进一步深加工，或建立自己的销售组织来销售本企业的产品或服务战略。

后向一体化战略是指获得上游企业的所有权或加强对其控制权。

前向一体化战略和后向一体化战略两种战略都有各自的主要适用条件，如表3-2所示。

表3-2　　　　　　　　前向/后向一体化战略的主要适用条件

前向一体化战略的主要适用条件	后向一体化战略的主要适用条件
①企业现有销售商的销售成本较高或者可靠性较差而难以满足企业的销售需要 ②企业所在产业处于成长期，增长潜力较大 ③企业已经具备向前一体化所需的资金、人力资源等 ④销售环节的利润率与生产环节相比较高	①企业现有的供应商供应成本较高或者可靠性较差而难以满足企业对原材料、零件等的需求 ②需求方相对于供应商而言非常多 ③企业所在产业增长潜力较大，企业已经具备后向一体化所需的资金、人力资源等 ④供应环节的利润率与生产环节相比较高 ⑤后向一体化有利于控制原材料成本，企业能够从源头控制产品成本，保证价格稳定

例如，家电生产类企业一般在大型的超市或者商场进行销售，在这些地方销售一般需要缴纳进店费、通道费、上架费之类的各种费用，对企业来说是一笔不小的开支，前向一体化（即自己直接控制零售端），会减少这些费用。

名师点拨 ••••••••••••••••••••••••••••••••

后向一体化战略在钢铁、汽车等产业采用得较多。在波特的五力竞争模型中，供应商数量少而需求者众多，此时供应商的议价能力高，原材料等成本就会很高，企业进行后向一体化（即控制供应商），就会降低采购的成本。

（2）横向一体化战略

横向一体化战略是指企业收购、兼并或联合竞争企业的战略，横向一体化战略的主要目的是实现规模经济、减少竞争压力和增强自身实力，以便获取竞争优势。横向一体化战略的适用条件包括以下几点。

①企业所在产业存在的企业比较多，竞争较为激烈。

②该产业规模经济较为显著。

③企业的横向一体化没有违反国家关于反垄断的规定，能够在局部地区获得一定的垄断地位。

④企业所在产业处于成长期，增长潜力较大。

⑤企业已经具备横向一体化所需要的资金、人力资源等。

名师点拨 ••••••••••••••••••••••••••••••••

竞争激烈的产业，进行横向合并以后，产业内的竞争者数量就会减少，减少竞争压力。进行横向一体化，能够扩大生产，可能达到最优规模点，实现规模经济。

横向一体化和纵向一体化（前向一体化、后向一体化）的具体示例图，如图3-1所示。

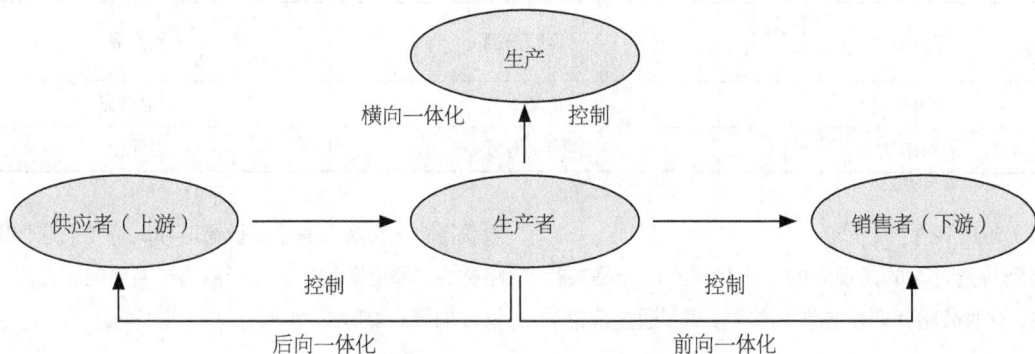

图3-1 纵向一体化（前向一体化、后向一体化）和横向一体化之间的关系

横向一体化战略是指企业收购、兼并或联合竞争企业的战略，如图3-1所示，生产者与生产者之间进行并购，一方控制另一方，采取的就是横向一体化战略。

纵向一体化战略是指企业沿着产业链前向或后向，延伸和拓展原有业务的战略。其中，前向一体化战略是指获得下游企业的所有权或加强对他们的控制权的战略。当生产企业沿着其产业链条控制下游的销售商，这种战略称为前向一体化战略。后向一体化战略是指获得上游企业的所有权或加强对他们控制权的战略。当生产企业沿着其产业链条控制上游的供应商，这种战略称为后向一体化战略。具体示例如图3-2所示，牛奶生产商的后向一体化战略是控制上游的奶牛养殖户，牛奶生产商的前向一体化战略是控制下游的超市、零售店。

图3-2 纵向一体化的示例

【例题1·单选题】（2016年真题）福海公司是国内一家著名的肉类加工企业。为了保持业绩持续增长，福海公司近年来陆续收购了几家规模较大的养殖场、肉类连锁超市。福海公司采取的发展战略属于（　　）。

A. 多元化战略

B. 一体化战略

C. 差异化战略

D. 产品开发战略

【解析】本题考查的是一体化战略。由于福海公司是经营肉类加工的企业，收购养殖场可获得供应商的所有权或加强对其控制权，属于后向一体化；收购肉类连锁超市可获得分销商或零销商的所有权或加强对他们的控制权，属于前向一体化。由此可见采取的是一体化战略。

【答案】B

【例题2·多选题】甲公司是一家大型啤酒生产企业，利用自主研发的清爽型啤酒，在当地取得了50%的市场占有率。为通过保证质量、再降成本，强化成本领先战略优势，甲公司下一步应选择一体化战略中的（　　）。

A. 横向一体化　　　B. 纵向一体化

C. 前向一体化　　　D. 后向一体化

【解析】本题考查的是一体化战略中横向一体化战略和纵向一体化战略的特征。企业采用纵向一体化战略有利于节约上、下游企业在市场上进行购买或销售的交易成本，保证质量。后向一体化战略有利于企业有效控制原材料的成本和保证质量的可靠性，确保企业持续稳定的发展。甲公司为通过保证质量，再降成本，强化

成本领先战略优势，只有通过控制其供应商所提供的原材料才能保证质量，才能以较低的成本获得，所以应该采用的是后向一体化，后向一体化又属于纵向一体化。故选择B、D。

【答案】BD

2. 密集型战略

安索夫提出了企业密集型战略的基本框架，并命名为"产品—市场战略组合"矩阵，如表3-3所示。在"产品—市场战略组合"矩阵中，市场渗透战略、产品开发战略和市场开发战略属于密集型战略。

表3-3　　　　　　　　　　　　　"产品—市场战略组合"矩阵

市场＼产品	现有产品	新产品
现有市场	市场渗透	产品开发
新市场	市场开发	多元化

（1）市场渗透

市场渗透针对的是现有的市场和现有的产品实行的战略。这种战略强调发展单一产品，试图通过营销手

段获得更大市场占有率。彼德斯和沃特曼把这种集中战略称为"坚守阵地"。市场渗透战略目的、方法和适用情况如表3-4所示。

表3-4　　　　　　　　　　市场渗透战略目的、方法和适用情况

战略目的	采用方法	适用情况
在单一市场，依靠单一产品，通过改善营销的策略，大幅度增加市场占有率	①当市场处于成长阶段时，企业可以采取打折促销、加大广告营销、改进分销方式、更新产品包装（4P），进而扩大市场份额 ②与竞争对手相比企业的规模较小时，企业可以开发小众市场 ③当整个市场处于生命周期的衰退期时，企业可以采取保持市场份额的方式	①整个市场处于增长阶段 ②企业就打算局限于现有的产品或者市场 ③有许多竞争者退出这个产业 ④企业在原有市场上已经具有强大的竞争优势 ⑤风险低，相关的投入较小，管理层参与度高

（2）市场开发

市场开发战略是针对现有产品和新的市场的战略。它是将现有产品或服务进军新市场的战略。实施市

场开发战略的主要途径是开辟其他领域市场和细分市场。市场开发战略目的、方法、原因和适用情况如表3-5所示。

表3-5　　　　　　　　　市场开发战略目的、方法、原因和适用情况

战略目的	采用方法	原　因	适用情况
拓展新的市场	新市场分为：新的地理位置上的市场和新的细分市场 ①开辟其他区域的市场 ②细分市场	①难以研发出新的产品，所以选择开拓新的市场 ②将市场开发和产品开发战略同时配合进行 ③现有市场饱和，只能去寻找、去拓展新市场	①存在未开发或未饱和的市场 ②可得到新的、可靠的、经济的和高质量的销售渠道 ③企业在现有经营领域十分成功 ④企业拥有扩大经营所需的资金和人力资源 ⑤企业存在过剩的生产能力 ⑥企业的主业属于正在迅速全球化的产业

（3）产品开发

产品开发战略是针对新产品和现有市场的战略，是在原有市场上，通过技术改进与研发新产品，以满足市场的需要，从而改善企业的竞争优势的战略。产品开发战略目的、方法、原因和适用情况，如表3-6所示。

表3-6　产品开发战略目的、方法、原因和适用情况

战略目的	采用方法	原　因	适用情况
研发新产品，以提高市场地位和竞争优势	可以改变产品外包装的尺寸、颜色，或者使用不同容器（罐头、瓶子）	①对市场的需求、对市场偏好都十分了解 ②与竞争对手相比，更具优势，处于领先 ③发现现有产品的不足，并能改善，发现新的机会 ④企业的经营业绩未受到影响	①顾客对企业的产品比较满意且该产品在市场的信誉很好 ②企业所处行业具备创新和高速发展的特性 ③该产业处于成长期 ④在研发和开发方面很强 ⑤竞争对手提供的产品性价比更高

（4）多元化

多元化战略是针对新的市场和新的产品的战略。它是新产品与新市场结合的结果。由于多元化不符合密集型战略的定义，所以将多元化战略归类为另一种单独的战略，并在下面进行仔细的讲解。

【例题3·多选题】甲公司主营定向爆破业务，在大型设施设备定向爆破拆除领域具有明显优势。甲公司确定的发展战略，一是向爆破拆除与拆除现场清理的一揽子承包工程拓展；二是向承揽矿山采掘爆破、筑路土方爆破业务拓展。甲公司业务开拓方向是密集型成长战略中的（　　）。

A. 市场渗透战略

B. 市场开发战略

C. 产品开发战略

D. 多元化战略

【解析】密集型成长战略只有3类：市场渗透战略、市场开发战略、产品开发战略，故排除选项D。市场渗透战略是针对现有市场和现有产品；市场开发战略是针对现有产品和新的市场；产品开发战略是针对现有市场和新的产品。根据题干"该公司主营定向爆破业务"，"向爆破拆除与拆除现场清理的一揽子承包工程拓展"属于新的产品和原有市场，应该属于产品开发战略。"向承揽矿山采掘爆破、筑路土方爆破业务拓展"属于新的市场和原有产品应该属于市场开发战略。故选择B、C。

【答案】BC

【例题4·单选题】（2013年真题）某城市商业银行，为了扩大信用卡的发行量，在当地与大型百货商场、航空公司合作，推出签账回赠礼品、签账换航空飞机里程等营销措施。从密集型战略来看，这种营销措施属于（　　）。

A. 产品开发战略

B. 市场开发战略

C. 市场渗透战略

D. 市场营销战略

【解析】本题考查的是3种密集型战略的特征。市场渗透是现有产品和现有市场的组合，其目的是增加现有产品在市场的占有率，可以采取的方法包括：当市场处于成长阶段时，企业可以采取打折促销、加大广告营销、改进分销方式、更新产品包装（4P），进而扩大市场份额。而市场开发的特征是现在新产品和新市场的组合，产品开发战略则是新产品与现有市场的组合。题干"推出签账回赠礼品、签账换航空飞机里程等营销措施"属于打折促销，属于市场渗透。因此，本题答案是C选项。

【答案】C

3. 多元化战略

多元化战略指企业进入与现有产品和市场不同的领域。多元化战略属于开拓发展型战略，是企业发展多品种或多种经营的长期谋划。多元化经营，就是企业尽量增大产品大类和品种，跨行业生产经营多种多样的产品或业务，扩大企业的生产经营范围和市场范围，充分发挥企业特长，充分利用企业的各种资源，提高经营效益，保证企业的长期生存与发展。

多元化战略是针对进入新的市场和新的产品的战略。由于市场变化非常迅速，当企业现有产品或市场不

存在期望的增长空间时，企业常常会考虑多元化战略，以寻找多元化的机会。

企业采用多元化战略一般有以下三大原因。

（1）现有的产品很难再进一步创新，或者现有的市场不能再满足企业的目标。

（2）企业拥有现金富余，且这些现金满足了现有的生产所需的资金之后，还有剩余。

（3）多元化进入的领域比原有领域有更高的利润，能给企业带来更多的回报。

多元化战略进一步细分为相关多元化和非相关多元化战略。相关多元化和非相关多元化两种战略中的新产业与原有产业之间的关系如图3-3所示。

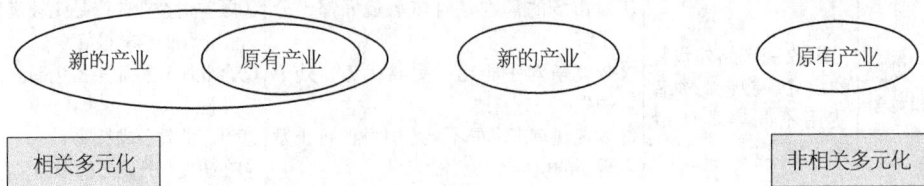

图3-3　两种战略新的产业与原有产业的关系

相关多元化又称同心多元化，是指企业进入的领域和市场是以企业现有的领域和市场为基础所采取的战略。相关多元化的相关性主要是指生产、技术、市场等方面相关。采用相关多元化战略，利于企业利用原有产业的产品知识、生产能力、销售渠道等获得融合优势（融合优势即"1+1>2"的效应）。相关多元化战略的适用情况为：企业现有市场处于吸引力或者利润率下滑的阶段，但是企业在现有领域又拥有良好的信誉和优势等。

非相关多元化又称离心多元化，是指企业进入的领域与企业原有的领域毫不相关时，所采取的战略。非相关多元化战略的适用情况为：企业现有市场处于吸引力或者利润率下滑的阶段，且企业在现有领域没能拥有良好的信誉和优势。此战略的主要目标不是利用原有产品技术和销售渠道的共性，而是可以对企业的现金流加以平衡或者得到新的利润增长点，规避市场风险。

企业采用多元化战略有如下几个方面的优点。

（1）把鸡蛋放进不同的篮子里，将风险分散。

（2）企业产业的多元化，导致规模的扩大，使得其更容易从资本市场获得融资。

（3）多元化进入的领域比原有领域有更高的利润，可以获得新的增长点。

（4）企业内部的有些资源（有形资源、无形资源、人力资源）未被充分利用的，可以被充分利用。

（5）充分利用盈余的资金。

（6）当企业内一些领域盈利，一些领域亏损，可以合计后纳税，以获得财务利益。

（7）在原有领域已经有良好声誉和形象，有助于进入另一个领域。

但是，企业也必须认识到企业采用多元化战略也有一定的风险，主要包括以下几个方面。

（1）进入新领域会瓜分原有领域的资源，以及管理层的注意力，可能会给原有经营产业带来风险。

（2）当存在市场风险时，多元化的经营不但不能降低风险，反而会加大企业所面临的风险。

（3）进入不熟悉的领域往往伴随着风险。

（4）当进入一个新领域后，发现投资错误，想退出，却又不能退出，引发的退出风险。

（5）进入新领域会给企业的各个部门的经营都带来影响，引发内部经营整合风险。

◁)) 名师点拨 ....

多元化战略是相对企业专业化经营而言的，其内容包括：产品的多元化、市场的多元化、投资区域的多元化和资本的多元化。企业采用多元化战略，可以更多地占领市场和开拓新市场，也可以避免单一经营的风险。

【例题5·单选题】 下列企业采用的成长型（发展）战略中，属于多元化成长战略的是（　　）。

A. 甲碳酸饮料生产企业通过按季更换饮料包装、在各传统节日期间附赠小包装饮料等方式增加市场份额

B. 乙汽车制造企业开始将其原在国内生产销售的小型客车出口到南美地区

C. 丙洗衣粉生产企业通过自行研发，开始生产销售具有不同功效的洗发水

D. 丁酸奶生产企业新开发出一种凝固型酸奶，并将其推向市场

【解析】多元化战略是针对新的市场和新的产品，可以分为相关多元化和非相关多元化。选项A，更换包装，但产品的实质没有改变，面向的市场也没有改变，属于原有市场和原有产品（市场渗透战略）。选项B，由内销转出口，销售的地理位置发生变化，即市场变了，属于新的市场和原有产品（市场开发战略）。选项C，洗衣粉厂研发生产出不同功效的洗发水产品，洗发水不同于洗衣粉，其面对的市场也不一样，属于新的产品和新的市场（多元化战略）。选项D，开发出新的酸奶，属于新的产品和原有的市场（产品开发战略）。故选择C。

【答案】C

【例题6·多选题】（2014年真题）企业集团多元化经营的优点有（　　　　）。

A. 能够分散业务风险

B. 企业可利用未被充分利用的资源

C. 为企业提供规模经济的成本优势

D. 企业可较容易地从资本市场中获得融资

【解析】企业集团多元化具有如下优点：①分散风险；②获得高利润机会；③从现有的业务中撤离；④能更容易地从资本市场中获得融资；⑤在企业无法增长的情况下找到新的增长点；⑥运用盈余资金；⑦利用未被充分利用的资源；⑧获得资金或其他财务利益；⑨运用企业在某个市场中的形象和声誉进入另一个市场，而在另一个市场中要取得成功，企业形象和声誉是至关重要的。企业集团多元化经营不能体现为企业提供规模经济的成本优势，其为成本领先战略的优点，选项C错误。所以，选项A、B、D正确。

【答案】ABD

（二）稳定战略

【要点】总体战略类型——稳定战略

【要点精析】稳定战略又称维持战略，是指企业的外部环境和内部环境变化不大的情况下，企业在战略期所期望达到的经营状况基本保持在战略起点的范围和水平上的战略。

采用稳定战略的企业不需要改变自己的使命和目标，只需集中资源于原有的经营业务和产品，以增强其市场竞争力。

稳定战略适用于企业前期经营方面（利润、规模

等）表现得不错，且其预测未来环境的变化不是太大的企业。采取稳定战略的优点如下。

（1）风险较小，可以对原有资源加以充分利用。

（2）可以减少新产品和新市场开发所需的资金投入以及失败的风险。

（3）不需要资源重新配置，进而减少相关的配置成本。

（4）能防止企业由于发展过快、过急造成可能会带来的失衡。

采用稳定战略的企业也有一定的风险，主要包括：

（1）稳定战略的基础是企业外部和内部环境基本保持不变，但一旦外部环境变化，企业目标、外部环境和企业实力将失去平衡，将会给企业带来巨大风险；

（2）长期实行稳定的战略，会使企业的风险意识慢慢减弱，降低企业的抗风险能力和敏感性。非常不利于企业的发展。

（三）收缩战略

【要点】总体战略类型——收缩战略

【要点精析】收缩战略又称为撤退战略，是指当企业面临的外部环境、内部环境都对自己不利，企业未来前途渺茫时采取的战略。

1. 采取收缩战略的原因

采取收缩战略原因大致分为两类，即主动原因和被动原因。主动原因是企业自愿主动采取的战略，被动原因是企业被迫采取的战略。

（1）主动原因

①大企业战略重组的需要。例如，企业集团内部经营了许多产业，某些有发展前景的产业需要资金，这时企业集团就会对那些没有发展前景的产业采取收缩战略，以筹集资金给有发展前景的企业。

②小企业的短期行为。例如，某一小企业的目标是"在本区域内市场占有率达到60%"，当其达到自己的预定目标以后，就不会再去扩张并为此冒险，此时他们会采取收缩战略。

（2）被动原因

①外部原因。例如，经济下行的压力，市场饱和等客观的外部原因，使得企业不得不采取收缩战略。

②企业失去竞争优势。企业由于自身的决策失误，资源配置不当、内部管理机制不健全等导致其失去

竞争优势，不得不采取收缩战略。

2. 收缩战略的方式

收缩战略可分为紧缩与集中战略、转向战略和放弃战略3种方式。三者的关系如图3-4所示。

紧缩与集中战略、转向战略和放弃战略3种方式的适用条件与具体做法如表3-7所示。

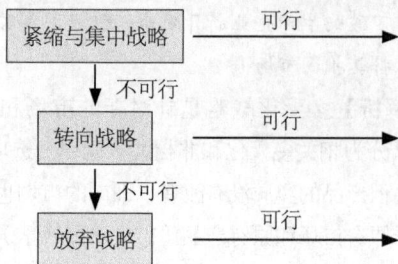

图3-4 收缩战略的3种方式

表3-7 收缩战略的3种方式

收缩战略的方式	适用条件	具体做法
紧缩与集中战略	企业希望在短期内产生效益，能马上制止利润的下降，且见效很快	①机制变革。例如更换CEO、制定新的公司治理方面的政策、改善管理层激励机制等 ②财政和财务战略。严格控制现金及现金等价物的流入流出、与相关债权人进行债务重组等 ③削减成本战略。削减不必要的企业日常支出、缩减产品的成本（包括原材料、人工费、制造费用等）
转向战略	当进行紧缩与集中战略时，并不能改变企业的困境时，就采取转向战略，改变原有的经营方向	①重新定位或进行调整 ②调整营销策略。采用最常见的4P组合（产品、价格、分销、促销）调整营销策略，推出新的举措
放弃战略	当进行转向策略，也不能将企业从困境中救出，只能采用放弃策略，转让全部或者部分子公司的所有权	①特许经营 ②分包 ③卖断 ④管理层与杠杆收购 ⑤拆产为股/分拆 ⑥资产互换与战略贸易

名师点拨

在这种"拆产为股/分拆"的情况下，母公司的一部分变成了战略性的法人实体，以多元持股的形式形成子公司的所有权。将与母公司脱离的子公司看成准独立机构。

在这种"资产互换与战略贸易"的情况下，所有权的转让是通过企业间的资产交换来实现的。如一些通过"借壳""买壳"方式上市场的公司都必然存在资产置换，将"壳公司"的不良资产置换成本公司的优良资产。

【知识拓展】 "借壳"和"买壳"都是为了对上市公司"壳"资源的重新配置，都是为了间接上市。而它们的不同之处在于"借壳"是上市公司的母公司将其优质资产注入上市的子公司，母公司已拥有对上市公司的控制权。而"买壳"上市公司的企业首先必须获得一家上市公司的控制权。

3. 收缩战略的困难

收缩战略是一项不得已的决定，对于企业来说做出这样一个决定非常困难。困难来自于两方面：对企业或业务状况的判断和退出障碍。

（1）对企业或业务状况的判断

准确地判断企业的状况非常困难，可以从以下几个方面考虑进行。

①根据生命周期理论，判断其所处阶段，以及未来的盈利和发展趋势。

②利用SWOT分析，了解当前的优势、劣势、机会与威胁。

③进行企业的资源分析，分析如何运用。

④寻觅出价合理的买主。

⑤放弃一部分业务，以提供资金投资在其他较大利润的业务是否值得。

⑥关闭部分工厂与继续维持相比，哪个利润更大。

⑦准备放弃的业务对企业所起的作用和协同

优势。

⑧放弃的业务或产品，企业是否有替代品。

⑨放弃某些产品或业务是否会对企业无形资产产生影响。

⑩如何寻找适合的买主。

（2）退出障碍

波特在《竞争战略》一书中提出了以下几种主要的退出机制。

①固定资产的专用性程度。资产的专用性越高，当企业将其进行处置时，该资产的买主就会越少，其清算价值就会越低，相应的，企业的退出障碍就越高。

②退出成本。退出成本包括职工的遣散费、安家费以及补偿费、设备的维修费等，退出成本越高，企业退出的困难就越大。

③内部战略联系。企业一些内部单位（财务、市场营销等）与其他单位可能是紧密相连的，所以当决定将放弃某一业务时，会受到相关联系单位的牵绊，很难立即退出。

④感情障碍。由于企业的员工在企业里面工作了许多年，当放弃一些业务时，会伴随一些员工的辞退，这将遭到员工们的抵制，退出较困难。

⑤政府和社会的约束。政府出于地方的稳定、就业率等多方面因素考虑，可能会阻止企业的某些退出决策。

【例题7·单选题】（2017年真题）竹岭公司是我国知名的白酒生产企业。随着我国公务消费改革的日益推进，白酒市场需求发生了重大变化。该公司积极应对这一变化，对旗下多个白酒品牌重新进行了定位。并按照"系列酒薄利多销"的策略，快速实现了从满足公务消费需求向满足商务消费和大众消费需求的转型。该公司采取的总体战略类型属于（　　　）。

A. 多元化战略

B. 转向战略

C. 放弃战略

D. 产品开发战略

【解析】本题考查的是收缩战略的方式。从题干可知，从满足公务消费转型为商务消费和大众消费，属于转向战略中的重新定位或调整现有的产品和服务，故B选项为正确答案。

【答案】B

二、发展战略的主要途径（★★★）

（一）发展战略的主要途径

公司总体战略的3种类型：发展战略、稳定战略和收缩战略，如图3-5所示。实施发展战略可以采取不同的途径。

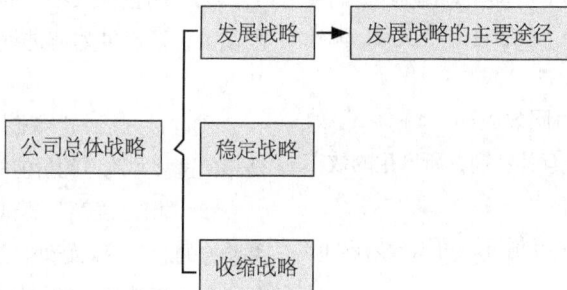

图3-5　公司总体战略的3种类型

发展战略可选择的途径一般有3类：外部发展（并购）、内部发展（新建）和战略联盟。

外部发展指企业谋求发展的途径是通过取得外部经营资源来实现的。从狭义的定义来讲就是指并购。

内部发展与外部发展正好相反，指企业谋求发展的途径是利用自身内部资源来实现的。从狭义的定义来讲就是指新建。

战略联盟是指企业谋求发展的途径是通过两个及以上经营实体之间的合作来达到某种战略目的的方法。

（二）并购战略

1. 并购的类型

企业的并购有许多具体形式，这些形式可以从不同的角度加以分类，如表3-8所示。

表3-8   并购的类型

分类标准	具体细分
按并购双方所处的产业分类	①横向并购：并购方和被并购方均经营同一个产业 ②纵向并购：并购方和被并购方在同一条产业链上。可进一步细分为： 前向并购，被并购方是并购方的下游销售商 后向并购，被并购方是并购方的上游供应商 ③多元化并购：并购方与被并购方在产业、经营方面都没有密切的关系
按被并购方的态度分类	①友善并购：一般指并购双方的意思都基本一致，在友好协商的情况下达成的协议 ②敌意并购（恶意并购）：并购协议遭到了被并购方的拒绝，但是并购方不理会被并购方的意愿，坚决强制采取并购手段
按并购方的身份分类	①产业资本并购：并购方为非金融类企业，其并购的目的是为了获得被并购企业的产业利润 ②金融资本并购：并购方为投资银行和非金融类机构，其并购的目的是为了获得被并购方的投资利润
按收购资金来源分类	①杠杆收购：收购方的资金主要来自于其对外的负债 ②非杠杆收购：收购方的资金主要来自于其所拥有的自有资金

2. 并购的动机

并购的动机即为什么要选择并购，主要基于以下几点原因。

（1）避开进入壁垒，并得以迅速进入，与此同时，及时地把握了市场的机会，成功躲避了一些进入风险。

通过并购，企业可以直接进入被并购企业所在领域，不需要自己从零开始，进行招兵买马等一系列漫长的前期准备，这样就有效地把握了时机，迅速进入又规避了风险。例如，我国的企业股票上市要经过政府部门的多层审批，时间一般为几年，而通过"买壳""借壳"则可以迅速进入股票市场，再通过资产置换，提高企业股票价值。

（2）获得协同效应。协同效应即"1+1＞2"效应，即两个企业合并以后可以互补互利，所产生的效应远远大于两个企业简单的相加。

用系统理论对协同效应进行剖析，可以分为以下3个层次：

①并购后两个企业的"作用力"的时空排列得到有序化和优化，从而使企业获得"聚焦效应"。

②并购后企业内部不同"作用力"发生转移、扩散、互补，从而改变了公司整体的功能状况。

③并购后两个企业的"作用力"发生耦合、反馈、互激振荡，改变了作用力的性质和力量。

（3）克服企业负外部性，减少竞争，增强对市场的控制力。

"个体理性导致集体非理性"是企业负外部性的一种表现。两个独立企业的竞争就表现了这种负外部性，竞争往往会两败俱伤，而并购战略不仅可以减少残酷竞争，同时还增强了企业的竞争优势。

3. 并购失败的原因

在企业并购的实践中，企业并购的成功率很低，许多企业没有达到预期的目标，其主要原因有以下几种。

（1）决策不当的并购

并购前，没有经过缜密、细致、全面的分析被并购方的经营状况、价值，也没有细致衡量并购成本与被并购方的价值。

为了防止决策不当的并购，波特提出了"吸引力测试"，以提供如何进行并购前分析，具体包括以下几点。

①"进入成本"测试，即为收购被并购方支付的费用超过被并购方的价值的部分，支付溢价。

②"相得益彰"测试，收购被并购方，必须能为并购方的股东带来好处，这样股东们才会支持。

（2）并购后不能很好地进行企业整合

并购双方由于彼此的企业文化、组织结构、企业制度等都不一样，并购后融为一体，很容易因为企业文化、组织结构、企业制度等不同产生矛盾，最终导致并购失败，并购方撤出被并购方。

（3）支付过高的并购费用

被并购方的价值评估是企业并购的关键，没有进行准确的价值评估，企业很容易支付过高的并购费用，最终导致并购失败。

对并购对象的价值评估可以采用以下几种方法。

①市盈率法，企业的评估价值=企业的每股收益×收购方的市盈率（被收购方的行业平均市盈率）。这种评估方法提供的评估价值是企业的最大的评估价值。

②目标企业的股票现价。这种方法提供的评估价值是企业的最低的评估价值之一。

③净资产价值。这种方法提供的评估价值是企业的最低的评估价值之一。

④股票生息率。为股票的投资价值提供了一项指引。

⑤现金流折现法。如果收购产生了现金流，则应当采用合适的折现率。

⑥投资回报率。根据投资回报率，估计企业的利润，进一步估算企业的价值。

（4）跨国并购面临的政治风险

对于多国经营的企业，政治风险是不可忽视的因素，且近年来，这种风险已成为了影响企业经营因素中越来越严重的问题。

【知识拓展】 这里需要结合第2章学习的宏观环境分析中的政治因素进行分析。

防范政治风险的措施包括以下几个方面。

①加强对经营所在国的政治风险的评估，时刻进行观测。

②采取多国化的经营策略，即分散经营以分散经营的政治风险。

③实行当地化策略，即多与当地企业进行合作，多招聘当地的员工等有利当地政府的策略。

【例题8·多选题】 希望公司是一家房地产企业，为了有效地应对竞争，增强自身的实力，与同行业的另一家房地产企业M公司协商，将双方的股权进行合并，组建一家新的房地产公司。这种方式被称为（　　）。

A. 横向并购

B. 友善并购

C. 金融资本并购

D. 杠杆并购

【解析】 希望公司和M公司都是房地产企业，处于同一行业，属于是横向并购，选项A正确，且处于非金融行业，属于产业资本并购，排除选项C。双方经协商进行并购，属于友善并购，选项B正确，此次并购没有涉及向金融机构借款，属于非杠杆并购，排除选项D。综上所述，故选择A、B。

【答案】 AB

（三）内部发展战略

【要点】 内部发展战略的动因、缺点与应用

【要点精析】 内部发展战略又称内生增长战略，是指企业在不收购其他企业的情况下依靠自身的资源（利润、规模、活动）来实现企业的发展壮大。这种战略方式已成为那些需要高科技设计或制造方式的企业的主要战略方式。

1．内部发展战略的动因

（1）内部慢慢发展能使企业更加了解自身的产品及市场。

（2）没有合适的并购对象。

（3）能保持统一的企业文化和经营管理，大大减轻了混乱程度。

（4）能为管理者提供晋升通道。

（5）相较于并购，无须支付高额的并购溢价。

（6）相较于并购过程中会产生隐藏的或无法预测的风险，内部发展产生的这种风险概率大大降低。

（7）只有通过内部发展才能实现企业的真正创新。

（8）内部发展是缓慢地且有计划地进行，易获得企业的财务支持，且成本随时间分摊，对企业的利润影响不大。

（9）风险较低。主要表现在企业收购中，购买者可能还要承担以前业主所作的决策产生的后果。

2．内部发展战略的缺点

（1）内部发展过程中，企业逐步扩大，相比于现有的市场，其竞争会加剧。

（2）完全依靠内部发展，无法接触其他知名企业的管理和技术，长期如此，会导致企业落后，造成更大的风险。

（3）由于自身发展比较缓慢，企业就难取得规模效应或经验曲线效应。

（4）当市场发展快速时，内部发展过于缓慢，会导致企业丧失机会。

（5）依靠内部发展进入一个新市场，面临的进入壁垒会很高。

3．内部发展的应用条件

（1）产业处于不均衡状况，结构性障碍还没有完全建立起来。一般来说，新兴产业更具有这样的特点。

（2）产业内现有企业的行为性障碍容易被制约。在一些产业中，现有企业所采取的报复性措施的成本超

过了由此所获得的收益，使得这些企业不急于采取报复措施，或者报复性措施效果不佳。

（3）企业有能力克服进入障碍，或者企业进入后所获得收益大于现在克服障碍的成本。

克服进入障碍的能力往往表现在以下几个方面。

①企业现有的资源（资产、技术、分销渠道等）同新的经营领域有较强的相关性。

②企业进入新领域后，能对新领域的行业结构产生影响，使之为自己服务。

③企业进入新领域，有利于发展企业现有的经营内容。

【例题9·单选题】以下各项中，属于企业内部发展的方式为（   ）。

A. 某企业为了加强竞争优势，与行业中的另几位龙头企业达成协议，联合组建一家新的公司

B. 某企业收购了另一家竞争对手

C. 公司为了留下更多的资金便于企业今后发展，减少了股利分配

D. 企业通过加盟的方式以壮大企业的规模和影响力

【解析】选项A、D，都属于战略联盟的模式，选项B属于并购方式。选项C属于内部发展，即企业在不收购其他企业的情况下依靠自身的资源（利润、规模、活动）来实现企业的发展壮大。

【答案】C

（四）企业战略联盟

【要点】企业战略联盟的基本特征、形成动因和主要类型

【要点精析】战略联盟是指企业谋求发展的途径是通过两个及以上经营实体之间的合作来达到某种战略目的的方法。它已成为现代企业强化其竞争优势的重要手段，被誉为"20世纪20年代以来最重要的组织创新"。

1. 企业战略联盟的基本特征

（1）从经济组织形式来看，战略联盟是介于企业和市场之间的一种"中间组织"。联盟内交易是即非企业的，也非市场的。

（2）从企业关系来看，企业之间在资源共享、优势互补、彼此信任却又相互独立的基础上通过战略联盟形成的是一种平等的合作关系。联盟企业之间平等合作关系主要表现在以下几个方面。

①相互往来的平等性。各联盟成员之间都是平等、独立的法人。

②合作关系的长期性。战略联盟是建立在实现战略目标的前提下的，具有长期性。

③整体利益的互补性。战略联盟各成员之间是一种互补关系。每个成员企业都拥有各自的优势，扬长避短，可有效降低交易成本，产生"1+1>2"的协同效应。

④组织形式的开放性。战略联盟是一种动态的、开放的体系。是一种松散的公司间一体化组织形式。

（3）从企业行为来看，战略联盟是一种战略性合作关系，彼此成员之间可以实现技术上的优势互补，加快技术创新速度并降低相关风险。

2. 企业战略联盟形成的动因

促使企业建立战略联盟有许多直接的动因。根据近几年来企业战略联盟的实践和发展，可把战略联盟形成的主要动因归纳为以下6个方面。

（1）促进技术创新。一个企业进行技术创新，投入的资本会很大，风险也会很高，进行战略联盟能使联盟成员共同分担创新成本，促进创新。

（2）避免经营风险。企业所处的内部、外部环境时时刻刻都在不断变化，一个企业难以全面、准确地进行把握。企业之间形成联盟可以进行信息共享，有利于避免经营风险。

（3）避免或减少竞争。通过建立战略联盟，企业之间的关系由原来的竞争转变为合作，能大大减少竞争的高昂费用。

（4）实现资源互补。每个企业拥有的资源都不会完全一致，企业之间形成战略联盟能有效地进行资源共享和优势互补。

（5）开拓新的市场。企业通过战略联盟可以迅速实现经营范围的多样化，企业之间可以快速进入彼此所在的市场。

（6）降低协调成本。与并购方式相比，战略联盟不需要企业的整合，可降低协调成本。

3. 企业战略联盟的主要类型

从股权参与和契约联结的方式的角度，将企业战略联盟归纳为以下几类。

（1）合资企业。以共担风险、共享收益为基础的一种资产组合。

◀)) 名师点拨 ••••••••••••••••••••••••••••

这里所指的合资企业不同于一般意义上的合资企业，这里更强调战略联盟，联盟企业之间是一种平等、独立的关系，股权几乎为50%和50%的形式。

（2）相互持股投资。相互持股投资是指合作各方为加强相互联系而持有对方一定数量的股份，这种联盟中各方的关系相对更加紧密，而双方的人员、资产无须合并。

◀)) 名师点拨 ••••••••••••••••••••••••••••

这里的相互持股投资是双向持股，且彼此之间的持有股份量都比较少。

（3）功能性协议。前面两种依靠的是股权参与形成联盟，功能性协议是通过契约联结形成的战略联盟，它主要是指企业之间决定在某些具体的领域进行合作。常见的功能性协议包括以下几点。

①技术交流协议：联盟成员之间相互交流技术、知识等资料，增加竞争实力。

②合作研究开发协议：分享现在的科研成果、共同使用科研设施和生产能力，在联盟内注入各种优势，共同开发新产品。

③生产营销协议：联盟成员之间对某些产品进行共同生产、共同销售。成员之间仍保持各自的独立性。

④产业协调协议：成员之间建立全面协作与分工的产业联盟体系。

◀)) 名师点拨 ••••••••••••••••••••••••••••

股权式联盟和契约式联盟的区别，如表3-9所示。

表3-9 股权式联盟和契约式联盟的区别

股权式战略联盟	契约式战略联盟
必须组成经济实体，且严格规定了资源分配、出资比例、利益分配等问题	无须成立经济实体，没有很严格的规定，企业之间结构相对松散
各方的出资比例决定了企业的发言权，且出资的多少决定了企业地位的主次	每个联盟成员之间处于平等、独立的地位
各企业间利益分配按出资比例的大小	各企业间的利益分配可以视企业实践情况而定
初始投资大、不灵活	不存在初投资大等问题
彼此之间相互持股，能使联盟成员间信任感和责任感大大增加	没有严格的规定、松散的结构会导致成员之间沟通不充分，甚至彼此信任度下降

4. 战略联盟的管控

相较于并购和新建战略，战略联盟具有一定的优势。但是，由于战略联盟形式下的企业关系较为松散，因此，必须严加管控，否则战略联盟将不能达到企业预期的目标。

战略联盟管控的手段主要有以下两种。

（1）订立协议

战略联盟是一种契约式的企业联盟，当契约双方发生纠纷时，多数情况下，需要按照事先约定的协议进行解决。因此，需要拟定协议以进行战略联盟管控。

①严格界定联盟目标。

协议中明确联盟目标，有助于联盟双方发挥各自优势，以达到预期。

②周密设计联盟结构。

协议中明确联盟结构，可以防止联盟企业之间不必要的竞争，保进有效合作。

③准确评估投入的资产。

协议中需要明确，对于专利、技术等无形资产作为投入资产，一定要采取相应的估值技术进行准确估值。

④规定违约责任和解散条款。

在协议中，应明确规定联盟双方的违约责任和解散条件，当任意一方出现违约行为，应在联盟协议中规定协议变更或解释的处理方法以避免纠纷。

（2）建立合作信任的联盟关系

信任是企业最难以模仿以及替代的稀缺资源。战略联盟的企业之间建立信任，一方面可以减少相互之间的监督成本；另一方面可以弥补正式协议中不能控制的缺陷。

【例题10·多选题】（2013年真题）下列关于战略联盟的表述中，正确的有（　　　　）。

A. 战略联盟是在竞争者之间建立一种平等的合作伙伴关系

B. 战略联盟是着眼于优化企业未来竞争环境的长远谋划

C. 合资企业是战略联盟常见的一种类型

D. 契约式联盟具有较好的灵活性、但企业对联盟的控制难度大

【解析】选项A，考查战略联盟的基本特征，从企业关系看，战略联盟形成的是一种平等的合作关系。选项B，考查战略联盟的基本特征，从企业行为来看，战略联盟是一种战略性（长期性）的合作。选项C，考查战略联盟的类型，分为合资企业、相互持股投资、功能性协议。选项D，考查契约式联盟的优缺点。故选择A、B、C、D。

【答案】ABCD

【例题11·单选题】（2014年真题）日本公司与欧洲公司的战略联盟主要是为了利用欧洲合作公司在欧盟市场的重要地位来渗透和拓展其欧洲市场。日本跨国公司与欧洲公司的战略联盟的主要动因为（　　）。

A. 降低协调成本　　B. 实现资源互补

C. 开拓新的市场　　D. 避免经营风险

【解析】企业通过建立广泛的战略联盟可迅速实现经营范围的多样化和经营地区的扩张，这突出表现在日本跨国公司与欧洲和美国公司的战略联盟上，故日本跨国公司与欧洲公司的战略联盟的主要动因是开拓新的市场。

【答案】C

第二节　业务单位战略

考情分析： 本节将介绍业务单位战略，它是企业战略的第二个层次。本节包括4个部分内容：成本领先战略、差异化战略、集中化战略以及基本竞争战略的综合分析——"战略钟"。重点掌握成本领先战略、差异化战略和集中化战略的优势、实施条件以及风险，在理解的基础上一定要进行记忆。"战略钟"只需要了解其大致的含义即可。

学习建议： 首先，对于成本领先战略、差异化战略、集中化战略需要根据知识要点（优势、实施条件以及风险）进行理解；其次，在理解的同时需要进行记忆，此处有可能会以综合题的形式出现；最后，结合课后习题，巩固知识点。

一、基本竞争战略（★★）

业务单位战略，又称为竞争战略，是企业战略中的

第二个层次，它主要是将公司目标、企业文化等公司战略进一步细化，各单位的主管以及辅助人员将会参与。

在波特的《竞争战略》一书中将竞争战略具体细分为3类：成本领先战略、差异化战略和集中化战略。

（一）成本领先战略

成本领先战略是指企业通过在内部加强成本控制，在研发、生产、销售、服务、广告等领域把成本降到最低限度，成为产业中的成本领先者的战略。成本领先战略并不意味着短期成本优势或仅仅是成本的降低，而是一个长期可持续的通过低成本地位获得竞争优势。企业选择成本领先战略，有其适用条件，但同时也要注意一定的风险。

1. 成本领先战略的优势

企业采用成本领先战略，主要优势如表3-10所示。

表3-10　　　　成本领先战略的优势

形成进入障碍	企业的成本越低，潜在进入者进入越无利可图，形成的进入障碍就越高。那些没有生产技术优势、缺少经营经验以及没有规模经济的企业难以进入
增强讨价还价的能力	①针对供应商：企业成本越低，其产量越大，其购买量越大，相对于供应商，其议价能力越强 ②针对购买者：企业成本越低，就能对抗强有力的购买者，相对于购买者，其议价能力就越强
降低替代品的威胁	相对于替代品，企业的成本越低，可以提供低成本的产品和服务吸引顾客，从而降低了替代品的威胁，使企业产品保持竞争地位
保持领先的竞争地位	企业成本越低，在进行价格战时，能提供更便宜的产品，在其对手无利的情况下还可以有一定的利润，从而扩大市场，能始终保持企业的领先地位

总之，企业采用成本领先战略可以使企业有效地面对产业中的5种竞争力，以其低成本的优势，获得高于其行业平均水平的利润。

2. 成本领先战略的实施条件

成本领先战略的实施条件分为以下两个方面：①市场情况（外部环境）；②企业的资源和能力（内部环境）。

（1）市场情况（外部环境）

①产品具有较高的价格弹性，市场中存在大量的对价格很敏感的用户。

②产业中所有产品都是标准化产品，很难差异化。

③购买者不关注品牌，更关心价格。

④价格竞争成为市场主要竞争，消费者转换成本低。

（2）企业资源和能力（内部环境）

①在经济规模显著的产业中建立生产设备来实现规模经济。

②降低各要素（资金、劳动力、原材料）成本。

③提高生产率。企业通过新技术、新工艺进一步提高生产效率，充分利用学习曲线效应提高生产率。

④改进产品工艺设计。企业可以减少对消费者不实用的功能来降低产品的成本。

⑤提高生产能力利用程度，减少闲置的资产。

⑥选择有利于企业的交易组织形式。如原材料是自产还是外购。

⑦重点集聚。企业针对某一细分市场采取成本领先战略，获利更多。

◀))) **名师点拨** ··········

现在的网上销售商就是一种消费者转化成本极低的行业，消费只需要轻轻单击鼠标，就可以对比不同网站之间的产品价格，所以网上销售企业，经常采取成本领先战略（打价格战）。

3. 成本领先战略的风险

采用成本领先战略也存在风险，具体表现为以下几点。

①降低成本的投资（采购设备、工艺更新等）与经验因技术的变化变得无用。

②产业新进入者通过模仿、学习，或高技术水平，使自身产品的成本降至更低。

③市场的需求发生了变化，从注重价格转为注重品牌，使得企业失去优势。

当出现以上3种情况时，企业就不再存在成本优势，采用成本领先战略也变得无意义。

【例题12·多选题】某企业集团的下列业务单位中,适合选择成本领先战略的有（　　　　）。

A. 甲业务单位，生产顾客需求多样化的产品

B. 乙业务单位，生产购买者不太关注品牌的产品

C. 丙业务单位，生产消费者转换成本较低的产品

D. 丁业务单位，生产目标市场具有较大需求空间或增长潜力的产品

【解析】成本领先战略主要适用于以下一些情况：产品购买者不太关注品牌，绝大多数都以相同的方式使用产品，选项B符合。市场竞争的主要手段是价格竞争，消费者转换成本较低，选项C符合。选项A适用于差异化战略，选项D适用于集中化战略。故选择B、C。

【答案】BC

（二）差异化战略

差异化战略是指在产业中企业通过提供独具特色的产品和服务，并且产品和服务的溢价超过因其独特性所增加的成本，从而使企业最终取得竞争优势。

1. 差异化战略的优势

企业采用差异化战略，主要的优势在于能有效抵抗5种竞争力量，具体如表3-11所示。

表3-11　　　　　　　　　　　　差异化战略的优势

形成进入障碍	产品的差异化，能形成顾客高度的忠诚度，潜在进入者要想进入，必须克服差异化，因此，差异化形成了较高的进入障碍
降低顾客的敏感程度	产品的差异化，能形成顾客高度的忠诚度，差异化大大降低了顾客对价格的敏感程度，从而避免了竞争的的侵害
增强讨价还价的能力	针对供应商：差异化能增加销售量，进而增加产量、增加采购量，相对于供应商而言，形成了较强的议价能力 针对购买者：由于购买者高度的忠诚，且没有其他产品可以选择，故企业采取差异化对顾客也具有较强的议价能力
降低替代品的威胁	采取差异化战略以提高产品的性价比，最终抵御替代品的威胁

2. 差异化战略的实施条件

差异化战略的实施条件分为以下两个方面：市场情况（外部环境）和企业的资源和能力（内部环境）。

（1）市场情况（外部环境）

①产品能充分实现差异化，且取得顾客认可。

②顾客需要的是多样化的，不关注价格，更关心

多样化。

③产业技术变化快，创新是产业竞争焦点。

（2）企业资源和能力（内部环境）

①有很强的研发能力、产品设计能力及相关的人员。

②有很强的市场营销能力及相关的人员。

③企业鼓励创新，建立了完善的管理体制、激励机制和良好的企业文化。

④具备研发高质量产品、树立良好形象以及建立完善分销渠道的综合能力。

3. 差异化战略的风险

采用差异化战略也存在风险，具体表现为以下几个方面。

①采取差异化的成本太高。差异化导致产品的成本过高，消费者不愿为差异化买单。

②市场需求发生变化。购买者需求由关注差异化转变为价格敏感。

③竞争对手通过模仿、学习，产品之间差异化缩小甚至转向。

当出现以上3种情况时，企业就不再存在差异化优势，采用差异化战略也变得毫无意义。

【例题13·多选题】 以下单位中，适合选择差异化战略的有（　　　）。

A. A企业生产的产品的多样化能够被顾客所接受

B. B企业的顾客需求多种多样

C. C企业所处行业创新是竞争的焦点

D. D企业的顾客对价格极其敏感

【解析】 差异化战略所适用的条件：产品能够充分实现差异化且能被顾客所接受，选项A符合；顾客的需求多样，选项B符合；企业所处的产业技术变化较快，创新成为竞争的焦点，选项C符合；选项D，顾客对价格敏感是成本领先战略的适用情况。故选择A、B、C。

【答案】 ABC

（三）集中化战略

集中化战略是指在某一特定的细分市场，采取成本领先战略或产品差异化战略以获取企业的竞争优势。一般为中小企业所采用。集中化战略分为两类：集中成本领先战略和集中差异战略。

1. 采用集中化战略的优势

采用集中化战略的优势主要表现在以下两点。

①能够抵御产业5种竞争力的威胁。

②增加竞争优势，避免了企业在大范围内、正面的与竞争对手发生冲突。

2. 集中化战略的实施条件

集中化战略的实施条件包括以下几点。

①购买者群体之间在需求上存在差异。

②目标市场在市场容量、成长速度、获利能力方面具有相对吸引力。

③在目标市场上没有其他竞争者采用类似竞争策略。

④企业的资源和能力有限，难以整个市场实施成本领先战略或差异化战略，只能针对细分市场实行。

3. 集中化战略的风险

采用集中化战略也存在风险，具体表现为以下几点。

①狭小的目标市场导致的风险。目标市场狭小会导致市场的需求不大，不能匹配较大的生产规模，因而具有一定的风险。

②购买者群体之间需求差异变小。细分市场之间不再具有明显的界限，使得针对某一细分市场的战略不再适用。

③竞争对手的进入与竞争。

【例题14·多选题】 某玩具制造商拟实施包括实现规模经济、针对1~3岁的幼儿设计独有的"幼童速成学习法"玩具系列等在内的战略方案，以增加其业务的竞争优势。该玩具制造商上述业务层战略属于（　　　）。

A. 成本领先战略　　　B. 多元化战略

C. 集中差异化战略　　D. 集中成本领先战略

【解析】 根据题干"该制造商实施规模经济"，规模经济的最终目的是降低成本，属于成本领先战略；"针对1~3岁的幼儿设计独有的'幼童速成学习法'玩具系列"可知，针对的是特殊的细分市场且产品有自己的特色，属于集中差异化战略，所以答案是A、C。

【答案】 AC

【例题15·单选题】 甲公司是一家日用洗涤品生产企业。甲公司在市场调研中发现，采购日用洗涤品的消费者主要是家庭主妇，她们对品牌的忠诚度不高，但对价格变动非常敏感。目前，甲公司主要竞争对手的各类产品与甲公司的产品大同小异。在这种市场条件下，最适合甲公司选择的业务单位战略是（　　　）。

A. 成本领先战略　　　　　B. 差异化战略

C. 集中化战略　　　　　　D. 一体化战略

【解析】 本题考查的是业务单位战略。业务单位战略包括：成本领先战略、集中化战略、差异化战略，故排除选项D。其中成本领先战略的实施条件为：顾客对品牌的忠诚度不高，但对价格变动非常敏感，故选择A。

【答案】A

（四）基本竞争战略的综合分析——"战略钟"

波特的"竞争战略"思想给管理人员提供了思考竞争战略的方法，但是实际工作中的情况要复杂得多，企业不能单一地选择某一战略。克利夫·鲍曼对波特的"竞争战略"进行了综合，提出了"战略钟"的概念。"战略钟"是建立一个坐标系，横坐标为产品的价格，纵坐标为顾客认可的产品价值。然后将企业可能的竞争战略选择在这一平面上用8种路径表现出来（见图3-6），其中，有效战略为5种。

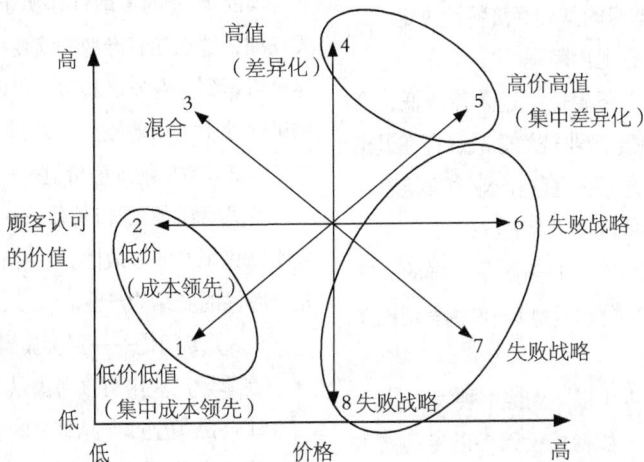

图3-6 "战略钟"——竞争战略的选择

1. 成本领先战略

途径1、2属于成本领先战略。大致分为两个层次，一是低价低值战略（途径1），即价格下降的同时，价值也在下降；二是低价战略（途径2），即价格下降，但是价值没有改变。采用低价低值战略的企业关注的是对价格非常敏感的市场，面对的是收入水平较低的消费群体。途径1可以看成是集中成本领先战略。途径2是成本领先战略，企业在降价的同时，保持产品质量与服务不变。

2. 差异化战略

途径4、5属于差异化战略。大致可分两个层次，一是高值战略（途径4），即价格不变的前提下，价值在增加；二是高值高价战略（途径5），即价格和价值同时增加。途径5可以看成是集中差异化战略，面对的是高端消费群体，高档购物中心、酒店、宾馆常使用这种战略。

3. 混合战略

途径3属于混合战略，既降低价值又提高价值，既有差异化，又有成本领先战略。这些战略面对的是即关心价格，又注重质量的消费群体。

从理论角度上看，以下一些因素会导致一个企业同时获得两种优势。

（1）提供高质量产品的公司会增加市场份额，由于规模经济而降低成本。

（2）高质量产品的累积经验降低成本的速度比低质量产品快，因此，会因经验曲线而降低平均成本。

（3）注重提高生产效率可以在生产高质量的产品过程中降低平均成本。

4. 失败战略

途径6、7、8一般情况下可能导致企业失败的战略。途径6在提高价格的同时，却没有为带来价值的提升。途径7则是更危险的战略，在降低产品质量或服务的同时提高其价格（拥有垄断权的产品除外）。途径8是保持产品价格不变的同时降低产品的质量或服务。

二、中小企业竞争战略（★★）

波特的《竞争战略》一书中针对几个重要的产业环境进行了较为细致的战略分析，其中以零散产业和新兴产业为重点。零散产业和新兴产业多以中小企业为主，因此零散产业和新兴产业的战略分析，又称为中小企业竞争战略分析。

（一）零散产业中的竞争战略

零散产业的特点有行业集中度很低、不存在占有显著市场份额的企业、不存在对整个产业产生重大影响的企业。属于零散产业的多为传统服务业，即餐饮业、洗衣业、照相业等。

1. 造成产业零散的原因

产业零散主要由产业本身的基础经济特性决定。

（1）进入障碍低或存在退出障碍

产业零散的前提是进入障碍低。进入障碍低，会导致大量竞争者进入该行业，产业较为分散。存在退出障碍，使得大量没有破产的企业一直在产业中维持着。

（2）市场需求多样导致高度产品差异化

一方面，消费者对产品本身的需求是多样的、零散的；另一方面，消费者对消费的地点需求也呈现出多样化、零散化。

（3）不存在规模经济或难以达到经济规模

由于产业本身的特点，如初始投入多以专门技术为主、运输成本较高、库存成本较高、销售不稳定，或者消费者的需求特点，导致产业不存在规模优势。

（4）政府政策和地方法规对某些产业集中的限制

（5）产业中还没有企业掌握足够的技能和能力以占据市场份额

2. 零散产业的战略选择

从基本竞争战略的角度出发，零散产业的战略选择分为以下3类。

（1）克服零散——获得成本优势

零散产业的主要特点就是行业集中度很低、较为零散，因此获取成本优势，克服零散，可以获得较高回报。

克服零散的途径如下。

①连锁经营或特许经营。

采取连锁经营或特许经营克服零散性的主要产业为：由于顾客消费地点或者消费口味不同而导致的零散性产业。

【知识拓展】连锁经营的含义：由同一公司所有，统一经营管理，由两个或两个以上商店组成。这些商店经营管理类似的商品大类，实行集中采购和销售，还可能有相似的建筑风格和标志。

特许经营的含义：通过签订合同，特许人将有权授予他人使用的商标、商号、经营模式等经营资源，授予被特许人使用，被特许人按照合同约定在统一经营体系下从事经营活动，并向特许人支付特许经营费。

②技术创新以创造规模经济。

例如，改善产品的性能、品质以提高市场产占有率等。

③尽早发现产业趋势。

如果产业的零散性是源于产业正处于开发期或者成长期，那么随着产业的演变可能会发生集中，这时应尽早意识到产业发展趋势，可以使企业较早地利用这些结果而处于主动地位。

（2）增加附加值价值——提高产品差异化程度

采取增加附加值价值——提高产品差异化程度的战略以克服产业零散性，主要针对提供的产品或者服务是一般性的商品的产业。

（3）专门化——目标集聚

在零散产业中可以考虑以下几种专门化战略。

①产品类型或产品细分的专门化。

当产业中同一系列产品中存在多项产品时，采取产品类型或产品细分的专门化，有助于利用规模效应以增强与供应商之间的讨价还价能力。

②顾客类型专门化。

顾客类型专门化是指专注特定顾客，削弱顾客讨价还价的能力，以获得潜在收益。

③地理区域专门化。

地理区域专门化是指在较小的区域范围内，采取集中设备、选择有效广告等方法，以增强集中度获得收益。

3. 谨防潜在的战略陷阱

在零散产业中进行战略选择要注意以下几点。

（1）避免寻求支配地位

对于零散产业而言，一味地增加市场份额很容易导致效率低下或者丧失产品差异性，因此寻求支配地位毫无意义。

（2）保持严格的战略约束力

在长期的发展过程中，要保持战略执行的严格性，若战略执行过于随机，会导致企业的竞争力减弱。

（3）避免过分集权化

过分集权化，会导致企业生产效率低下，削弱企业在零散产业中的竞争力。因此，要避免过分集权化。

（4）了解竞争者的战略目标与管理费用

零散产业中的企业多为家族式企业，缺乏严格规范的公司机制。因此，企业必须了解竞争者的战略目标与管理费用，做到知己知彼。

（5）避免对新产品做出过度反应

在零散产业中，企业研发新产品的投资并不容易收回，因此，企业需要慎重开发新的产品。

（二）新兴产业中的竞争战略

技术创新、消费者需求变化或其他社会变化给某个产品或服务带来潜在可行的商业机会及产生新兴产业。新兴产业是指新形成的或者重新形成的产业。

1. 新兴产业的内部结构环境

新兴产业的内部结构差异很大，但仍然存在一些共同点。

（1）共同的结构特征

①技术的不确定性。

在新兴产业中，由于企业的生产技术还处于不成熟阶段，技术具有不确定性，还需要进行不断的完善。

②战略的不确定性。

在新兴产业中，企业对自己的竞争对手、顾客等相关信息知之甚少，因此，没有确定的战略。

③成本的迅速变化。

新兴产业的学习曲线非常陡峭。在最初阶段，企业成本非常高，但随着技术的改进，成本会迅速下降。

④萌芽企业和另立门户。

在新兴产业中，存在极大比例新进入的企业以及从原有企业出走的雇员自立门户创办的企业。在新兴产业中另立门户现象涉及很多因素。

第一，对于在已立足公司中的工薪阶层员工而言，权益投资远比固定的薪酬更具吸引力。

第二，对于在已立足公司中的工薪阶层员工而言，在另立门户的企业中更易实施自己的新想法。

⑤首次购买者。

新兴产业中，多数企业的顾客为首次购买者。因此，企业营销的重要任务是吸引首次购买者。

（2）早期进入障碍

常见的早期进入障碍有如下几点。

①专有技术。

②获得分销渠道。

③得到适当成本和质量的原材料和其他投入。

④经验造成的成本优势。

⑤风险。

2. 新兴产业的发展障碍

从产业的5种竞争力角度来看，新兴产业面临的发展障碍主要体现在供应者、购买者与被替代品3个方面。

（1）原材料、零部件、资金与其他供给的不足（成本过高）

在新兴产业的初期阶段，一方面，供应商具有较强的议价能力，大幅提高重要原材料的价格；另一方面，由于企业的技术和战略不确定性，导致企业风险较大，金融机构借给企业的资金成本会相应提高。

（2）顾客的困惑与等待观望（影响销售）

由于企业的技术的不确定性，顾客认为新的产品会迅速取代原有产品，因此，顾客总是持观望的态度。

（3）被替代产品的反应（带来降低成本的压力）

老产品面对新产品的出现，一般采用降低成本，这会导致新兴产业的产品成本不断降低，给产业发展增加难度。

3. 新兴产业的战略选择

新兴产业的战略具有很大的不确定性，在制定战略时关键在于处理不确定性。

（1）塑造产业结构

战略选择中占压倒性地位的是塑造产业结构，即选用的战略要有利于企业产业结构稳定成型。

（2）正确对待产业发展的外在性

在新兴产业中，产业整体利益与企业个体利益会产生冲突，企业需要正确对待产业发展的外在性。

（3）注意产业机会与障碍的转变，在产业发展变化中占据主动地位

新兴产业发展迅速，机会与障碍处于随时变化的过程。战略制定过程中，最具挑战性的战略问题就是处理与把握新兴产业的机会与风险。企业通常应该采取下列一种或多种方式。

①发扬企业家精神和实施创造性战略，争取赢得产业领导地位。采取以产品卓越性为基础的差异化战略，争取获得竞争优势。

②完善技术，改善质量，开发特色性能。

③采用占统治地位的技术，努力成为产业中技术标准的制定者和"占统治地位的产品"开拓者。

④与最有能力的供应商建立联盟，在新的分销渠道中获得份额，从而获得优先行动的优势。

⑤同关键的供应商建立联盟关系，获取专业化的技能和关键的原材料。

⑥开发新的顾客群，进入新的地理领域。

⑦降低首次购买者试用公司的第一代产品的代价和难度。然后，逐步将广告的重点从创造产品转向提高使用频率和建立品牌忠诚。

⑧采用削价的策略吸引价格敏感者。

⑨预测与关注产业的新进入者。

（4）选择适当的进入时机与领域

选择适当的时机进入产业，非常重要。当具备下列基本情况时，早期进入是适当的。

①对顾客而言，企业的形象和声望很重要。

②产业中的学习曲线很重要，经验很难模仿。

③顾客忠诚非常重要。

④早期关于原材料供应、分销渠道进行承诺，以便带来绝对成本利益。

在下列情况下，早期进入将是非常危险的。

①早期的竞争细分市场与产业发展成熟后的情况有所不同，导致企业面临过高的转换成本，早期进入时的投资可能浪费。

②需要付出开辟市场的高昂代价来塑造产业结构。

③技术变化使早期投资过时，有利于晚期进入的企业获益。

【例题16·单选题】米奇公司在对自身所处产业进行分析时，发现产业表现出如下特征：①企业数量很多；②市场占有率分布较为平均；③缺乏龙头企业。针对以上特征，该公司采取的战略类型不包括（　　）。

A.连锁经营

B.采取价格战吸引后来对价格敏感的购买者

C.提高现有产品差异化程度

D.集中经营自身特色产品

【解析】选项A是克服零散——获取成本优势的战略思路；选项B是采取价格战吸引后来对价格敏感的购买者，属于新兴产业企业采用的战略思路；选项C符合增加附加价值——提高产品差异化的战略思路；选项D是专门化——目标集聚的战略思路。因此，选择选项B。

【答案】B

【例题17·多选题】下列选项中，属于新兴产业早期进入障碍的是（　　）。

A.专有技术　　　　B.经验造成的成本优势

C.政府政策限制　　D.分销渠道

【解析】新兴产业常见的早期进入障碍包括：①专有技术；②获得分销渠道；③得到适当成本和质量的原材料和其他投入；④经验造成的成本优势；⑤风险。因此，选择选项A、B、D。

【答案】ABD

三、"蓝海"战略（★★）

波特教授的差异化竞争战略和成本领先竞争战略，都具有一定的局限性。企业无论采用哪一种战略方法，其所获利益越来越少。欧洲学者提出了"蓝海"战略。"蓝海"战略是指不局限于现有产业边界，而是极力打破这样的边界，通过提供创新产品和服务，开辟并占领新的市场空间的战略。"红海"战略是指立足于当前已存在的行业市场，采取常规的竞争方式与同行业中的企业展开针锋相对的竞争。

（一）"蓝海"战略的内涵

"蓝海"战略遵循的战略逻辑是并不着眼于眼前竞争，重点是使客户和企业的价值都出现飞跃，即"价值创造"，这是"蓝海"战略的战略基石。

"蓝海"战略与"红海"战略的差异如表3-12所示。

表3-12　　　　　　　　"红海"战略与"蓝海"战略的差异

	"红海"战略	"蓝海"战略
竞争区域	在已经存在的市场内竞争	拓展非竞争性市场空间
对待竞争的态度	参与竞争	规避竞争
竞争目的	争夺现有需求	创造并攫取新需求
竞争规律	遵循价值与成本互替定律	打破价值与成本互替定律
采取战略	根据差异化或低成本的战略选择，把企业行为整合为一个体系	同时追求差异化和低成本，把企业行为整合为一个体系

（二）"蓝海"战略制定的原则

"蓝海"战略的实施和制定与典型战略的实施与制定有所不同，主要包括以下6项原则。

【原则一】重建市场边界

降低的风险因素：搜寻的风险。

具体内容：从硬碰硬的竞争到开创"蓝海"，使用6条路径重建市场边界。

【原则二】注重全局而非数字

降低的风险因素：规划的风险。

具体内容：建议绘制战略布局图将一家企业在市场中现有战略定位以视觉形式表现出来，开启企业组织各类人员的创造性，把视线引向"蓝海"。

【原则三】超越现有需求

降低的风险因素：规模的风险。

具体内容：不要一味通过个性化和细分市场来满足顾客差异，应寻找买方共同点，将"非顾客"置于顾客之前，将共同点置于差异点之前。

【原则四】遵循合理的战略顺序

降低的风险因素：商业模式风险。

具体内容：主要关注以下问题。

①买方效用，即产品和服务等对购买者而言是否具有较高的效用。

②价格，即购买者是否能够接受产品或者服务的价格。

③成本，即产品成本是否为目标成本。

④接受，实施创意的过程中遇到的障碍能否被接受。

【原则五】克服关键组织障碍

降低的风险因素：组织的风险。

具体内容：主要的组织障碍如下。

- 认知障碍，即企业沉迷于现有的组织状态。
- 资源障碍，即企业拥有的资源有限。
- 动力障碍，即企业缺乏有干劲的员工。
- 组织政治障碍，即企业有时会受到既得利益者的强烈反对。

【原则六】将战略执行建成战略的一部分

降低的风险因素：管理的风险。

具体内容：战略执行关键在于执行过程严格遵循"公平过程"。

"蓝海"战略的第一条原则就是重建市场边界，下面将从6条路径阐述如何从一大堆机会中寻找具有"蓝海"特征的市场机会。

路径一：审视他择产业

他择品包括形式不同但功能或者核心效用相同，或者功能和形式都不同目的却相同的产品或服务。替代品只包括形式不同但功能或者核心效用相同的产品或者服务。他择品的范围比替代品更广。

路径二：跨越战略群体

突破狭窄视野，搞清楚什么因素决定顾客选择。

路径三：重新界定产业的买方群体

关注点不要只集中于某一购买群体上。买方可以是由购买者、使用者和施加影响者共同组成的买方链条。

路径四：放眼互补性产品或服务

放眼互补性产品或服务关键在于分析顾客在使用产品之前、之中、之后都有哪些需要。

路径五：重设客户的功能性或情感性诉求

企业挑战现有功能与情感导向能发现新空间。

路径六：跨越时间

正确预测外部环境发展变化的趋势，从商业角度探察技术与政策潮流如何对顾客获取的价值产生改变，如何对商业模式产生影响。

【例题18·单选题】 "蓝海"战略的原则中能够有效帮助企业降低规划的风险的是（   ）。

A. 重建市场边界   B. 超越现有需求

C. 注重全局而非数字   D. 遵循合理的战略顺序

【解析】"蓝海"战略的6项原则及其降低的风险因素为：①重建市场边界，降低搜寻的风险；②注重全局而非数字，降低规划的风险；③超越现有需求，降低规模的风险；④遵循合理的战略顺序，降低商业模式风险；⑤克服关键组织障碍，降低组织的风险；⑥将战略执行建成战略的一部分，降低管理的风险。

因此，"蓝海"战略的原则中能够有效帮助企业降低规划的风险的是注重全局而非数字，选择选项C。

【答案】C

【例题19·单选题】（2016年真题）甲公司是一家区别于传统火锅店方式的火锅餐饮企业，在给顾客提供餐饮服务的同时，还免费给顾客提供擦鞋、美甲、擦拭眼镜等服务。甲公司的经营模式取得了成功，营业额高速增长。甲公司实施"蓝海"战略的路径是（   ）。

A. 跨越时间

B. 重新界定产业的买方群体

C. 跨越战略群体

D. 重设客户的功能性或情感性诉求

【解析】本题考查的是"蓝海"战略。甲公司通过为顾客提供经营范围之外的其他服务，更好地满足消费者的需求，注重客户对于产品的有用性需求以及能够带来情感的需求，属于重设客户的功能性或情感性诉求。

【答案】D

第三节　职能战略

考情分析：本节主要包括营销、研发、生产、采购、人力资源、财务、信息技术7大职能领域的战略。其中，财务战略、信息技术战略、市场营销战略、生产运营战略几乎每年都有不同题型的考题出现，且有时会出现主观题，学习时要引起高度注意。

学习建议：此部分知识点比较分散，考点较多，选择题出题量较大。建议复习时一定要细致。财务战略、信息技术战略、市场营销战略、生产运营战略有考主观题的可能，在学习时，应在理解的基础上进行记忆。

职能战略，主要涉及的企业内部各职能部门包括营销、财务、生产、研发、人力资源、信息技术等，适合的职能战略有利于企业更好地配置内部资源，提高组织效率。

一、市场营销战略（★★）

市场营销战略是企业的营销部门根据公司的总体战略与业务单位战略规划，在综合考虑外部市场机会及内部资源状况等因素的基础上，确定目标市场、选择相应的市场营销策略组合，并予以有效实施与控制的过程。

（一）确定目标市场

确定目标市场，首先进行市场细分，然后进行目标市场选择，最后进行市场定位。

1. 市场细分

（1）消费者市场细分的依据。市场细分一定要按照细分的变量来进行。消费者市场的细分变量主要有地理、人口、心理和行为4类，如表3-13所示。

表3-13　　　　　　　　　　消费者市场的细分变量

细分变量	具体指标
地理	地理位置、城市农村、地形气候、交通运输等
人口	年龄、收入、职业、教育水平、家庭规模、家庭生命周期阶段、宗教、种族、国籍等
心理	消费者的生活方式、个性等
行为	购买者购买或使用产品的时机、所追求的利益、使用情况、使用频率、忠诚度、待购阶段以及态度等

（2）产业市场细分的依据

产业市场主要是指生产商、中间批发商的市场。产业市场细分的变量一些与消费者市场细分相同外，还有其特有的细分变量，具体包括：

①最终用户。企业可以根据最终用户的不同，选择不同的市场营销策略。

②顾客规模。

③其他变量。即几种变量的组合来细分市场。

2. 目标市场选择

市场细分的目的是有效地选择并进入目标市场。企业根据其决定服务的子市场个数，在选择相应的目标市场战略时，一般有3种选择，其优缺点如表3-14所示。

表3-14　　　　　　　　　　目标市场的3种选择的优缺点

3种选择	说　明	优　点	缺　点
无差异市场营销	不考虑各子市场的特性，只考虑各子市场的共性，生产一种通用的产品，采用单一的营销组合	产品少，批量大，利用规模经济，降低产品成本，提高利润率	忽视了需求的差异性，各子市场的特别需求得不到满足
差异市场营销	针对各子市场的特性，采用不同的营销组合	多样化的产品及营销，能满足各市场的需求，扩大销售，提高市场占有率	多样化的产品增加设计、制造、管理及仓储成本，会增加产品的成本

续表

3种选择	说 明	优 点	缺 点
集中市场营销	集中企业所有的资源和能力,针对一个或者少数几个类似的子市场,采用同一营销策略	更能深入了解市场,有利于树立企业形象,巩固市场地位,同时由于专业化经营,可降低产品成本	目标过于集中,将企业的命运押在一个或几个容量较小的市场,风险较大

【知识拓展】营销学的专业术语"多数谬误",是指追求最大子市场的倾向。

3. 市场定位

选择目标市场之后,接下来就是找出这些客户的需求,即确定产品的市场定位。市场定位的主要根据有:属性和利益、价格和质量、用途、使用者、产品档次、竞争局势以及各种方法组合。

由于企业所处的环境等各方面因素是在不断变化的,当出现下列情况时,原有的市场定位不再适合,需要进行重新定位。

(1)竞争者推出产品的定位类似于企业的产品,使得企业产品的市场占有率下降。

(2)消费者偏好发生变化。

企业是否进行重新定位,需要考虑以下两个因素。

(1)重新定位所产生的费用。

(2)重新定位的新市场可能产生的收入。

【例题20·单选题】甲银行在某地新建分行的战略是,先主攻小额商贷业务在当地立足,再通过为小商户理财,扩大存款业务。王某是该行小额商贷部的一名主管,为实施新建分行的战略,首先抓住战略实施中的一个重要变量——市场细分,组织信贷员对市场进行细分和选择研究。因为他知道,只有在市场细分基础上选择确定了目标市场之后,才是下一步的(　　)。

A. 市场定位　　　　B. 市场开发

C. 产品定位　　　　D. 产品推广

【解析】市场营销策略首先是确定目标市场,包括以下3个步骤:市场细分、目标市场选择、市场定位。题干"在市场细分基础上选择确定了目标市场之后,才是下一步的",故选择A。

【答案】A

(二)设计市场营销组合

市场营销组合是企业市场营销战略的一个重要组成部分。市场营销组合中包含很多可控的变量,主要分为4个变量:产品(Product)、促销(Promote)、分销(Place)和价格(Price),简称4P组合。

1. 产品策略

产品策略包括产品组合策略、品牌与商标策略和产品开发策略。

(1)产品组合策略

产品组合是指企业生产或销售的全部产品大类、产品项目的组合。产品大类(又称产品线)是指产品类别中具有密切关系(或经同种商业网点销售、或属于同一价格幅度)的一组产品。产品项目是指某一产品品牌或产品大类由尺码、价格、外观及其他属性来区别的具体产品。

①产品组合的宽度、长度、深度和关联性。

产品组合的宽度是指一个企业有多少产品大类。

产品组合的长度是指一个企业的产品组合中所包含的产品项目的总数。

产品组合的深度是指产品大类中的每种产品有多少花色、品种、规格。

产品组合的关联性是指企业各个产品大类在最终使用、生产条件、分销渠道等方面的密切程度。

②产品组合策略的类型。

第一,扩大产品组合。拓宽产品组合的宽度和深度。

第二,缩减产品组合。

第三,产品组合延伸。

向下延伸是指企业原来生产高档产品,后来决定增加低档产品。

向上延伸是指企业原来生产低档产品,后来决定增加高档产品。

双向延伸是指企业原来生产中档产品,后来决定同时增加低档和高档产品。

③产品大类现代化。

当产品大类的生产形势已经过时的时候,需要对产品大类实施现代化改造。包括以下两种方式。

第一种:逐步现代化。可以节省资金,很容易引起竞争者的察觉,导致改造计划不顺畅。

第二种:快速现代化。在短期内耗费较多资金,但出其不意,能有效击败竞争对手。

（2）品牌与商标策略

品牌和商标具有以下3个特征：名称、标记、关联性和个性。名称是指品牌和商标名称应受法律保护、便于记忆并与产品自身一致；标记是指使品牌与商标具有可辨认性的设计、商标、符号和一系列视觉特征。关联性和个性，有助于使用者通过品牌和商标将企业的产品与竞争性产品区分开来（如人们一看到这个标记或者名称就能联想到汽车）。

企业采用的品牌与商标策略包括以下几种。

①单一的企业名称。企业所有的产品都使用同一商标。这种策略的优点是无须为新产品建立新的认知度。

②每个产品都有不同的品牌名称。如果企业对每个市场产品进行细分，则每个产品都使用不同的品牌名称。

③自有品牌。中间商建立属于自己的品牌，以形成顾客对其的品牌忠诚度。例如，很大型超市都有自有品牌。

（3）产品开发策略

产品开发策略即企业开发新的产品，以满足顾客的需求。产品开发的原因与风险如表3-15所示。

表3-15　　　　　　　　　　　　　产品开发的原因和风险

产品开发的原因	产品开发的风险
企业已经具有较强品牌实力和较高的市场占有率，并保持原有市场份额	产业缺乏新产品的构思
市场存在增长潜力	细分市场容量较小，无法保证投资回报
顾客的需求在不断变化	由于新产品需要复杂的研发过程，所以产品开发失败率高
需要进行技术开发	新产品需要很多构思，开发成本高
竞争对手已经创新	竞争者对新产品进行模仿和改良，企业不再具有优势

2. 促销策略

促销是营销组合中营销部门最具控制权的一个环节。促销的目的：①获取潜在客户关注；②产生利益；③激发顾客购买欲望；④刺激客户购买行为。

企业将其产品或服务的特性传达给预期客户的方式被称为促销组合。促销组合由以下4个要素组成。

（1）广告促销。通过在媒体上（电视、网络、报纸）投放广告，树立企业及其产品的良好形象。

（2）营业推广。采用非媒体的手段（试用品、折扣、礼品），以鼓励顾客购买产品。

（3）公关宣传。通过宣传企业形象，为企业及其产品建立良好的公众形象。

（4）人员推销。企业的销售代表直接与预期顾客进行接触，宣传、交流、演示、推广企业产品。

促销组合反映了企业产品达到预期客户的不同方式。一般情况下公司管理层根据产品的类型、目标客户、可用的沟通渠道等来确定在什么时候对什么产品采取什么样的促销方式。

【例题21·多选题】下列各项中，属于促销组合构成要素的有（　　　　）。

A. 广告促销　　　　　B. 人员推销

C. 营业推广　　　　　D. 公共关系

【解析】促销组合由4个要素构成：①广告促销：投放媒体广告；②营业推广：鼓励客户购买产品的非媒体手段；③公关宣传：宣传企业形象达到宣传产品和企业；④人员推销：销售代表直接面对客户宣传、交流以及演示产品。故选择A、B、C、D。

【答案】ABCD

3. 分销策略

分销策略是确定产品达到客户手上的最佳方式，即采取何种方式将产品送到顾客的手上。

分销策略取决于以下一些变量：

（1）企业产品类型的现有分销渠道。

（2）建立分销渠道需要的花费。

（3）存货的成本，以及该成本随着分销策略的不同如何变化。

（4）企业产品类型所处的监管环境。

【知识拓展】分销策略应该与价格、产品和促销3个方面密切相关。分销渠道包括产品或服务的移动和交换过程中所涉及的所有机构和人员，如零售商、批发商、分销商和经销商、代理商、特许经营和直销。

分销渠道有两种类型：①直接分销，即产品销售直接从生产商到消费者，无须经历中间商。②间接分销，即商品的销售利用了中间商（批发商、零售商）分销系统。此外，企业还可以采用独家分销，即每个地域仅选择一家中间商；选择分销，即每个地域选择一家或者几家中间商；密集分销，即选择很多商店销售产品。

评价和评估企业的分销结构如何，需考虑的标准包括以下几个方面。

（1）经济性——利润是否最大化。

（2）控制性——对销售渠道是否可以控制。

（3）适应性——能否适应环境的变化。

4. 价格策略

定价是营销工具中最有力的策略。企业定价的目标，即如何定价包括以下几个方面。

（1）经济理论学中的目标——根据需求价格弹性和成本信息使利润最大化。

（2）成本导向定价法——实现投资的目标回报率（指标为 ROI、ROCE）。

（3）实现目标市场份额（如采用渗透定价法）。

（4）当市场对价格比较敏感时，其目标是增强竞争力，而不是领导市场。

不同的定价目标，会导致企业选择不同的定价策略，企业可以选择的定价策略包括两大类：产品差别定价法和产品上市定价法。

（1）产品差别定价法

产品差别定价法是指企业对同种同质的产品或者服务以两种或两种以上价格来销售，价格的不同并不是基于成本的不同，而是企业为满足不同消费层次的要求而构建的价格结构。

差别定价法又分为以下几种形式。

①顾客细分。同一产品或服务以不同的价格销售给不同的顾客。例如，公园门票分学生、老人和一般顾客。

②地点细分。同一产品或服务不同位置和不同地点的定价不同。例如，火车的上中下铺的价格不同。

③产品的版本细分。例如，精装版的书与简装版的书价格不一样。

④时间细分。产品或服务因季节、时间不同而定价不同。例如，酒店和机票的价格。

⑤动态定价。动态定价是指产品的价格随着与正常需求形态相比的现有需求程度而变化。例如，机票的价格随着销量的不同，价格也会随之变化。

【知识拓展】采用差别定价法的经济学原理：如果采用同一定价，这样会导致价格低于高购买力顾客愿意支付的价格，企业收入受到损失；另一方面又会导致价格高于低购买能力的顾客，销量减少，导致企业收入减少。

（2）产品上市定价法

产品刚刚进入市场时，一般采取以下两种常见的定价策略。

①渗透定价法，是指新产品投放市场时以一个非常低的价格进入市场，以便扩大市场占有率。

②撇脂定价法，是指新产品投放市场时以一个较高的价格进入市场，以在产品生命周期较早阶段获得较高的利润，随着生产力的提高逐渐降低价格。

【例题22·单选题】甲公司是一家家用电器生产企业，其生产的蓝光播放机首次投放市场，为了扩大蓝光播放机的销量，甲公司对其首次上市定价采用了低于其他企业价格的策略。甲公司对蓝光播放机首次上市采用的产品上市定价法是（   ）。

A. 渗透定价法　　　B. 转移定价法

C. 细分定价法　　　D. 撇脂定价法

【解析】新产品上市定价法分为两类：渗透定价法和撇脂定价法。渗透定价法是以一个非常低的价格进入市场，目的是短时间内扩大市场占有率，阻止竞争对手进入。撇脂定价法是以一个较高的价格进入市场，以在产品生命周期较早阶段获得较高的利润，随后逐渐降低价格。题干"甲公司对其首次上市定价采用了低于其他企业价格的策略"，故采用的是渗透定价法，选择A。

【答案】A

【例题23·单选题】某城市为了解决上下班高峰时段地铁拥挤问题，制定了非高峰时间段低于高峰时间段票价的方案。根据定价策略，该方法属于（   ）。

A. 动态定价法　　　B. 差别定价法

C. 渗透定价法　　　D. 质优价低定价法

【解析】定价策略分为产品差别定价法和产品上市定价法。差别定价是指对市场不同部分中的类似产品确定不同的价格。差别定价法可以根据细分市场、地点、产品的版本、时间、动态定价等因素进行不同的定价。题目中"某市为了解决上下班高峰期地铁拥挤问题，制定非高峰期票价低于高峰期票价的方案"是按照时间的不同采取不同的票价，属于差别定价的价格策略。故选择B。

【答案】B

【例题24·单选题】（2013年真题）为了招徕消费者，餐饮服务类企业经常发放折扣券。从市场营销定价策略看，发放折扣券属于（　　　）。

    A. 渗透定价　　　　B. 撇脂定价

    C. 差别定价　　　　D. 营销组合

【解析】本题考查的是定价策略相关内容。差别定价法可以根据人口、地点、产品的版本、时间、动态定价等因素进行不同的定价。产品上市定价分为渗透定价法和撇脂定价法。故首先排除D选项。题干"为了招徕消费者，餐饮服务类企业经常发放折扣券"，显然不是产品刚刚上市时进行定价，排除选项A、B。发放折扣券是针对不同的人群进行的定价，有些顾客对价格敏感，有了折扣券，下次在选择就餐时会优先考虑到本企业就餐。故选择C。

【答案】C

二、研究与开发战略（★★）

研究与开发战略主要是指企业的创新。研究可以是基础研究、应用型研究和开发型研究，研究的目的在于改良产品或改进流程。企业研发的任务包括：转化复杂技术、使流程与当地市场相适应、使流程与当地原材料相适应、根据特殊的品位来规范和改进产品。

（一）研发的类型

研发有两种类型：产品研究和流程研究。

（1）产品研究——研发新产品，以获得企业竞争优势。

（2）流程研究——关注企业流程，以节约资金和时间，提高企业效率。

（二）研发的动力来源

研究与开发的动力主要来源于"需求拉动"和"技术推动"两个方面。"需求拉动"即市场新的需求拉动创新来满足要求；"技术推动"即新技术和新发明的应用。由此可见，对于"需求拉动"的研发，研发部门与市场营销部门的配合是非常重要的。因为营销人员对于顾客需求的了解可以为产品开发提供思路和方向，研发部门只有很清楚地了解顾客的需求，才能根据顾客的需要设计和生产出适合市场需要的产品。毕竟决定是否购买产品的是顾客，而不是产品设计者或工程师。

（三）研发的战略作用

基于前面章节的模型中涉及的研发的战略作用，归纳为如下几点。

（1）波特的竞争战略。产品创新是差异化的来源。

（2）波特的价值链。技术研发属于价值链中的辅助活动。

（3）安索夫矩阵。又称产品—市场战略组合，产品创新是产品多元化与产品开发的核心。

（4）产品的生命周期。产品的研发会加速现有产品进入衰退期。

（四）研发定位

研发定位是指企业计划在行业中研发领域所扮演的角色。企业研发战略至少存在以下3种定位。

（1）成为向市场推出新技术产品的企业。这种战略使企业成了"领头羊"，但风险较大。

（2）成为成功产品的创新模仿者。这种战略启动的风险和成本都较小，但不仅要求企业拥有优秀的开发人员和营销部门，还必须有先驱企业开发的第一代畅销产品作引导。

（3）成为成功产品的低成本的生产者。由于大量生产与新技术的应用获得生产相类似的产品以低价获取顾客的认可。

【知识拓展】企业常用的主要3种研发战略：进攻型战略、追随型战略、引进型战略。3种研发战略的特点与适用范围如表3-16所示。

表3-16　　　　　　　　　　　　**3种研发战略的特点与适用范围**

战略类型	要点说明	特　点	适用范围
进攻型战略	是指以企业通过自身不断的努力与探索，推进产品和技术的更新，实现创新的目的	成本高 风险大 收益大	具有强大研发能力和财力的集团
追随型战略	是指企业在市场有新产品出现时，进行模仿或在此基础上加以改进，以争夺市场份额	投资少 风险小 见效快	对技术的消化吸收能力强的企业
引进型战略	是指企业通过购买或借助其他机构、单位的科研成果，将其转化为自身产品	见效快 成本低 风险小	只能是企业的一种辅助性战略

（五）研发政策

成功的研发战略必须是外部机会与内部优势紧密相连，并且与企业目标紧密相关。研发战略要求管理层制定创新性研发政策，主要包括以下几个方面。

（1）必须给予创新财务支持。

（2）构建鼓励创新构思的环境。

（3）管理层以身作则，积极鼓励并参与创新构思。

（4）组件由企业负责的开发小组。

（5）在适合的情况下，企业招聘政策集中于招聘具有创新能力的员工。

（6）由特定的管理者负责收集有关创新的信息。

（7）企业的战略计划也应有助于创新。

【例题25·单选题】 路桥公司是一家建筑行业的公司，该行业的初始投资成本较高，且需要具备相应的建筑修建资质才能够进行修建，是最为传统的建筑业，其技术更新缓慢，市场趋于饱和状态。综上进行判断，路桥公司适合的研发选择为（　　　　）。

A. 购买专利　　　　　　B. 企业内部研发

C. 购买高校的科研成果　　D. 联合开发

【解析】 企业需要根据内外部环境，选择适合企业的技术获取途径：如果技术进步缓慢，市场增长率适中，且新的市场进入者有很大的障碍，则企业内部研发是最佳选择。题干中，路桥公司所处行业技术更新缓慢，市场趋于饱和，适合进行内部研发，故选择B，其余3个选项均不适合。

【答案】 B

三、生产运营战略（★★）

生产运营战略是企业根据目标市场和产品特点构造其生产运营系统时所遵循的指导思想，以及在这种指导思想下的一系列决策规划、内容和程序。

（一）生产运营战略所涉及的主要因素和阶段

生产运营战略所涉及的主要因素是指那些会影响企业生产运营方式和管理的因素，具体包括4个因素：批量、种类、需求变动和可见性。

（1）批量。生产运营流程在所处理的投入和产出的批量上有所不同。企业生产产品的批量越多，产品的成本就会越低。

（2）种类。种类是指企业提供产品或服务的范围，企业生产的种类越少（标准化），产品的成本就越低。

（3）需求变动。产品的需求变动较大，相应的产品的成本就会增加。当需求稳定时，生产营运流程更可能实现较高的产能利用率，成本会相应较低。

（4）可见性。可见性是指生产运营流程能被顾客所见的程度。当可见性程度高，企业需要投入大量精力培训员工的沟通能力，以便与顾客充分的交流，这样就会加大企业的成本。

（二）生产流程计划

生产流程对战略实施的重大影响主要体现在以下几个方面。

（1）工厂的规模大小及所在地。规模越大、所在地越偏远对企业战略的要求就越高。

（2）产品的外形及功能设计、设备的选择、工具的类型。

（3）库存量的大小、产品质量的控制、产品成本的控制等。

（三）产能计划

产能计划是指为了满足顾客对产品不断变化的需求，企业所需要的生产能力。企业提高产能的方式有：①引进新技术、材料和设备；②增加员工和机器的数量；③增加轮班的次数或收购其他生产设备。

产能计划的类型包括：领先策略、滞后策略和匹配策略。

（1）领先策略。领先策略是根据对需求增长的预期增加产能。

（2）滞后策略。滞后策略是当需求增长超过现有产能以后才开始增加企业的产能。

（3）匹配策略。匹配策略是少量地、逐步地增加产能，以便应对市场的需求变化。

一般来说，共有3种平衡产能与需求的方法：资源订单式生产、订单生产式生产、库存生产式生产。

（1）资源订单式生产。企业在签订订单之后，然后才进行原材料等的采购，最后进行产品的生产。

（2）订单生产式生产。企业预先进行材料、人力等的储备，等接到订单之后，再进行产品的生产。

（3）库存生产式生产。企业在接到订单之前，进行材料采购、产品生产。

🔊 **名师点拨** ••••••••••••••••••••••••••••••

3种生产方式的顺序如表3-17所示。

表3-17 3种生产方式的顺序

方 法	顺 序
资源订单式生产	订单—采购—生产
订单生产式生产	采购—订单—生产
库存生产式生产	采购—生产—订单

【例题26·单选题】（2016年真题）瑞华公司是一家啤酒生产企业，恰逢奥运会即将到来，公司预计销售量会有较大增长，因而采取加大生产的策略。这是一种（ ）生产。

A. 订单生产式　　B. 库存生产式

C. 准时生产式　　D. 资源订单式

【解析】本题考查的是产能计划。考核其中的平衡产能与需求的方法。库存生产式生产是在市场预测的基础上组织生产，产品有一定的库存。许多企业在收到订单之前或在知道需求量之前就开始生产产品或提供服务。瑞华公司在预计销售量有较大增长时就采取加大生产的策略，符合库存生产式生产的特点，属于库存生产式生产。

【答案】B

【例题27·单选题】甲公司是一家国际船舶制造企业。甲公司在与其客户签订船舶制造合同后，才向各主要部件供应商发出采购订单。甲公司采用的平衡产能与需求的方法是（ ）。

A. 订单生产式生产　　B. 资源订单式生产

C. 库存生产式生产　　D. 滞后策略式生产

【解析】本题考查的是平衡产能与需求的方法。共有以下3种方法：资源订单式生产（订单、采购、生产）；订单生产式生产（采购、订单、生产）；库存生产式生产（采购、生产、订单）。题干"与其客户签订船舶制造合同后，才向各主要部件供应商发出采购订单"，即订单、采购、生产，故选择B。

【答案】B

（四）准时生产系统

准时生产系统，也称实时生产系统（简称JIT），是指生产的产品能够精准地满足客户在时间、数量和质量上的需求。

1. 关键要素

（1）不断改进；

（2）消除浪费。

2. 优点

（1）库存量低，减少仓储费用支出；

（2）由于仅在需要时才取得存货，因此降低了花费在存货上的运营资本；

（3）降低了存货变质、陈旧或过时的可能性；

（4）避免因需求突然变动而导致大量产成品无法出售的情况出现；

（5）由于JIT着重于第一次就执行正确的工作这一理念，因而降低了检查和返工他人所生产的产品的时间。

3. 缺点

（1）由于仅为不合格产品的返工预留了最少量的库存，因而一旦生产环节出错则弥补空间较小；

（2）生产对供应商的依赖性较强，并且如果供应商没有按时配货，则整个生产计划都会被延误；

（3）由于企业按照实际订单生产所有产品，因此并无备用的产成品来满足预期之外的订单。

【知识拓展】JIT理念可用于服务型企业以及制造型企业。对于制造业来说，可以减少库存；对于服务业来说，可以消除顾客排队的现象。

四、采购战略（★★）

采购是企业取得所用的材料资源和业务服务的过程。采购对企业产品或服务的成本和质量有很大影响。采购的任务在于：识别潜在供应商；对潜在供应商进行评价；招标、报价；对价格及支付事项进行谈判；下订单；跟踪已下达的订单；检查进货，以及对供应商付款。

（一）货源策略

货源策略从使用多个供应商以取得较好的价格，发展到与少数供应商建立战略采购关系。企业货源策略分为以下3类：①单一货源策略；②多货源策略；③由供应商负责交付一个完整的子部件。3种货源策略的优点、缺点如表3-18所示。

表3-18 　　　　　　　　　　　　　　　　**3种货源策略的优点、缺点**

货源策略	优　点	缺　点
单一货源策略	①与供应商的关系更加稳固 ②便于信息保密 ③每次采购量较大，产生规模经济 ④长期稳定的合作关系，使得供货商的货源质量更高	①供应商的议价能力会增加 ②若供应中断，会对企业产生影响 ③若订单量波动，会对供货商产生影响
多货源策略	①能获得更多的知识和技术 ②若供应中断，对企业产生影响较低 ③多方供货会增强企业的议价能力	①多方供货，质量难以得到可靠保障 ②供货商的承诺较低 ③疏忽了规模经济
由供应商负责交付一个完整的子部件	①获得外部专家的知识或外部技术 ②内部员工可以完成其他的任务 ③能够产生规模经济	①第一阶段供应商（即交付完整子部件的供应商）处于显著地位 ②由于所有的企业都可以向第一阶段供应商购货，所以企业在货源上无法取得竞争优势

【提示】为了便于理解和掌握，联系第2章中波特的5种竞争力模型中供应商的议价能力进行学习。

（二）采购组合

企业通过质量、数量、价格和交货4个领域来构建最佳的采购组合。

（1）质量

采购的部件是产品质量的重要组成部分，应向生产部门咨询制造流程所要的产品质量以及向销售部门咨询客户能接受的产品质量。

（2）数量

考虑采购货物数量时，需要关注以下两个方面：①保有库存的成本；②库存不足导致生产延误的风险。

（3）价格

短期有利的价格趋势会影响购买决策，但采购时应时刻关注一段时期内的最佳值，应考虑质量、交货、订单的紧急度、库存保有要求等。

（4）交货

交货时，需要关注以下两个方面：①交货的期限；②供应商交货安排的可靠性。

【例题28·多选题】（2017年真题）甲公司是一家电动摩托车制造商，长期从一家电机公司购买发动机，下列各项中，属于甲公司货源策略优点的是（　　　）。

A. 便于信息的保密

B. 能产生规模经济

C. 随着与供应商关系的加强，更可能获得价格上的优惠

D. 能与供应商建立较为稳固的关系

【解析】本题考查的是单一货源策略。单一货源策略的优点包括：（1）与供应商的关系更加稳固；（2）便于信息保密；（3）每次采购量较大，产生规模经济；（4）长期稳定的合作关系，使得供货商的货源质量更高，故A、C、D选项为正确答案。B选项能产生规模经济属于由供应商负责交付一个完整的子部件，故B选项可排除。

【答案】ACD

（三）采购经理的职责

当采购具有战略重要性时，最高级别的采购经理应当是董事会成员或者至少应向执行总监报告。采购经理的职责是如下。

（1）成本控制。确保企业在长期取得与质量相匹配的衡工量值。

（2）管理投入。从供应商处采购企业所有领域的设备，比如文件柜、文具、企业车辆等。

（3）生产投入。为生产部门取得材料、零部件、组件、消耗品以及固定设备。

（4）供应商管理。定位供应商，并与供应商进行交易，例如讨论采购条件、规格、交货间隔期以及交易价格等事项。

（5）获取有关以下事项的信息，用于评价各种采购方案：可用性、质量、价格、分销以及供应商。

（6）维持库存水平。

五、人力资源战略（★★）

任何战略的关键成功因素都包括以下几点：①确保在适当的时间；②适当的地点；③有可利用的适当的人力资源。人力资源战略是企业实现可持续竞争优势的关键性战略。

（一）人力资源的战略作用

人力资源管理是取得、开发、管理和激发企业的关键资源的一种战略性和一贯性方法，企业借此实现可持续竞争优势的目标。

人力资源策略应具有清晰一致的政策并鼓励所有员工为企业目标的实现付出努力。人力资源策略必须具有灵活性；能够对内外变化作出回应；能在约束条件与机遇的框架内发挥作用，同时仍可以为实现企业的整体目标作出贡献。

（二）人力资源战略的主要内容

有效的人力资源策略应包括现实的计划和程序。该策略的目标应包括如下事项。

（1）精确识别出企业为实现短期、中期和长期的战略目标所需要的人才类型。

（2）通过培训、发展和教育来激发员工潜力。

（3）应尽可能地提高任职早期表现出色的员工在员工总数中所占的比重。

（4）招聘足够的、有潜力成为出色工作者的年轻新就业者。

（5）确保采取一切可能措施来防止竞争对手挖走企业的人才。

（6）招聘足够的、具备一定经验和成就的人才，并使其迅速适应新的企业文化。

（7）激励有才能的人员实现更高的绩效水平，并激发其对企业的忠诚度。

（8）创造企业文化，使人才能在这种文化中得到培育并能够施展才华。这种文化应当能够将不同特点的人才整合在共享价值观的框架内，从而组建出一个金牌团队。

（三）人力资源计划

人力资源计划旨在消除人才的预期供需之间的缺口。内部人才预期包括人员的数量、技能、经验、年龄、职业、激情以及预期的自然消耗等。消除人力资源计划，企业应考虑以下6个方面：招聘计划、培训计划、再发展计划、生产力计划、冗余计划、保持计划等。

（四）招聘与选拔

企业应当选择一种适合自己的最有效的招聘和选拔方法，并建立一种适用的招聘和选拔体系。人员招聘与选拔有内部招聘和外部招聘两种方式。

（五）继任计划

继任计划是指发现并追踪具有高潜质的雇员的过程。它是为首席执行官（CEO）、副总裁、职能部门和业务部门的高层经理等职位寻找并确认具有胜任能力的人员，是为组织储备核心的人力资本，其实施过程要涉及人力资源培训与开发、职业生涯管理和绩效测评等方面。

1. 继任计划的益处

（1）如果各个级别管理者的发展属于继任计划的范围，就会促进其发展。这种计划通过提出与企业需求直接相关的目标来专注于管理层的发展。

（2）容易实现持续性领导，从而减少方法和政策上的不当变动。

（3）通过建立相关标准，改善管理能力的评估结果。

2. 继任计划的基本要求

（1）计划应当重点关注未来的需求，特别是战略和文化上的要求。

（2）计划应当由高级管理层引导，各级管理层也负有重要责任，不应将继任计划看作是人力资源部门的责任，这一点非常重要。

（3）管理层的发展与管理层的评估和选择同样重要。

（4）评估应当客观，最好有一个以上的评估人对各位管理者进行评估。

（六）激励与奖励机制

对员工的奖励包括很多，主要有：

（1）稳定的工作保障；

（2）物质保障（如住房、医疗、子女教育等）；

（3）精神激励（如先进个人称号等）等。

良好的激励机制有助于企业留住人才，才能有助于企业战略的实施。

（七）绩效评估

绩效评估的前提是首先要进行绩效计量，企业进行绩效计量需要考虑的因素包括：

（1）工作的效果；

（2）目标的实现情况；

（3）对资源等的利用情况。

（八）员工的培训和发展

培训是员工持续发展过程的一个重要部分。员工培训是指组织为实现自身和员工个人的发展目标，有计划、有系统地为员工提供学习机会或者训练，使之提高与工作相关的知识、技能、能力以及态度等素质，以适应并胜任职位工作的战略性人力资本投资活动。

1. 员工培训的构成要素

员工培训的构成要素包括：受训学员、培训主题、培训教材、培训师资、培训活动、培训条件。

2. 员工培训的流程

员工培训的流程包括：培训去求分析，培训目标设置，培训计划设计，培训实施，培训评估。

3. 培训需求分析

培训需求分析既是确定培训目标，设计培训计划的前提，也是进行培训评估的基础，因而成为培训活动的首要环节。

（1）培训需求分析的层次。包括组织分析、人员分析和任务分析。

（2）培训需求的分析方法。包括观察法、关键人员面谈法、问卷法、分级讨论法、测试法、文献调查法、记录报告法、自我评价法以及工作样本法等。

4. 培训计划的设计

（1）进行课程描述。

（2）确定培训目标。如自我意识的提高、更新知识、提高技能、使员工增加对组织的认同感和责任感、提高工作效率等。

（3）制定培训方案。包括培训内容、方法、步骤和时间安排。

5. 选择培训方法时应遵循的原则

（1）从成人特点出发。

（2）从学员需求出发。

（3）从培训目标出发。

（4）从实际效果出发。

（5）从创新开拓出发

6. 常用的培训模式

员工培训常用的模式包括：①独立办学培训；②联合型培训；③全面委托培训（找专业培训机构）；④"学习型"培训（在企业内部形成学习的文化氛围）。

7. 常用的培训模式

（1）独立办学模式；

（2）联合型培训模式；

（3）全面委托型培训模式；

（4）"学习型组织"培训模式。

8. 影响职业生涯规划的因素

（1）需求与职业的匹配。

（2）兴趣与职业的匹配。

（3）性格与职业的匹配。

（4）能力与职业的匹配。

（5）社会环境与职业的匹配。

【例题29·单选题】（2013年真题）以下选项不属于人力资源规划的是（   ）。

A. 确定人才供需缺口

B. 分析现有员工资源

C. 通过企业现有员工来进行内部招聘

D. 估计人力资源可能发生的变化

【解析】本题考查的是人力资源战略中的人力资源规划。人力规划主要包括以下4个阶段：①对现有员工进行分析；②估计资源可能发生的变化；③估计企业未来的人才需求；④根据人才供需情况，确定人才缺口，制定相应的解决政策和计划。C选项是属于招聘与选拔的内容，故选择C。

【答案】C

六、财务战略（★★）

财务战略是主要涉及财务性质的战略，是财务管理的范畴。

财务战略与财务管理概念及相关要点说明如表3-19所示。

表3-19　　　　　　　　财务战略与财务管理概念及相关要点

类　型	概　念		要点说明
财务战略	财务战略主要考虑的是资金的使用与管理的战略问题，对财务领域全局性的、长期性的问题进行规划	筹资管理战略	它主要是强调必须适合企业所处的发展阶段并符合利益相关者的期望
		资金管理战略	主要考虑如何建立和维持有利于创造价值的资金管理体系
财务管理	对企业的资金进行管理	筹资管理	为企业战略提供资金支持，是为提高经营活动的价值而进行的管理
		资金管理	只是通过建议、评价、计划和控制等手段，促进经营活动创造更多的价值

【知识拓展】企业战略分为财务战略与非财务战略，非财务战略主要指企业为了与外部环境、内部环境相适应所采取的一系列展略。筹资管理战略包括资本结构决策、筹资来源决策和股利分配决策。

（一）财务战略的确立

【要点】企业筹资的方式

【要点精析】财务战略的确定，主要是决定筹资来源、资本结构和股利分配政策。

（1）筹资来源

筹资来源是指企业采用何种方式进行融资，一般来说企业有以下4种不同的融资方式：内部融资、股权融资、债券融资、资产销售租赁，如表3-20所示。

表3-20 4种融资方式的定义及优缺点

融资方式	定义	优点	缺点
内部融资	使用企业自身的盈余剩余来满足投资的需要	管理层具有很大的自主性，且不要进行信息披露，可以节约相关的成本	①利润留存于企业，股东会预期下一期的分红，给企业造成压力 ②内部融资的金额十分有限
股权融资	是指企业向现有的股东或者新的股东发行新股来筹集企业投资所需的资金	不需要像债券融资一样，定期定额支付利息	①容易被恶意收购，导致控制权的变更 ②融资成本比较高
债券融资	债券融资可以分为以下两类： ①短期贷款和长期贷款 ②租赁	可以获得税收抵减的优惠	①对于贷款而言，企业需要按期支付本金和利息，财务压力较大 ②对于租赁而言，企业只拥有资产的使用权，没有资产的所有权
资产销售租赁	是指变卖企业所拥有的资产	简单易行	①资产一旦进行变卖，没有回旋的余地 ②资产变卖的时机若选择不适合，会造成企业的损失

（2）企业融资能力的限制

①债务融资面临的困境。债务融资要求企业按照合同进行利息支付，利率一般是固定的，并且利息的支付还有两个方面的要求：一是利息支付一定优先于股利支付；二是无论企业的盈利状况如何，企业都必须支付利息。因此，如果企业负担不起利息时，就将进入技术破产。

②股利支付面临的困境。如果企业对股东分配较多的股利，那么企业留存的利润就少，进行内部融资的空间相应缩小。

【例题30·单选题】（2013年真题）在以下4种融资方式中，不属于债权融资方式的是（　　　）。

A. 长期贷款　　　　B. 租赁
C. 内部融资　　　　D. 短期贷款

【解析】长期贷款、短期贷款、租赁属于债权融资。内部融资是指企业利用税后净利润形成的留存收益，不属于债券融资（外部融资）。故选择C。

【答案】C

（3）资本成本与最优资本结构

企业采用哪种融资方式需要考查它们对企业带来的融资成本。这里介绍股权融资的和债券融资的成本，以及影响最优资本结构的主要因素，如表3-21所示。

表3-21 股权融资和债权融资的成本以及加权平均资本成本

融资完成	计算方式
权益融资成本	**资本资产定价模型（CAPM）** 企业权益资本成本等于无风险资本成本加上企业的风险溢价，因而，企业的资本成本可以计算为无风险利得与企业风险溢价之和 $K_s=R_f+\beta \times (R_m-R_f)$ K_s：表示企业的权益资本成本 R_f：表示无风险资本成本 R_m：表示企业的投资回报率 R_m-R_f：表示企业获得风险溢价
	用无风险利率估计权益资本成本 企业首要先要得到无风险债券的利率值 然后，企业再综合考虑自身企业的风险在此利率值的基础上加上几个百分点 最后就是按照这个利率值计算企业的权益资本成本

续表

融资完成	计算方式
长期债务资本成本	等于各种债务利息费用的加权平均再扣除税收的效应
加权平均资本成本（WACC）	权益资本成本与长期债务资本成本的加权平均 WACC=长期债务成本×长期债务总额÷总资本+权益资本成本×权益总额÷总资本

最优资本结构是指调节企业权益资本和债务资本的比例，最终使企业的价值最大化。

（4）股利分配策略

①决定盈余分配和留存政策也是财务战略的重要组成部分。保留盈余是企业的一项重要的融资来源。决定股利分配政策的影响因素包括：

- 留存供未来使用的利润的需要；
- 分配利润的法定要求，如弥补之前年度的亏损、依法提取法定公积金等；
- 债务契约中的股利约束；
- 企业的财务杠杆；
- 企业的流动性水平，即未来对现金的需求状况；
- 即将偿还债务的需要；
- 股利的信号传递作用。

②股利政策。一般情况有以下4类股利政策：固定股利政策、固定股利支付率政策、零股利政策、剩余股利政策。4种类型的股利政策的定义与特点如表3-22所示。

表3-22 股利政策的分类与特点

股利政策	定　义	特　点
固定股利政策	每年支付固定的或者稳定增长的股利	优点：能为投资者带来持续稳定的现金流，便于投资者安排资金支出 缺点：与企业的盈余脱钩，给企业造成巨大的财务压力
固定股利支付率政策	每年按照固定的股利支付率进行股利支付 股利支付率=每股现金股利÷每股盈余	优点：固定的股利支付率与企业的盈余挂钩，能有效反映企业的盈余状况 缺点：股利发放的现金流不稳定，不利于投资者进行资金的使用安排
零股利政策	企业不发放股利，将所有的盈余都用于企业进行投资发展	适用于处于成长期间的企业
剩余股利政策	只有在没有现金净流量为正的项目的时候才能支付现金股利	优点：有利于企业保持目标资本结果，使得其加权平均资本成本最低 缺点：股利现金流不稳定

【例题31·多选题】以下各项中属于常见的股利政策的有（　　　）。

A. 固定股利支付率政策

B. 零股利政策

C. 剩余股利政策

D. 股票股利政策

【解析】股利政策包括：固定股利政策、固定股利支付率、零股利政策、剩余股利政策四大类。没有股票股利政策，故选择A、B、C。

【答案】ABC

（二）财务战略的选择

【要点】财务战略的选择

【要点精析】企业在不同阶段，其财务战略也有所不同，下面将介绍两种常见的财务战略选择：基于发展阶段的财务战略选择和基于创造价值或增长率的财务战略选择。

1. 基于发展阶段的财务战略选择

前面已经学习了产品生命周期的知识，熟悉产品生命都要经过导入期、成长期、成熟期和衰退期4个阶段。企业在不同发展阶段的特征如表3-23所示。

表3-23 企业不同发展阶段的特征

分析内容	企业的发展阶段			
	导入期	成长期	成熟期	衰退期
经营风险（高-低）	非常高	高	中等	低
财务风险（低-高）	非常低	低	中等	高
资本结构	权益融资	主要是权益融资	权益+债务融资	权益+债务融资
资金来源	风险资本	权益投资增加	保留盈余+债务	债务
股利（现金流）	不分配（负）	分配率很低（低）	分配率高（高）	全部分配（减少）
价格/盈余倍数	非常高	高	中	低
股价	迅速增长	增长并波动	稳定	下降并波动

发展阶段的财务战略选择主要是解决产品生命周期不同阶段的财务战略以及财务风险与经营风险搭配两个方面的问题。

（1）产品生命周期不同阶段的财务战略

产品生命周期不同阶段的财务战略的主要内容包括：资本结构、资本来源和股利分配政策，如表3-24所示。

表3-24 企业不同发展阶段的财务战略

发展阶段	经营风险	财务风险	资金主要来源	股利政策	价格/盈余倍数
导入期	非常高：因为刚刚进入市场，产品的销售状况还是一个未知数	非常低：因为经营风险与财务风险是呈反向关系的（详见财务风险与经营风险的搭配）	权益融资，且多为风险投资	零股利政策：因为企业建立之初资金需求量较大，会选择将留存收益留在企业内部	非常高：代表投资者对企业的未来预期较好，因此，股价也较高
成长期	高：销量开始增长，相较于导入期的经营风险已有所降低	低：经营风险与财务风险是呈反向关系的	权益融资，但是风险资本逐渐退出，权益投资开始进入并慢慢增加	股利分配率较低：企业高速成长，资金需求量也非常大，分配给投资者的股利会非常少	高：代表投资者对企业的未来预期较好，因此，股价也较高
成熟期	中等：产量、销售量、利润已经十分稳定，所以经营风险中等	中等：经营风险与财务风险是呈反向关系的	债务融资和权益融资，企业逐渐利用财务杠杆，进行债务融资，资金来源变为保留盈余和债务	股利分配率较高：企业的现金流为正，且未来对资金的需求不是很大，所以应分配股利回报股东	中等：代表投资者对企业的未来预期一般，因此，股价也较稳定
衰退期	低：产品被淘汰、企业衰退是毫无争议的，所以经营风险较低	高：经营风险与财务风险是呈反向关系的	债务融资和权益融资，在此时，几乎没有新的投资者进入，因而资金来源主要为债务	股利分配率降低：企业的销售减少、利润减少，导致企业可用于分配的利润减少，股利分配率降低	低：代表投资者对企业的未来希望不大，因此，股价也较呈现出下降的趋势

【例题32·单选题】下列各项中，属于处于起步阶段的企业可以选择的财务战略是（ ）。

A. 采用高股利政策以吸引投资者

B. 通过债务筹资筹集企业发展所需要的资金

C. 采用权益融资筹集企业发展所需要的资金

D. 通过不断进行债务重组增加资金安排的灵活性

【解析】起步阶段（即导入阶段），一般采用权益融资，且多为风险资本。起步阶段企业没有剩余的现金可用于发放股利，故选择C。

【答案】C

【例题33·单选题】根据企业在不同发展阶段的特征，下列各项中正确的是（ ）。

A. 衰退期财务风险和经营风险都高，股利全部分配给股东，股价呈下降并波动趋势

B. 成熟期财务风险和经营风险和股利分配率都是中等，资本结构为权益资本加债务资本

C. 起步期经营风险很高而财务风险很低，资金来源主要是风险资本，随着企业的发展股价迅速增长

D. 成长期经营风险高而财务风险低，权益资本在资金来源中所占的比重增加，股利分配率低且股价也较低

【解析】选项A，衰退期经营风险是比较低的，故不正确。选项B，成熟期的股利支付率比较高，故不正确。选项C，起步期的描述是正确的。选项D，成长期的股价是较高的，故不正确。

【答案】C

【例题34·单选题】某家电企业的发展进入成熟期。下列对该企业目前经营特征的相关表述中，错误的是（　　）。

A. 财务风险中等　　B. 资本结构主要是权益融资

C. 股利分配率高　　D. 股价稳定

【解析】基于企业发展阶段的财务战略选择：成熟期的资本结构是权益融资与债务融资比例差不多，所以B选项是错误的。

【答案】B

【例题35·多选题】（2016年真题）甲公司是一家制造和销售洗衣粉的公司。目前洗衣粉产业的产品逐步标准化，技术和质量改进缓慢，洗衣粉市场基本饱和。处于目前发展阶段的甲公司具备的财务特征有（　　）。

A. 股价迅速增长

B. 股利分配率高

C. 资金来源于保留盈余和债务

D. 财务风险高

【解析】本题考查的是财务战略。洗衣粉产品逐步标准化，市场基本饱和，技术上已经成熟，说明该产业处于成熟期市场，该阶段的财务风险中等，分配率高，资金主要来源于权益和债务，股价比较稳定。选项B、C正确。

【答案】BC

（2）财务风险与经营风险搭配

企业的总体风险由财务风险和经营风险共同决定，而财务风险是由企业的资本结构决定的，经营风险是由企业的经营战略决定的。

经营风险与财务风险的搭配如图3-7所示。

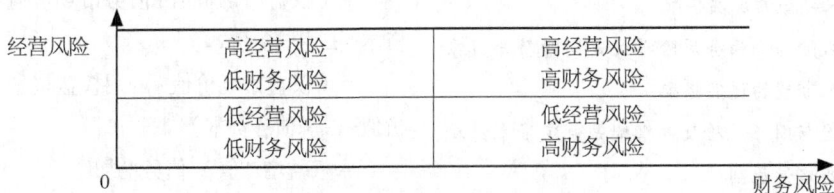

图3-7　经营风险与财务风险的搭配

4种匹配方式的特点与总体风险如表3-25所示。

表3-25　　4种匹配方式的特点与总体风险

匹配方式	特　点	总体风险
高经营风险和高财务风险	高经营风险：符合风险投资者的要求。企业一旦成功，风险投资者就能获得很高的回报。即使企业失败，这部分损失对于风险投资者而言是可以接受的 高财务风险：不符合债权人的要求。企业成功了，债权人获得的只是固定的利息，而一旦企业失败了，债权人连本金也无法收回	企业总体风险很高。因此，高经营风险和高财务风险无法实现
高经营风险和低财务风险	高经营风险：符合风险投资者的要求。企业一旦成功，风险投资者就能获得很高的回报。即使企业失败，这部分损失对于风险投资者而言是可以接受的 低财务风险：符合债权人的要求。只要不超过清算价值的债务，债权人通常都是可以接受的	企业总体风险适中。因此，高经营风险和低财务风险可以实现
低经营风险和高财务风险	低经营风险：对于投资人而言，其要求的投资回报率会相应降低。并且企业拥有较高的财务风险，可以充分利用杠杆效应，因而对于投资者而言是可以接受的 高财务风险：当搭配较低的经营风险时，企业有稳定的现金流流入，是能被企业债权人所接受的	企业总体风险适中。因此，低经营风险和高财务风险可以实现

续表

匹配方式	特 点	总体风险
低经营风险和低财务风险	低经营风险，且财务杠杆较低：导致企业的投资回报率过低，投资者是不会愿意接受的 低财务风险：对于债权人而言，其债权能得到很好地保障，能被债权人接受	企业总体风险过低。因此，低经营风险和低财务风险无法实现

◄)) **名师点拨** ••••••••••••••••

经营风险与财务风险的反向搭配，即"一高一低"或者是"一低一高"，是可以同时符合权益人和债权人的期望的现实搭配。

"双高搭配"符合风险投资人的要求，但不能满足债权人，不符合权益人的要求，会因找不到债权人而无法实现。

"双低搭配"对债权人是一个理想的资本结构，但不符合权益投资人的期望，不是现实的搭配。

【例题36·多选题】 下列各项关于经营风险与财务风险的搭配方式的表述中，正确的有（   ）。

A. 高经营风险与高财务风险搭配通常因不符合风险投资者的期望而无法实现

B. 高经营风险与低财务风险搭配是同时符合股东和债权人期望的现实搭配

C. 低经营风险与高财务风险搭配是同时符合股东和债权人期望的现实搭配

D. 经营风险与财务风险反向搭配是制定资本结构的一项战略性原则

【解析】 本题考查经营风险与财务风险的搭配。经营风险与财务风险的反向搭配，即"一高一低"或者是"一低一高"，是可以同时符合权益人和债权人的期望的现实搭配。"双高搭配"符合风险投资人的要求，但不能满足债权人，不符合债权人的要求，会因找不到债权人而无法实现。"双低搭配"对债权人是一个理想的资本结构，但不符合权益投资人的期望，不是现实的搭配。选项A符合风险投资人的要求，但不能满足债权人，不符合债权人的要求，会因找不到债权人而无法实现。故选择B、C、D。

【答案】 BCD

2. 基于创造价值或增长率的财务战略选择

创造价值既是财务管理的目标，也是财务战略管理的目标。为了实现财务目标，就必须知道影响创造价值的主要因素，以及这些因素与创造价值之间的内在联系。

（1）影响价值创造的主要因素

①企业的市场增加值

企业的目标是创造价值，首先应该了解价值是如何计量的。

企业市场增加值=企业资本市场价值-企业占用资本

企业资本市场价值=权益资本+负债资本的市价

占有资本是指同一时点估计的企业占用的资本数额（包括权益资本和债务资本）。根据财务报表数据经过调整来获得。

②权益增加值和债务增加值

企业资本市场价值=企业市场增加值+企业占用资本

企业的市场价值最大化并不代表企业创造了价值，因为可能是由于企业占用资本的增加引起企业市场价值变大。

企业市场增加值

=（权益市场价值+债务市场价值）-（占用权益资本+占用债务资本）

=（权益市场价值-占用权益资本）+（债务市场价值-占用债务资本）

=权益增加值 + 债务增加值

在利率水平不变的情况下，企业市场增加值最大化等同于权益市场增加值最大化。

③影响企业市场增加值的因素

假设企业也是一项资产，未来可以产生固定增长的现金流量，则企业的价值可以用永续固定增长率模型估计。

企业价值=现金流量÷（资本成本-增长率）

现金流量=税后经营利润-投资资本增加

企业市场增加值=资本市场价值-投资资本

企业市场增加值=现金流量÷（资本成本-增长率）-投资资本

$$企业市场增加值=\frac{税后经营利润-投资资本增加}{资本成本-增长率}-投资资本$$

$$=\frac{税后经营利润-投资资本增加-投资资本\times资本成本+投资资本\times增长率}{资本成本-增长率}$$

由于增长率是固定的：

投资资本增加÷投资资本=增长率

投资资本增加=投资资本×增长率

税后经营利润÷投资资本=投资资本回报率

税后经营利润=投资资本×投资资本回报率

所以

$$企业市场增加值=\frac{（投资资本回报率-资本成本）×投资成本}{资本成本-增长率}$$

根据企业市场增加值的计算公式可知，影响创造价值的因素有以下3个。

a. 投资资本回报率。投资资本回报率的提高会引起市场增加值的增加。

b. 资本成本。资本成本的增加会使市场增加值减少。

c. 增长率。当投资回报率>资本成本，增长率增加会使市场增加值变大；当投资回报率<资本成本，增长率增加会使市场增加值变小。

④销售增长率、筹资需求与价值创造

增长率会影响创造价值，同时也会影响企业的现金流。

在资产的周转率、销售净利率、资本结构和股利支付率不变并且不增发或回购股份的情况下：销售增长率>可持续增长率时，企业会出现"现金短缺"；销售

增长率<可持续增长率时，企业会出现"现金剩余"。

综上所述，影响价值创造的因素主要有：投资回报率、资本成本、增长率和可持续增长率。

【知识拓展】影响创造价值的因素有以下3个：投资资本回报率、资本成本和增长率。

影响价值创造的因素主要有：投资回报率、资本成本、增长率和可持续增长率。

【例题37·多选题】以下关于市场增加值的计算公式或者说法正确的是（   ）。

A. 企业的市场增加值=企业的资本市场价值-投资资本

B. 企业市场增加值=（投资资本回报率-资本成本）×投资资本

C. 市场增加值是预期各年经济增加值的现值

D. 企业的市场增加值=权益增加值+债务增加值

【解析】选项B错误，企业的市场增加值=（投资资本回报率-资本成本）×投资资本÷（资本成本-增长率）。故选择A、C、D。

【答案】ACD

（2）财务战略矩阵

通过将价值创造（投资资本回报率-资本成本）和现金余缺（销售增长率-可持续增长率）联系起来，形成财务战略矩阵，可以作为评价和制定战略的分析工具，如图3-8所示。

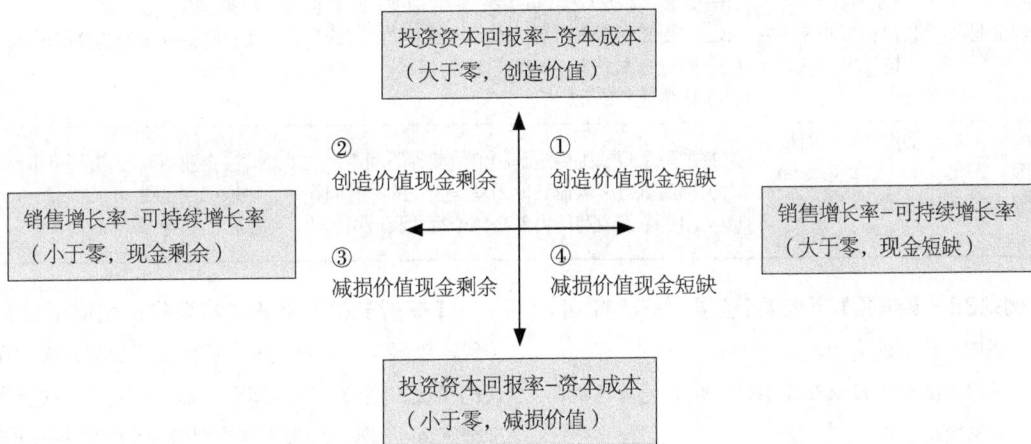

图3-8　财务战略矩阵

财务战略矩阵假设一个企业有一个或多个业务单位。财务矩阵的横坐标表示销售增长率与可持续增长率的差额。当增长率差为正值时表示企业现金短缺；当增长率差为负值时，表示企业有剩余现金。纵坐标表示一

个业务单位的投资资本回报率与资本成本的差额。当差值为正值时，表示该业务单位为股东创造价值；当差值为负值时，表示该业务单位减损股东价值。

财务战略矩阵有4个象限：位于第一象限的业务，

属于增值型现金短缺业务；位于第二象限的业务，属于增值型现金剩余业务；位于第三象限的业务，属于减损型现金剩余业务；位于第四象限的业务，属于减损型现金短缺业务。由此可见，处于不同象限的业务（或企业）应当选择不同的财务战略。财务战略矩阵如表3-26所示。

表3-26　　　　　　　　　　　　　　　财务战略矩阵

财务战略类型	含　义	对　策
第一象限： 增值型现金短缺	①投资资本回报率-资本成本＞0 ②销售增长率-可持续增长率＞0	增值型现金短缺主要是解决现金短缺的问题，关键是高速增长是暂时性的还是长期性的： （1）如果高速增长是暂时的，则应通过借款来筹集所需资金 （2）如果高速增长是长期的，则资金问题有两种解决途径 ①提高可持续增长率，使之向销售增长率靠拢 第一，提高经营效率：降低成本；提高价格；降低营运资金；剥离部分资产；改变供货渠道 第二，改变财务政策：停止支付股利；增加借款的比例 ②增加权益资本，提供增长所需资金 第一，增发股份 第二，兼并成熟企业 【知识拓展】财务成本管理：影响可持续增长率的因素有经营效率和财务政策。经营效率的影响因素又包括税后经营利润率和经营资产周转率
第二象限： 增值型现金剩余	①投资资本回报率-资本成本＞0 ②销售增长率-可持续增长率＜0	增值型现金剩余主要是解决现金剩余的问题，关键是能否利用剩余的现金迅速增长： （1）利用剩余现金加速增长 第一，内部扩张 第二，收购相关的业务 （2）把剩余的钱还给股东 第一，增加股利支付 第二，回购股份
第三象限： 减损型现金剩余	①投资资本回报率-资本成本＜0 ②销售增长率-可持续增长率＜0	减损型现金剩余主要是解决价值减损的问题，关键是解决企业盈利能力差的问题： （1）提高投资资本回报率 第一，提高税后经营利润率：扩大规模；提高价格；控制成本 第二，提高经营资产周转率：降低应收账款的资金占用；降低存货的资金占用 （2）降低资本成本；调整资本结构政策 （3）出售业务单元
第四象限： 减损型现金短缺	①投资资本回报率-资本成本＜0 ②销售增长率-可持续增长率＞0	减损型现金短缺主要是解决价值减损的问题，关键是解决企业盈利能力差的问题： （1）彻底重组：当盈利能力差是企业的独有问题时，采取彻底重组 （2）出售：当盈利能力差是整个行业衰退引起的，则尽快出售业务单元

【例题38·多选题】下列关于企业财务战略矩阵分析的表述中，正确的有（　　　　）。

A. 对增值型现金短缺业务单位，应首先选择提高可持续增长率

B. 对增值型现金剩余业务单位，应首先选择提高投资资本回报率

C. 对减损型现金剩余业务单位，应首先选择提高投资资本回报率

D. 对减损型现金短缺业务单位，应首先选择提高可持续增长率

【解析】根据财务战略矩阵：增值型现金短缺（第一象限），应首先提高可持续增长率来缓解现金短缺的情况；增值型现金剩余（第二象限），应首先解决现金剩余的问题，关键是能否利用剩余的现金迅速增长；减损型现金剩余（第三象限），主要是解决价值减损的问题，关键是解决企业盈利能力差的问题，首先应分析盈利能力差的原因，寻找提高投资资本回报率或降低资本成本的途径，使投资资本回报率超过资本成本；减损型现金短缺（第四象限），应首先解决价值减损的问题，关键是解决企业盈利能力差的问题。故选择A、C。

【答案】AC

第四节 国际化经营战略

考情分析： 本节主要有3部分内容，分别为企业国际化经营动因、国际市场进入模式和国际化经营的战略类型。根据历年考题统计，国际市场进入模式和国际化经营的战略类型在考试中出现的频率较高。

学习建议： 企业国际化经营动因理论性较强，考试概率不大，建议尽量理解。国际市场进入模式和国际化经营的战略类型可能会以主观题形式出现，需要在理解的基础上进行记忆。

国际化经营战略是指企业在国家市场中对总体战略、业务单位战略以及职能战略的具体应用。

一、企业国际化经营动因（★★）

经济学家从不同的角度和层面探索跨国经营公司的行为特点，并形成不同的理论观点，其中最主要的是国际生产要素组合和跨国公司所面临的市场特征（特别是寡头垄断市场特征）。

（一）国际生产要素的最优组合

跨国公司对外直接投资必须具备以下两大基础：①作为投资方的跨国公司自身的优势；②作为受资方东道国的条件。

1. 跨国公司的垄断优势与东道国区位因素的提出

（1）垄断优势理论

海默最早提出了垄断优势理论，然后得到其导师金德尔伯格的完善，成为最早研究对外直接投资独立的理论，理论的主要内容：市场不完全导致了对外直接投资。不完全竞争市场即受企业实力、垄断产品差异等因素影响所形成的有阻碍和干预的市场。

市场的不完全表现为以下4种类型：① 产品和生产要素市场不完全；② 由规模经济导致的市场不完全；③ 由政府干预引起的市场不完全；④ 由税赋与关税引起的市场不完全。

名师点拨

海默研究发现，从事直接对外投资的企业主要集中在资本集约程度高、技术先进、产品具有差别的一些制造业部门。这些部门都是垄断程度较高的部门。

正是由于市场的不完全，使得跨国公司取得了各种垄断优势：①来自产品市场不完全的优势，如产品差别、商标、销售技术与操纵价格等；②来自生产要素市场不完全的优势，包括专利与工业秘诀，资金获得条件

的优惠，管理技能等；③企业拥有的内部规模经济与外部规模经济。

金德尔伯格利用收入流量资本化的公式$C=I/r$（式中，C代表资产额，I代表该资产获得的利润，r表示利率）来说明垄断优势的精髓。他指出，证券资本流动是利率差异作用的结果，而直接投资则是对利润差异的反应。利润是竞争力的反映。

名师点拨

一般来说，本国企业由于熟悉本国市场，了解本国企业经营的法律与制度，市场信息灵通，决策反应快，而跨国公司则需承受远距离经营的各类成本以及对当地市场了解发生偏差引起的额外成本。但跨国公司具有垄断优势，这样就可以压倒当地竞争对手，取得远高于当地竞争对手的利润。

（2）区位理论

区位理论认为：国际市场的不完全性会导致各国之间的市场差异，即在生产要素价格、市场规模、市场资源供给等方面存在着不同的差异。如果国外市场这些差异为准备投资的一国企业带来了有利的条件，企业就会发生对外直接投资。

影响区位优势的主要因素有生产要素、市场定位、贸易壁垒、经营环境等。

区位优势理论可以从供给与需求两个方面加以论述。

①供给导向的区位优势理论认为，在国内买方市场条件下，企业如果已达到了最大盈利水平，就会到国外寻找生产要素成本最低的地方进行直接投资，以获得供给方面的优势。

②需求导向的区位优势理论认为，市场需求方面的区位优势与竞争对手分布情况决定企业选择对外直接投资的国家和地区。

2. 产品生命周期理论

产品生命周期理论由美国哈佛大学教授弗农提出。

弗农认为，随着产品生命周期阶段的变化，企业产品的地域也会从一个国家转移到另外一个国家，以寻求最佳的区域优势，获得自己的竞争优势。

产品生命周期理论将产品市场运动划分为3个阶段：创新阶段、成熟阶段和标准化阶段。并用于解释美国企业第二次世界大战后对外直接投资的动机、时机和区位选择。具体如表3-27所示。

表3-27 产品生命周期理论的3个阶段

创新阶段	为了消除产品问试初期的困难或变更产品的规格、特性等，同顾客和供应商保持密切联系十分必要，因而产品的创新、生产和销售都在同一个国家
成熟阶段	发明国要通过出口维持和扩大其国外利益难以实现，必须对外投资（一般是那些收入水平和技术水平与母国相似的地区），并设立子公司，以维持扩大出口市场，保障自己的利益
标准化阶段	成本和价格问题变得十分突出，企业开始选择把生产或装配转移到劳动力成本低的发展中国家，以降低生产成本

◀)) **名师点拨** ·······················

注意区分第2章中的产品生命周期理论和本章的产品生命周期理论：

第2章的产品生命周期理论是从市场的角度研究的，分为导入期、成长期、成熟期和衰退期；而本章的产品生命周期理论是从产品的研发和生产角度进行考查的。

3. 内部化理论

所谓内部化，是指把市场建立在企业内部的过程。内部化理论是从市场不完全与垄断优势理论发展起来的。

内部化理论从外部市场不完全与企业内部资源配置的关系来说明对外直接投资的动因。市场不完全并非是指规模经济、寡头垄断或关税壁垒等，而是指由于某些市场失效，以及由于某些产品的特殊性质或垄断势力的存在，导致企业市场交易成本增加。内部化理论建立在以下3个基本假设的基础之上。

（1）企业在市场不完全的情况下从事经营的目的是追求利润最大化。

（2）当生产要素特别是中间产品不完全时，企业有可能统一管理经营活动，以内部市场代替外部市场。

（3）内部化越过国界时就会产生国际企业。

企业能否实现中间产品的内部化，还受到4种因素的影响，包括：

（1）地区特有因素（包括地理距离与文化差异）；

（2）国家特有因素（包括东道国政府的政治、法律、财政状况）；

（3）行业特有因素（包括中间产品的特性、外部市场结构和规模经济）；

（4）企业特有因素（包括企业的组织结构、管理经验、控制和协调能力等）。

◀)) **名师点拨** ·······················

内部理论化与垄断优势理论的区别：内部化不是给予企业特殊优势的这种财产本身，而是指这种财产的内部化过程给了跨国企业以特有的优势。

4. 国际生产折中理论

英国里丁大学教授邓宁在国际生产要素的最优组合、区位理论的基础上，首次提出国际生产折中理论学说，该理论可以概括为一个简单的公式：所有权优势+内部化优势+区位优势=对外直接投资。

邓宁还指出，企业可以根据自己所具备的不同优势，分别采用不同的国际经营方式。企业必须具备以下3种优势：①企业对外直接投资，必须具备所有权优势、内部化优势和区位优势；②当企业只拥有所有权优势与内部化优势，企业只能进行出口贸易；③企业如果只有所有权优势，企业只能进行技术转移。

（二）寡占市场（即寡头垄断市场）的反应

寡占市场的反应更侧重于从企业面临的市场的角度进行理论分析。

1. 海默论跨国企业的垄断反应行为

海默认为，对于发达国家之间的对外或交叉直接投资来说，必须利用寡占反应行为来加以解释。对外直接投资只是国内寡占竞争行为在国际范围内的延伸，但基础仍在于各国企业所拥有的技术等垄断优势。

2. 尼克博克的"寡占反应理论"

尼克博克认为，第二次世界大战美国企业对外直接投资主要是由寡占行业少数几家寡头公司进行的，他们的投资又大多数在同一时期成批发生。

尼克博克将对外直接投资区分为"进攻性投资"和"防御性投资"，在国外市场建立第一家公司的寡头公司的投资是"进攻性投资"，同行业其他寡头成员追随率先公司也建立子公司，是"防御性投资"。

（三）发展中国家企业国际化经营动因

近年来，为了寻求发展中国家对外投资的理论依据，国际经济学界创立了一些新的理论学说，其典型代表是联合国贸易和发展会议（UNCTAD）近年来的研究成果。

【要点】 影响发展中国家跨国公司对外投资的动机与优势。

【要点精析】 UNCTAD提出了影响发展中国家跨国公司对外投资决策的四大动机与三大竞争优势。

1. 发展中国家跨国公司对外投资的主要动机

（1）寻求市场。寻求市场主要是指巩固、扩大和开辟市场，进入新市场，扩大规模，规避贸易壁垒，形成区域内和发展中国家内部的外国直接投资。

（2）寻求效率。寻求效率是降低成本导向型的动机，利用国外廉价的生产要素，降低生产成本。它主要是相对较先进的发展中国家跨国公司进行的投资。以寻求效率为主要动机的投资一般集中在几个产业（如电气、电子产品及成衣和纺织品），基于这种动机的外国直接将资大多面向发展中国家。

（3）寻求资源。寻求资源是出于获取一些战略性资产，主要是自然资源方面的考虑。

🔊 **名师点拨** ⋯⋯⋯⋯⋯⋯⋯⋯⋯⋯⋯⋯

寻求资源型的外国直接投资大多在发展中国家。上面提到的寻求市场、寻求效率、寻求资源为主要动机的投资都属于"资产利用战略"，而下面的寻求现成资产型的投资是一种"资产扩展战略"。

（4）寻求现成资产。寻求现成资产是指发展中国家主动获取发达国家企业的品牌、先进技术与管理经验等现成资产。

2. 发展中国家跨国公司对外投资的主要竞争优势

与发达国家跨国公司对外投资相比，发展中国家跨国公司对外投资的主要竞争优势包括以下3点。

（1）具有更大的创造就业机会的潜力。

（2）有益联系和技术吸收的可能性较大，因为发展中国家跨国公司的技术和经营模式更接近于发展中东道国公司所用的技术和模式。

（3）更有可能直接推动提高发展中国家的生产能力，因为，发展中国家跨国公司在进入模式上往往采取新建投资的方式而不是并购。

【例题39·多选题】 发展中国家跨国公司对外投资的主要动机不包括（ 　　　 ）。

A. 寻求资源

B. 扩大知名度

C. 寻求现场资产

D. 寻求融资机会

【解析】 发展中国家跨国公司对外投资的主要动机为：①寻求市场；②寻求效率；③寻求资源；④寻求现成资产，故答案应选择B、D。

【答案】 BD

二、国际市场进入模式（★★）

企业进入国外市场的主要模式一般有出口、股权投资、非股权安排等几种。

1. 出口

（1）目标市场的选择

①目标市场的区域路径。目前存在两种选择方式，如表3-28所示。

表3-28　　　　　　　　　　　　目标市场的两种区域路径

方式	具体释义
传统方式	发达国家的高新技术产品的出口路径：经济技术发展水平相类似的发达国家 → 发展中国家 发展中国家的产品的出口路径：环境类似的发展中国家 → 发达国家 发展中国家的农产品、矿产品等初级产品和劳动密集型的低端产品的出口路径：发达国家
新型方式	发达国家或发展中国家，高新技术产品出口的路径是：发达国家（特别是美国，以占领世界最大的市场）→ 发展中国家

②选择目标客户。选择目标客户的前提是要进行市场细分，市场细分的标准主要包括两个：产品质量和产品特性。产品的质量越高功能越齐全，相应的价格就会越高。

（2）选择进入战略

最重要的战略决策是：在全球推广标准化的产品和针对不同国家的不同需求修改产品和营销组合中作出选择。

（3）选择分销渠道与出口营销

分销渠道有以下4个非常重要的特点。

①国际分销渠道比国内分销渠道涉及更多的中间环节，更复杂。

②国际分销渠道的成本相比国内分销渠道的成本而言，通常更高。

③有时，必须通过与国内市场不同的分销渠道向海外市场销售。

④国际分销渠道通常为公司提供产品在市场上的销售情况及其原因等海外市场信息。

贸易中介可以从以下两个方面对分销渠道加以归类和描述。

第一，商品的所有权：代理人+分销商。代理人是指对商品不拥有所有权，仅代表公司进行商品销售，并根据有关合同条款收取一定的佣金费用，不承担商品所有权上的相关风险。

分销商是指对商品拥有所有权，将商品购入后再进行销售，承担商品所有权上的相关风险。

第二，对销售渠道的控制方法：直接法+间接法。

直接法：公司拥有并管理分销渠道（控制能力强，信息充分，成本高）。

间接法：分销渠道独立于公司之外（成本低，控制能力减弱，信息不足）。

（4）出口市场上的定价

针对海外的市场，有以下4种定价的策略。

①定价偏高——为了获得大于国内市场的收益。

②价格接近国内市场收益水平。

③在短期内定价较低，甚至亏损也在所不惜——为了以后的发展。

④在抵消变动成本之后还能增加利润时，定价于只要能把超过国内市场需求量的产品销售出去的价格。

此外，还有一些分销成本与厂商定价有关，如存货成本等。

2. 股权投资

对外股权投资可以分为对外证券投资和对外直接投资两种方式，如图3-9所示。

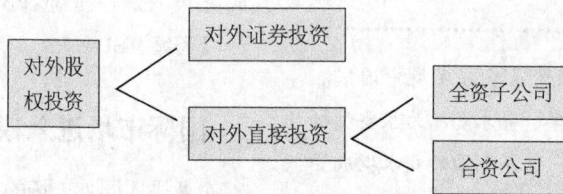

图3-9　对外股权投资的两种方式

（1）对外证券投资

对外证券投资是指个人或者机构取得国外证券，但不控制该企业或参与管理。

采取对外证券投资的原因包括：

①证券投资可能成为直接投资的前奏；

②证券投资可以有助于加强技术、许可证和销售协议，可以作为企业长期计划的一部分；

③证券投资能扩大企业在其他国家利益。

对外证券投资有以下两个基本弱点：

①证券投资不能管理企业所持有的资产；

②证券投资不能充分发挥投资公司的技术或产品优势。

（2）对外直接投资

对外直接投资是指企业将管理、技术、营销、资金等资源以自己控制企业的形式转移到目标国家（地区），以便能够在目标市场上充分地发挥竞争优势。

对外直接投资相较于出口的优势表现在以下几个方面。

①减少了运输成本——缩短了生产和销售的距离。

②降低制造成本——利用当地便宜的劳动力、原材料、能源等生产要素。

③能根据当地市场的信息和产品的信息反馈及时调整生产。

④能规避东道国政府的各种贸易和非贸易壁垒。

对外直接投资相较于出口的缺点主要表现为：风险更大，灵活性差——需要大量的资金、管理和其他资源的投入。

对外投资方式分为全资子公司和合资公司两种。

①全资子公司是指由母公司拥有子公司全部股权和经营权。

②合资是指协议共同投资的各方按一定比例的股份出资，共同组成一家具有法人地位，在经济上独立核算，在业务上独立经营的企业。

合资的动因如表3-29所示。

表3-29 形成国际合资企业的动因

新市场	将现有产品打入国外市场	经营一种新业务（产品和市场）
现有市场	加强现有业务（生产、研发环节）	将国外产品引入国内市场
	现有产品	新产品

如表3-32所示，企业进行合资经营的动因主要有以下4个。

a. 将现有产品推入新的市场。

b. 将新产品推向新的市场。

c. 加强现有产品在现有市场的生产研发。

d. 将新产品引入现有市场。

两种对外投资方式的优点和缺点如表3-30所示。

表3-30 两种对外投资方式的优点和缺点

对外投资方式	优　点	缺　点
全资子公司	①管理者可以完全控制子公司的生产经营 ②相较于合资企业而言，可以规避在利益、目标等方面的冲突问题	①全资子公司可能要耗费大量资金 ②全资子公司可能要耗费并占用原公司的大量资源，会导致公司面临很高的风险 ③全资子公司较难获得东道国的政策支持与各种经营资源
合资企业	①减少了国际化经营的资本投入 ②弥补了跨国经营经验不足的缺陷，同时还可以吸引和利用东道国合资方的资源	①多方参与投资，因而可能会造成协调成本过大 ②协调问题又主要表现在：合资各方目标的差异和合资各方的文化差异

3. 非股权形式

非股权形式主要包括：特许经营、许可经营、合约制造、管理合约、服务外包、订单农业及其他类型的合约关系。

三、国际化经营的战略类型（★★）

企业进行国际化经营时，根据全球协作程度的高低以及本土独立性和适应能力的高低，将其经营战略分为4类，如图3-10和表3-31所示。

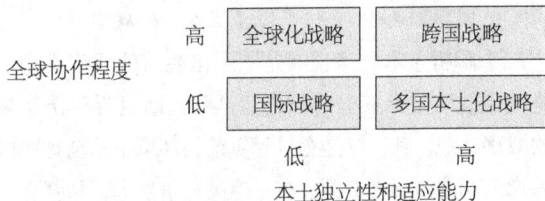

图3-10　国际化经营的战略类型

表3-31 国际化经营的4种战略类型的优缺点及具体释义

类　型	优缺点	具体释义
国际战略	适应性较差 经营成本高	产品开发的职能留在母国，而在东道国只具备制造和营销职能且总部严格地控制其决策权
多国本土化战略	适应性较好 经营成本高 高度分权	将自己国家所开发出的产品和技能转移到国外市场，并相应地从事生产经营活动
全球化战略	适应性较差 经营成本低 高度集权	在适合的国家集中进行生产经营标准化的产品和服务，并向全世界的市场推销
跨国战略	适应性较好 经营成本低	介于多国化本土化战略和全球战略之间，符合以经验为基础的成本效益和区位效益，同时转移企业的竞争力并满足当地市场的需要

【例题40·单选题】甲公司是牛肉生产、加工及零售企业。近期甲公司开始考虑将其业务扩展到国际市场，在劳工成本较低的越南设立统一的牛肉加工厂，并在多个国家从事牛肉加工食品零售业务。甲公司管理层采用集权

式管理方式,为确保牛肉加工食品的质量,甲公司计划将所有原料牛在日本农场饲养。根据以上内容,适合甲公司选择的国际化发展战略是(　　　)。

　　A. 多元化成长战略　　B. 全球化战略

　　C. 多国化战略　　　　D. 跨国化战略

　　【解析】本题考查的是国际化经营战略的类型。国际化经营战略包括:国际战略、多国本土化战略、全球化战略和跨国战略。全球化战略是指在适合的国家集中进行生产经营标准化的产品和服务,并向全世界的市场推销。全球化强调集权,强调由母公司总部控制。题干"甲公司管理层采用集权式管理方式"符合全球化的定义,"甲公司计划将所有原料牛在日本农场饲养",即采取集中生产经营,符合全球化的定义,故选择B。

　　【答案】B

　　【例题41·单选题】(2016年真题)甲公司是一家玩具制造商,其业务已经扩展到国际市场。甲公司在劳动力成本较低的亚洲设立玩具组装工厂,在欧洲设立玩具设计中心,产品销售至全球100多个国家和地区。甲公司国际化经营的战略类型属于(　　　)。

　　A.跨国战略　　　　　　B.全球化战略

　　C.国际化战略　　　　　D.多国本土化战略

　　【解析】本题考查的是国际化经营的战略类型。全球化战略是指某些跨国企业试图垄断世界经济市场的战略计划。其目标是在日趋复杂的环境下从全球范围考虑公司的市场与资源分布,提高竞争能力,增强竞争地位,最大限度地实现总体利益。它能将其生产经营设施安排在最有利的国家,对他们的战略行动统一协调,能将位于不同国家的活动连接起来,及时转移在技术开发、管理创新上的成果,更充分地利用公司的核心竞争力。选项B正确。

　　【答案】B

四、新兴市场的企业战略(★★)

　　新兴市场是指一些市场发展潜力巨大的发展中国家。跨国公司的进入,对于新兴市场中的本土企业而言,将面临巨大的压力。

(一)按产业特性配置资源

　　面临跨国公司的进入,本土企业首先必须意识到以下两点。

1. 认识不同产业面临的不同的压力

　　例如,全球化给计算机产业和水泥产业所带来的压力是明显不同的。

2. 评估企业自身的优势资源

　　新兴市场的企业需要评估自身具有的优势,发挥其在新兴市场中的竞争优势,同时,还以利用该优势向其他市场进行扩张。

(二)本土企业的战略选择

　　本土企业的战略选择主要从新兴市场本土企业优势资源和产业的全球化进程两个维度进行考量,这两个维度可以产生4种战略关系,如图3-11所示,表3-32具体介绍了这4种战略关系的适用情况和具体做法。

	适合于本国市场	可以向海外移植
高 产 业 的 全 球 化 进 程 低	"躲闪者" 通过转向新业务或缝隙市场避开竞争	"抗衡者" 通过全球竞争发动进攻
	"防御者" 利用国内市场的优势防卫	"扩张者" 将企业的经验转移到周边市场

图3-11　本土企业的战略选择

表3-32　　　　　　　　4种关系的适用情况及具体做法

具体战略	适用情况	具体做法
"防御者"的战略	①产业全球化程度较低 ②没有可以转移的优势资源	利用本土优势进行防御,具体做法有: ①重点关注喜欢本国产品的客户 ②不断调整产品和服务,以满足客户需求 ③加强建设和管理企业的分销网络 面对跨国竞争对手要注意: ①不要企图争取到所有顾客 ②不要一味模仿竞争对手的战略

具体战略	适用情况	具体做法
"扩张者"战略	①产业全球化程度较低 ②具有可以转移的优势资源	向海外延伸本土优势，具体实行时应当注意： ①消费者偏好 ②地缘关系 ③分销渠道 ④政府管制方面与本国市场相类似的市场
"躲闪者"战略	①产业全球化程度较高 ②没有可以转移的优势资源	避开跨国公司的冲击。这种情况下，本土企业需要对自身的战略进行大的改进，可以考虑以下几点： ①与跨国公司建立合资、合作企业 ②把企业卖给跨国公司 ③改变自己的核心业务，避免直接竞争 ④关注细分市场，重点转为价值链中的某些环节 ⑤生产互补的产品，而不是竞争产品
"抗衡者"战略	①产业全球化程度较高 ②具有可以转移的优势资源	在全球范围内对抗，本土企业抗衡过程中需要注意： ①与行业中的领先公司进行比较，采用自身优势进行竞争，不要仅仅局限于成本竞争 ②寻找一个定位明确又易于防守的市场 ③寻找产业中易于突破的口 ④利用发达国家的资源，弥补自身的不足

【例题42·单选题】（2016年真题）甲公司是本地一家奶制品企业，目前国际品牌以其技术优势和产业规模纷纷进入国内市场，甲公司以其股份与新西兰一家品牌公司按50%：50%的出资比例组成一家新公司，甲公司的行为属于（　　　　）。

A. 扩张者　　　　　B. 防御者

C. 抗衡者　　　　　D. 躲闪者

【解析】本题考查的是本土企业的战略选择。"躲闪者"战略通常有以下做法：①与跨国公司建立合资、合作企业；②将企业出售给跨国公司；③重新定义自己的核心业务，避开与跨国公司的直接竞争；④根据自身的本土优势专注于细分市场，将业务中心转向价值链中的某些环节；⑤生产与跨国公司产品互补的产品，或者将其改造为适合本国人口味的产品。由此可见，甲公司与新西兰一家品牌公司合作，属于"躲闪者"战略。

【答案】D

过关测试题

一、单项选择题

1. 某家电销售公司准备并购一家空调生产厂家，在制定并购案时，公司管理层提出进行并购的风险很大，需要提前做好准备，分析可能导致并购失败的原因，防患于未然。下列各项中，不属于导致并购失败的有（　　　　）。

A. 并购后不能很好地进行企业整合

B. 没有获取规模经济

C. 决策不当的并购

D. 支付过高的并购费用

2. 目前消费的主流观念是追求个性化，因此许多企业选择采用差异化战略来适应消费者的需求。但采用该战略也存在着许多弊端，其中不包括（　　　　）。

A. 形成进入障碍

B. 市场需求发生变化

C. 竞争对手的模仿和进攻使已建立的差异缩小甚至转向

D. 企业形成产品差别化的成本过高

3. 下列不属于采购经理职责的是（　　　　）

A. 成本控制　　　　　B. 生产投入

C. 供应链管理　　　　D. 生产产出

4. 信息技术外包的主要优点不包括（　　　　）。

A. 公司减轻了管理专业人员的负担，企业可按需要要求提供服务，不用长期在企业中保留信息

技术部门

B. 从长远的战略考虑来看，可以节约成本

C. 专业外包供应商的服务能够提供更高标准和质量的服务

D. 能进行最准确的成本预测，因此可以进行更准确的预算控制

5. 下列不属于公司内在因素对进入方式选择的影响因素的是（　　　）。

A. 技术水平

B. 公司和东道国谈判地位的演变

C. 品牌与广告开支

D. 对外直接投资的固定成本

6. 常常涉及整个企业的财务结构和组织结构方面的问题的战略是（　　　）。

A. 竞争战略　　　　B. 公司层战略

C. 职能战略　　　　D. 集中化战略

7. 某公司是一家计算机制造公司，由于销售渠道的利润比较高，为了企业的长期发展，该公司成立1+1专营店，以实体店的形式销售自己生产的计算机，根据以上描述，该公司采用的战略属于（　　　）。

A. 后向一体化战略

B. 横向一体化战略

C. 相关多元化战略

D. 前向一体化战略

8. 依靠购入然后分享目标企业的产业利润的并购形式是（　　　）。

A. 敌意并购　　　　B. 产业资本并购

C. 杠杆收购　　　　D. 金融资本并购

9. A公司是一家生产农产品的公司，为了扩大经营范围，在成功收购一家房地产公司后，又复制收购房地产公司的成功经验，又收购了一家饮料公司。然而，由于房地产和饮料产品市场特征大不相同，导致此次饮料收购失败。该公司饮料收购失败的原因是（　　　）。

A. 决策不当的并购

B. 并购后不能进行很好地整合

C. 支付过高的并购费用

D. 以上说法都不正确

10. 具有"向下钻取"功能，从总计数据下移到更具体详细的层次的信息系统战略是（　　　）。

A. 管理信息系统　　B. 决策支持系统

C. 专家系统　　　　D. 经理系统

11. 全球协作程度较高且本土独立性和适应能力较高的国际化经营战略类型是（　　　）。

A. 国际战略　　　　B. 全球化战略

C. 跨国战略　　　　D. 多国本土化战略

12. 在波特提出的吸引力测试中，除了"相得益彰"测试，另外一种测试属于（　　　）。

A. "进入成本"测试

B. "价值增值"测试

C. "协同效应"测试

D. "竞争优势"测试

二、多项选择题

1. 企业在设计信息系统时，可以利用系统开发周期来进行。下列选项中属于该开发周期阶段的是（　　　）。

A. 可行性研究　　　B. 系统分析

C. 系统设计　　　　D. 系统竣工

2. 下列关于研发定位的说法中，正确的是（　　　）。

A. 成为向市场推出新技术产品的企业

B. 成为成功产品的创新模仿者

C. 成为研发领导者或跟随者

D. 成为成功产品的低成本生产者

3. 下列选项中，属于放弃战略所采用的方式的是（　　　）。

A. 特许经营　　　　B. 合并

C. 分包　　　　　　D. 卖断

4. 下列选项中，属于企业采用多货源策略的优点的是（　　　）。

A. 能取得更多的知识和专门技术

B. 有利于对供应商压价

C. 供货中断产生的影响较低

D. 能产生规模经济

5. 在制定财务战略时，管理层需要了解一些股东价值最大化的限制性因素，下列选项属于经济约束的是（　　　）。

A. 利率　　　　　　B. 通货膨胀

C. 汇率　　　　　　D. 政府影响

6. 下列选项中，关于成长期企业的财务战略说法正确的是（　　　）。

A. 权益投资增加

B. 主要是债务融资

C. 股价增长并波动

D. 财务风险比较低

7. 下列选项中，属于与信息相关的战略的是（　　）。

A. 信息技术系统　　B. 信息系统

C. 信息管理　　　　D. 信息质量

8. 下列选项属于成本领先战略主要优势的是（　　）。

A. 形成进入障碍

B. 增强讨价还价能力

C. 保持领先的竞争地位

D. 抵御替代品的威胁

9. 处于成熟期的企业比较常见的股利政策有（　　）。

A. 固定股利政策　　B. 零股利政策

C. 剩余股利政策　　D. 固定股利支付率政策

10. 下列关于股权式联盟与契约式联盟描述正确的有（　　）。

A. 股权式战略联盟结构严密，契约式联盟结构比较松散

B. 股权式战略联盟灵活性差，契约式联盟结构灵活性好

C. 股权式战略联盟转置成本较低，契约式联盟结构转置成本较高

D. 股权式战略联盟地位平等，契约式联盟地位有区别

11. 甲公司会计核算采用的是乙财务信息系统。下列各项乙财务信息系统的控制情形中，属于应用控制的有（　　）。

A. 会计人员只能用自己的用户名和密码才能登记到乙财务信息系统中

B. 已经被录入到乙财务信息系统明细账的会计记录不能被任何人修改或删除

C. 会计人员通过乙财务信息系统传输数据需要在传输前将数据转化为非可读格式，在传输后重新转换回来

D. 会计人员在乙财务信息系统中编制的会计分录出现借贷方金额不平衡时，系统将提示会计人员必须进行修改

三、简答题

某企业有A、B两个业务单位，分别从事甲产品和乙产品的生产经营。这两个业务单位2012年的有关资料如下表所示。

业务单位	资本成本	投资资本回报率	销售增长率	可持续增长率
A	11%	7%	17%	12%
B	6%	12%	4%	10%

要求：

（1）根据以上资料，说明A、B两个业务单位价值创造与现金余缺情况。

（2）指出A、B两个业务单位处于财务战略矩阵的哪个象限，简要说明有关的财务战略选择。

战略实施

第 4 章

本章共有六节，"公司战略与组织结构"一节重点把握横向分工结构的优缺点及适用情况，"公司战略与企业文化"一节，需要理解企业文化的类型有哪些，文化与绩效的关系，以及战略稳定性与文化适应性的关系，"战略控制"一节重点掌握战略控制的方法包括预算法和平衡计分卡法），"战略管理中的权力与利益相关者"一节中需要理解主要利益者有哪些以及其权力的来源。"公司治理"一节，需要重点掌握公司内部治理结构以及公司治理的基础设施。"信息技术在管理中的作用"一节，需要熟悉信息技术与组织变革的关系以及具体表现形式。

结合近几年考试，本章的平均分值为8分左右，考试题型一般为客观题和主观题。

通常以客观题题型考试的考点有：企业战略与组织结构、组织结构的构成要素、企业文化的类型（特点、优点、缺点、适用范围）、文化与绩效、战略稳定性与文化适应性、战略控制与预算控制之间的差异、战略控制系统构建时需要考虑的因素、对衡量企业业绩的不同观点、企业主要的利益相关者公司治理理论、公司内部治理结构、公司外部治理结构、信息披露制度以及公司治理原则。

通常以主观题题型出现的考点有：纵横向分工结构、预算类型、平衡计分卡、战略失效的类型、权力与战略过程。

【本章考点概览】

战略实施	一、公司战略与组织结构	组织结构的构成要素	★
		纵横向分工结构	★★
		企业战略与组织结构	★★★
	二、公司战略与企业文化	企业文化的概念	★
		企业文化的类型	★
		文化与绩效	★★
		战略稳定性与文化适应性	★★
	三、战略控制	战略控制的过程	★★
		战略控制方法	★★
	四、战略管理中的权力与利益相关者	企业主要的利益相关者	★
		企业利益相关者的利益矛盾与均衡	★★
		权力与战略过程	★
	五、公司治理	公司治理的概念	★★
		公司治理理论	★★
		两大公司治理问题	★★
		公司内部治理结构	★★
		公司外部治理机制	★★
		公司治理的基础设施	★★
		公司治理原则	★★★
	六、信息技术在战略管理中的作用	信息技术与组织变革	★★
		信息技术与竞争战略	★★
		信息技术与企业价值链网	★★

第一节 公司战略与组织结构

考情分析： 本节的重点是纵横向分工结构的优点、缺点及使用情况，此考点会以主观题、客观题的形式出现；次重点是企业战略与组织结构，考试一般将以客观题形式出现；组织结构的构成要素，考查概率不大，若出现，几乎为客观题形式。

学习建议： 对于纵横向分工结构的优点、缺点及使用情况的相关知识点需要进行全面掌握，并进行记忆；对于企业战略与组织结构、组织结构的构成要素应以理解为主，结合练习题以加深印象。

一、组织结构的构成要素（★）

组织指的是企业组成的集团。组织结构是指组织为了实现共同目标而进行的各种分工和协调的系统。由定义可知，组织结构的基本构成要素包括分工和整合。

1. 分工

分工是指为了创造企业价值而进行的人力、物力的分配。通常来讲，企业组织内部不同职能或事业部的数目越多，越专业化，企业的分工程度就越高。

为了取得更好的财富效益，企业在组织分工上有以下两个方面。

（1）横向分工。横向分工是指企业管理层对人员、职能部门以及事业部的安排分配，简言之，即企业控制的横向跨度，跨度越大，企业组织机构越趋于扁平型。

（2）纵向分工。纵向分工是指企业管理层对组织决策权的分配安排，简言之，即企业纵向控制链的长度，链条越长，企业的组织结构越趋于高长型。

2. 整合

整合是指协调各部门、各员工之间协作的能力。企业必须建立组织结构，协调不同职能与事业部的生产经营活动，以便有效地执行企业的战略。例如，企业为了研发新产品，可以组建一个跨职能的团队，将不同部门、不同职能的员工组织在一起工作，将各自特长发挥出来为共同目标而努力工作。

总之，分工是将企业转化成不同职能及事业部的手段，而整合则是要将不同部门结合起来。

二、纵横向分工结构（★★）

（一）纵向分工结构

1. 纵向分工结构的基本类型

纵向分工是指企业高层管理者根据企业的战略，选择适合企业的管理层次和控制幅度。纵向分工的基本类型分为两种，即高长型组织结构和扁平型组织结构。

（1）高长型组织结构

高长型组织结构的是指具有较多管理层次的企业组织结构，且每个层次控制幅度较小，企业的组织结构呈现出高长型的锐角三角形结构，如图4-1所示。

高长型组织结构的特点：管理层次多；控制幅度小；有利于企业的内部控制，但会削弱企业应对市场变化的能力。从实际管理来讲，一个3 000名员工的企业的平均管理层次为7个，如果某公司超过了7个，则为高长型结构。

（2）扁平型组织结构

扁平型组织结构是指具有较少管理层次的企业组织结构，且每个层次控制幅度较大，企业的组织结构呈现出扁平型的钝角三角形结构，如图4-2所示。

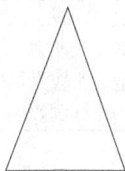

图4-1 高长型的锐角三角形结构

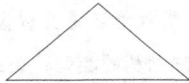

图4-2 扁平型的钝角三角形结构

扁平型组织结构的特点：管理层次少；控制幅度大；面对市场的变化能快速做出反应，但是容易导致管理失控等问题。

由此可见，企业应该根据自己的战略以及战略所需要的职能来选择组织的管理层次。如果企业为了更及时地满足市场的需要，追求产品的质量与服务，则可以选择扁平型组织结构。当企业达到一定规模时，企业将会使组织的管理层次保持在一定的数目上，尽可能地使组织结构扁平化。

🔊 **名师点拨** ……………………………

如果一个企业的管理层次过多，企业的战略难以实施，而且管理费用会大大增加。

2. 纵向分工结构组织内部的管理问题

究竟选择高长型的组织结构，还是扁平型的组织结构，存在着不同的管理问题，主要包括以下几个方面。

（1）集权与分权

在企业组织中，集权与分权都有各自的优点和缺点，并且各自的适用条件也不同，应根据企业各自的具体情况而定。

集权是指企业的高层管理人员拥有最重要的决策权力。在企业管理中，集权可以让高层管理人员比较容易地控制和协调企业的生产经营活动，以达到提高企业管理效益的目标。

分权是指将权力分配给事业部、职能部门以及较

低层次的管理人员，通过分权可以降低企业内部的管理成本，提高员工的责任心，有利于企业的管理。

集权型企业通常拥有多级管理层，并将决策权分配给顶部管理层。而分权型结构通常拥有较少的管理层次，并将决策权分配给较低的层级。

高长型组织结构倾向于进行集权管理，而扁平型组织结构倾向于进行分权管理。集权和分权各有优缺点，企业需要根据自身的实际情况，确定采用集权还是分权。集权与分权各自的优缺点具体如表4-1所示。

表4-1 　　　　　　　　　　集权与分权各自的优缺点

	优　点	缺　点
集权	①便于促进各职能部门间的协调 ②规范了上下沟通的形式 ③与企业目标一致 ④情况危急时，决策迅速 ⑤利于实现规模经济 ⑥适用于外部监管的机构	①个别部门的要求容易被忽视 ②决策时间较长 ③级别较低的管理者职业前景有限
分权	①管理层次少，减少信息沟通障碍 ②提高企业反应能力 ③使得企业成长较为灵活 ④对员工产生激励效应	①项目负责人的责任大于权力，项目负责人对项目组成员管理困难 ②项目组成员容易产生临时观念，对工作的热情和积极性有一定影响

🔊 **名师点拨** ·········

一个企业采用集权型还是分权型组织，不能简单地依据其采用的组织结构的类型，企业不仅应当选择适当的组织结构，而且还应对各个级别的权力做出适当的分配。

（2）中层管理人员的人数

高长型组织结构需要较多的中层管理人员，会导致企业的成本增加；相反，扁平型组织结构需要的中层管理人员较少，可以节约企业的管理费用。企业应根据自身的实际情况，选择合适的中层管理人员的人数。

（3）信息传递

高长型组织结构由于层级较多，信息传递太慢，且传递过程容易导致传递的信息扭曲和失实，进而会增加有关成本费用。相反，扁平型组织结构能够弥补高长型组织结构的不足。企业在选择适合自身的纵向组织结构，需要考虑信息的传递过程。

（4）协调与激励

高长型组织结构由于控制链较长，不同层级之间的沟通与协调比较困难，且消耗的管理费用较高，成本

较大。在激励方面高长型组织中的管理人员在行使权力时，通常会受到各种限制，从而使企业管理人员之间产生相互推诿的现象，不愿意承担责任。相反，在扁平型组织结构中，一般管理人员拥有较大的职权，并能承担自己的职责。由此可见，扁平型组织结构能够弥补高长型组织结构的协调与激励方面的不足。企业需要根据自身的实际情况，选择适合的纵向组织结构。

（二）横向分工结构

1. 横向分工结构的基本类型

从横向分工来看，企业组织结构共有8种基本类型：创业型组织结构、职能型组织结构、事业部制组织结构、M型企业组织结构、战略业务单位组织结构、矩阵制组织结构、H型组织结构、国际化经营企业的组织结构。

（1）创业型组织结构

创业型组织结构是指由一个管理者直接控制管理所有的员工和单位事宜，公司经营的成败完全取决于管理者的个人能力。创业型组织结构如图4-3所示。

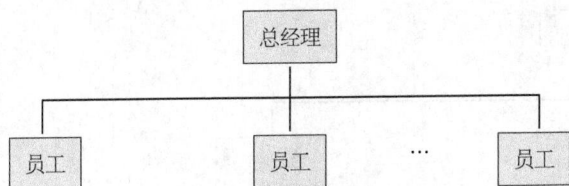

图4-3 创业型组织结构

企业由一个中心人员全面管理，各员工直接听命于该中心人员，所以该管理者对于企业的发展有着举足轻重的地位。

创业型组织结构的优点：结构简单、灵活，遇到紧急问题易于进行应对。

创业型组织结构的缺点：严重依赖于最高管理者的个人能力。

创业型组织结构的适用情况：企业成立初期或者小型企业。

（2）职能型组织结构

随着企业的发展壮大，简单的创业型组织结构已经不能再满足企业经营管理需要。此时，企业需要对内部分工进行专业化分配，以提高生产经营的效率，职能型组织结构就应运而生。

职能型组织结构是指按职能（财务、研发、采购、营销、生产等）对企业的组织结构进行分工。职能型组织结构如图4-4所示。

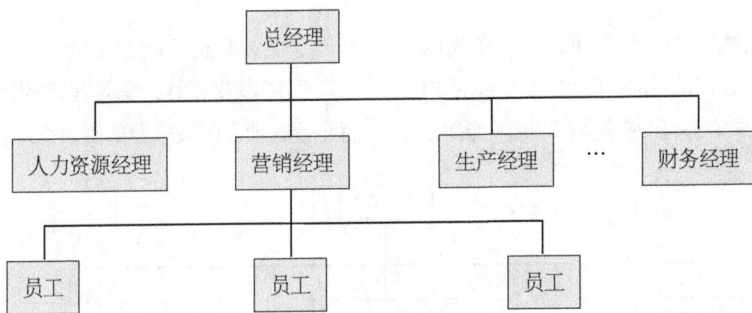

图4-4 职能型组织结构

企业的各员工不再由最高层的管理者直接领导，而是由高层领导管理各职能部门的领导，再由各职能部门的领导管理其部门内的相关员工，企业内部各员工各司其职，每天重复着相同的工作，这样更能提高企业的运营效率。

职能型组织结构的优点和缺点如表4-2所示。

表4-2　　　　　　　　　　　　职能型组织结构的优点和缺点

职能型组织结构的优点	职能型组织结构的缺点
①通过集中各职能于一个部门，实现规模经济 ②利于培养职能方面的专家 ③每个职能部门重复各自的工作，使得效率大大提高 ④有利于董事会监控各个部门	①不利于协调各部门 ②各产品的盈亏难以确定 ③为了争夺资源，各部门容易发生冲突 ④减慢反应的速度

职能型组织结构适用于单一业务的企业。

【知识拓展】规范化是指组织中的工作实行标准化的程度，如果一项工作的标准化程度越高，就意味着做这项工作的人对工作内容、工作时间、工作手段等内容没有多大的自主权。而对于规范化程度较低的工作来说，员工对自己工作的处理权限就相对大些。组织之间或组织内部不同工作之间规范化程序差别也是极大的，这主要是根据企业的实际情况来决定的。

（3）事业部制组织结构

当企业存在多个产品线的时候，职能型组织结构就越来越不能满足企业壮大的需要，企业需要寻找适应企业现状的组织结构，事业部制组织结构就逐步替代了原来的职能型组织结构。事业部组织结构如图4-5所示。

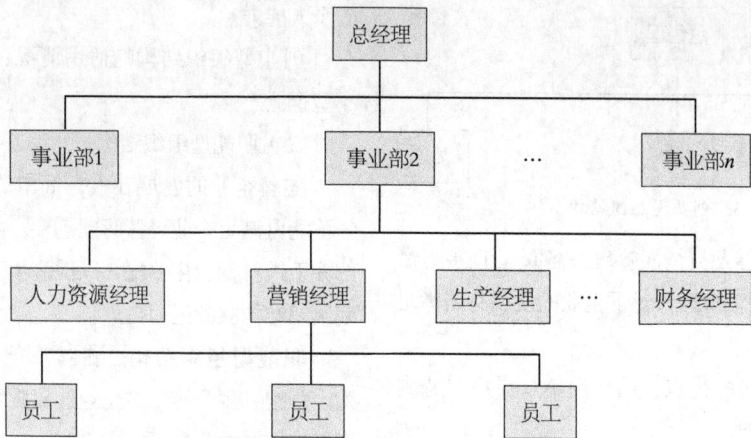

图4-5 事业部组织结构

事业部制组织结构可以以产品、服务、市场或地区作为分类,具体细分为:产品/品牌事业部制组织结构、客户细分事业部制组织结构、区域事业部制组织结构。

①区域事业部制组织结构

区域事业部制组织是指按照区域划分事业部,进行企业管理。区域事业部制组织结构如图4-6所示。

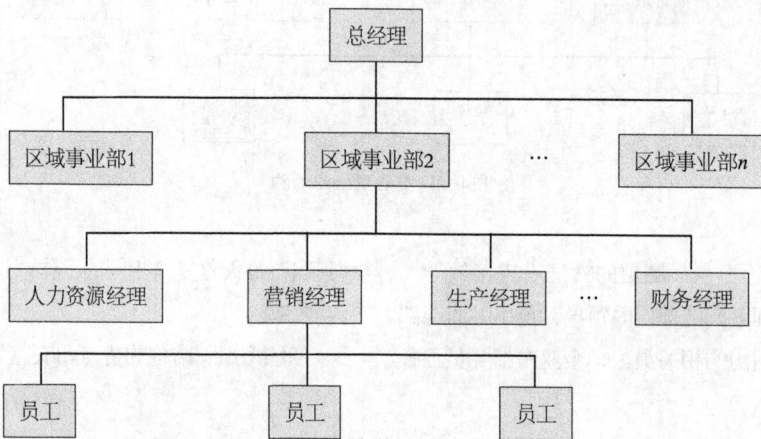

图4-6 区域事业部制组织结构

区域事业部制组织结构的优点和缺点如表4-3所示。

表4-3　　　　　　　　　区域事业部制组织结构的优点和缺点

区域事业部制组织结构的优点	区域事业部制组织结构的缺点
①企业与客户之间可以直接联系,便于企业做出快速决策 ②相较于一切由总部运营,成本费用会削减 ③有利于应对各地区的变化,特别是海外经营	①管理成本会重复 ②难以处理跨区域的大客户

区域事业部制组织结构适用于企业在不同区域均有业务的情况。

②产品/品牌事业部制组织结构

产品/品牌事业部制组织结构是指按照品牌划分事业部,进行企业管理。产品/品牌事业部制组织结构如图4-7所示。

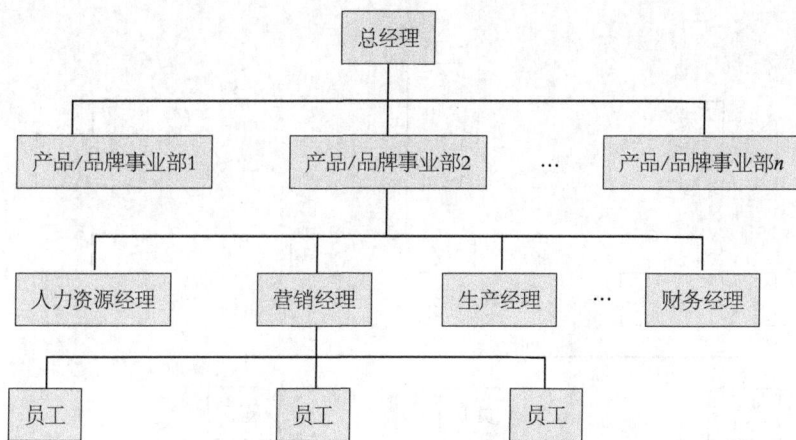

图4-7 产品/品牌事业部制组织结构

产品/品牌事业部制组织结构的优点和缺点如表4-4所示。

表4-4 产品/品牌事业部制组织结构的优点和缺点

产品/品牌事业部制组织结构的优点	产品/品牌事业部制组织结构的缺点
①不同品牌之间的合作易于协调 ②各事业部可以集中精力于本品牌 ③对于经营不善，或者出现亏损的品牌易于出售	①各事业部之间为争夺资源易发生冲突 ②管理成本的重叠、浪费 ③难以协调各品牌事业部 ④高层管理人员缺乏整体的观念

产品/品牌事业部制组织结构适合于有若干品牌，或者生产线的企业。

③客户细分事业部制组织结构

客户细分事业部制组织结构是指按照客户划分事业部，进行企业管理。其具体的组织结构图如图4-8所示。

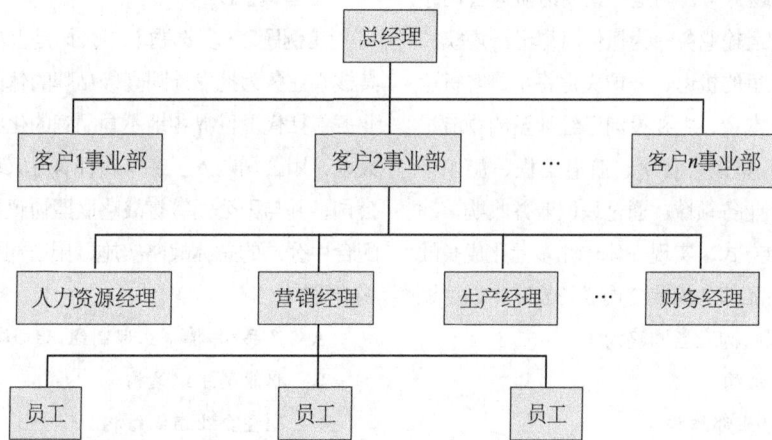

图4-8 客户细分事业部制组织结构

客户细分事业部制组织结构在实务中运用的较少，考试也很少涉及，所以此处不再对客户细分事业部制组织结构的优缺点进行赘述。

（4）M型企业组织结构（多部门结构）

当企业的产品线越来越多的时候，增加到一定的程度时，事业部制组织结构就不再适用。此时，企业寻找到另一种更为适合的组织结构——M型企业组织结构。

M型企业组织结构是指在总经理的领导下先划分成多个事业部，再在每个事业部下面划分一条或多条产品线。M型企业组织结构如图4-9所示。

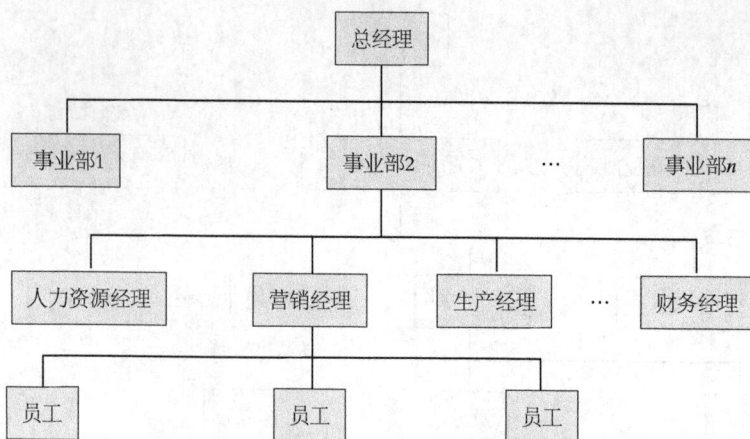

图4-9 M型企业组织结构

M型企业组织结构的优点和缺点如表4-5所示。

表4-5 M型企业组织结构的优点和缺点

M型企业组织结构的优点	M型企业组织结构的缺点
①有利于企业成长 ②减轻首席执行官的工作量，集中精力进行企业整体的资源分配规划 ③职权被分配到下面各个事业部，企业更加分权 ④可以利用资本回报率等财务指标对事业部进行业绩评价	①将成本费用分配至各事业部较困难 ②各事业部之间为了争取资源容易产生冲突 ③若产品需要内部转移，内部转移价格较难确定

M型企业组织结构适用于具有若干个生产线的企业。

【例题1·单选题】甲公司是一家内河航运公司，原主要经营水路客货运输业务。为抓住沿岸经济规模扩张和市场领域开放竞争的机遇，公司决定将水路客货运输业务上市筹集的资本金，主要投向已经涉及的物流、仓储、码头、旅游、宾馆、餐厅、航道工程、船舶修造、水难救生等多个业务领域。通过采取兼并收购、战略联盟和内部开发的方式，实现一体化和多元化成长战略，形成规模，建树品牌。为使公司成长战略得以协调实施，公司原有组织结构应当调整为（　　　　）。

A. 区域事业部结构

B. 产品/品牌事业部结构

C. 客户细分/市场细分事业部结构

D. M型企业组织结构（多部门结构）

【解析】M型企业组织结构适合具有若干个生产线的企业。根据题干"公司决定将水路客货运输业务上市筹集的资本金，主要投向已经涉及的物流、仓储、码头、旅游、宾馆、餐厅、航道工程、船舶修造、水难救生等多个业务领域。该公司通过采取兼并收购、战略联盟

和内部开发的方式，实现一体化和多元化成长战略"，形成了多个生产线，因此公司适用M型企业组织结构。

【答案】D

【例题2·多选题】甲公司是上海一家集团企业，其核心业务为批发外国高级品牌的休闲服及内衣。其他业务包括代理世界各地不同品牌的化妆品、手表和鞋。最近，甲公司购入了在国内拥有五家玩具连锁分店的乙公司，并与丙公司签订战略联盟协议参与餐饮业务。为配合甲公司的总体战略实施，甲公司可以选择的组织结构类型有（　　　　）。

A. 产品/品牌事业部制组织结构

B. 职能型组织结构

C. M型企业组织结构

D. 创业型组织结构

【解析】根据题干"其核心业务为批发外国高级品牌的休闲服及内衣。其他业务包括代理世界各地不同品牌的化妆品、手表和鞋。"适合采用产品/品牌事业部制组织结构。又根据题干"最近，甲公司购入了在国内拥有五家玩具连锁分店的乙公司，并与丙公司签订战略联盟协议参与餐饮业务。" 该公司并购后将有多个

产品线，可以采用M型企业组织结构。故选择A、C。

【答案】AC

（5）战略业务单位组织结构（SBU）

如果产品线太多了，M型企业组织结构将略显臃肿，不便于企业进行有效的管理。相反，战略业务单位组织结构（SBU）能更好地解决产品线过多带来的组织效率低下的问题。战略业务单位组织结构（SBU）是指将具有类似战略、使命的事业部放在一起，统一管理。战略业务单位组织结构（SBU）如图4-10所示。

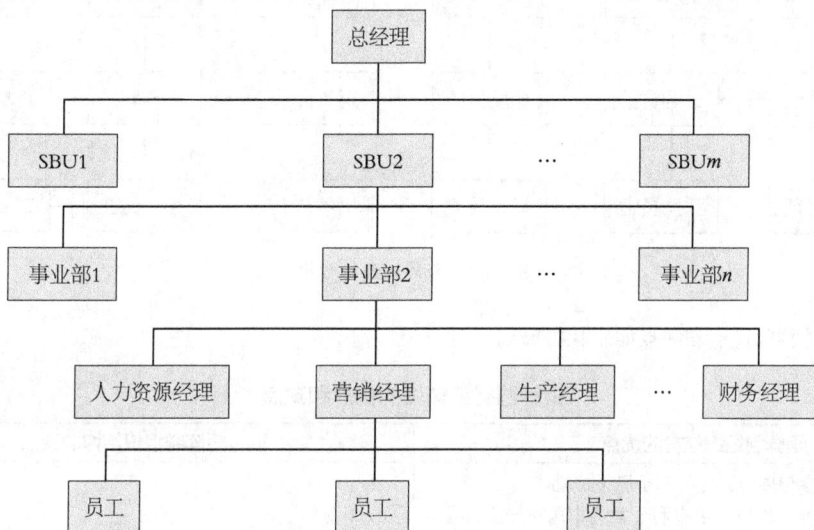

图4-10 战略业务单位组织结构（SBU）

战略业务单位组织结构（SBU）的优点和缺点如表4-6所示。

表4-6　　　　　　　战略业务单位组织结构（SBU）的优点和缺点

战略业务单位组织结构（SBU）的优点	战略业务单位组织结构（SBU）的缺点
①降低了管理层的管理跨度 ②减轻了管理层的信息量 ③具有类似战略、使命的事业部之间的协调更加容易 ④各事业部间无须分摊成本，更有利于监控绩效	①将会使总部和产品层的关系变得更加疏远 ②各业务单位之间为争夺资源发生冲突

战略业务单位组织结构（SBU）适用于规模较大的、多元化经营的企业。

【例题3·多选题】企业以其目标或使命为出发点，计划组织结构。与其他组织结构比较，战略业务单元组织结构的优点有（　　　　）。

A. 降低企业总部的控制跨度

B. 使企业总部与事业部和产品层关系更密切

C. 使具有类似使命、产品、市场或技术的事业部能够更好地协调

D. 更易于监控每个战略业务单元的绩效

【解析】本题考查的是战略业务单位组织结构的优点，战略业务单位组织结构将具有类似战略、使命的事业部放在一起，统一管理。其优点如下：①降低了管理层的管理跨度；②减轻了管理层的信息量；③具有类似战略、使命的事业部之间的协调更加容易；④各事业部间无须分摊成本，更有利于监控绩效。故选择A、C、D。

【答案】ACD

（6）矩阵制组织结构

如果企业中有非常复杂的项目，为了处理复杂项目中的控制问题，企业应当对自身的组织结构作出相应调整，采用矩阵制组织结构。矩阵制组织结构是具有两条或者多个通道的结构。矩阵制组织结构如图4-11所示。

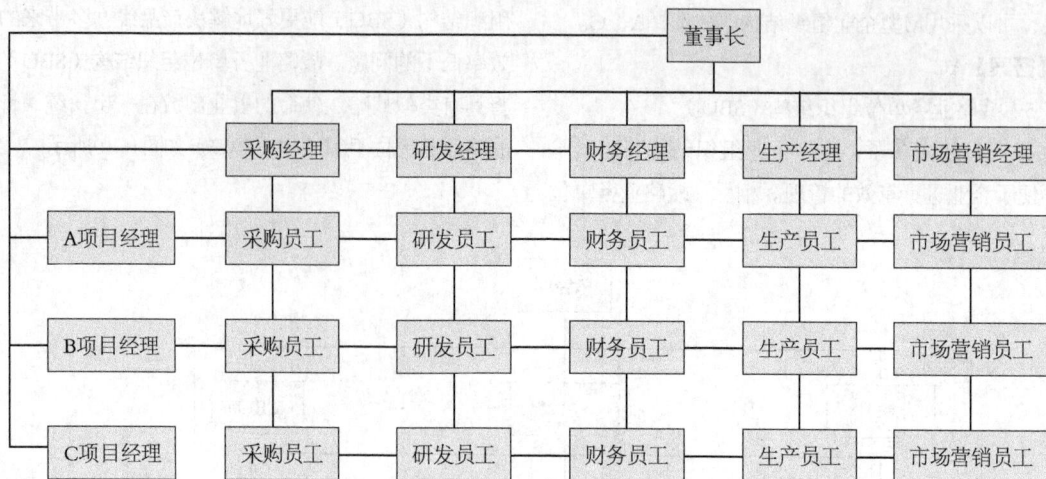

图4-11 矩阵制组织结构

矩阵制组织结构的优点和缺点如表4-7所示。

表4-7 矩阵制组织结构的优点和缺点

矩阵制组织结构的优点	矩阵制组织结构的缺点
①项目组经理直接参与项目，更有利于激发成功 ②项目组经理直接参与项目，更有利于关注市场和产品，发现相关的不足 ③产品和区域主管的联系更加密切，有利于做出有质量的决策 ④有利于各部门之间的协作 ⑤智能专家不会只关注自身业务范围	①权力划分不清 ②双重权力易导致冲突 ③管理层难以接受 ④难以协调，以致决策时间变长

矩阵制组织结构适用于企业以项目、产品为中心的经营。

【例题4·单选题】（2017年真题）华胜公司是生产经营手机业务的跨国公司，其组织按照两维结构设计，一维是按照职能专业化原则设立区域组织，它们为业务单位提供支持、服务和监管；另一维是按照业务专业化原则设立四大业务运营中心，它们对应客户需求来组建管理团队并确定生意人经营目标和考核制度。华胜公司采取的组织结构是（　　）。

A. 事业部结构

B. 战略业务单位结构

C. 矩阵制组织结构

D. 职能结构

【解析】本题考查的是矩阵制组织结构。矩阵结构是一种具有两个或多个命令通道的结构，包含两条预算权力线以及两个绩效和奖励来源。题干中，两个维度分别是职能专业化和业务专业化，对应客户需求组建团队，故属于矩阵制组织结构，C选项为正确答案。

【答案】C

（7）H型组织结构

当企业的业务涉及多个领域的时候，或者其主营业务上升到全球化的竞争层面的时候，企业变得非常庞大，需要建立控股公司，并采取与之适应的H型组织结构。H型组织结构是指具有控股企业的企业集团。H型组织结构如图4-12所示。

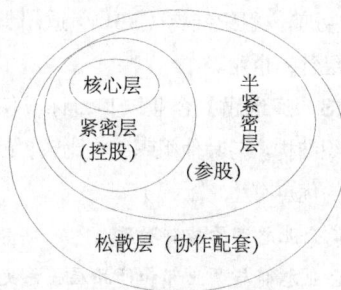

图4-12 H型组织结构

H型组织结构的特点如下：

①业务单位自主性强；

②无须分担高额的成本费用；

③有可能获得节税收益；

④可以将风险分散。

【例题5·单选题】（2013年真题）某控股公司拥有多家各自独立经营的子公司，这些子公司可以自主做出战略决策。该公司的横向分工结构应为（   ）。

A. M型企业组织结构（多部门结构）

B. H型企业组织结构

C. 矩阵制组织结构

D. 战略业务单位组织结构

【解析】选项A，M型企业组织结构适合具有若干个生产线的企业。选项C，矩阵制组织结构适用于企业中的项目比较复杂。选项D，战略业务单位组织机构适用于规模较大的、多元化经营的企业。因此，选项A、C、D均不符合题干中"拥有多家各自独立经营的子公司，这些子公司可以自主做出战略决策"的要求。选项B，H型企业组织结构特点之一为业务单位自主性强，符合题干中"拥有多家各自独立经营的子公司，这些子公司可以自主做出战略决策"的要求，故选择B。

【答案】B

（8）国际化经营企业的组织结构

国际化经营组织结构是指当企业的经营上升到全球范围内时，所采用的相关的组织结构。具体的结构如图4-13所示。

	本土独立性和适应能力	
	低	高
全球协作程度 高	全球产品分布结构（全球化战略）	跨国结构（跨国战略）
低	国际部结构（国际战略）	全球区域分部结构（多国本土化战略）

图4-13　国际化经营的结构

国际部结构是指企业的母国承担产品开发，东道国则承担制造和营销职能。具体的组织结构图如图4-14所示。

全球区域分布结构（多国本土化战略）是指各国家和地区高度自主，可以采取适合本国的战略。具体的组织结构图如图4-15所示。

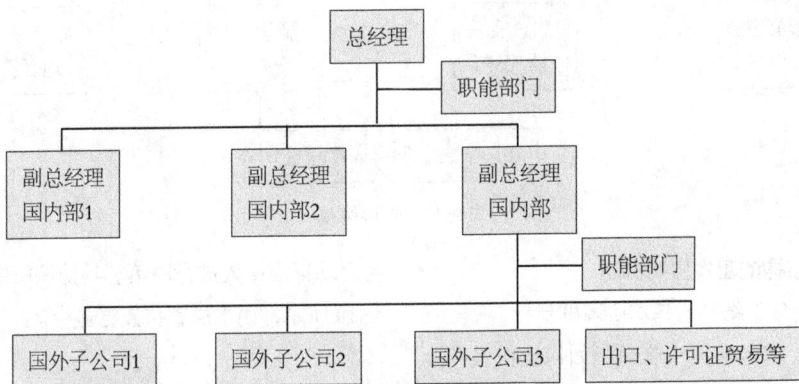

图4-14　国际部结构

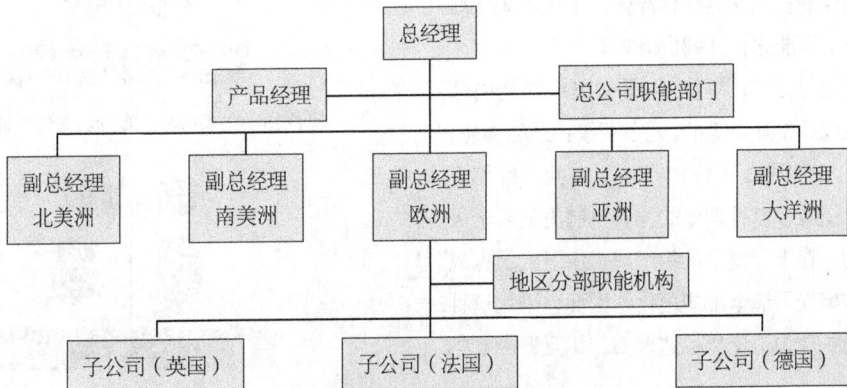

图4-15　全球区域分布结构

全球产品分布结构（全球化战略）是指由总部制定统一的目标和经营战略，各地区和国家在运营上没有太大的自主权。具体的组织结构图如图4-16所示。

跨国结构（跨国战略）是指企业总部从全球范围来协调各产品和地区分布的运营，以提高效率。具体的组织结构图如图4-17所示。

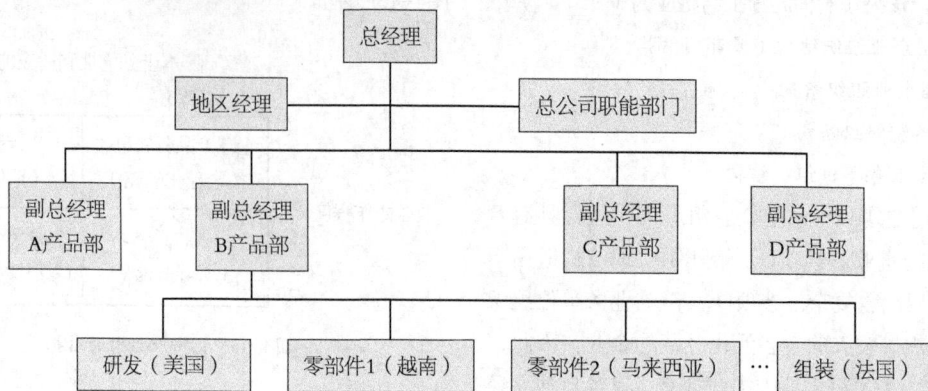

图4-16　全球产品分布结构

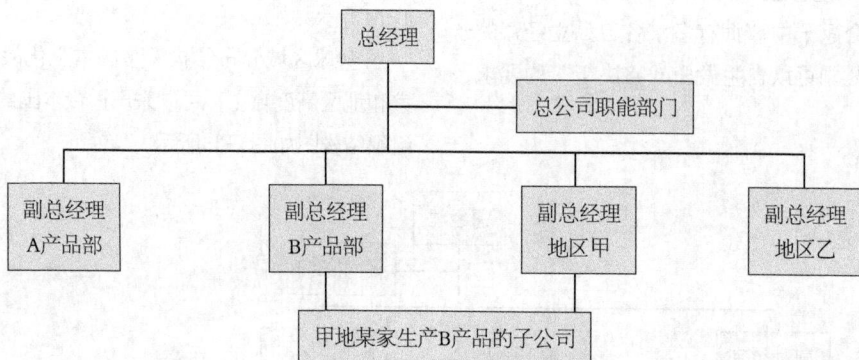

图4-17　跨国结构

2. 横向分工结构的基本协调机制

【要点】横向分工结构的基本协调机制

【要点精析】基本协调机制是指如何使得横向分工组织内部相互之间更高效运转的基本原则。基本协调机制具体包括以下6个方面：相互适应，自行调整；直接指挥，直接控制；工作过程标准化；工作成果标准化；技艺（知识）标准化；共同价值观。

（1）相互适应，自行调整。它是指组织结构内部成员之间的关系应是相互平等的、无上下级关系的沟通。其协调机制作用机理图如图4-18所示，彼此之间相互调节。这种相互适应，自行调整的协调机制更适合于最简单的组织结构。在十分复杂的组织里，由于人员构成复杂，工作事务事先不能全部规范化，因而也采用这种协调机制，使组织成员边工作、边调整，相互适应、相互协调。

（2）直接指挥，直接控制。它是要求组织内部相

关活动都由一人进行决策。其协调机制作用机理图如图4-19所示，由上层直接发号施令。

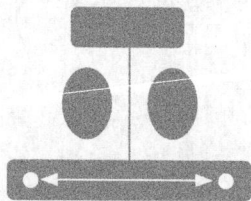

图4-18　相互适应，自行调整组织协调机制

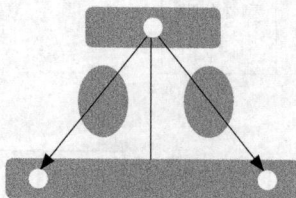

图4-19　直接指挥协调机制

（3）工作过程标准化。它是要求生产经营按已经制定的工作标准进行。其协调机制作用机理图如图4-20所示，管理人员在生产过程中严格按照已经制定的工作标准进行检查和协调。

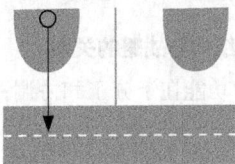

图4-20 工作过程标准化协调机制

（4）工作成果标准化。它是要求生产经营按已经制定的工作成果标准进行。其协调机制作用机理图如图4-21所示，管理者只关注结果，而对过程如何进行的并不在乎。

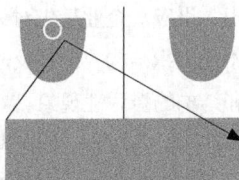

图4-21 工作成果标准化协调机制

（5）技艺（知识）标准化。它是要求将所有技艺、知识制定标准加以标准化。其协调机制作用机理图如图4-22所示，技艺的标准化更多地依赖于组织成员相关的、必要的技艺（知识）方面的经验。

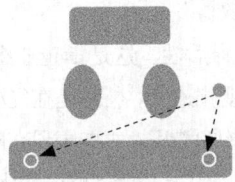

图4-22 技艺（知识）标准化协调机制

（6）共同价值观。它是要求组织内部形成统一的战略、方针等统一价值观。其协调机制作用机理图如图4-23所示，通过成员之间的相互信任、相互合作，高效有序地完成工作，实现公司的最终战略目标。

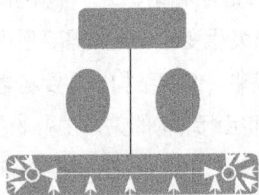

图4-23 共同价值观协调机制

【例题6·单选题】（2016年真题）在最简单的组织结构中，适宜采用的组织协调机制是（　　）。

A. 共同价值观　　　B. 直接指挥，直接控制

C. 标准化体系结构　D. 相互适应，自行调整

【解析】 本题考查的是横向分工的基本协调机制。相互适应，自行调整的要求是指组织结构内部成员之间的关系应是相互平等的、无上下级关系的沟通，彼此之间相互调节。相互适应，自行调整的协调机制更适合于最简单的组织结构。

【答案】 D

【例题7·简答题】 乙公司是英国一家历史悠久的奶制品公司，业务遍布欧洲、亚洲和美洲，其规模在英国同行业排行第二。乙公司生产的主要产品包括婴儿奶粉、全脂成人奶粉、各类乳酪制品，并一直使用单一品牌在各地市场上销售。

乙公司在英国总部聘用了400余名营销人员，分别负责各地区的销售业务。大多数营销人员的大部分时间均出差在外国，与当地大型超市及经销商洽谈业务。乙公司生产总部的厂房与农场均设于英国市郊，采用劳动密集型的生产及包装模式。乙公司各生产线的生产成本占公司总运营成本的30%，比同行业平均水平高约5%。

近年来，某些地区兴起以瘦为美的理念、崇尚多样化口味的饮料等，导致奶制品市场竞争激烈。由于乙公司未能对各个地区市场变化采取应对措施，导致其总体市场份额和利润率均下降10%以上，在成人奶粉细分市场的份额下降了20%。

经研究分析，最高管理层发现乙公司在战略制定、内部组织结构和经营管理等方面存在缺陷，急需进行调整。最高管理层决定在乙公司内推行全新的运营模式，并拟将总部直接管理各地区业务的业务管理模式调整为区域事业部制的组织结构。

要求： 简要分析乙公司实施"区域事业部制"组织结构的好处，并提出乙公司应如何组织"区域事业部制"组织结构的建议。

【答案】

（1）乙公司实施区域事业部的主要好处是：

①企业与客户之间可以直接联系，便于企业做出快速决策。

②相比一切由总部运营，成本费用会削减。

③有利于应对各地区的变化，特别是海外经营。

（2）针对该企业的实际经营状况，该公司可以设

置亚洲、美洲、欧洲和英国4个事业部，分别负责亚洲、美洲、欧洲（英国之外的其他欧洲国家）和英国本土的相关事务。

【例题8·简答题】华海科技集团（简称华海公司）利用生物净化技术对土壤、农家肥和水进行解毒、净化和修复，并通过吸附土壤重金属、采用生物植物保护剂防治虫害，在华东生产基地成功试产了高于欧盟、日本标准的有机大米。华海公司采用"政府+公司+大米专业合作社+农户"的协议式生产模式，通过向农户无偿提供生产资料和技术服务，保证了大米的质量和产量。目前，该有机大米的收购价格高于普通大米市场收购价的120%以上，有机大米的市场零售价是普通大米的10倍以上，产品主要目标市场是出口日本、东南亚等国和销往国内主要大城市。

为了确保对产品质量的控制，华海公司的发展战略是采用非并购方式、自主研发核心技术、培养技术专才。公司在有机大米的市场占有率逐年快速增长后，位居同类产品销售额第一名，环保、安全、健康的产品理念契合了追求生活品质的消费群体，有机大米的品质逐渐被消费者认可，品牌拥有了一些忠实消费者。华海公司在生产有机大米的良好基础上，还生产其他有机农产品，包括水产、蔬菜和水果，并先后在河北、山东、四川等地建成了有机农产品基地。

目前，华海公司为单体公司，采用传统型组织结构，设置了采购部、生产部、市场部、销售部（按省区下设办事处）和新产品研发部、财务部、行政人事部。

华海公司采用财务和非财务指标进行行业绩考核。公司层面的财务指标主要有销售额、销售费用率、净利润、流动比率、速动比率和资产负债率，其他指标主要有市场占有率。

要求：简要说明华海公司职能制组织结构的优缺点。

【答案】
（1）华海公司职能制组织结构的优点
①通过集中各职能于一个部门，实现规模经济。
②利于培养职能方面的专家。
③每个职能部门重复各自的工作，使得效率大大提高。
④有利于董事会监控各个部门。
（2）华海公司职能制组织结构的缺点
①不利于协调各部门。

②各产品的盈亏难以确定。
③为了争夺资源，各部门容易发生冲突。
④减慢反应的速度。

三、企业战略与组织结构（★★★）

（一）组织结构与战略的关系

组织结构的功能在于分工和协调，是保证战略实施的必要手段。艾尔弗雷德·钱德勒在《战略与结构》一书探索了组织结构与战略之间的关系，首次提出组织结构服从战略的理论。组织结构服从战略的理论可以从以下两个方面进行展开。

1. 战略的前导性与结构的滞后性

战略与结构的关系基本上是受产业经济发展制约的。不同发展阶段中，企业应有不同的战略，企业的组织结构也相应作出了反应。企业最先对经济发展作出反应的是战略，而不是组织结构，即在反应的过程中存在着战略的前导性和结构的滞后性现象。

（1）战略的前导性。这是指企业战略的变化快于组织结构的变化。产业经济的法制制约着战略与组织结构之间的关系。战略的前导性主要表现在应对经济发展的变化，战略将先于组织结构做出相应的变化，以谋求经济效益的增长。当然，一个新的战略需要有一个新的组织结构，至少在一定程度上调整原来的组织结构。如果组织结构不作出相应的调整，则新战略也不会使企业获得更大的经济效益。

（2）结构的滞后性。这是指企业组织结构的变化常常慢于战略的变化速度。特别是在经济快速发展时期里更是如此。结构的滞后性主要表现在应对经济发展的变化，组织结构的变化滞后于战略的变化。滞后的原因：一是组织结构的新旧交替是一个缓慢的过程；二是组织结构的变化会对员工的地位等构成威胁，受到员工的抵制。在企业的发展过程中，其组织结构一定要适应战略的变化。

2. 企业发展阶段与结构

钱德勒的《战略和结构》一书中指出，随着企业规模、市场不断发生变化，企业需要采用适合企业内外部环境的发展战略，组织结构也需要随之发生变化。企业的发展阶段和组织结构的关系主要表现在以下4个方面：市场渗透战略、市场开发战略、纵向一体化战略和多元化经营战略，具体内容如表4-8所示。

表4-8   企业的发展阶段与组织结构的关系

企业的发展阶段	相应的组织的结构特征	结构或形式
市场渗透战略	简单的小型企业。只生产一种产品或一个系列，面对一个独特的小型市场	从简单结构到职能结构
市场开发战略	提供单一的或密切相关的产品与服务系列，面对的是较大的多样化的市场	从职能结构到事业部结构
纵向一体化战略	扩展相关的产品系列，面对的是多样化的市场	从事业部结构到矩阵结构
多元化经营战略	在大型的多元化产品市场进行多种经营，提供不相关的产品与服务	从事业部结构到战略业务单位结构

（二）组织的战略类型

【要点】4种组织的战略特点

【要点精析】战略的一个重要特性就是适应性，企业所采用的战略需要随着内外部环境的变化做出相应的调整，在不断地调整过程当中，企业可以考虑以下4种不同的类型：防御型战略组织、开拓型战略组织、分析型战略组织、反应型战略组织。这4种战略

类型是针对企业面对环境所做出的不同反应进行划分的，应该从环境、采用的方法、结构以及适用性这4个方面区分其异同点。这4种类型的具体区别如表4-9所示。

🔊 名师点拨 ⋯⋯⋯⋯⋯⋯⋯⋯⋯⋯⋯⋯

战略的适应是一种复杂的动态过渡，要求企业在加强内部管理的同时，不断地推出适应的有效组织结构。

表4-9   4种类型的具体区别

类型名称	环　境	采用方法	结　构	适用性
防御型战略组织	通过解决开创性问题，以追求一种稳定的环境	采用竞争性定价或生产质量更高的产品 大量的运用资源以尽可能有效地生产、销售（关键是技术和效率）	采取"机械式"结构机制（目的是为了保证效率）	适合于较为稳定的产业。但是，该产业在面对市场环境时，不能做出重大的改变
开拓型战略组织	探索和发现新的产品和市场，以追求一种动态的环境	采用的技术具有较大的灵活性	采取"有机式"机制	可以减少由于环境变化带来的影响。但是，它要冒利润较低与资源分散的风险。缺乏效率性，很难获得最大利润
分析型战略组织	既探索和发现新的产品和市场，同时也维持了原有的产品、市场	不断平衡技术的灵活性和稳定性	采取分析型组织的矩阵结构解决	平衡了技术的稳定性与灵活性。最大的危险就是，当不能保持战略与结构关系的平衡时，会导致既无效能又无效率
反应型战略组织	采取一种动荡不定的调整模式面对外部环境的变化	采取一种动荡不定的调整模式	采取反应型组织的主要有3个原因：①决策层没有将企业战略进行明文表达②没有形成与现有战略匹配的组织结构③忽视了外部环境的变化	

🔊 名师点拨 ⋯⋯⋯⋯⋯⋯⋯⋯⋯⋯

反应型战略组织只适用于经营垄断或被高度操纵的行业。如果一个企业组织不属于经营垄断或高度操纵的产业，即使采取了反应型战略组织，也要逐步过渡到其他几种组织战略。

【例题9·单选题】（2013年真题）在以下4种组织类型中，不能对环境变化和不确定性做出反应、总是处于不稳定状态的是（　　　）。

A. 防御型战略组织   B. 反应型战略组织

C. 分析型战略组织   D. 开拓型战略组织

【解析】组织的战略类型如表4-10所示。

表4-10   组织的战略类型

类型名称	环　境
防御型战略组织	通过解决开创性问题，以追求一种稳定的环境
开拓型战略组织	探索和发现新的产品和市场，以追求一种动态的环境
分析型战略组织	既探索和发现新的产品和市场，同时也维持了原有的产品、市场
反应型战略组织	采取一种动荡不定的调整模式面对外部环境的变化

根据题干"能对环境变化和不确定性做出反应、总是处于不稳定状态"，因此为反应型战略组织，选择B。

【答案】B

第二节　公司战略与企业文化

考情分析：企业文化的类型（各自的特点、优点、缺点、适用范围）是本节的重点，经常以客观题的形式出现；文化与绩效，特别是企业文化为企业创造价值的途径，是本节的考查要点，经常以客观题形式出现；战略稳定性与文化适应性，要能区分4种不同的情况，以客观题的形式考查居多。

学习建议：企业文化的类型，要熟练掌握4种类型的名称、特点、优点、缺点、适用范围；文化与绩效，以理解为主，并配合练习加深记忆；战略稳定性与文化适应性，要熟练记忆相关的图表等内容。

一、企业文化的概念（★）

关于什么是企业文化，无论是实务界还是学术界，争议不断，其中最为著名的定义有两类。

一类定义是赫尔雷格尔等人在1992年提出的定义：企业文化是企业成员共有的哲学、意识形态、价值观、信仰、假定、期望态度和道德规范。

另一类定义：企业文化代表了企业内部的行为指针，它们不能由契约明确下来，但却制约和规范着企业的管理者和员工。

二、企业文化的类型（★）

尽管在企业文化的定义和范围上存在着很大的分歧，也没有两个企业文化完全相同的企业。1976年，查尔斯·汉迪提出将企业文化分类为以下4类：权力导向型、角色导向型、任务导向型、人员导向型。

1. 权力导向型

权力导向型是指掌权人对下属拥有绝对的控制权，保持着高度的集权。权力导向型往往采用传统框架的企业组织结构，最高层管理者的能力决定着企业的未来。

权力导向型的优点、缺点和适用范围如表4-11所示。

表4-11   权力导向型的优点、缺点和适用范围

权力导向型的优点	权力导向型的缺点	权力导向型的适用范围
权利导向型的企业文化可以便于企业快速地做出决策	企业决策的质量在很大程度上依赖于企业最高层人员的能力	在家族式企业和刚开创企业中较为常见

2. 角色导向型

角色导向型是指追求理性和秩序，十分强调合法性、忠诚、责任、等级和地位。企业文化的核心是理性和逻辑，即企业所有的工作都依照规章和程序进行展开，工作中出现分歧都按照规章制度的要求来解决。

角色导向型的优点、缺点和适用范围如表4-12所示。

3. 任务导向型

任务导向型是指管理者关注的是如何成功地解决问题。企业强调的是速度和灵活性。任务导向型企业评价不同的职能或活动完全取决于其对企业目标所作出的贡献。任务导向型主要采用矩阵式组织结构。

任务导向型的优点、缺点和适用范围如表4-13所示。

表4-12 角色导向型的优点、缺点和适用范围

角色导向型的优点	角色导向型的缺点	角色导向型的适用范围
具有稳定性、持续性、高效率	不太适合动荡的环境	在国有企业和政府机构较为常见

表4-13 任务导向型的优点、缺点和适用范围

任务导向型的优点	任务导向型的缺点	任务导向型的适用范围
适应性很强，个人可以控制自己各自的工作，在动荡或变化的环境中也可以取得成功	成本较高	在新兴产业中较为常见，特别是一些高新技术产业

4. 人员导向型

人员文化完全不同于上述3种，人员导向型是指企业之所以存在是为其成员的需要服务，企业是其员工的下属，企业中员工角色的分配主要是依据个人的爱好和学习成长的需要。

人员导向型的优点、缺点和适用范围如表4-14所示。

表4-14 人员导向型的优点、缺点和适用范围

人员导向型的优点	人员导向型的缺点	人员导向型的适用范围
员工之间并非通过正式的职权进行命令，而是通过示范和助人精神来进行相互的影响	不易进行员工管理，且企业能给员工施加的影响有限	在俱乐部、协会以及小型咨询公司等较为常见

【例题10·单选题】（2013年真题）俱乐部、协会、专业团体等组织的企业文化，基本上属于（　　）。

A. 能力导向型　　B. 角色导向型

C. 专长导向型　　D. 人员导向型

【解析】人员导向型多存在于俱乐部、协会以及小型咨询公司等。故选择D。

【答案】D

三、文化与绩效（★★）

探索企业文化与战略的关系归根结底是探索企业文化对组织的绩效是否会产生影响。适合的企业文化可能会有助于提高组织绩效，但并非绝对。企业文化与组织绩效之间的关系主要表现在：企业文化为企业创造价值的途径；文化、惯性和不良绩效；企业文化成为维持竞争优势源泉的条件。

（一）企业文化为企业创造价值的途径

企业文化为企业创造价值的途径有以下3种。

1. 文化简化了信息处理

企业文化可以使企业拥有标准的行为准则、交流符号以及价值，这可以大大规范并简化企业内部的各种信息，也使得员工之间有共同的关注焦点。企业文化可以使企业减少决策制定的成本并促进工作的专门化，从而提高企业的技术效率。

2. 文化补充了正式控制

企业文化可以对员工的行为加以控制，且这种控制不是基于激励和监督，而是基于员工对企业的依赖。威廉姆·奥奇引入了"团体控制"来阐述文化对于官僚控制、团体控制的替代作用。

官僚控制是指组织具有专业化水平高、短期雇佣、个人责任和个人决策等特点。

团体控制是指组织具有专业化水平低、长期雇佣、个人自我激励与负责和集体决策等特点。

由于企业文化作为集体价值观和行为准则的集合体，在组织中发挥一种控制功能。这种控制功能可以将员工个人的目标和行为调整为符合企业的目标和行为，并且这种控制比正式制度下控制制度更有效。

3. 文化促进合作并减少讨价还价成本

企业文化可以减少各利益集团之间讨价还价的权力之争，通过相互强化的道德规范，以减轻企业内部相互之间的权力争夺的危害。

（二）文化、惯性和不良绩效

文化是一把双刃剑，一方面，文化可以为企业创造价值；另一方面，文化也可能损害企业的绩效。这具体表现在：

当战略与其环境相匹配时，文化能支持企业的定位，使企业更有效率，提升企业的绩效；反之，当战略与其环境出现不匹配时，文化对企业将会产生负面的影响，进而有可能会损害企业的绩效。

（三）企业文化成为维持竞争优势源泉的条件

杰伊·巴尼提出企业文化可以成为维持竞争优势的源泉，但是，企业文化必须满足以下几个条件。

首先，文化必须为企业创造价值。

其次，公司文化必须是企业所特有的。如果大家都有相同的企业文化，就不可能成为维持竞争优势源泉。

最后，企业文化必须是很难被模仿的。如果企业文化可以被轻易地模仿复制，就不可能成为维持竞争优势的源泉。

【知识链接】 第2章中决定企业竞争优势的企业资源判断标准包括以下几点。

（1）资源的稀缺性。

（2）资源的不可模仿性。

（3）资源的不可替代性。

（4）资源的持久性。

四、战略稳定性与文化适应性（★★）

战略和文化之间的关系，一方面表现在企业文化对组织绩效之间的影响，另一方面表现在战略稳定性和文化适应性之间的关系。战略的稳定性反映企业在实施一个新的战略时，企业的结构、技能、共同价值、生产作业程序等各组织要素所发生的变化程度；文化适应性反映企业所发生的变化与企业目前的文化相一致的程度。

战略和文化两者的关系可以使用矩阵来表示，如图4-24所示。

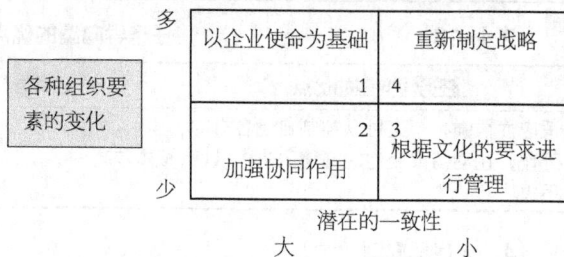

图4-24 战略和文化之间的关系

在矩阵图中，纵轴表示企业战略的稳定性状况，横轴表示文化的适应性状况。

各种组织要素的变化多少反映的是战略的稳定性大小。潜在的一致性大小反映的是文化适应性的强弱。

将战略稳定性的大小与文化适应性的强弱进行两两组合，共产生4种类型的组合形式：以企业使命为基础（战略稳定性弱，文化适应性大）；加强协同作用（战略稳定性强，文化适应性大）；根据文化的要求进行管理（战略稳定性强，文化适应性小），重新制定战略（战略稳定性弱，文化适应性小）。这4种类型我们需要从适用范围以及特点两个方面进行区分把握如表4-15所示。

表4-15　　　　　　　　　　　　　4种类型的范围以及特点

类 型	定 义	适用范围	特 点
以企业使命为基础	战略稳定性弱，文化适应性大	主要为以往效益好，且能根据自己的实力寻找重大的机会或生产更适应市场的产品的企业	①在进行重大变革时，必须考虑与基本使命之间的关系 ②将现有员工在战略变革中的作用予以发挥 ③企业新的奖励系统尽量保持与企业目前的奖励行为一致 ④在进行变革时，不要违背企业已有的行为准则
加强协调作用	战略稳定性强，文化适应性大	多数为采用稳定战略（或维持不变战略）的企业	企业应考虑以下两个主要问题： ①基于目前的有利条件，进一步对企业文化进行巩固和加强 ②利用文化相对稳定的这一时机，根据企业文化的需求，解决企业生产经营中的问题
根据文化的要求进行管理	战略稳定性强，文化适应性小		①需要考虑这些变化能否为企业带来成功 ②在对企业总体文化一致性不产生影响的基础上，可以对不同的经营业务采取不同的文化管理
重新制定战略	战略稳定性弱，文化适应性小		首先，要考察推行这个新的战略是否有必要；其次，在企业外部环境出现重大变化时，企业则必须相应的进行文化管理变革，使之与外部环境相适应 企业一般从以下4个方面进行文化管理变革： ①管理层人员要下定进行变革的决心，并将变革的意义向全体员工讲明 ②为了新文化的形成，企业要从外招聘或从内部提拔一批支持新文化或与新文化相符的人员 ③对奖励结构进行改革，使其重点为奖励支持新文化或与新文化相符的人员的身上，加速企业文化的转变 ④尽量让所有的人员知道新文化所需要的行为，并形成与之相应的规范，以保证新战略的实施

第三节 战略控制

考情分析： 本节内容中战略控制与预算控制之间的差异、战略控制系统构建时需要考虑的因素、对衡量企业业绩的不同观点在考试中出现的概率略小，一般以客观题形式出现。预算和平衡计分卡两个知识点经常以主观题的形式进行考查，战略失效经常结合案例进行考查。

学习建议： 对于预算和平衡计分卡两个知识点的相关内容需要进行理解记忆；战略失效在理解的基础上，要学会根据具体案例判断其所属类型；战略控制与预算控制之间的差异、战略控制系统构建时需要考虑的因素、对衡量企业业绩的不同观点结合客观题的练习进行理解。

一、战略控制的过程（★★）

（一）战略失效与战略控制

1. 战略失效

战略实施的结果，或许有效或许失效，其中失效是最不容忽视的。战略失效是指企业战略实施的结果偏离了预定的战略目标或战略管理的理想状态。战略的有效性关键在于该战略能否应对不断变化的内外部环境，做出相适应的战略调整。

企业战略实施的结果偏离了预定的战略目标或战略管理的理想状态的原因，即战略失效的原因总结为以下6点。

（1）企业内部缺乏沟通，导致全体员工缺乏统一的行动目标——企业战略。

（2）与战略实施相关信息的传递和反馈受阻。

（3）战略实施需要的资源条件与企业实际所拥有的资源条件存在较大的差异。

（4）用人不当，相关人员不称职或玩忽职守。

（5）管理层决策错误。

（6）外部环境发生了较大变化，导致战略不能与之相适应。

从战略失效的时间角度将战略失效划分为以下3种类型。

（1）早期失效。早期失效是指战略失效发生在实施战略早期。

（2）偶然失效。偶然失效是指在战略实施过程中，由于偶然因素的出现，导致企业战略实施失败。

（3）晚期失效。晚期失效是指在实施战略已经很长一段时间后，出现了战略实施的结果偏离了预定的战略目标或战略管理的状态。

🔊 **名师点拨** ·········

一个原始战略是否有效，并不在于它是否能原封不动地运用到底，也不在于它的每个细小目标和环节是否都在实际执行中得以实现，而在于它能否成功地适应不可知的现实，在于它能否根据现实情况做出相应的调整和修正，并能最终有效地运用多种资源实现既定的整体目标，这就需要进行战略控制。

2. 战略控制

战略控制是指监督战略实施进程，及时纠正偏差，确保战略有效实施，使战略实施结果符合预期战略目标的必要手段。在企业经营过程中，也会进行相关的预算控制。这里，需要对战略控制与预算控制从时间、方法、重点以及纠正行为4个方面进行区分，两者之间的差异具体如表4-16所示。

表4-16　　　　　　　　　　战略控制与预算控制之间的差异

类 型	战略控制	预算控制
时间	比较长，从几年到十几年以上	较短，通常为一年以下
方法	定性和定量	定量
重点	内部和外部	内部
纠正行为	不断纠正	在预算期结束之后采用纠正

【例题11·单选题】（2013年真题）在以下关于战略控制与预算控制的表述中，正确的是（　　　　）。

A. 战略控制的期限通常在一年以内

B. 预算控制通常在预算期结束后采取纠正行为

C. 预算控制采用定性与定量结合的方法

D. 战略控制的重点是企业内部

【解析】选项A错误，战略控制的期限比较长，从几年到十几年以上。选项C错误，预算控制采用定量的方法。选项D错误，战略控制的重点是企业内部和外部，故选择B。

【答案】B

（二）战略控制系统

战略控制是防止战略失效的必要环节，企业要进行战略控制就必须建立相应的控制系统，以达到防止偏差的目的。

1. 战略控制系统的特点

战略控制系统的特点可以通过下面两个方面来反映：

（1）程序的正式程度。战略控制系统应采用正式的文件或者规章制度加以规范，这样有利于战略控制的有效执行。

（2）能被识别的业绩评价指标数目。战略控制需要有具体的、可量化的、可执行的指标作为评价企业战略实施情况的标准。

2. 战略控制系统的步骤

正式的战略控制系统包括以下几个步骤。

步骤一：执行策略检查。

步骤二：根据企业的使命与目标，识别各阶段业绩的里程碑（即战略目标）。

步骤三：设定目标的实现层次，不需要专门定量。

步骤四：对战略过程的正式监控。

步骤五：给有效实施战略目标的业绩进行奖励。

构建战略控制系统应考虑的因素如表4-17所示。

表4-17　　　　　　　　　　　　　　　　　构建战略控制系统应考虑的因素

考虑因素	要点阐述
链接性	构建的控制系统应在重要机构之间起到桥梁的作用
多样性	控制系统应具有较高的适合性
风险	不同的风险程度匹配不同的控制系统
变化	企业必须迅速地应对战略控制系统环境的变化
竞争优势	对于具有较弱竞争优势的业务而言，成功的源泉是：市场份额或质量 对于具有较强竞争优势的业务而言，其成功需要在更多地区获得

3. 战略性业绩计量

前面提到战略控制系统的特点之一是具有能被识别的业绩评价指标。究竟这些战略性业绩评价指标应该如何制定，它们必须具备如下4个特征。

（1）重点关注长期的事项，特别是股东财富。

（2）有助于辨识战略成功的动因。

（3）通过企业提高业绩来促进企业学习。

（4）提供的奖励基于战略性的事项，而不是仅仅基于某年的业绩。

同时，这些战略性业绩指标还应该满足有以下几项。

（1）可计量的，且可持续计量。

（2）有意义的。

（3）定期重新评估的。

（4）与战略定义相关的。

（5）可接受的。

4. 战略控制和成功关键因素

前面第2章我们学习了成功的关键因素。成功的关键因素（KSF）是指公司在特定市场获得盈利必须拥有的技能和资产。也是公司要获得竞争与财务成功所必须搞好的一些因素。它是企业取得产业成功的前提条件。

这些成功的关键因素（公司在特定市场获得盈利必须拥有的技能和资产）是企业战略控制的关键指标之一。识别战略控制和成功关键因素的意义有以下几点。

（1）可以提醒管理层哪些是首要事项需要进行控制，哪些是次要事项。

（2）能够使报告的成本与标准成本按照相同方式定期报告关键性的业绩指标。

（3）保证管理层定期收到与企业有关的关键信息。

（4）可以将组织的业绩与竞争对手进行对比，也可以在企业内部进行比较。

（三）企业经营业绩的衡量

1. 衡量企业业绩的重要性

企业战略的实施过程中，需要持续进行战略控制，当企业战略实施进入一定阶段的时候，企业就需要进行战略分析，战略分析中业绩分析必不可少，其中最为重要的是长期业绩的分析。

业绩衡量可以是建立在财务信息的基础上，也可以是建立在非财务信息的基础上。业绩衡量的主要目的有以下几点。

（1）是整体控制或者反馈控制系统的一部分。

（2）是利益相关者群体内沟通的重要部分。

（3）紧密联系业绩评价与激励政策以及业绩管理系统。

（4）有助于增加管理层的动力。

2. 对衡量企业业绩的不同观点

企业的利益相关者包括投资者、债权人、潜在投资者、政府、员工等，站在不同利益相关者的角度对企业进行业绩衡量的重点是不同的。这里主要从股东的角度，以及除股东以外的其他利益相关者的角度对企业的业绩进行衡量。

（1）股东观

股东观认为没有股东的投入，就不会有企业的存在，因此将股东回报率作为评价企业业绩的指标。股东回报率中的股东回报由两部分组成：资本利得与股利。股东回报率是基于市场的方法进行业绩衡量，其对传统的会计方法进行业绩衡量的有效性提出了质疑。

①会计反映的是企业过去的业绩，其并不能反映企业未来的业绩，而市场方法反映的是对企业未来业绩的预期。

②会计科目可以用于记录交易，但无法对企业的战略地位进行评价。

③财务报表上并不能将所有的资产都反映出来。

④债务政策是不断变化的。

股东价值在实务中进行衡量存在困难，主要表现在以下几点。

①股价并不一定准确反映公司价值。

②对于非上市公司，如何进行衡量？

③对于非营利组织而言，其没有股东，市场价值法失去了意义。

（2）利益相关者观

利益相关者观是指除了股东以外的其他利益相关者，如员工、客户、债权人、政府、潜在投资者等。每个利益相关者在一定程度上都对该企业具有依赖性，不同利益相关者之间会有不同的期望和利益，因而彼此间可能产生矛盾和冲突。其常见的利益冲突通常包括以下内容。

①为了企业成长，企业必须牺牲短期盈利、现金流和工资水平。

②如果企业发展需要通过股权融资或者债权融资获取资金，则可能要牺牲财务的独立性。

③公有制企业要求管理层具有很强的社会责任感。

📢 名师点拨 ·········

利益相关者观认为企业是为所有利益相关者的利益而存在的，企业应该尽力满足不同利益相关者的有关要求。

3. 关键性业绩指标（KPI）

企业需要为每一个成功关键因素建立相应的一个或多个关键性的业绩指标，一些常用的财务和非财务性的关键业绩指标如下。

①市场营销活动的有关关键业绩指标：销售数量、毛利率、市场份额。

②生产活动的有关关键业绩指标：利用能力、质量标准。

③物流活动的有关关键业绩指标：利用能力、服务水平。

④新的生产发展活动中的有关关键业绩指标：投诉率、回购率。

⑤广告计划活动中的有关关键业绩指标：了解水平、属性等级、成本水平。

⑥管理信息活动中的有关关键业绩指标：报告时限、信息准确度。

4. 比较业绩

企业如何进行业绩比较主要需要考虑两个方面的问题：一是如何进行业绩比较，即业绩比较的方法；二是利用什么来进行业绩比较，即业绩比较的信息来源。

（1）业绩比较的方法

对比分析法：选取企业所处行业的不同公司进行业绩比较，以发现企业经营过程中存在的问题。

趋势分析法：选取企业的历史经营的财务信息以及非财务信息，进行纵向的比较，以发现企业经营发展方面的不足。

（2）信息来源

信息通常来源于企业内部和外部两种渠道。通常情况下，在评价一个企业时，内部信息是最易获得的。企业从外部获取信息量的方式包括财务信息、客户信息、内部管理的指标、管理效率、学习与成长指标等。

（3）对总体业绩的评价

评价企业业绩时，不仅要对单个部分进行评价，还要进一步对企业的总体业绩进行评价。如果考虑的是战略业绩，其重点应当放在企业的长期业绩上，考查至少3年的信息，并作出相应的趋势分析。由于这些单个指标的趋势通常不是一个方向，要作出总体综合评价非常困难，但还是要对其作出综合评价。

二、战略控制方法（★★）

（一）预算与预算控制

预算是指企业在进行有关的计划活动之前进行相关的财务规划。预算具有以下几个方面的目的。

（1）强迫计划。

（2）交流思想和计划。

（3）协调活动。

（4）资源分配。

（5）提供责任计算框架。

（6）授权。

（7）建立控制系统。

（8）提供绩效评估手段。

（9）激励员工提高业绩。

预算控制是一个实际结果与预算进行比较的持续监控的过程，通过个人行为保证预算目标的实现，或者为修改预算提供基础。预算集中于资源的有效利用、生产成本和提供服务。

成本并不是唯一的成功关键因素，所以预算控制系统通常是与其他绩效管理体系相辅相成的，从而产生了业绩计量的平衡计分卡。预算控制的问题是管理者通常不对是否实现目标负责。在预算中，企业作为一个整体的目标，和经理个人的目标以及不同的人在不同阶段适用的控制都未必一致。

🔊 **名师点拨** ··

预算控制关注的是成本，平衡计分卡是一个比较全面的评价体系。

最常用的编制预算的方法包括增量预算、零基预算。增量预算与零基预算正好相互弥补，两者的具体差异如表4-18所示。

表4-18 　　　　　　　　增量预算与零基预算两者的具体差异

预算类型 （编制预算的常用方法）	定　义	优　点	缺　点
增量预算	以以前期间的预算或者实际业绩为基础，并增加相应的内容来编制新的预算	①各年度的预算较为稳定，进行循序渐进的变化 ②给各部门提供了一个较为稳定的经营环境 ③以前期为基础，使得系统在操作和理解方面相对容易 ④能避免各部门之间的冲突 ⑤各部门间更容易进行协调预算	①假设企业各部门的经营和工作都将以相同的方式继续下去 ②不能激发新的观点 ③不能有助于降低成本 ④鼓励浪费资源，即将预算全部用光 ⑤可能不再适合企业现有的状况
零基预算	每次编制新的预算时，都重新判断所有的费用	①能够识别和去除与企业现状不符的预算 ②加强资源进行有效的配置 ③需要广泛的参与 ④能够适应环境的变化 ⑤鼓励管理层寻找不同的替代方法	①预算过程复杂且耗时 ②导致过分强调短期利益而忽视长期目标 ③管理团队可能缺乏必要的技能

🔊 **名师点拨** ··

增量预算认为"存在即合理"，而零基预算则认为"合理即存在"。

【例题12·多选题】（2017年真题）富友公司实行全面预算管理，每年年底都在深入分析每个部分的需求和成本的基础上，根据未来的需求编制预算。富友公司编制预算采用的方法的优点有（　　　　）。

A. 系统相对容易操作和理解

B. 能够促进更为有效的资源配置

C. 鼓励管理层寻找替代方法

D. 容易实现协调预算

【解析】本题考查的是战略控制方法。最常用的编制预算的方法包括增量预算、零基预算。题干中富友公司每年都要编制预算，使用的是零基预算。零基预算的优点如下：（1）能够识别和去除与企业现状不符的预算；（2）加强资源进行有效的配置；（3）需要广泛的参与；（4）能够适应环境的变化；（5）鼓励管理层寻找不同的替代方法。故B、C选项为正确答案。

【答案】BC

（二）企业业绩衡量指标

1. 财务衡量指标

（1）指标类别及其计算公式。

①盈利能力和回报率指标

毛利率=（营业收入－销售成本）÷营业收入×100%

净利润率=（营业收入－销售成本－期间费用）÷营业收入×100%

资本报酬率=息税前利润÷当期平均已动用资本×100%

②股东投资指标

每股盈余=净利润÷股票数量

每股股利=股利÷股数

市净率=每股盈余÷每股市价

股息率=每股股利÷每股市价×100%

市盈率=每股市价÷每股盈余×100%

③流动性指标

流动比率=流动资产÷流动负债×100%

速动比率=（流动资产－存货）÷流动负债×100%

存货周转期=存货×365÷销售成本

应收账款周转期=应收账款借方余额×365÷销售收入

应付账款周转期=应付账款贷方余额×365÷购买成本

④负债和杠杆作用指标

负债率=有息负债÷股东权益×100%

现金流量比率=经营现金净流量÷（流动负债+非流动负债）×100%

（2）使用比率进行绩效评价的原因及其局限性。

使用比率进行绩效评价的主要原因包括以下几点。

①通过进行趋势分析，很容易发现这些比率的变化。

②比率相比实物数量或货币价值的绝对数，更易于理解。

③比率有助于计量绩效。

④比率可以用作目标。

⑤可以在类似的企业之间采用比率进行横向比较。

使用比率进行绩效评价的局限性包括以下几点。

①可比信息的可获得性，即如何寻找类似的企业及其相关信息。

②历史信息的使用，即历史信息会受外部环境的变化的影响，再采用趋势比较时，需要考虑外部的影响。

③比率不是一成不变的，低于行业比率的企业也可以生存。

④需要仔细解读，即不能仅仅根据比率得出结论，而应该仔细深入分析相关原因。

⑤被扭曲的结果，即比率采用的相关数据受到会计政策的影响，可能会被扭曲。

⑥鼓励短期行为。

⑦忽略战略目标，即忽略顾客服务和创新。

⑧无法控制无预算责任的员工。

2. 非财务指标

非财务业务计量是基于非财务信息的业绩计量方法，它可能比财务业绩计量提供的业绩信息更为及时，也可能容易受到一些市场因素等不可控变化的影响。非财务业务计量的优点：容易计算，容易理解，且能有效使用。

非财务指标主要包括：服务质量领域（诉讼数量、客户等待时间）、人力资源领域（员工周转率、旷工时间、每个员工的培训时间）、市场营销效力领域（销量增长、每个销售人员的客户访问量、客户数量）。

🔊 **名师点拨** ························

非财务业务计量可能产生于经营部门或者在经营部门使用。选择非财务指标也有很多问题，信息过多其实是无用的，可能会传递矛盾的信号，因此管理者应该与信息提供者紧密合作，才能得到最适合企业需要的非财务指标。

【例题13·单选题】企业在对部门的绩效进行评测时，常常选用投资回报率指标。下列各项中，属于该指标缺陷的是（　　）。

A. 不利于对不同部门之间的业绩进行比较

B. 不利于制定整体企业经营目标

C. 不容易为管理层理解

D. 可能阻碍部门资产投资决策

【解析】投资回报率的不足之处为：会导致企业放弃那些低于部门平均报酬率，但高于企业的资本成本的投资项目，进而阻碍部门资产投资决策。因此选择D。

【答案】D

（三）平衡计分卡的业绩衡量方法

1.平衡计分卡的基本概念

卡普兰和诺顿提出并命名了平衡计分卡方法，该方法克服了传统财务业绩评价的局限性，从4个角度进行衡量：财务角度、顾客角度、内部流程角度、创新与学习角度。平衡计分卡兼顾了长、短期业绩，内、外部业绩，财务、非财务业绩和不同的利益相关者的利益。如图4-25和表4-19所示。

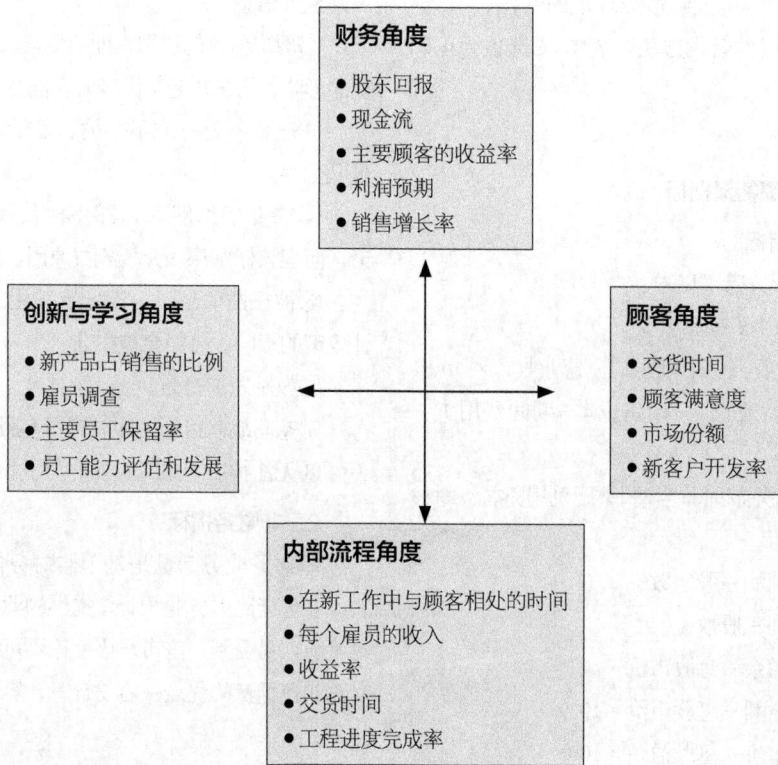

图4-25 平衡计分卡实例

表4-19　　　　　　　　　　4种角度的关注要点和相关指标

	关注要点	相关指标
财务角度	①股东对企业的看法 ②企业的财务目标	财务指标： ①利润 ②销售增长率 ③投资回报率 ④现金流
顾客角度	①定义目标市场 ②扩大关键细分市场的市场份额	顾客角度的指标： ①滞后指标：市场份额、客户保留率、新客户开发率、客户满意度等 ②领先指标：时间指标、质量指标、价格指标等
内部流程角度	促进组织改进的流程再造	—
创新与学习角度	创新与学习是平衡计分卡方法的最大优点	—

从顾客角度、内部流程角度、创新与学习角度3个方面要考虑以下几个问题。

（1）顾客角度，即设计客户目标时应考虑以下几个关键问题。

①针对目标市场，企业自身的价值定位是什么？

②与对客户的承诺联系最紧密的是哪些目标？

③如果兑现了承诺，在顾客角度企业会获得什么绩效？

（2）内部流程角度应考虑以下几个关键问题：

①哪些流程与成功实施企业战略息息相关？

②哪些流程与实现关键的财务和客户目标息息相关？

（3）创新与学习角度应考虑以下几个方面的问题：

①提高员工的哪些关键能力有助于成功执行企业战略？

②如何提高员工团队合作能力、积极性、主动性，以促进成功执行企业战略？

③应如何维持并促进企业的学习文化？

【例题14·多选题】（2016年真题）甲公司是一家不锈钢生产企业，为了提高企业竞争力，甲公司决定采用平衡计分卡衡量公司绩效，并选用销售增长率、预期利润、交货时间、顾客满意度作为衡量指标，该公司选用的衡量指标涵盖的角度有（　　　）。

A. 财务角度

B. 创新与学习角度

C. 内部流程角度

D. 顾客角度

【解析】本题考查的是平衡计分卡的业绩衡量方法。销售增长率和预期利润属于财务角度；交货时间属于顾客角度和内部流程角度；顾客满意度属于顾客角度。题干中并没有体现创新与学习角度。

【答案】ACD

2. 平衡计分卡的特点

由于平衡计分卡方法突破了财务作为唯一指标的衡量工具，做到了多个方面的平衡。与传统评价体系相比，平衡计分卡具有如下特点。

（1）平衡计分卡有助于进行企业战略管理。

（2）平衡计分卡有助于企业整体管理效率的提高。

（3）平衡计分卡强调团队合作，可以降低企业管理机能失调的可能。

（4）平衡计分卡可以鼓励并促进员工的参与意识。

（5）平衡计分卡可以减少企业的信息量。

3. 平衡计分卡的作用

（1）平衡计分卡的出现，使传统的绩效管理不再仅仅是人员考核和评估的工具，更是战略实施的工具。

（2）平衡计分卡的出现，丰富了传统的业绩评价角度，从战略、人员、流程和执行4个角度进行评价。

（3）平衡计分卡的出现，使得业绩评价工具在长、短期，内、外部间进行了平衡。

（4）平衡计分卡是近几十年，在管理工具和方法最重要的发明。

【例题15·多选题】（2013年真题）甲公司是沿海地区的一家大型物流配送企业，业务量位居全国同行业三甲之列。该公司的业务明确定位于只做文件与小件业务，承诺在国内一、二级城市快件24小时送达，其他城市不超过36小时，为此，公司在全国建立了2个快递分拨中心、50多个中转场及100多个直营网点。甲公司采用平衡计分卡对企业绩效进行衡量，从顾客的角度看，甲公司的平衡计分卡内容可以包括（　　　）。

A. 处理单个订单时间

B. 建立服务标准

C. 品牌形象建设

D. 提供服务承诺

【解析】平衡计分卡包括4个角度：财务角度、顾客角度、内部流程角度、创新与学习角度。其中，选项A处理单个订单时间属于平衡计分卡的内部流程角度。选择B、C、D均属于平衡计分卡顾客角度。

【答案】BCD

【例题16·单选题】（2014年真题）平衡计分卡最大的优点就是它能够把（　　　）列为4个角度中的一个。

A. 财务角度

B. 顾客角度

C. 内部流程角度

D. 创新与学习

【解析】平衡计分卡包括4个角度：财务角度、顾客角度、内部流程角度、创新与学习角度。创新与学习是平衡计分卡方法的最大优点，故选择D。

【答案】D

【例题17·简答题】华海科技集团利用生物净化技术对土壤、农家肥和水进行解毒、净化和修复，并通过吸附土壤重金属、采用生物植物保护剂防治虫害，在华东生产基地成功试产了高于欧盟、日本标准的有机大米。华海公司采用"政府+公司+大米专业合作社+农户"的协议式生产模式，通过向农户无偿提供生产资料和技术服务，保证了大米的质量和产量。目前，该有机大米的收购价格高于普通大米市场收购价的120%以上，有机大米的市场零售价格是普通大米的10倍以上，产品主要目标市场是出口日本、东南亚和国内主要大城市。

为了确保对产品质量的控制，华海公司的发展战略是采用非并购方式，自主研发核心技术、培养技术专才。公司在有机大米的市场占有率逐年快速增长后，位居同类产品销售额第一名，环保、安全、健康的产品理念契合了追求生活品质的消费群体，有机大米的品质逐渐被消费者认可，品牌拥有了一些忠实消费者。华海公司在生产有机大米的良好基础上，还生产其他有机农产品，包括水产、蔬菜和水果，并先后在河北、山东、四川等地建成了有机农产品基地。

目前，华海公司为单体公司，采用传统型组织结构，设置了采购部、生产部、市场部、销售部（按省区下设办事处）和新产品研发部、财务部、行政人事部。

华海公司采用财务和非财务指标进行业绩考核。公司层面的财务指标主要有销售额、销售费用率、净利润、流动比率、速动比率和资产负债率，其他指标主要有市场占有率。

要求：简要说明平衡计分卡的业绩衡量方法，针对华海公司业绩考核应当补充哪些指标，并阐明原因。

【答案】

（1）平衡计分卡相比传统的业绩评价工具，实现了短、长期业绩，内、外部业绩，财务、非财务业绩以及不同利益相关者之间的关系的平衡。平衡计分卡主要从4个维度对企业的业绩进行计量。这4个角度分别是财务角度、顾客角度、内部流程角度、学习与创新角度。

（2）利用平衡计分卡对华海公司的业绩进行考核，应补充如下指标。

1）财务角度。在原有的销售额、销售费用率、净利润、流动比率、速动比率和资产负债率等财务指标的基础上建议再增加如下指标。

①存货周转率、应收账款周转率、总资产周转率，用以反映企业运营效率。

②投资回报率，它将有利于投资者进行投资决策。

③销售毛利率、销售净利率，用以反映企业产品本身的盈利能力、企业的盈利能力。

2）顾客角度。建议补充客户投诉次数，从而反映已售产品的质量问题，并为客户提供意见反馈渠道。

3）创新和学习角度。建议再增加新产品占销售额的比例、员工能力评估和发展等指标。

4）内部流程角度。建议再增加每个雇员的收入、每个雇员的产量等指标，以便对销售、生产部门进行业绩考核。

（四）统计分析与专题报告

1. 统计分析报告的含义

统计分析报告就是指利用统计数据构建的、科学的指标体系，并采用相关的统计分析方法进行分析，通过独特的表达方法和结构，反映出研究事物本质和规律的文章。

统计分析结果的表现形式：表格式、图形式和文章式等，文章式是其中最完善的一种表现形式。

2. 统计分析报告的特点

（1）以统计数据为主体。

（2）利用科学的指标体系和统计方法作为依据，来进行分析说明。

（3）具有独特的表达方式和结构。

统计分析报告在结构上的突出特点是脉络清晰、层次分明。通常的流程是先使用数据、事实进行各种科学的分析，然后揭示问题，给出观点，最后有针对性的提出建议、办法和措施。

3. 专题报告

专题报告是指按照企业的相关要求，对某一或某些问题进行专人专项调查，以形成相关书面文件（现状与问题、对策与建议等），以便有关人员做出决策。

专题报告的意义：专题报告有助于企业对具体问题进行控制，有助于企业管理人员开阔战略视野，有助于企业内外的信息沟通。

◄)) 名师点拨 ·················

实践证明，一份好的专题报告，不仅可以揭示有关降低成本、提高市场份额以及更好运用资本的奥秘，而且对战略目标的实现、战略时机的选择、战略措施的实施都有很大的好处。

【例题18·单选题】甲企业是一家处于成长期的

健身公司,地处高校密集的大学城。公司实行会员制,顾客主要通过电话和网络预约方式来门店进行健身。甲企业决定采用平衡计分卡进行绩效管理,从顾客的角度考虑,其平衡计分卡的内容包括( )。

A. 顾客订单的增加　　B. 顾客续卡率

C. 健身器材的维护　　D. 主要员工保留率

【解析】平衡计分卡的顾客角度主要指标如下。

(1)滞后指标:市场份额、客户保留率、新客户开发率、客户满意度等。

(2)领先指标:时间指标、质量指标、价格指标等。

选项A,顾客订单的增加属于财务角度的销售增长率。选项C,健身器材的维护属于内部流程角度。选项D,主要员工保留率属于创新与学习角度。选项B,顾客续卡率属于客户保留率,故选择B。

【答案】B

【例题19·多选题】在战略控制中,通常利用统计分析报告。统计分析报告以图表和文章式等多种形式表达统计分析结果,其特点有( )。

A. 多以较详尽的文字配合不同假设的情景进行表述

B. 主要以统计数据来反映事物之间的联系

C. 通过一整套科学指标体系进行数量研究

D. 一般包含对所存在问题的建议改善方法和措施

【解析】本题考查对统计分析报告特点的理解。

统计分析报告的特点有以下几点:

①统计分析报告主要以统计数字语言来直观地反映事物之间的各种复杂的联系;

②统计分析报告是通过一整套科学的统计指标体系,进行数量研究,进而说明事物的本质;

③统计分析报告具有独特的表达方式和结构特点;

④统计分析报告在结构上的突出特点是脉络清晰、层次分明。一般是先摆数据、事实,进行各种科学的分析,进而揭示问题,亮出观点,最后有针对性地提出建议、办法和措施。所以答案是B、C、D。

【答案】BCD

第四节　战略管理中的权力与利益相关者

考情分析: 本节内容主要涉及客观题,但也可能涉及主观题,在近几年的考试中,题量约有1~2道。重点考查企业主要的利益相关者、利益相关者的利益矛盾与均衡、权力与战略过程3个方面的内容。其中前两者以及权力与职权的区别、权力来源等是客观题常常涉及的考点,而在战略决策与实施过程中的权力运用可能以客观题的形式出现,也可能以主观题形式考查。

学习建议: 由于本节内容与战略实施联系紧密,因此本节内容本年从第1章移至本章,要着重理解并适当记忆本节内容,着重理解企业主要的利益相关者,熟练掌握利益相关者的利益的矛盾与均衡、权力来源,精准掌握战略决策与实施过程中的权力运用的内容。

一、企业主要的利益相关者(★)

利益相关者是指对企业产生影响的,或受企业行为影响的任何团体和个人。企业主要利益相关者有内部利益相关者和外部利益相关者两类,具体的分类及其各自的利益期望如表4-20所示。

表4-20　　　　　　　　　企业主要的利益相关者

利益相关者分类		利益期望
内部利益相关者	包括股东、机构投资者在内的向企业投资的利益相关者	资本收益——股息、红利
	经理阶层	企业增长(能为其带来好处),主要表现为销售额最大化
	企业员工	人员众多,追求是多方面的,但主要追求个人收入和职业稳定的极大化
外部利益相关者	政府(提供一定的经营环境条件)	多方面,但最直接的利益期望是对企业税收的期望
	消费者和供应商	期望在他们各自的阶段增加更多的价值
外部利益相关者	债权人	期望企业能够拥有理想的现金流量管理状况、较高的偿付贷款及利息的能力
	社会公众(内部与外部利益相关者的交叉部分)	企业能够承担一系列的社会责任

二、企业利益相关者的利益矛盾与均衡(★★)

企业发展是实现利益相关者的共同利益的根本条件与前提，但却不是利益相关者唯一的目的。由于利益相关者的利益期望不尽相同，对企业发展的方向和路径等也就有不同的要求，进而导致利益相关者之间产生利益的矛盾和冲突。

（一）投资者与经理人员的矛盾与均衡

随着经济的发展，公司治理结构的不断完善，传统的利润最大化目标也在发生着变化。信息不对称，所有权和控制权的分离，直接导致了一系列的代理问题，其中股东与经理人员的代理冲突尤为突出。对于二者之间的矛盾与均衡，鲍莫尔的"销售最大化"模型、马里斯的增长模型、威廉森的管理权限理论以及彭罗斯的最佳投资战略理论均对传统厂商目标提出了挑战，具体的内容如表4-21所示。

表4-21   投资者与经理人员的矛盾与均衡模型

代表人物	模　型	经理人员目标	主要观点
鲍莫尔	销售最大化	在某种利润约束的条件下，经理总是期望企业获得最大化销售收益	（1）利润约束主要是指股东认可的最低利润水平 （2）利润最大化与销售最大化之间的权衡：若经理人的报酬和职业威望等更多地取决于销售额而非利润时，就会导致经理人员选择销售最大化目标而放弃利润最大化目标
马里斯	增长最大化模型（平衡状态模型）	经理人员的主要目标是公司规模的增长	（1）经理人员追求"增长最大化"目标的同时，可能损害股东"利润最大化"目标的实现 （2）但股价的上涨（企业的增长），对于股东和经理人员均有利 （3）综合以上因素的均衡，使企业的增长率确定在双方都能接受的区域内
威廉森	管理权限理论（经理效用最大化模型）	经理们将按他们各自的最佳利益来使企业运转，追求自己效用函数的最大化，进而使得自己的权力和声望最大化	（1）主要体现在 3 个变量中： ①雇员开支（数量和质量） ②酬金开支（办公服务等） ③可支配的投资开支（反映管理者权力和偏好的投资） （2）约束条件：既包括最低的或可接受的利润水平，也包括金融市场约束
彭罗斯	最佳投资战略理论（企业成长理论）	从动态角度来强调经理的最佳投资战略在决定企业的总体增长中所起的作用	（1）经理的最佳投资战略会影响企业的增长 （2）企业扩张的基础和诱因：企业的现有资源 （3）企业成长的诱因：主要来自于企业内部，企业可能存在剩余生产性服务、资源和特别的知识

（二）企业员工与企业（股东或经理）之间的利益矛盾与均衡

1. 应用模型

列昂惕夫模型，用来描述企业员工与企业之间的利益矛盾与均衡。

2. 矛盾内容

（1）员工的目标：追求工资收入最大化与工作稳定。

（2）企业的目标：利润最大化（为达到此目标，势必想要缩减员工成本）。

3. 均衡处理

企业与员工之间的博弈在某一点实现均衡，但结果的偏向取决于各方的讨价还价的实力大小。

（三）企业利益与社会效益的矛盾与均衡

1. 矛盾内容

（1）企业外部所有利益相关者的共同利益是"社会效益"。因此，企业需要承担相应的社会责任：①保证企业利益相关者的基本利益要求；②保护自然环境；③赞助和支持社会公益事业。

（2）企业目标是利润最大化。承担社会责任很可能会降低企业利润。

2. 均衡处理

商业伦理问题的实质是一个企业或组织在社会中应发挥什么作用和负什么责任的问题，企业如何对待社会效益对二者矛盾与均衡起着决定作用。

【例题20·多选题】下列关于投资者与经理人员的矛盾与冲突的说法中，正确的有（　　）。

A. 马里斯的模型实际上反映的是企业经理人员运用相对于股东的信息等优势来实现对企业的利益要求

B. 威廉森的管理权限理论同时是一种"平衡状态"模型

C. 鲍莫尔"销售最大化"模型中经理总是期望企业获得最大化的销售收益

D. 彭罗斯的理论模型事实上是从动态角度强调经理的最佳投资战略在决定企业总体增长中所起的作用

【解析】本题考查的是投资者与经理人员的矛盾与均衡的4种模型理论。马里斯的增长最大化模型实际上也是一种"平衡状态"模型，是指经理人员的主要目标是公司规模的增长。因此A选项错误。威廉森的管理权限理论也是经理效用最大化模型，因此B选项错误。鲍莫尔"销售最大化"模型即指经理追求销售额最大化目标，因此C选项正确。彭罗斯的最佳投资战略理论就是从动态角度强调经理的最佳投资战略在决定企业总体增长中所起的作用，因此D选项正确。故选择C、D。

【答案】CD

【例题21·单选题】下列模型中不属于描述投资者与经理人员的利益矛盾与均衡的模型的是（　　）。

A. 马里斯的增长最大化模型

B. 威廉森的经理效用最大化模型

C. 列昂惕夫模型

D. 鲍莫尔的销售最大化模型

【解析】列昂惕夫模型是用来描述企业员工与企业之间的利益矛盾与均衡的，因此此题应该选择C。而选项A、B、D中的马里斯的增长最大化模型、威廉森的经理效用最大化模型、鲍莫尔的销售最大化模型，以及未提及的彭罗斯的最佳投资战略模型均是描述投资者与经理人员的利益矛盾与均衡的模型。

【答案】C

三、权力与战略过程（★）

【要点】权利与职权的区别

【要点精析】权力是指个人或者利益相关者能够采取（或说服其他有关方面采取）某些行动的能力。职权是指职务范围以内的权力，是管理职位所固有的发布命令和希望命令得到执行的一种权力。权力与职权不同，二者的区别如表4-22所示。

表4-22　　　　　　　　　权力与职权的区别

项　目	权　力	职　权
影响力不同	权力的影响力在各个方面	职权沿着企业的管理层次方向自上而下
接受性不同	受制权力的人不一定能够接受这种权力	职权一般能够被下属接受
来源不同	来自各个方面	只包含在企业指定的职位或功能之内
识别难易程度不同	很难识别和标榜	在企业的组织结构图上职权很容易确定

【例题22·多选题】下列关于权力的表述中，不正确的有（　　）。

A. 权力来自各个方面

B. 权力一般能够被下属接受

C. 权力很难识别和标榜

D. 权力在企业的组织结构图上很容易确定

【解析】本题考查的是权力与职权的区别。权力很难识别和标榜、权力的影响力在各个方面、权力来自各个方面、受制权力的人不一定能够接受这种权力，因此选项A、C正确，而选项B、D属于职权的特点。

【答案】BD

（一）企业利益相关者的权力来源

（1）对资源的控制与交换的权力

由于资源的稀缺以及相应的企业依赖性，企业利益相关者可以通过利用这些权力来争取和保卫自己的利益。

（2）在管理层次中的地位

在企业的内部，领导权力的来源有法定权、奖励权、强制权、榜样权和专家权5种。但是在管理层次中的地位而获得的权力主要有以下3个基础权力。

①法定权：是通过职位优势，使作出的决定必须被遵从，它也来源于对奖励或惩罚的行使（也包括奖

励权与强制权），它主要取决于领导者在企业组织中的职位。

②奖励权：使下属在相信能获得一定利益的基础上执行相关命令。

③强制权：下属由于怕受到惩罚或怕被剥夺奖励而不得不服从命令。

（3）个人的素质和影响

个人的素质和影响就是一种非正式职权的权力的重要来源，也是企业内部的权力，主要包括榜样权和专家权。相比正式职权、奖励权或强制权，榜样权和专家权更具有持久性，不仅存在于正式组织之中，同时也大量存在与企业的非正式组织中。

（4）参与或影响企业的战略决策与实施过程

在参与或影响企业的战略决策与实施过程中可能会形成一些权力，这也是领导权力的来源。

（5）利益相关者集中或联合的程度

集中程度越高，讨价还价的潜力就越大，在协议或谈判的过程中，就越能够争取到较好的协议和合同。

（二）在战略决策与实施过程中的权力运用

【要点】在战略决策与实施过程中的权力运用

【要点精析】制定战略和有效地实施战略需要权力和影响力，企业各方利益相关者在企业战略决策与实施过程中对权利的应用可以用政策性策略来代表。而如果运用合作性以及坚定性两维坐标来描述企业中某一利益相关者在企业战略决策与实施过程中的行为模式，可以将政治性策略划分为以下5种类型，如图4-26所示。

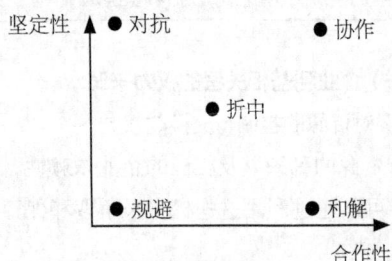

图4-26 对待矛盾与冲突的行为模式

（1）对抗

对抗是坚定行为和不合作行为的组合。

运用这种模式处理矛盾与冲突，坚信自己有能力实现所追求的目标，因此根本不考虑对方的要求，其目的在于使对方彻底就范。

（2）和解

和解是不坚定行为与合作行为的组合。

和解模式通常表现为默认和让步。在面对利益矛盾与冲突时，此种模式是设法满足对方的要求以保持或改进现存的关系。

（3）协作

协作是坚定行为与合作行为的组合。

在对待利益矛盾与冲突时，此种模式既考虑自己利益的满足，也考虑对方的利益，借助于这种合作，使双方的利益都得到满足，力求相互利益的最佳结合点。

（4）折中

折中是中等程度的坚定行为和中等程度的合作行为的组合。

各方利益相关者之间通过讨价还价，相互做出让步，达成双方都能接受的协议。

①采取积极的方式是指对冲突的另一方做出承诺，给予一定的补偿，以求得对方的让步。

②采取消极的方式是指以威胁、惩罚等要挟对方做出让步。

③双管齐下。

（5）规避

规避是不坚定行为与不合作行为的组合，以时机选择的早晚来区分。

①第一种情况当预期将要发生矛盾与冲突时，通过调整来躲避冲突。

②第二种情况当矛盾与冲突实际发生时主动撤出。

【例题23·单选题】（2013年真题）甲公司是一家制药公司，拟将其生产的药品销售价格提高25%，因此被相关部门约谈，该部门拟以乱涨价为由对其进行处罚。后甲公司与该部门协商，双方最终达成在未来三年内逐步调整销售价格、三年后销售价格比现价上涨15%的协议。此种行为模式为（　　）。

A. 和解　　　　　　B. 协作

C. 折中　　　　　　D. 让步

【解析】运用合作性以及坚定性两维坐标来描述企业中某一利益相关者在企业战略决策与实施过程中的行为模式，可以将政治性策略分为以下5种类型：对抗、和解、协作、折中以及规避。本题中，双方是通过协商决定的，符合折中的特点，即各方利益相关者之间通过讨价还价，相互做出让步，达成双方都能接受的协议。故选择C。

【答案】C

【例题24·单选题】如果运用合作性以及坚定性两维坐标来描述企业中某一利益相关者在企业战略决策与实施过程行为模式，可以将政治性策略划分为5种类型，下列选项中属于"协作"是（　　　　）。

A. 坚定行为和不合作行为的组合

B. 不坚定行为与合作行为的组合

C. 中等程度的坚定性和中等程度的合作性行为的组合

D. 坚定行为与合作行为的组合

【解析】5种类型包括对抗、和解、协作、折中以及规避。其中协作是坚定行为与合作行为的组合，故选择D。

【答案】D

◀») 名师点拨 ·············

此要点务必对比战略变革的模式来掌握，因为二者在名称上较为相近，属于易混淆的知识点。

战略变革的性质分为渐变性变革与革命性变革。对变革的管理方法分为积极主动和消极被动两种。因此根据变革性质的类型和管理层的作用的不同组合可以归纳出4类战略变革的模式，如表4-23所示。

表4-23　　　　　　　　　　　　战略变革的模式

管理层作用	变革的性质	
	渐变性	革命性
积极主动	协调：协调的变革	计划：计划的变革
消极被动	接受：被动接受的变革	迫使：被迫进行的变革

第五节　公司治理

考情分析： 本节内容的出题方式主要为客观题，部分内容涉及主观题。重点考核两大公司治理问题、公司内部治理结构以及公司治理的基础设施。

学习建议： 重在理解并适当记忆本节内容，着重理解两大公司治理问题、公司内部治理结构以及公司治理的基础设施；熟练掌握公司治理理论和公司治理原则。

一、公司治理的概念（★★）

狭义的公司治理是指所有者（主要是股东）对经营者的一种监督与制衡机制，即通过一种制度安排，合理地配置所有者和经营者之间的权力和责任关系。它是借助股东大会、董事会、监事会、经理层所构成的公司治理结构来实现的内部治理。其目标是保证股东利益的最大化，防止经营者对所有者利益的背离。

广义的公司治理不局限于股东对经营者的制衡，还涉及广泛的利益相关者，包括股东、雇员、质权人、供应商和政府等与公司有利害关系的集体或个人。公司治理是通过一套包括正式或非正式的、内部或外部的制度或机制来协调公司与所有利益相关者之间的利益关系，以保证公司决策的科学性与公正性，从而最终维护各方面的利益。

二、公司治理理论（★★）

（一）委托代理理论

1. 委托代理理论的主要内容

委托代理理论是制度经济学契约理论的主要内容之一，主要研究的委托代理关系是指一个或多个行为主体根据一种明示或隐含的契约，指定、雇佣另一些行为主体为其服务，同时授予后者一定的决策权利，并根据后者提供的服务数量和质量对其支付相应的报酬。授权者就是委托人，被授权者就是代理人。

2. 委托代理理论的主要观点

委托代理关系是随着生产力大发展和规模化大生产的出现而产生的。其原因一方面是生产力发展使得分工进一步细化，权利的所有者由于知识、能力和精力的原因不能行使所有的权利了；另一方面专业化分工产生了一大批具有专业知识的代理人，他们有精力、有能力代理行使好被委托的权利。授权者就是委托人；被授权者就是代理人。

3. 代理问题存在的原因

代理人和委托人在利益上存在潜在的冲突。而其直接原因则是所有权和控制权的分离。

（1）从委托人方面来看

第一，股东或者因为缺乏有关的知识和经验，以至于没有能力来监控经营者；或者因为其主要从事的工作太繁忙，以至于没有时间、精力来监控经营者。

第二，对于众多中小股东来说，由股东监控带来的经营业绩改善是一种公共物品。对致力于公司监控的任何一个股东来说，他要独自承担监控经营者所带来的成本，如收集信息、说服其他股东、重组企业所花费的成本，而监控公司所带来的收益却由全部股东享受，监控者只按他所持有的股票份额享受收益。这对于他本人来说得不偿失，因此股东们都想坐享其成，免费"搭便车"。

（2）从代理人方面来看

第一，代理人有着不同于委托人的利益和目标，所以他们的效用函数和委托人的效用函数不同。

第二，代理人对自己所做出的努力拥有私人信息，代理人会不惜损害委托人的利益来谋求自身利益的最大化，即产生机会主义行为。

（二）利益相关者理论

利益相关者管理理论是指企业的经营管理者为综合平衡各个利益相关者的利益要求而进行的管理活动。与传统的股东至上主义相比较，该理论认为任何一个公司的发展都离不开各利益相关者的投入或参与，企业追求的是利益相关者的整体利益，而不仅仅是某些主体的利益。

企业的利益相关者是指那些与企业决策行为相关的现实及潜在的、有直接和间接影响的人和群体，包括企业的管理者、投资人、雇员、消费者、供应商、债权人、社区以及政府等。

三、两大公司治理问题（★★）

（一）经理人对与股东"内部人控制"问题

1. 含义

内部人控制是指现代企业中的所有权与经营权（控制权）相分离的前提下形成的，由于所有者与经营者利益的不一致，由此导致了经营者控制公司，即"内部人控制"的现象。

2. 主要表现形式

当前一般认为内部人控制问题主要表现有：过分的在职消费；信息披露不规范，而且不及时，报喜不报忧，随时进行会计程序的技术处理；短期行为；过度投资和耗用资产；工资、奖金等收入增长过快，侵占利润；转移国有资产；置小股东利益和声誉于不顾；大量拖欠债务，甚至严重亏损等。

国有资产流失、会计信息失真是我国国企改革过程中的内部人控制的主要表现形式。

（二）终极股东对于中小股东的"隧道挖掘"问题

"隧道挖掘"原意指通过地下通道转移资产行为。这里可以理解为企业的控制者从企业转移资产和利润到自己手中的各种合法的或者非法的行为，这种行为通常是大股东对中小股东利益的侵犯。

当资本市场缺乏对小股东利益的机制保护时，对公司经营活动具有控制力的大股东就更加表现为不容易受到约束，因此可以更加轻易地牺牲众多中小股东的利益，从而实现自身福利的最大化。

"隧道挖掘"有许多表现形式，例如：可以通过资产购销、资产购销的关联交易，以对控股大股东有利的形式转移定价，债务担保，对公司投资机会进行侵占。另外，还可以利用各种金融手段直接实现利益侵占、渐进的收购行为，以低于市场价格回购中小股东的股票，以及"高派现"等其他旨在侵害中小股东的各种财务交易行为。

（三）委托代理问题产生的原因

（1）委托人与代理人之间的利益冲突。（问题根源）

（2）委托人与代理人之间的信息不对称。

（3）代理成本。

四、公司内部治理结构（★★）

公司内部治理结构是指主要涵盖股东大会、董事会（监事会）、高级管理团队以及公司员工之间责权利相互制衡的制度体系。

（一）股东大会

1. 股东与股东大会

股东是出资设立公司并对公司债务负责的人，可以是自然人，也可以是各种类型的法人实体。

股东与其所持股权的公司互为独立的法律人格并互为权利义务关系，是相互独立的两个民事主体。根据《公司法》及公司章程的规定，股东拥有公司，公司拥有法人财产，两者之间存在互动关系。

一般来说，股东主要通过参加股东大会来行使权利。股东大会是股东表达意见的主要渠道，具有以下两个基本特征：

（1）股东大会是公司内部的最高权力机构和决策机构；

（2）股东大会是公司的非常设机构，除了每年的例行年会和特别会议之外，股东大会并不会在公司出现。

2. 机构投资者

机构投资者是指用自有资金或者从分散的公众手中筹集的资金专门进行有价证券投资活动的法人机构，包括证券投资基金、社会保障基金、商业保险公司和各种投资公司等。

随着公司股东中机构投资者规模的扩大，机构投资者的所有权不再被视作是被动的，而通过参与股东大会表决参与公司的管理，这就形成了机构投资者的行动主义，从而使公司治理变得更加有效。机构投资者的行动主义内涵包括以下内容。

（1）机构投资者与所投资公司董事会举行一对一的例会，即参与和对话过程。

（2）机构投资者积极在股东大会中行使表决权。

（3）机构投资者积极关注所投资公司的董事会成员构成。

（4）机构投资者联合向公司管理层提出公司战略和经营建议。

机构投资者行动主义的目的是影响所投资公司的未来发展，包括公司战略、公司经营绩效、公司兼并或转让战略、非执行董事未能使管理层准确地遵守契约和承诺、内部控制失效、未能合理地遵守公司治理原则、不恰当的薪酬计划、公司履行社会责任的方式等。

（二）董事会

董事会是股东大会闭幕期间公司常设的权力机构，是集体行使权力的机构，主要负责公司及其经营活动的指挥与管理。股东大会所做的有关公司重大事项的决定，董事会必须执行。

1. 董事及其分类

董事是指由公司股东大会选举产生的具有实际权力和权威的管理公司事务的人员，是公司内部治理的主要力量，对内管理公司事务，对外代表公司进行经济活动。

董事可以是自然人，也可以是法人。但是，当法人充当公司董事时，应当指定一名有能力行为的自然人为代理人。

董事的具体分类如表4-24所示。

表4-24 董事的分类

分类		含义
内部董事		也称执行董事，主要指担任董事的本公司的管理人员，如总经理、常务副总经理等
外部董事	关联董事	指虽然不在公司中担任其他职位，但仍与公司保持着利益关系的董事，如公司关联机构的雇员或咨询顾问等
	独立董事	是真正具有独立性的董事，他们不仅是公司的外部董事，而且还需要与公司或公司经营管理者没有重要的业务联系或专业联系，并对公司实物做出独立判断的董事，如大学的教授、退休的政府官员等

2. 几个专门委员会

为了更有效解决公司内部治理问题，董事会一般可以下设几个专门委员会，分别从事各方面的工作。最常见的几个专门委员会及其主要职责如表4-25所示。

表4-25 几个专门委员会及其职责

类型	主要职责
审计委员会	（1）检查公司会计政策、财务状况和财务报告程序 （2）与公司外部审计机构进行交流 （3）对内部审计人员及其工作进行考核 （4）对公司的内部控制进行考核 （5）检查、监督公司存在或潜在的各种风险 （6）检查公司遵守法律、法规的情况

续表

类型	主要职责
薪酬与考核委员会	（1）负责制定董事、监事与高级管理人员考核的标准，并进行考核 （2）负责制定、审查董事、监事、高级管理人员的薪酬政策与方案
提名委员会	（1）研究董事、经理人员的选择标准和程序并提出建议 （2）广泛搜寻合格的董事和经理人员的人选 （3）对董事候选人和经理人选进行审查并提出建议 （4）对股东、监事会提名的董事候选人进行形式审核 （5）确定候选人提交股东大会表决
战略决策委员会	（1）制定公司长期发展战略 （2）监督、核实公司重大投资决策等

（三）经理层

经理人是公司日常经营管理和行政事务的负责人，由公司董事会聘任，在法律、法规及公司章程规定和董事会授权范围内，代表公示从事业务活动的高级管理人员。

1. 经理人的职权

（1）主持公司的生产经营管理工作，组织实施董事会决议。

（2）组织实施公司年度经营计划和投资方案。

（3）拟订公司内部管理机构设置方案。

（4）拟订公司的基本管理制度。

（5）制定公司的具体规章。

（6）提请聘任或者解聘公司副经理、财务负责人。

（7）决定聘任或者解聘除应由董事会决定聘任或者解聘以外的负责管理人员。

（8）董事会授予的其他职权。

2. 经理人的薪酬激励

（1）年薪制

年薪制是指以企业经营者为实施对象，以一个经营周期（即年度）为单位，确定经营者的基本报酬，并视其经营业绩发放风险收入的一种薪酬制度。

其根本缺陷在于无法调动经营者的长期行为。由于年薪制中的企业家的收入以年度来计算，主要取决于企业当年的经营效益状况，因此，经营者有可能通过削减倾向于放弃那些有利于公司长期发展的计划，显然不利于企业的未来发展。

（2）股权激励

股权激励是一种通过经营者获得公司股权的形式给予企业经营者一定的经济权利，使其能够以股东的身份参与企业决策、分享利润、承担风险、从而勤勉尽责地为公司的长期发展提供服务的一种激励方法。

一般来说，股权激励兼具"报酬激励"和"所有权激励"的双重作用。

股权激励的具体方式有很多种，包括股票期权、股票增值权、虚拟股票、业绩股票及限制性股票、延期支付、经理人持股等。

五、公司外部治理机制（★★）

公司内部治理结构不能解决公司治理的所有问题，更需要若干具体的超越结构的外部治理机制。

外部治理机制主要是指除企业内部的各种监控机制外，还包括各个市场机制（例如，产品市场、资本市场、经理人市场）对公司的监控和约束。

（一）产品市场

产品市场的竞争对经理人员的约束主要来自以下两个方面。

（1）在充分竞争的市场上，只有最有效率的企业才能生存，作为企业的经理人员自然也就面临更大的压力。

（2）产品市场的竞争可以提供有关经理人员行为的更有价值的信息。

有了产品市场的比较，股东就可以把经理人员的报酬与同行其他企业经理人员的业绩相联系，也就可以为经理人员提供更强的激励。

（二）资本市场

资本市场也称控制权市场。资本市场对经理人员行为的约束是通过接管和兼并方式进行的，即争夺企业的控制权。

收购成功后，原企业的管理者将被替代，以期待改进管理后可以实现企业的增值；若收购不成功，在位管理者也会因为面临被替代的威胁而主动改变经营行为。此时，即使没有其他激励措施，经理人员也可能与股东利益和公司价值最大化目标更趋一致。

总的来说，收购和重组的威胁被认为是控制经理人员行为的最有效的方法之一。

（三）经理人市场

经理人市场之所有对经理人的行为有约束作用，是因为在竞争的市场上，声誉是决定个人价值的重要因素。

经理人员如果不努力，其业绩表现就会不佳，其声誉就会下降。同时，经理人员也必须关心自己的信誉，因为信誉好了才会有人在未来愿意聘请他，才能获得更高的报酬。

六、公司治理的基础设施（★★）

影响公司治理效率的因素不仅包括公司内部治理结构和公司外部治理机制，还包括公司治理的基础设施。公司治理基础设施主要包括以下五方面内容。

（一）信息披露制度

信息披露制度，是上市公司为保障投资者利益、接受社会公众的监督而依照法律规定必须将其自身的财务变化、经营状况等信息和资料向证券管理部门和证券交易所报告，并向社会公开或公告，以便使投资者充分了解情况的制度。

信息披露制度包括发行前的披露和上市后的持续信息公开，它主要由招股说明书制度、定期报告制度和临时报告制度组成。

会计信息披露在公司治理结构中的作用表现在：

（1）信息披露在公司治理结构中的监督作用；

（2）信息披露在公司治理结构中的激励作用；

（3）信息披露在公司治理结构中的契约沟通作用；

（4）信息披露有助于外部治理机制的有序运作。

（二）中介机构

信息披露旨在向公司利益相关者提供必要的公司信息，进一步通过信用中介机构让公司利益相关者相信公司所提供信息的真实性和可靠性。主要的信息中介机构包括：会计师事务所、投资银行和律师事务所等。

（三）法律法规

公司治理是以法治为基础的，《公司法》《银行法》《证券法》《破产法》《劳工法》等各部门法律均会对公司治理产生重大影响。

投资者法律保护主要是指一个国家的法律法规对投资者的保护条款及这些条款的执行情况。

（四）政府监管

政府监管的必要性和重要性在于：（1）信息不对称问题导致市场失灵，从而需要政府监管；（2）由于法律的不完备性，需要通过政府监管加以弥补。

同时，政府为了促进就业，为了经济增长，为了收取税收，也必然要关注公司稳定和公司各方的利益，也就必然要对公司实施监管。

有效的政府监管体系应该包括以下四个方面，具体内容如表4-26所示。

表4-26 有效的政府监管体系

类型	内容
法律监管	（1）法律监管应从两方面进行：①制定法律规章；②法院执法，即司法介入监管 （2）不足之处：①法律规章制度不完善、不健全；②司法介入监管一般是被动的和事后的，不利于保护受损人的利益
行政监管	（1）含义：指各级行政机关依法律的授权和规定对公司治理中各主体和客体的行为所进行的监管 （2）主体：证券委及其派出机构、财政部、国资委、保监会等
市场环境监管	是指政府通过对市场环境的建设来达到公司治理的目的
信息披露监管	（1）上市公司信息披露的管理体制是一国或地区对上市公司信息披露行为所采取的管理体系、管理结构和管理手段的总称，是上市公司监管体制的重要组成部分 （2）负责上市公司信息披露监管的管理机构主要包括证券主管机关和证券交易所

（五）媒体、专业人士的舆论监督

舆论监督的实施主体主要包括公众层次和媒体层次。

媒体监督具有全方位性和独立性，对公司治理主体和客体构成现实的和潜在的监督，通常通过对公司的一些重大违法事件的揭露来提高监督效率。同时还对行政监管行为进行监督，通过对公司违法行为的调查披露，迫使行政监管部门提高监管效率，迫使立法机关加快立法进程，从而促进行政监管效率和法律监管效率的提高。

公众监督对公司治理的影响主要来自于专业人士的作用，包括公司治理、公司财务等方面的专家和学者。他们对上市公司治理评价以及虚假信息披露等问题的分析发挥了专业人士积极的公司治理监督作用。

七、公司治理的原则（★★★）

公司为了帮助公司成员方和非成员方评估和改善其经济法律法规和制度体系，从而提高公司治理的水平，经济合作与发展组织出台了公司治理准则。经过不断完善后，最终以《OECD公司治理原则》的形式展现出来。其主要包括以下内容。

1. 确保有效的公司治理框架

（1）公司治理框架的构件应着眼于其对于整体经济运行的影响，着眼于其对市场参与者提供的激励，着眼于提升市场的透明度。

（2）影响一国公司治理实践的法律和监管要求应具有透明性和可强制执行性。

（3）一国监管当局的责任划分应明确并且确保围护公众的利益。

（4）监督、管理和执行当局应该具备相应的权威性和公正性，应该拥有一定的资源以便能够用一种专业化和客观的方式执行职责。

2. 股东权利和主要的所有者职能

公司治理框架应该保护和促进股东权利的行使。

（1）股东的基本权利。

（2）股东应该具有参与权、充分告知全、有关企业重大变更的决策权。

（3）股东应该有机会参加股东大会并在大会行使投票权，有权了解包括投票程序在内的股东大会的有关规则。

（4）如果公司的资本结构和安排使得一部分股东享有与其所有权不相称的某种程度的控制权，相关的情形可以披露。

（5）公司控制权市场应该被允许以有效率和高透明的方式运作。

（6）应促进股东权利，包括机构投资者股东权利的行使。

（7）包括机构投资者在内的全体股东应有权利就

与上述基本股东权利相关的问题相互咨询，可能造成不正当密谋的情形除外。

3. 平等对待全体股东

无论是大股东还是少数股东、国外的股东，公司治理结构应当保证所有股东的公平待遇。由于公司控股股东、董事会以及管理层都有机会为自己获利而做出损害非控股股东的利益的行为，因此体现同股同权，公司治理需要保证所有股东得到公平待遇。

（1）同一类别、同一系列的股东应当得到同样的公平待遇。第一，所有的股份均应该是同等的权利。第二，当控股股东滥用权利造成利益上的直接或间接伤害时，小股东可以受到保护并得到有效补偿。第三，股权所有者协商同意下再由托管人和代理人投票。第四，去除对远程投票的妨碍。第五，普通股东大会的过程和程序公平对待所有股东。

（2）禁止内部交易和滥用私利交易。

（3）在直接影响企业的任何交易或事件中，无论董事会成员和关键经营人员直接、间接或在第三方利益上对董事会具有实质性利益的，都应当被要求公开。

4. 利益相关者在公司治理中的作用

公司治理框架应承认法律规定的利益相关者在公司治理中的权利，并鼓励公司与利益相关者共同创造财富、工作和财务稳健、可持续发展的企业。

（1）受法律保护的利益相关者的权利应得到尊重。

（2）如果利益相关者的权利受法律保护，利益相关者在权利受到侵害时应有机会获得有效的赔偿。

（3）禁止以提升业绩作为雇员参与公司治理的条件。

（4）如果利益相关者参加了公司治理程序，则他们有权及时、定期获取与他们的权利有关的充分信息。

（5）利益相关者，包括个人雇员应有权自由地同公司董事会就公司的不法或不道德的做法进行交流，并不得因行使该权利而妨碍其他权利的行使。

（6）公司治理应具备有效、快捷的破产制度，能够有效保障债权人的权利。

5. 信息披露与透明度

公司治理框架应确保与公司重大事件有关的信息及时、准确地予以披露，其中包括财务状况、业绩、所有权及公司的治理情况。

（1）公司至少需要披露的信息有：①公司财务和业绩状况；②公司经营目标；③主要股权和投票权；

④对董事会成员和关键经营人员的薪酬政策和董事会成员的信息；⑤关联交易；⑥可预期的风险因素；⑦关于员工和其他利益相关者的问题；⑧治理结构和政策。

（2）信息的编制、审计和披露应具备相当的质量，符合国际承认的会计标准、金融和非金融信息披露标准和审计标准。

（3）公司每年应该聘请独立、尽职、有职业资格的审计人员出具年度审计报告，由外部人员为董事会和股东对财务报表的编制和呈报的方式提供客观的依据。

（4）外部审计人员对公司负有注意义务，向董事会和股东负责。

（5）信息传播的途径应该确保信息使用人能够平等、及时、便捷地获取信息。

（6）分析师、经纪人、评级机构以及其他可能影响投资者决策的中介机构对于可能对他们意见的公正性产生的重大利益冲突情形予以披露，这些机构还应建立并披露处理冲突的程序。

6. 董事会的义务

公司治理结构应确保董事会对公司的战略指导和对管理层的有效监督，确保董事会对公司和股东的责任和忠诚。

（1）董事会成员在执行公司事务时应该履行完全的信息霹雳义务，根据公司和全体股东的最大利益，忠实诚信的履行职责。

（2）若董事会的决策可能对不同的股东团体造成不同的影响，董事会应该做到公平对待全体股东。

（3）董事会应该具备高度的道德准则，以维护股东的利益为己任。

（4）董事会应该履行特定的职责。

（5）董事会应该能在公司事务中作出客观独立的判断。

（6）为了可以更好地履行职责，董事会应该能够及时、准确地获取与履行职责有关的信息。

第六节 信息技术在战略管理中的作用

考情分析：本节内容的出题方式为客观题与主观题，重点考查信息技术与组织变革、信息技术与竞争战略以及信息技术与企业价值链网。

学习建议：理解并适当记忆本节内容，着重掌握信息技术与组织变革之间的关系以及信息技术对企业价值链的相关支持。

一、信息技术与组织变革（★★）

1. 信息技术与组织变革的关系

信息技术与组织变革相互影响。一方面，信息技术推动组织变革，不仅使现有过程运行更快，还能够打破组织规则，建立崭新的管理模式、组织结构以及工作方式；另一方面，组织变革又反向促进信息技术应用。具体地，信息技术对组织变革的影响如表4-27所示。

表4-27　　　　　　　　　　　　　信息技术对组织的影响

组织概念	信息技术对组织的影响/组织的收益
专业化	减少专业人员，增加多面手
规范化	增加规范
集中化	减少权力集中
阶层化	减少层次，扩大控制幅度
组织文化	组织文化影响信息系统的行为
目标的转移	要防止组织目标转移
组织权力	信息技术会影响组织权力
组织的生长周期	信息技术应配合组织的生长阶段
组织学习	信息技术可提供偏差报告，供组织学习用

2. 信息技术与组织结构变革

信息技术与组织结构的关系随公司治理的发展，变得越来越密切。一方面，在信息技术的支持下，传统的组织结构可以实行一些良性调整；另一方面，信息技术带来的新协调手段可以令一些新型的组织结构在现实中成为可能。具体地，信息技术对组织结构变革的影响如下。

（1）支持组织扁平化调整

扁平化的组织就是指管理层次很少，管理幅度很宽的组织。这样的组织赋予底层员工更多决策和解决问题的权力，提高组织的灵活性以及反应力，有效降低成本、提高产品和服务的质量。

信息是组织扁平化的关键因素。一方面，当管理层级变少，员工获得的授权更多，可以在信息技术支持下进行相关决策；另一方面，有效的信息技术支持可以强化组织内部通信、监控协调能力，显著扩大控制跨度。

（2）支持新型组织结构

有效的信息技术支持，令组织可以设计并使用一些新型的组织结构来增强组织竞争力，例如：

①团队结构。以团队作为协调组织活动的主要方式，要求团队成员既是全才又是专才，在动机、价值取向以及目标追求上高度一致。团队具有很高自主性，信息技术也为团队之间的沟通和组织对团队的有效监督提供支持。

②虚拟组织。虚拟组织是指当市场出现新机遇时，为共同开拓市场、对付其他的竞争者，在信息网络建立的基础上，由具有不同资源与优势的企业共同组织的可以共享信息与技术，分担费用、联合开发、互利的这样一类企业联盟体。通过虚拟企业，可以突破单个企业的限制，灵活性特别强，有利于企业很快地重组社会资源进而适应市场的需要。

3. 信息技术与业务流程重组

传统的企业管理模式下的业务流程，非增值的环节比较多，从而导致的速度较为缓慢，流程中的各环节的关系也比较混乱。因此，只有对企业的流程进行改造和创新，才能在新的环境与市场形势下生存和发展。

业务流程重组是企业过程创新活动，需要人们用归纳推理的方式来看待信息技术信息。信息处理能力以及计算机与互联网技术的连通性，不仅可以增加组织信息和知识的存取性、存储量和传播性，提高业务流程的效率，使现有过程运行更快、更好，还可以建立全新的工作方式。

二、信息技术与竞争战略（★★）

1. 信息技术与成本领先战略

信息技术的有效运用，可以帮助企业降低生产、工程、设计以及服务等诸多环节的成本，甚至达到行业中最低的运营成本。

【案例8-1】欣欣公司运用信息技术实施成本领先战略

欣欣公司是美国的世界性连锁零售业企业。通过与供货商之间建立有效的自动补货系统，使供货商清晰地了解货物在销售商处的库存、销售情况，进而自动跟踪补充各门店的货源。由于库存可以由供货商快速、及时补充，欣欣公司的仓库库存自然而然地减少，库存成本显著降低。同时，由于自动补货系统的存在，自身库房库存减少，存货的流动速度加快，货物的物流成本也大大降低。根据最新统计，欣欣公司的管理费用只占销售总额的17%，大大低于同行业的竞争对手。同时，低运营成本使得欣欣公司能够以更低的价格将货物销售给其他销售商。据统计，欣欣公司的商品价格平均都低于其他商场100%～200%，真正实现"天天平价，始终如一"的宗旨，当之无愧地成为行业中的成本领先者。

2. 信息技术与差异化战略

借助信息技术的支持，企业可以推出区别于竞争对手的新产品、新服务，从而获取竞争优势。通过提供难以复制的产品和服务，可以替代价格上的竞争，拉开与竞争对手的差距，阻断竞争对手。如依赖保密的通信网络、互联网而开发的在线银行，利用全社会范围内的客户记账系统开发的现金管理账户，等等。

3. 信息技术与集中化战略

信息技术的支持，可以使企业聚焦于某一特定的目标市场，并在该市场上胜出。例如，运用数据挖掘技术，利用产品销售和客户数据，对消费者的购买模式以及偏好展开深入分析，进而更好地发现目标客户及市场，有针对性地展开营销活动和市场竞争。

数据挖掘技术的典型应用有：①预测哪些顾客

会投向竞争者；②发现购买本企业某一产品顾客的共性；③预测哪些访问公司网站的用户对自己的产品感兴趣。

◀》 名师点拨

信息技术可以有效降低企业的运营成本，进而可以使企业选择不同的业务竞争战略。因此，考生要特别注意结合案例等理解此部分的内容。本部分内容容易与第3章"战略选择"结合出主观题。

三、信息技术与企业价值链网（★★）

1. 信息技术与企业价值链

在各个价值链上，信息技术均可以提供相应的支持，改善运行效率，提高增值过程，为客户创造更多的价值。通过表4-28所示的一系列信息技术，可以全面渗透至企业的各个价值链环节，降低成本、提升客户价值，赢得竞争优势。

表4-28　　　　　　　　　　信息技术对企业价值链的相关支持

支持活动	基础管理	电子日程安排和消息传送系统				公司价值
	人力资源	人力资源管理系统				
	技术	计算机辅助设计系统				
	采购	计算机化订货系统				
基本活动	内部后勤	生产作业	外部后勤	市场销售	服务	
	自动仓储系统（提高内部物流运作效率）	计算机控制的生产制造系统（提高运作效率）	自动化运输调度系统（提高外部物流运作效率）	计算机化的产品订购以及自动销售系统（提升销售与服务的效能）	设备维护系统、客户在线服务系统	

2. 信息技术与企业价值网

（1）价值网模型

价值网模型由亚当·布兰德伯格（Adam Brandenburger）和巴里·纳尔波夫（Barry Nalebuff）提出，是因利益相关者之间的相互影响，进而形成的一个价值生成、分配、转移以及使用的关系结构。该网络强调"以顾客为中心"，通过整合价值链中不同位置的企业及相关利益体，共同为顾客创造价值。

通过对价值链理论的拓展与提升，价值网理论更加注重围绕顾客价值重构原有价值链，强调通过价值网中不同层次以及主题之间的相互关联关系而形成多价值链、多环节的网状联系及交换关系。通过这种网状关联，企业战略上既强调竞争也强调合作。

相对于价值链，价值网更注重"以客户为本"的理念，运用网络体系的优势灵活适应供求的变化，改变各成员之间的关系。

（2）信息技术与企业生态系统

企业生态系统是有别于传统企业竞争模型的一种新的商业模型，其概念建立在价值网理念基础上，是以组织以及个人的相互作用为基础的经济联合体。企业生态系统超越了传统价值链，不限于行业部门，考虑供应商等诸多因素。其主要特点如下。

①突破传统的组织边界限制，由一个或少数几个企业统领整个生态系统，建造平台实现跨企业、跨区域、跨行业，甚至全球化的发展和合作。

②在企业生态系统建立与运作中，信息技术扮演着强有力的角色，提供了巨大的支持。

过关测试题

一、单项选择题

1. 下列选项中，不属于企业内部利益相关者的是
（　　　）。

A. 经理阶层　　　　　B. 贷款人

C. 股东　　　　　　　D. 企业员工

2. 甲公司是一家国内上市的通信公司，原计划在泰国购买一家电子企业的股份。但2014年6月，企业了解到当地民众和政党具有一定的反对情绪，则立即放弃了这一计划，这体现了权力运用中的（   ）。

A. 规避模式　　　B. 和解模式

C. 对抗模式　　　D. 折中模式

3. 下列关于权力与职权的说法中，错误的是（   ）。

A. 职权很难识别和标榜

B. 职权沿着企业的管理层次方向自上而下

C. 权力的影响力在各个方面

D. 职权包含在企业指定的职位或功能之内

4. 甲公司是乙公司的供应商，由于甲公司生产的产品供不应求，因此乙公司对甲公司生产的产品依赖度极高。根据以上描述，其体现的权力来源是（   ）。

A. 个人的素质和影响

B. 对资源的控制与交换权力

C. 在管理层次中的地位

D. 参与或影响企业战略决策与实施过程

5. 一些企业通过协调各部门、各员工之间协作的能力，从而使得企业运作良好。该资料体现了组织结构基本要素中的（   ）。

A. 整合　　　B. 分工

C. 集权　　　D. 以上均不正确

6. 陈某开办了一家中介咨询机构，整个机构的所有大小事务都由陈某一人直接管理，并由下属执行其安排的任务。该中介咨询机构采取的组织结构是（   ）。

A. 职能制组织结构

B. 创业型组织结构

C. 事业部制组织结构

D. M型企业组织结构

7. 麦当劳在世界各地开设分店，需要按照不同国家的不同饮食习惯以及当地的社会文化风俗，为当地顾客提供相适宜的快餐。麦当劳适宜采用（   ）。

A. 国际部结构

B. 全球区域分部结构

C. 跨国结构

D. 全球产品分部结构

8. 某企业打算采用差异化战略，以扩大企业的市场份额。但是由于技术革新，导致产品间的差异化减小，进而导致该企业战略失效而倒闭。该战略失效属于（   ）。

A. 早期失效　　　B. 偶然失效

C. 晚期失效　　　D. 以上均不正确

9. A企业要求各部门每年编制的预算都要以以前年度的预算为基础，进行合理的调整，该企业使用的预算方法是（   ）。

A. 增量预算　　　B. 零基预算

C. 固定预算　　　D. 以上均不正确

10. 下列各项中，不属于企业文化为企业创造价值的途径有（   ）。

A. 文化带动员工积极性

B. 文化简化了信息处理

C. 文化补充了正式控制

D. 文化促进合作并减少讨价还价成本

11. 艾尔弗雷德·钱德勒在其经典著作《战略和结构》中，首次提出组织结构服从战略的理论。其组织结构服从战略理论可以从两方面展开，一方面为"企业发展阶段与结构"，另一方面为（   ）。

A. 战略的前导性与结构的滞后性

B. 战略的滞后性与结构的前导性

C. 战略的滞后性

D. 结构的前导性

12. 下列选项中，关于公司治理说法正确的是（   ）。

A. 公司治理职能不仅仅是指导，还包括控制

B. "缺席的所有者"指的是上市公司的外部投资者

C. 公司治理只是一种对公司内部的制衡体系

D. 审计报告是内部和外部用来测试有效经营和监督公司战略、管理和资源的一个通用的依据

二、多项选择题

1. 领导的影响力由法定权力和自身影响力两个方面构成。下列选项中属于法定权力的有（   ）。

A. 奖励权　　　B. 强制权

C. 法定权　　　D. 专家权

2. 下列关于企业利益相关者对企业主要的利益期望的说法中，错误的是（   ）。

A. 政府对企业最直接的利益期望是能够承担一系列的社会责任

B. 经理对企业的主要利益期望是利润最大化

C. 投资者对企业主要的利益期望是销售额最大化

D. 贷款人期望企业能够拥有理想的现金流量管理状况、较高的偿付贷款及利息的能力

3. 企业外部利益者对企业的共同期望是企业应承担一系列社会责任。企业需要承担相应的社会责任包括（　　　）。

A. 保证企业利益相关者的基本利益要求

B. 实现利润最大化

C. 赞助和支持社会公益事业

D. 保护自然环境

4. 下列属于横向分工的是（　　　）。

A. 为开发新产品，企业可以设立跨职能的团队，使不同职能的员工一起工作

B. 企业高层管理人员必须决定事业部的管理人员授予多少权责

C. 企业高层管理应该确定设立销售部门与广告等促销部门，还是将两个部门合并为一个实体

D. 企业高层管理者决定按照北美区域、东南亚区域以及中东区域划分事业部

5. 下列选项中，属于平衡计分卡中顾客角度目标的是（　　　）。

A. 市场份额　　　B. 新客户开发率

C. 顾客满意度　　D. 销售增长率

6. 下列关于平衡计分卡的特点说法正确的是（　　　）。

A. 平衡计分卡为企业战略管理提供强有力的支持

B. 平衡计分卡可以提高企业整体管理效率

C. 平衡计分卡可以使企业注重团队合作，但是不能防止企业管理机能失调

D. 平衡计分卡可以提高企业激励作用，扩大员工的参与意识

7. 下列关于战略控制说法错误的是（　　　）。

A. 战略控制期间通常为一年以下

B. 战略控制的重点是控制内部

C. 战略控制通常采用定量方法

D. 战略控制要不断纠正行为

8. 下列各项中，属于衡量市场营销活动的关键业绩指标有（　　　）。

A. 毛利率　　　　B. 销售数量

C. 服务水平　　　D. 市场份额

9. 管理层在决定区域事业部结构纵向层次时，需要考虑的问题有（　　　）。

A. 集权与分权

B. 中层管理人员人数

C. 企业的发展阶段

D. 协调与激励

10. 钻石小鸟是一家处于起步期的销售钻石的网站，其业务主要为通过网络定购的方式销售钻石戒指、钻石项链等饰品。该公司决定采用平衡计分卡来计量来年的绩效。下列选项中，属于顾客角度的计量方法的有（　　　）。

A. 顾客订单的增加

B. 订单到交货所需的时间

C. 顾客满意度

D. 新产品类型的开发

11. 下列各项中，属于企业内部利益相关者的有（　　　）。

A. 股东　　　　　B. 企业员工

C. 经理阶层　　　D. 贷款人

12. 在衡量企业业绩的指标中，能够更及时传递信息的指标有（　　　）。

A. 财务指标

B. 市场份额

C. 非财务指标

D. 资产负债率

13. 审计委员会作为公司治理的主要参与方，其职责包括（　　　）。

A. 批准外聘会计师事务所的业务条款及审计服务的报酬

B. 监察和评估内部审计职能在企业整体风险管理系统中的有效性

C. 对重大的财务报告事项和判断进行复核

D. 在内部审计完成后，依据有关工作目标、已实施审计程序、意见及建议编制审计报告

14. 下列各项关于信息技术对组织结构变革影响的表述中，正确的有（　　　）。

A. 信息技术强化内部通信、监控协调能力，扩大控制跨度

B. 信息技术支持虚拟组织，不支持团队结构

C. 信息技术在业务流程重组中发挥着重要作用

D. 信息技术有助于企业组织的规范化

三、简答题

神州控股有限公司（简称神州公司）是中国领先的整合IT服务提供商。集团总部位于中国香港。集团于2001年6月1日在香港联合交易所有限公司主板独立上市。神州公司致力于为中国用户提供先进、适用的信息技术应用，以科技驱动工作与生活的创新，推进数字化中国进程。神州数码拥有丰富的全球IT资源，与100多家国际顶尖IT厂商（遍布欧洲、亚洲和美洲）建立合作伙伴关系，覆盖从个人应用到企业应用的所有领域，拥有遍布全国的渠道网络，渠道数量达到10 000余家。

但是，2008年金融危机爆发，由于企业的海外经营业务未能及时作出有效反应，导致2008年、2009年企业经营出现巨额亏损，甚至面临破产边缘。

2009年年底，神州公司请华夏基石人力资源顾问公司为公司进行诊断。在经过初步的研究后，华夏基石人力资源顾问认为，神州公司原有的职能型的组织结构不再适合企业所处的经营环境以及企业自身的发展战略，华夏基石人力资源顾问结合企业所处的经营环境以及企业自身的发展战略，建议神州公司采用区域事业部制组织结构。

2010年伊始，神州公司开始在集团内部进行大举变革。

要求：

（1）简述选择战略变革的时机的3种类型，并确定神州公司战略变革时机的所属类型。

（2）神州公司以前实施"职能制"组织结构的缺点，以及神州公司实施"区域事业部制"组织结构的优点，并提出神州公司应如何组织"区域事业部制"组织结构的建议。

风险与风险管理

第 **5** 章

本章是本书复习的重点章节，主要介绍了风险与风险管理的相关概念，全面阐述了风险管理基本流程、风险管理体系以及风险管理技术与方法，其所涉及的概念和方法较多，考生需要加深理解并记忆。

近几年考试中本章的平均分值为18分左右，考试题型一般为客观题和主观题。

本章内容既涉及客观题也涉及主观题，很多内容都是解决综合题的基础。通常以客观题题型考查的考点有：企业面对的风险种类、风险管理成本分类、风险评估过程、风险管理工具、风险管理技术与方法、套期保值。以主观题题型考查的考点有：分析企业面对的风险种类包括外部风险和内部风险、风险管理工具的选择以及风险管理技术与方法的选择。

【本章考点概览】

风险与风险管理	一、风险与风险管理概述	风险的概念	★
		企业面对的风险种类	★★
		风险管理的概念	★
	二、风险管理的目标		★★
	三、风险管理基本流程	收集风险管理初始信息	★★
		进行风险评估	★★★
		制定风险管理策略	★★★
		提出和实施风险管理解决方案	★★★
		风险管理的监督与改进	★★
	四、风险管理体系	风险管理策略	★★
		风险管理组织体系	★★
		内部控制系统	★★
		风险理财措施	★★
		风险管理信息系统	★★
	五、风险管理技术与方法	头脑风暴法	★★
		德尔菲法	★★
		流程图分析法	★★
		风险评估系图法	★★
		马尔可夫分析法	★★
		敏感性分析法	★★
		决策树法	★★
		统计推论法	★★
		失效模式影响和危害度分析法	★★
		情景分析法	★★
		事件树分析法	★★

第一节　风险与风险管理概述

考情分析：本节内容的出题方式为客观题与主观题，是全书的重点章节。重点考查风险概念的理解、企业面对的风险种类、企业全面风险管理特征、风险管理的概念，尤其是企业面对的风险种类是主观分析题中经常涉及的内容，因此要重点关注。

学习建议：重在理解并适当记忆本节内容，着重理解风险与风险管理相关的定义，熟练掌握全面风险管理的特征，精准掌握企业面对的各种风险种类。

一、风险的概念（★）

早在19世纪，西方古典经济学派就提出了风险的概念。风险是经营活动的副产品，经营者的收入是其在经营活动中承担的风险的报酬。

2001年国际内部审计师协会这样定义风险：风险是指那些影响企业实现其战略目标的不确定性，此不确定性既可能给企业带来机会，也可能给企业带来损失。该定义将消极面和积极面都包括在内。要想准确理解风险，需要注意以下几点。

（1）企业风险与企业战略相关。在企业实现战略目标的过程中，存在着很多阻碍其实现目标的风险性因素，风险与战略息息相关，公司经营中战略目标不同，企业面临的风险也不同。

（2）风险是一系列可能发生的结果，而不能简单理解为最有可能的结果。风险的可能结果是一系列的，而非单一的，在理解和评估风险时，要注意对应的包含众多不确定性的"范围"这一概念。

（3）风险既具有客观性，又具有主观性。风险是事件本身的不确定性，具有客观性，但是特定情况下的风险，又可以由人的主观判断来决定选择不同的风险，因此又具有主观性。

（4）风险总是与机遇并存。风险本身并不是坏事，有正负两面，我们把负面的风险称为威胁，而把正面的风险称为机会。对企业发展而言，风险是必须的，不能一味地害怕风险，有风险才有机会。企业应积极了解面临的风险，并且学会平衡风险可能导致的相反结果所带来的机遇。

◀)) 名师点拨 ••••••••••••••••••••••••

在现代市场经济中，只有准确理解风险的概念，才能正确对待在实现企业发展战略目标过程中遇到的各类风险，做出正确的决策。

【知识拓展】（1）风险观念并非一成不变，从前现代社会→现代社会→现代市场经济，其内涵、对风险的反应以及应对风险的机制经历了如下变化。

①风险内涵：迷信、罪恶→可预测、可度量的负面因素→可管理可操纵的机会。

②对风险的反应：责备、被迫接受→避免、保护→接受专业的建议，建立自我纠错系统控制风险。

③应对风险的机制：补偿、惩罚、报应、复仇→财务上的赔偿→系统性地改善。

（2）虽然风险理念在不断改变，但是始终围绕着以下3个基本问题而展开。

①风险的真相或者真实性是什么？

②风险会导致哪些不利后果？

③如何规范与测度风险的不确定性？

二、企业面对的风险种类（★★）

企业面对的主要风险可以分为两大类：外部风险和内部风险。各类风险具体内容如表5-1所示。

表5-1　　　　　　　　　　风险种类划分

分　类	阐　释	具体种类
外部风险	由于外部环境等因素而导致的风险	政治风险、法律风险、社会文化风险、技术风险、自然环境风险、市场风险、产业风险
内部风险	由于内部决策、操作等因素而导致的风险	战略风险、操作风险、运营风险、财务风险

（一）外部风险

外部风险是指由于外部环境等因素而导致的风险，在企业发展过程中，必须充分考虑由于外部环境因素造成的外部风险，如在跨国并购中易发生的政治风险、社会文化风险等，在日常经营活动中易发生的市场风险、信用风险等。

1. 政治风险

（1）定义

政治风险是指由于政府官员行使权力和政府组织的行为而产生的不确定性。同时政府直接干预也可能导致政治风险，例如，不履行合同、货币不可兑换、不利的税法、关税壁垒、没收资产或限制将利润带回母国等。

政治风险也指企业因一国政府或人民的举动而遭受损失的风险。

【知识拓展】政治风险广泛适用于国内外市场；政府的不作为也可能产生政治风险，例如，政府未能发出企业要求的许可证，或者政府未能实施当地法律。

（2）分类

政治风险的种类繁多，但常见的有：①外汇管制的规定；②进口配额和关税；③最低持股比例和组织结构等的规定；④限制向东道国的银行借款；⑤没收资产等。

【知识拓展】在跨国并购活动中，易发生政策变动、歧视性干预、恐怖袭击、国有化、战争动乱、劳工等政治风险，因此在进行战略决策时要予以充分考虑。

2. 法律风险与合规风险

（1）联系与区别

法律风险和合规风险作为现代企业风险体系中的重要组成部分，二者既有重合，但也各有侧重。二者的联系与区别如表5-2所示。

表5-2　　　　　　　　　　　法律风险与合规风险的联系与区别

风险类别	定义与说明	区　别	联　系
法律风险	指企业在经营过程中因自身经营行为的不规范（原因1）或者外部法律环境发生重大变化（原因2）而造成的不利法律后果（结果）的可能性	法律风险侧重于民事责任的承担	都是为了加强管理行为来防范风险的发生，很多时候二者会在一个事件中同时发生
合规风险	指因违反法律或监管要求（原因）而受到制裁（结果1）、遭受金融损失（结果2）以及因未能遵守所有适用法律、法规、行为准则或相关标准而给企业信誉带来的损失（结果3）的可能性	合规风险侧重于行政责任和道德责任的承担	

（2）法律风险类别

①法律环境因素，包括立法不完备、执法不公正等。

②市场主体自身法律意识淡薄，在经营活动中不考虑法律因素等。

③交易相对方的失信、违约或欺诈等。

【例题1·多选题】企业面对的法律风险通常包括（　　　　）。

A. 立法不完备

B. 交易相对方的失信

C. 市场主体自身法律意识淡薄

D. 违约或欺诈

【解析】法律风险类别包括：①法律环境因素，包括立法不完备、执法不公正等；②市场主体自身法律意识淡薄，在经营活动中不考虑法律因素等；③交易相对方的失信、违约或欺诈等。故A、B、C、D均正确。

【答案】ABCD

3. 社会文化风险

（1）定义

社会文化风险是指文化这一不确定性因素的影响给企业经营活动带来损失的可能。

（2）类别

社会文化风险主要有以下几种常见的风险，如表5-3所示。

表5-3　　　　　　　　　　　社会文化风险的类别

类　别	简要阐释
跨国经营活动引发的文化风险	东道国与母国民族文化的差异可能会给企业的发展带来阻力，产生文化风险
企业并购活动引发的文化风险	企业双方文化的差异会给企业的并购带来阻力，尤其是跨国并购使得企业面临组织文化、民族文化双重风险
组织内部因素引发的文化风险	组织文化变革等内部因素导致个人层面的文化风险

【例题2·单选题】（2016年真题）我国的纺织生产企业甲公司向欧洲H国出口"双羊"牌高档羊绒被，其英文名为"Goats"，该产品质量上乘，但在H国一直销路不佳。甲公司进行详细调查后发现，在H国，"Goats"除了有山羊的意思以外，还有其他的贬义，一些消费者因此产生不好的联想，影响了产品的销售，这个案例表明，企业跨国营销可能面临（　　）。

A. 市场风险

B. 环境风险

C. 品牌风险

D. 文化风险

【解析】本题考查的是社会文化环境。在经济全球化背景下，企业跨国经营和并购活动日益频繁，企业不可避免地面临着外来竞争以及多元文化的冲突，所有的管理者都需要用全球化观念来考虑本企业的经营与管理，都要考虑文化差异给企业带来的影响。是否重视跨文化管理正在成为影响现代企业经营成败的关键因素。题目中甲公司没有了解到"Goats"，在H国有贬义的意思，这是因为文化差异造成的，所以是文化风险。

【答案】D

4. 技术风险

（1）定义

广义的技术风险是指某一新技术的产生与发展在给本行业或本企业带来增长机会的同时，又给其他行业或企业形成巨大威胁的可能性。

本书采用的狭义的技术风险，是指技术在创新过程中，由于技术本身的复杂性和其他相关因素变化产生的不确定性而导致技术创新遭遇失败的可能性，包括纯技术风险及其他过程中由于技术方面的因素所造成的风险。

（2）分类

从技术活动过程所处的不同阶段来看，技术风险可以划分为技术设计风险、技术研发风险和技术应用风险3类。技术活动的不同阶段如图5-1所示。

图5-1　技术活动过程

①技术设计风险：在第一阶段，由于技术构思或设想的不全面，技术及技术系统可能存在先天"缺陷"或创新不足，进而引发各种风险。

②技术研发风险：在第二阶段，由于外界环境变化、项目本身的难度和复杂性、技术研发人员自身知识和能力的限制，可能导致技术研发面临着失败的危险。

③技术应用风险：在第三阶段，技术成果在产品化、产业化的过程中所产生的一系列不确定性的负面影响或效应。

【例题3·单选题】从技术活动过程所处的不同阶段来看，技术风险可以划分为技术设计风险、技术研发风险和技术应用风险3类。以下属于在技术设计阶段的风险的是（　　）。

A. 由于外界环境变化、项目本身的难度和复杂性可能导致技术研发面临着失败的危险

B. 技术成果在产品化、产业化的过程中产生的风险

C. 由于技术构思或设想的不全面，技术及技术系统可能存在先天"缺陷"或创新不足，进而引发各种风险

D. 由于技术研发人员自身知识和能力的限制而给企业带来的风险

【解析】选项A和选项D属于技术研发过程中的风险，选项B属于技术应用过程中遇到的风险，只有选项C才属于技术设计过程中的风险。故选择C。

【答案】C

5. 自然环境风险

自然环境风险是指由于企业自身或影响其业务的其他方给自然环境造成了破坏，企业承担相应损失的风险。

◄)) 名师点拨 ································

自然环境风险既包括企业自身对自然环境造成的直接影响，同时也包括企业与客户、供应商等其他方的联系而对自然环境造成的间接影响。项目过程可能并不会导致自然环境破坏，但产品本身却可能造成自然环境破坏。

6. 市场风险

企业面对的市场环境是多变的，在进行市场风险分析时，要考虑多个方面的因素，如表5-4所示。

表5-4 市场风险需要考虑的因素

考虑因素	简要阐释
产品或服务的价格及供需变化	如果产品或服务的价格出人意料地上涨或下跌，供需也随之发生变化，可能使业务面临风险
能源、原材料、配件等物资供应的充足性、稳定性和价格的变化	从供应者角度来看，供应商产品或服务价格及供需关系发生变化，企业成本也随之会发生变化，引发市场风险
主要客户、供应商的信用风险	企业在生产产品或提供劳务，可能会提供给客户商业信用，允许客户在一定时间内付款，这种赊欠行为会产生不予支付的信用风险。同时供应商如不能按照合同或协议的要求按时、保质、保量地提供货物，也会产生供应商的信用风险
税收政策和利率、汇率、股票价格指数的变化	①税收风险是指由于税收政策变化使企业税后利润发生变化产生的风险 ②利率风险是指利率提高或降低而产生预期之外损失的风险 ③汇率风险或货币风险是由汇率变动的可能性，以及一种货币对另一种货币的价值发生变动的可能性导致的 ④股票价格风险是股票价格相联系的，影响企业股票或其他资产的投资者甚至企业融资的风险
潜在进入者、竞争者与替代品的竞争	潜在进入者、竞争者与替代品作为波特"五力竞争"模型中的三大要素，其竞争威胁是引发风险的主要因素

【例题4·多选题】甲公司是在上海证券交易所上市的钢铁生产企业。甲公司60%以上的铁矿石从巴西淡水河谷公司进口。甲公司的长期债务中，长期银行借款占80%。下列各项中，属于甲公司在日常经营中面临的市场风险有（　　　）。

A. 利率风险　　　B. 流动性风险

C. 商品价格风险　D. 股票价格风险

【解析】市场风险应考虑以下4个方面的因素：①产品或服务的价格及供需变化；②能源、原材料、配件等物资供应的充足性、稳定性和价格的变化；③税收政策和利率、汇率、股票价格指数的变化；④潜在进入者、竞争者与替代品的竞争。因此本题中只有B选项不属于上述所列的市场风险。流动性风险是后续内部风险中财务风险的一种，是由于营运资金结构处理不当，企业资金等流动性出现断裂而给企业经营等带来阻碍的一种风险。

【答案】ACD

🔊 **名师点拨**

只有牢牢撑握市场风险的内涵及种类，才能够在主客观题中根据题干要求准确分析企业所面临的市场风险。

【例题5·简答题】（2013年真题）

背景：建安公司是D省一家食品进出口集团公司旗下的子公司，主营业务是生产和出口A地区生猪。宏达公司是D省一家大型畜牧业企业集团，是中国目前最大的种猪育种和肉猪生产基地。

事件：为促进发展，建安公司和宏达公司准备建立战略联盟。根据双方的具体情况，经过协商和谈判，决定采用契约式战略联盟，具体方案是建立产销合作联盟，即双方签订收益共享合同，宏达公司给建安公司一个较低的生猪价格，而建安公司给宏达公司一定的收益分成，双方风险共担、收益共享。此外，协商和谈判中对生猪产品的质量标准、双方利益分配、交货、运输及费用的承担问题，以及双方的违约责任和联盟解体等问题都进行了商定。

风险分析：建安公司对丁实施战略联盟方案可能面临的风险进行了分析，认为战略联盟方案实施过程中可能存在两类风险：一类风险主要体现在由于双方利益分配不均、管理协调不畅导致双方战略意图无法实现；另一类风险主要体现在生猪价格波动、生猪疾病疫情、生猪出口配额管理体系变化导致的风险。建安公司管理层认识到，必须建立风险预控机制，成立专门的风险管理委员会，以便对风险进行预测、识别和应对。

要求：

简述分析市场风险可以考虑的几个方面；根据案例中建安公司提出的战略联盟方案实施过程中可能存在的两类风险，分析其应该考虑的市场风险。

【答案】

1. 在进行市场风险分析时，要考虑以下多个方面的因素。

（1）产品或服务价格及供需变化带来的风险。

（2）能源、原材料、配件等物资供应的充足性、稳定性和价格的变化带来的风险。

（3）税收政策和利率、汇率、股票价格指数的变化带来的风险。

①税收风险是指由于税收政策变化使企业税后利润发生变化产生的风险。

②利率风险是指因利率提高或降低而产生预期之外损失的风险。

③汇率风险或货币风险是由于汇率变动的可能性，以及一种货币对另一种货币的价值发生变动的可能性导致的。

④股票价格风险是股票价格相联系的，影响企业股票或其他资产的投资者甚至企业融资的风险。

（4）潜在进入者、竞争者与替代品的竞争带来的风险。

（5）主要客户、供应商的信用风险。

2. 本案例中，由建安公司提出的战略联盟方案同时面临着内部与外部两类风险，而根据建安公司的风险分析以及案例情况，其应该考虑的市场风险主要体现在以下几个方面。

（1）产品或服务价格及供需变化带来的风险。生猪价格波动、生猪疾病疫情可能导致供需的变化，进而导致价格成本等的变化。

（2）汇率风险。由于生猪要销往国外，因此会产生一定的汇率风险。

（3）潜在进入者、竞争者与替代品的竞争带来的风险。生猪出口配额管理体系变化直接影响潜在进入者的进入障碍，影响市场的竞争状况。

🔊 **名师点拨** ·········

主观题中，常常涉及一些细碎的知识点，当面对这样的题目时，考生要注意在已记忆的知识点中挖掘与题目要求对应的答案。如例题4中，在已记忆的市场风险的种类基础上，结合案例逐条寻找本案例中突出的风险，并加以文字阐述，得出最终的答案。2013年另外一道综合题也涉及市场风险与运营风险的内容，所以考生一定要精准掌握企业所面对的各类内部与外部风险。这就要求考生必须熟练掌握并记忆重要知识点的内容。

7. 产业风险

（1）定义

产业风险是指在特定产业中与经营相关的风险。这一风险与企业选择在哪个产业中经营直接相关。

（2）在考虑产业风险时，要重点关注以下几点关键影响因素。

①产业（产品）生命周期阶段。处于不同时期的产业具有不同的产业风险，导入期风险最高；成长期风险稍有降低，其增长可以弥补部分风险；成熟期面临周期性品牌出现的风险；衰退期面临退出产业的风险。

②产业波动性。波动性是与变化相关的一个指标，迅速变化，充满上下起伏的波动性产业风险较高，如电子业、软件业、房地产业和建筑业。

③产业集中程度。产业集中度高，在位企业具有竞争优势，竞争压力和风险较小。产业集中度低的产业中，产业内竞争激烈，企业面临着共同的产业风险。

【例题6·多选题】甲公司是一家大型的集团公司，由于最近主产品市场经济下滑，集团决定收购一家航空公司，以进行多元化经营，分散风险。为此，公司管理层对此决策的相关风险展开了评估。以下选项中属于评估时要考虑的产业风险因素的有（   ）。

A. 利率风险　　　　B. 波动性

C. 集中程度　　　　D. 生命周期阶段

【解析】产业风险需要关注的关键影响因素主要有：产业（产品）生命周期阶段、产业的波动性以及产业的集中程度。故选择B、C、D。

【答案】BCD

（二）内部风险

内部风险是由于内部决策、操作等因素而导致的风险，包括战略风险、运营风险、操作风险和财务风险四大类，具体定义及解释如表5-5所示。

表5-5 四大内部风险分类

内部风险分类	定　义	相关阐释
战略风险	战略风险是指未来的不确定性对企业实现其战略目标的影响	（1）从两个方面看待战略风险： ①从其可能导致的结果来看，有整体性损失、战略目标无法实现两种结果。整体性损失包括经济利益损失和非经济利益损失，若将战略目标分为财务类和非财务类两类目标，实际上整体性损失等同为战略目标无法实现 ②从战略风险产生的原因来看，外部环境、战略管理行为、战略成功必要条件的限制都可能带来战略风险

内部风险分类	定　义	相关阐释
战略风险	战略风险是指未来的不确定性对企业实现其战略目标的影响	（2）制定发展战略需关注的主要风险： ①缺乏明确的发展战略或发展战略实施不到位，可能导致企业盲目发展，难以形成竞争优势，丧失发展机遇和动力 ②发展战略过于激进，脱离企业实际能力或偏离主业，可能导致企业过度扩张，甚至经营失败 ③发展战略因主观原因频繁变动，可能导致资源浪费，甚至危及企业的生存和持续发展
运营风险	运营风险是指在企业运营过程中，由于外部环境的变动性、复杂性以及主体对环境的认知能力和适应能力的有限性，导致运营活动失败或使其达不到预期的目标的可能性及其损失	考虑以下几个方面带来的风险： ①企业产品结构、新产品研发 ②企业新市场开发，市场营销策略 ③企业组织效能、管理现状、企业文化，企业员工知识结构、专业经验 ④期货等衍生产品业务发生失误 ⑤质量、安全、环保、信息安全等管理中发生失误 ⑥企业内、外部人员的道德风险或业务控制系统失灵 ⑦给企业造成损失的自然灾害等风险 ⑧企业现有业务流程和信息系统的操作、运行、监管、评价及持续改进能力
操作风险	操作风险是指由于员工、过程、基础设施或技术及对运作有影响的类似因素（包括欺诈活动）的失误而导致亏损的风险	主要包含以下几种风险： ①员工风险，包括员工的雇用、培训和解雇 ②技术风险。确保系统是最新和能够应对经营风险的 ③舞弊风险 ④外部依赖风险。若特别依赖基础设施、电话、交通系统和能源供应商，供应商发生不良事件将给企业带来巨大的风险 ⑤过程/程序风险 ⑥外包风险。将公司的关键业务过程外包可能会导致失控
财务风险	财务风险是指由于公司财务结构不合理、融资不当，企业丧失偿债能力，使得投资者预期收益下降、陷入财务困境甚至破产的风险	举债经营可以为公司创造高额利润，但债务违约往往使企业陷入财务困境，加大了破产的可能

【例题7·多选题】（2016年真题）甲为了节约成本，将公司软硬件服务外包给乙公司，三个月后由于乙公司人员处理不当，导致信息泄露，甲的风险有（　　　　）。

A. 技术风险　　　　B. 市场风险

C. 操作风险　　　　D. 营运风险

【解析】本题考查的是企业面临的内部风险。甲公司将业务外包，有可能导致业务失控，面临操作风险；由于乙公司人员处理不当，导致信息泄露，对企业的营运也会产生影响，所以也存在营运风险。

【答案】CD

【例题8·单选题】（2017年真题）思达集团原是一家房地产企业。2016年，思达集团以银行贷款为主要资金来源，开始大举并购一些发达国家的酒店和娱乐、体育健身等方面的业务。最近，思达集团由于收购规模过大，资金出现短缺。同时银行收紧了银根，不再向思达集团发放贷款。因此，思达集团被迫终止了收购活动，并为弥补资金漏洞出售了一些已购的业务。根据《企业内部控制应用指引第2号——发展战略》，思达集团在制定和实施发展战略方面存在的主要风险是（　　　　）。

A. 发展战略实施不到位

B. 发展战略过于激进，脱离企业实际能力或偏离主业

C. 发展战略因主观原因频繁变动

D. 缺乏明确的发展战略

【解析】本题考查的是发展风险。战略风险是指未来的不确定性对企业实现其战略目标的影响。发展战略过于激进，脱离企业实际能力或偏离主业，可能导致企业过度扩张，甚至经营失败。题干中思达集团由于收

购规模过大，资金出现短缺，是发展过于激进，脱离企业的实际能力，故B选项为正确答案。

【答案】B

【例题9·单选题】由于市场部对于销售能力的高估，导致一季度甲公司的盈利能力远远低于预期，现金流出现负数，致使公司迅速丧失财务实力而陷入困境。此时，该公司面临的主要内部风险是（　　）。

A. 操作风险 　　　 B. 运营风险

C. 财务风险 　　　 D. 技术风险

【解析】内部风险有战略风险、运营风险、操作风险和财务风险。其中财务风险是指由于公司财务结构不合理、融资不当，企业丧失偿债能力，使得投资者预期收益下降、陷入财务困境甚至破产的风险。甲公司丧失财务实力而陷入困境属于财务风险的范畴，故本题选择C。

【答案】C

【例题10·单选题】（2014年真题）下列各项中，属于企业操作风险的是（　　）。

A. 泥石流导致公路中断，使企业运输途中的设备未能按期到达

B. 企业内、外部人员的道德风险或业务控制系统失灵

C. 由于科技企业总经理管理知识缺乏，企业仍处于粗放式的管理阶段

D. 设备零件发送故障，导致某化工企业生产被迫中断

【解析】本题考查的是内部风险，操作风险包括表5-5中6个部分的内容，D选项属于操作风险的内容，而A、C选项属于运营风险的内容，其中A选项属于给企业造成损失的自然灾害等风险，C选项属于企业组织效能、管理现状、企业文化，企业员工知识结构、专业经验方面的运营风险。故选择D。

【答案】D

【例题11·单选题】（2014年真题）企业信息安全管理中发生失误导致的风险属于（　　）。

A. 市场风险 　　　 B. 运营风险

C. 操作风险 　　　 D. 战略风险

【解析】运营风险应该考虑的方面包括企业现有业务流程和信息系统的操作、运行、监管、评价及持续改进能力等，故本题选择B。

【答案】B

三、风险管理的概念（★）

（一）风险偏好与风险承受度

风险偏好与风险承受度是风险管理中十分重要的两个概念，它们的提出是基于企业风险管理理念的变化，传统风险概念认为风险就意味着损失，因此只关注风险管理的成本，而全面风险管理则认为风险管理中机遇与风险并存。

（1）风险偏好是指企业希望承受的风险范围，包括公司希望承担什么风险和承担多少风险。

（2）风险承受度是指企业风险偏好的边界，可以将其作为企业采取行动的预警指标。为显示不同的警示级别，企业可以设置若干个不同的承受度指标，如图5-2所示。

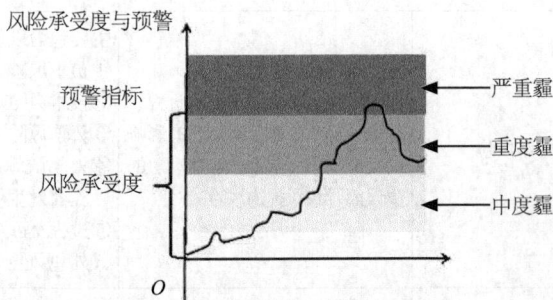

图5-2 风险承受度的不同划分

🔊 **名师点拨** ••••••••••••••••••••••••••••

风险偏好与风险承受度为风险管理概念的重要组成部分。提出风险偏好意义在于研究成本与收益的关系，因此基于风险管理概念的二重性，为了实现企业价值最大化的目标，就必须确立好风险承受度，在机遇和风险中寻求平衡点。

（二）风险管理的内涵

企业风险管理是指从战略制定到日常经营的过程中对待风险的态度，确定可能影响企业的潜在事项，并进行相应的管理，最终是在为实现企业的目标提供合理保证的目的，其内涵主要包括以下内容。

（1）正在进行并贯穿整个企业的过程（全过程）。

（2）受到各个层次人员的影响（全员化）。

（3）战略制定时得到应用（战略性）。

（4）适用于各个级别和单位的企业，包括考虑的风险组合（普遍性）。

（5）识别可能影响企业及其风险管理的潜在事项

（管理的前提）。

（6）可以对企业的管理层和董事会提供合理保证（管理的限制）。

（7）致力于实现一个或多个单独但是类别相互重叠的目标（管理目的）。

（三）企业风险管理的特征

随着企业管理制度的发展，风险管理理念也从传统风险管理发展到现今的全面风险管理，如表5-6所示，在传统风险管理理念的基础上，风险管理的概念、目标、内容等有了根本性的变化。

表5-6 风险管理理念的新旧对比

项 目	传统风险管理	全面风险管理
涉及面	主要涉及公司财务和审计，并由相应部门负责；对象主要是可保风险和财务风险	包括高管在内的全体成员都得承担与自己行为相关的风险管理责任；对象为所有风险（包括纯企业风险和风险机会）
连续性	必要时才进行	完整的、系统的、有重点的、持续的行为
态度	消极地将风险管理视作成本	积极地将风险管理作为价值中心
目标	转移或避免风险，与企业战略联系不紧	紧密联系企业战略，寻求风险优化措施
方法	事后反应式的风险管理方法	事前风险防范、事中风险预警、事后风险及时处理
注意焦点	专注于纯粹和灾害性风险	专注于所有利益相关者的共同利益最大化上

同时，经过多年的发展，从以上新旧理念的对比可知，全面风险管理具有以下5项特征。

（1）战略性。主要运用于企业战略管理层面。

（2）全员化。包括公司治理层、管理层、员工在内全员化的风险管理过程。

（3）专业性。人才专业化管理。

（4）二重性：损失＋机会。全面风险管理既要管理纯粹风险（只有损失机会，而无获利可能的风险）也要管理机会风险，其商业使命在于：①损失最小化管理；②不确定性管理；③绩效最优化管理。

（5）系统性。运用一套系统、规范的方法进行管理。

【例题12·多选题】下列各项中，属于企业全面风险管理的商业使命的有（ ）。

A. 全员性 B. 损失最小化管理

C. 绩效最优化管理 D. 二重性

【解析】全面风险管理有一个特征就是二重性，即风险既可能给企业带来利益，但也可能给企业带来损失。全面风险管理既要管理纯粹风险（只有损失机会，而无获利可能的风险）也要管理机会风险，其商业使命在于：①损失最小化管理；②不确定性管理；③绩效最优化管理。故选择B、C。

【答案】BC

第二节 风险管理的目标（★★）

考情分析：本节内容的出题方式主要以客观题为主，主要考查全面风险管理紧密联系企业战略这一思想。

学习建议：本节内容从2013年版教材第一节内容中单独提出自成一节，说明知识点较为重要，可能成为本年的考试点。在2015年，教材大幅度更改的情况下，该节仍然自成一节，说明本节的知识点、内容精练，考生需适当注意记忆总体目标的五大部分内容。

全面风险管理紧密联系企业战略，其总体目标充分体现了这一思想，具体包括以下内容。

（1）控制风险在与公司总体目标相适应并可承受的范围内。

（2）确保内外部之间实现真实、可靠的信息沟通，尤其是企业与股东之间。

（3）确保遵守有关法律法规。

（4）确保采取重大措施保证企业规章制度的完善，保障经营管理的有效性，提高经营活动的效率和效果，实现经营目标，降低实现经营目标的不确定性。

（5）确保建立针对各项重大风险发生后的危机处理计划，避免因灾害性风险或人为失误而遭受的重大损失。

【例题13·多选题】全面风险管理总体目标充分体现了全面风险管理紧密联系企业战略这一思想。以下有关全面风险管理阐述的选项中准确的有（　　　）。

  A. 全面风险管理确保企业内外部之间实现真实、可靠的信息沟通

  B. 全面风险管理控制风险在与公司总体目标相适应并可承受的范围内

  C. 全面风险管理确保企业采取重大措施确保企业规章制度的完善，保障经营管理的有效性，提高经营活动的效率和效果，实现经营目标，降

低实现经营目标的不确定性

  D. 全面风险管理确保建立针对各项重大风险发生后的危机处理计划，避免因灾害性风险或人为失误而遭受的重大损失

  【解析】由上述阐述以及题目的选项来看，所有选项均体现了全面风险管理紧密联系企业战略这一特点。故选择A、B、C、D。

  【答案】ABCD

第三节　风险管理基本流程

  考情分析：本节内容的出题方式主要以客观题为主，重点考查风险管理基本流程的基本内容，包括收集风险管理初始信息、进行风险评估、制定风险管理策略、提出和实施风险管理解决方案以及风险管理的监督与改进五大基本流程。

  学习建议：重在理解并适当记忆本节内容，着重

理解相关定义和概念，熟练掌握流程的基本内容，精准掌握风险评估步骤等细节内容。

  风险管理的基本流程包括：①收集风险管理初始信息；②进行风险评估；③制定风险管理策略；④提出和实施风险管理解决方案；⑤风险管理的监管与改进。如图5-3所示。

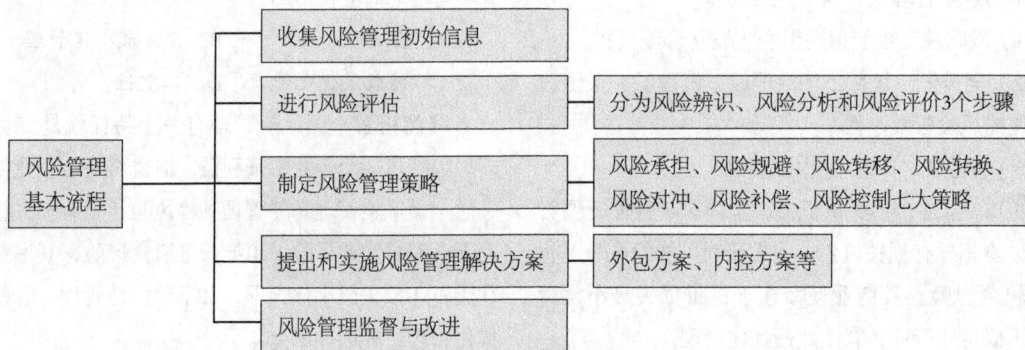

图5-3　风险管理基本流程示意图

一、收集风险管理初始信息（★★）

  风险管理基本流程的第一步，广泛地、持续不断地收集与本企业风险与风险管理相关的包括历史数据和未来预测在内的内部、外部初始信息，将收集初始信息

的职责分工具体地、规范地落实到各有关职能部门和业务单位。

  收集初始信息根据以下5种主要风险类型具体展开分析，如表5-7所示。

表5-7   收集5种类型的风险信息

风险类型	相关阐释
战略风险	广泛收集国内外企业战略风险失控导致企业蒙受损失的案例，关注以下几方面的内容：①国内宏观经济政策、产业政策、产业状况；②科技进步、技术创新；③市场需求；④战略合作伙伴的新增与维持；⑤主要客户、供应商及竞争对手基本情况；⑥与主要竞争对手的对比；⑦企业发展战略和规划、投融资计划、年度经营目标、经营战略的制定与依据；⑧对外投融资流程中曾发生或易发生错误的业务流程或环节
财务风险	广泛收集国内外企业财务风险失控导致危机的案例，关注以下几个方面的内容：①偿债能力；②现金流、资金周转率；③产品存货及其占销售成本的比重、应付账款及其占购货额的比重；④制造成本和管理费用、财务费用、销售费用；⑤盈利能力；⑥成本、资金核算、结算管理；⑦相关的产业会计政策等信息
市场风险	广泛收集国内外企业因忽视市场风险、缺乏应对措施而导致企业蒙受损失的案例，关注以下几个方面的内容：①产品、服务价格及供需；②能源、原材料、配件等物资供应状况；③主要客户、主要供应商的信用；④税收政策和利率、汇率及股票价格指数的变化；⑤潜在竞争者、现有竞争者及其主要产品、替代品情况

续表

风险类型	相关阐释
运营风险	关注以下几个方面的内容：①产品结构、产品研发；②新市场开发，市场营销策略；③企业组织效能、管理现状、企业文化，企业员工知识结构、专业经验；④期货等衍生产品业务发生失误；⑤质量、安全、环保、信息安全等管理中发生失误；⑥企业内、外部人员的道德风险或业务控制系统失灵；⑦给企业造成损失的自然灾害等风险；⑧企业现有业务流程和信息系统的操作、运行、监管、评价及持续改进能力；⑨风险管理现状与能力
法律风险	广泛收集国内外企业因忽视法律法规风险、缺乏应对措施导致企业蒙受损失的案例，关注以下几个方面的内容：①政治、法律环境；②新法律法规和政策；③员工道德操守；④重大协议和有关贸易合同；⑤重大法律纠纷案件的情况；⑥知识产权持有情况

【例题14·多选题】（2017年真题）分析企业运营风险，企业应至少收集与该企业、本行业相关的信息，其中包括（　　　）。

A. 企业风险管理的现状和能力

B. 潜在竞争者、竞争者及其主要产品、替代品情况

C. 期货等衍生产品业务曾发生或易发生失误的流程和环节

D. 新市场开发、市场营销策略

【解析】本题考查的是分析运营风险。分析运营风险应关注以下几个方面的内容：（1）产品结构、产品研发；（2）新市场开发，市场营销策略；（3）企业组织效能、管理现状、企业文化，企业员工知识结构、专业经验；（4）期货等衍生产品业务发生失误；（5）质量、安全、环保、信息安全等管理中发生失误；（6）企业内、外部人员的道德风险或业务控制系统失灵；（7）给企业造成损失的自然灾害 等风险；（8）企业现有业务流程和信息系统的操作、运行、监管、评价及持续改进能力；（9）风险管理现状与能力。故A、C、D选项为正确答案。

【答案】ACD

二、进行风险评估（★★★）

（一）风险评估的步骤

收集到了风险管理初始信息之后，企业要运用适当的方法对收集的信息以及企业各项业务管理及其重要的业务流程进行风险评估。风险评估包括风险辨识、风险分析、风险评价3个步骤，如图5-4所示。

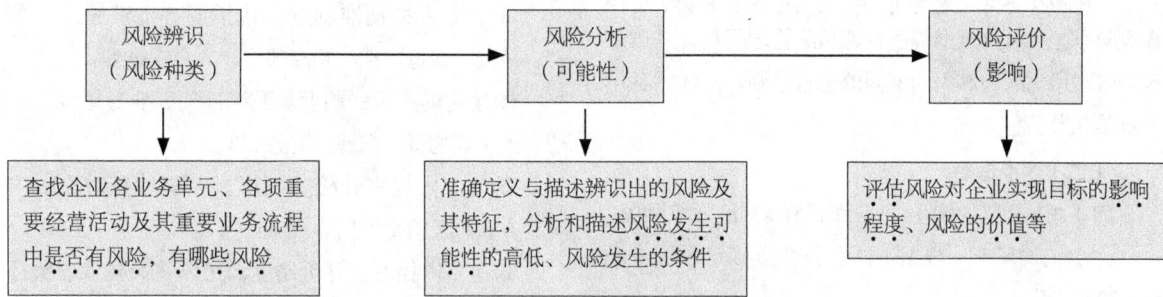

图5-4　风险评估步骤

（二）风险评估的方法

进行风险辨识、分析、评价，应将定性与定量方法相结合。

（1）定性方法。定性方法可采用问卷调查、专家咨询、情景分析、行业标杆比较、政策分析、集体讨论、管理层访谈、由专人主持的工作访谈和调查研究等。

（2）定量方法。定量方法可采用统计推论（如集中趋势法）、事件树分析、失效模式与影响分析等。

（3）关系分析。分析风险之间的联系，发现风险对冲、风险事件发生的正负抵消组合效应，从而集中管理风险。

（4）绘制风险坐标图。企业在评估多项风险时，可采用风险坐标图（参见图5-9），通过比较各项风险，从高到低绘制风险发生可能性和对目标的影响程度，初步确定对各项风险的管理优先顺序和策略。

（5）聘请中介机构。风险评估应由企业组织有关职能部门和业务单位实施。若职能部门和业务单位不能很好地实施评估工作，也可聘请有资质、信誉好、风险

管理专业能力强的中介机构协助实施。

（6）动态、持续评估风险。

【例题15·多选题】收集到了风险管理初始信息之后，企业要运用适当的方法对收集的信息以及企业各项业务管理及其重要的业务流程进行风险评估。以下属于风险评估方法中定性方法的有（　　　）。

A．情景分析　　B．统计推论

C．关系分析　　D．问卷调查

【解析】风险评估的方法包括定性分析、定量分析、关系分析等，其中定性方法可采用问卷调查、专家咨询、情景分析、行业标杆比较、政策分析、集体讨论、管理层访谈、由专人主持的工作访谈和调查研究等，定量方法可采用统计推论（如集中趋势法）、事件树分析、失效模式与影响分析等。因此，本题风险评估的定性方法应该选择A、D。

【答案】AD

三、制定风险管理策略（★★★）

（一）定义

风险管理基本流程的第三步是制定风险管理策略。风险管理策略是企业的一项总体策略，依据自身条件和外部环境，紧密围绕企业发展战略，有效确定风险偏好、风险承受度、风险管理有效性3项主要标准，选择风险承担、风险规避等适合的风险管理工具，并确定风险管理所需人力和财力资源的配置原则。具体内容见本章第四节。

（二）要点理解

（1）根据不同的风险类型匹配适宜的风险管理策略。

（2）关键环节：根据不同业务特点确定风险偏好和风险承受度。

（3）根据风险与收益相平衡的原则等，确定风险管理的优选顺序，做好资金预算、组织体系、人力资源、应对措施等总体安排。

（4）制定好了风险管理策略之后，要定期总结和分析已制定风险管理策略的合理性和有效性，不断修订、完善。

四、提出和实施风险管理解决方案（★★★）

在制定好风险管理策略后，为进一步落实风险管理工作，企业必须根据风险管理策略，针对各类风险或每一项重大风险制定相应的风险管理解决方案。

（一）风险管理解决方案的两种类型

从大的分类看，风险管理解决方案可以分为外部和内部解决方案。

1. 外部解决方案

外部解决方案一般指外包。企业可以将风险管理工作外包给专业的投资银行等机构，提高效率。但是也要注重外包的质量、成本与收益的平衡，避免产生过度依赖等风险，并制定相应的预防和控制措施。

2. 内部解决方案

内部解决方案是风险管理体系的运转。一般综合应用风险管理策略、组织职能、信息系统（包括报告体系）、内部控制（包括政策、制度、程序）和风险理财措施等多种手段，尤其是在满足合规要求、保持战略的一致性等前提下建立有效的内部控制。

（1）内部控制概念：内部控制是全面风险管理的重要组成部分，是通过设计和实施一系列的企业流程政策、制度、程序以及措施等，以达到控制影响实现流程目标的各种风险的过程。

（2）制定内部控制的措施，一般包括下述内容。

①建立内控岗位授权制度。包括明确授权对象、条件、范围、额度等的制定。

②建立内控报告制度。包括明确报告时间、人员、内容、频率、传递路线等。

③建立内控批准制度。包括明确批准程序、条件、范围、必备文件、相应部门、人员安排等。

④建立内控责任制度。明确部门、业务单位、岗位、人员等的责任归属及奖惩制度。

⑤建立内控审计检查制度。明确检查对象、内容、方式以及检查部门等。

⑥建立内控考核评价制度。可以将风险管理执行情况与绩效薪酬挂钩。

⑦建立重大风险预警制度。加强对重大风险的检测，及时发布预警信息，制定相应的应急预案。

⑧建立健全企业法律顾问制度。以总法律顾问制度为核心，加强企业法律风险的防范机制建设，形成全员参与的法律风险责任体系，完善重大法律纠纷案件的备案管理制度。

⑨建立重要岗位权力制衡制度，实行不相容岗位分离制度。对于授权批准、业务经办、会计记录以及稽核检查、财产保护等职责实行岗位分离。

更多的有关内部控制的内容，可参考第6章。

（二）关键风险指标管理

关键风险指标管理是指对引起风险事件发生的关键成因指标进行相应管理的方法，既可以管理单项风险的多个关键成因，同时也可以管理影响企业主要目标的多个主要风险。

1. 关键风险指标管理的步骤

关键风险指标管理的步骤一般分为以下6步。

①分析风险成因，从中找出关键成因。

②量化关键成因，分析确定导致风险事件发生时该成因的具体数值。

③以该具体数值为基础，以发出风险信息为目的，加上或减去一定数值后形成新的数值，即为关键风险指标。

④建立风险预警系统，当关键成因数值达到关键风险指标时，立即发出风险预警信息。

⑤提前制定出现风险预警信息时应采取的风险控制措施。

⑥时刻跟踪关键成因数值的变化，一旦出现预警，立即实施风险控制措施。

2. 关键风险指标分解

企业目标的实现离不开各个职能部门和业务单位共同的努力，因此要兼顾各职能部门和业务单位的诉求，在协调各职能部门与业务部分的基础上，将关键风险指标分解至具体部门。从而把企业整体风险控制在一定范围内。

3. 落实风险管理解决方案

（1）高度重视，要认识到风险管理是企业时刻不可放松的工作，是企业价值创造的根本源泉。

（2）风险管理是企业全员的分内工作，没有风险的岗位是不能创造价值的岗位，没有理由存在的岗位。

（3）落实到组织，明确分工和责任，全员进行风险管理。

（4）为确保工作的效果，落实到位，要对风险管理解决方案的实施进行持续监控改进，并与绩效考核联系起来。

五、风险管理的监督与改进（★★）

风险管理活动是一项持续性的过程，以重大风险、重大事件、重大决策、重要管理及业务流程为重点，监督以上风险管理初始信息、风险评估、风险管理策略、风险管理解决方案、关键控制活动的实施情况，

运用压力测试、返回测试、穿行测试以及风险控制自我评估等方法检验风险管理的有效性，根据变化情况和存在的缺陷及时加以改进。

企业应建立全面的、有效的信息沟通渠道，确保信息沟通的及时性、准确性、完整性，为风险管理的监督和改进奠定基础。

（1）企业各有关部门和业务单位应定期对风险管理工作进行自查和检验，及时发现缺陷并改进，其检查、检验报告应及时报送企业风险管理部门。

（2）风险管理职能部门应定期对各部门和业务单位风险管理工作实施情况和有效性进行检查和检验，要根据在制定风险策略时提出的有效性标准的要求对风险管理策略进行评估，对跨部门和业务单位的风险管理解决方案进行评价，提出调整或改进建议，出具评价与建议报告，及时报送企业总经理或其委托分管风险管理工作的高级管理人员。

（3）内审部门应至少每年一次监督评价各部门能否按照有关规定开展风险管理工作及其工作效果，向董事会或董事会下设的风险管理委员会和审计委员会直接报送监督评价报告。

（4）外包聘请的中介机构出具的风险管理评估和建议专项报告一般应涉及以下几部分的实施情况、缺陷内容，并相应提出修改建议。

①风险管理基本流程、风险管理策略。

②重大风险、重大事件以及重要管理及业务流程的风险管理及内部控制系统的建设。

③风险管理组织体系、信息系统。

④全面风险管理总体目标。

【例题16·单选题】下列关于风险管理的描述中，错误的是（　　　）。

A. 风险管理基本流程的最后一步是风险管理的监督与改进

B. 企业内审部门应至少每3年一次对风险管理工作及其工作效果进行监督评价

C. 风险管理职能部门定期检查和检验风险管理工作实施情况，评估风险管理策略，评价风险管理解决方案，提出调整或改进建议

D. 企业应该建立全面的、有效的信息沟通渠道，确保信息沟通的及时性、准确性、完整性

【解析】内审部门应至少每年一次监督评价各部门、各业务能否按照有关规定开展风险管理工作及其工作

效果,并向董事会或董事会下设的风险管理委员会和审计委员会直接报送监督评价报告。故B选项的说法错误。

【答案】B

◀))名师点拨 ••••••••••••••••••••••••

考生一定要注意教材的细节,尤其是数字和一些基本的观点,是常考的内容。

【例题17·多选题】在风险管理监督与改进的过程中,企业可以采取( )方法检验风险管理的有效性,根据变化情况和存在的缺陷及时对风险管理方式、方法等加以改进。

A. 顺向测试   B. 穿行测试

C. 压力测试   D. 返回测试

【解析】风险管理活动是一项持续性的过程,以重大风险、重大事件、重大决策、重要管理及业务流程为重点,监督以上风险管理初始信息、风险评估、风险管理策略、风险管理解决方案、关键控制活动的实施情况,运用压力测试、返回测试、穿行测试以及风险控制自我评估等方法检验风险管理的有效性,根据变化情况和存在的缺陷及时加以改进。故本题选择B、C、D。

【答案】BCD

第四节 风险管理体系

考情分析:本节内容出题方式既涉及客观题也涉及主观题,重点考查五大风险管理体系的相关内容,包括风险管理策略的作用、风险管理策略的工具、风险管理组织体系、内部控制系统、风险理财措施、风险管理信息系统等。

学习建议:本章是主观题的常考内容,考试需理解并记忆本节内容,着重理解相关定义和概念,尤其是风险管理策略的相关概念,熟练掌握风险管理策略总体定位、风险理财措施,精准掌握7种风险管理策略的工具的类别、定义及适用情况等。

企业管理体系包括五大体系:①风险管理策略;②风险理财措施;③风险管理的组织职能体系;④风险管理信息系统;⑤内部控制系统。

一、风险管理策略(★★)

风险管理策略是企业的一项总体策略,依据自身条件和外部环境,紧密围绕企业发展战略,有效确定风险偏好、风险承受度、风险管理有效性3项主要标准,选择风险承担、风险规避等适合的风险管理工具,并确定风险管理所需人力和财力资源的配置原则。

(一)风险管理策略的定位

(1)风险管理策略作为全面风险管理的总体策略,其制定依据为企业经营战略。

(2)在整个风险管理体系中,风险管理策略起着统领全局的作用。

(3)在企业战略管理的过程中,风险管理策略承上启下,与企业战略紧密联系,保持一致,减少了企业战略错误的可能性。

(二)风险管理策略的作用

(1)服务于企业的总体战略,保证企业经营目标的实现。

(2)在企业的整体经营战略和运营活动中起连接作用。

(3)指导企业所有风险管理活动。

(4)分解为具体的各领域的风险管理指导方针。

(三)风险管理策略的组成部分

(1)风险偏好和风险承受度。明确公司是否承担风险,承担什么风险,承担多少风险。

(2)全面风险管理的有效性标准。确立标准以衡量风险管理工作的成效。

(3)风险管理的工具选择。明确管理风险的方式、方法。

(4)全面风险管理的资源配置。明确人力、财力、物资、外部资源等重要风险管理资源的合理安排。

【例题18·多选题】风险管理策略是企业的一项总体策略,以下选项中属于风险管理策略的组成部分的有( )。

A. 全面风险管理的有效性标准

B. 风险偏好和风险承受度

C. 全面风险管理的资源配置

D. 风险管理的工具选择

【解析】风险管理策略是企业的一项总体策略,依据自身条件和外部环境,紧密围绕企业发展战略,有效确定风险偏好、风险承受度、风险管理有效性3项主要标准,选择风险承担、风险规避等适合的风险管理工具，并确定风险管理所需人力和财力资源的配置原则。因此以上4个选项，都属于风险管理策略的范围。

【答案】ABCD

（四）风险管理策略的工具

7种风险管理策略工具包括：风险承担、风险规避、风险转移、风险转换、风险对冲、风险补偿、风险控制，其含义和内容如表5-8所示。

表5-8 　　　　　　　　　　　7种风险管理策略工具

名　称	含　义	相关内容
风险承担	风险承担亦称风险保留、风险自留，是指在面对风险时采取接受的态度	（1）对于未能辨识出的风险，企业只能采用风险承担 （2）对于辨识出的风险，主动采用风险承担的原因主要有以下3种：①缺乏能力进行主动管理；②无其他备选方案；③从成本效益考虑，风险承担方案最优 （3）企业一般不承担重大风险
风险规避	风险规避是指企业回避、停止或退出蕴含某一风险的商业活动或商业环境，避免承担风险	风险规避的方式有很多，例如： （1）退出市场 （2）拒绝信用不好的交易对手 （3）外包风险较高的工作 （4）停止生产存在潜在安全隐患的产品 （5）禁止在金融市场的投机活动 （6）禁止访问某些网站或下载某些内容
风险转移	风险转移是指企业通过签订合同等方式将风险转移到第三方，企业对转移后的风险不再拥有所有权	转移风险不会降低其可能的严重程度或者消除风险，只是从一方移除后转移到另一方，例如： （1）保险。保险合同规定保障公司为预定的损失支付补偿，作为交换，在合同开始时，投保人要向保险公司支付保险金 （2）服务保证书、免责约定等非保险型的风险转移 （3）风险证券化：通过证券化保险风险构造的保险连接型证券
风险转换	风险转换是指企业通过战略调整等手段将企业面临的风险转换成另一个风险	（1）风险转换不会直接降低企业总的风险，减少某一风险的同时，另一风险会增加 （2）风险转换可以通过调整达到最佳效果 （3）在低成本或者无成本的情况下，风险转换可以达到目的 （4）手段包括战略调整和衍生产品等，例如通过放松交易客户信用标准，增加了应收账款，但扩大了销售
风险对冲	风险对冲是指采取各种手段，引入多个风险因素或承担多个风险，互相对冲这些风险，互相抵消这些风险带来的影响	（1）单一风险不能对冲，风险对冲必须涉及风险组合 （2）可以利用资产组合使用、多种外币结算的使用和战略上的多种经营等手段 （3）在金融资产管理中，也可以使用衍生产品进行对冲，如利用期货进行套期保值
风险补偿	风险补偿是指企业对风险可能造成的损失采取适当的措施进行补偿	（1）补偿的形式有财务补偿、人力补偿、物资补偿等 （2）财务补偿是损失融资，包括企业自身的风险准备金或应急资本等
风险控制	风险控制是指通过控制风险事件发生的动因、环境、条件等因素，达到减轻风险事件发生时的损失或降低风险事件发生的概率的目的	（1）风险控制对象一般是可控风险 （2）风险控制的两个目的：①减轻损失，如修建水坝防洪、设立质量检查防止次品出厂等；②降低风险发生概率，如室内使用不易燃地毯、山上禁止吸烟等

7种风险管理工具侧重点各不相同，各有特点，如图5-5所示。传统风险应对策略注重风险降低与风险预防，因此常用的是风险承担、风险转换、风险规避、风险控制等方法，而全面风险管理则根据不同情况采取最为适宜的方法。同样，针对不同种类的风险，一般也会采用不同的方法，如对于战略、财务法律和运营等方面的风险，更适宜用风险承担、风险转换、风险规避、风险控制，而对于运用了保险、对冲、期货等金融手段的理财风险，则更适宜用风险转移、风险对冲、风险补偿等方法。

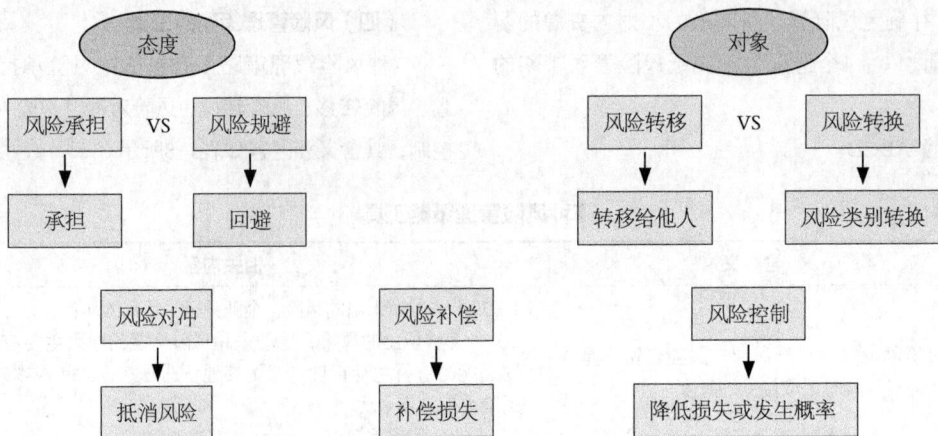

图5-5 7种风险工具对比

【例题19·单选题】甲公司董事会对待风险的态度属于风险厌恶。为有效管理公司的信用风险，甲公司管理层决定将其全部的应收款项以应收总金额的80%出售给乙公司，由乙公司向有关债务人收取款项，甲公司不再承担有关债务人未能如期付款的风险。甲公司应对此项信用风险的策略属于（   ）。

A. 风险控制　　　　B. 风险转移

C. 风险保留　　　　D. 风险规避

【解析】风险转移是指企业通过签订合同等方式将风险转移到第三方，企业对转移后的风险不再拥有所有权。甲公司将应收账款出售，将风险转嫁给乙公司，属于风险转移。故选择B。

【答案】B

【例题20·多选题】（2013年真题）甲公司是一家生产高档不锈钢表壳的企业，产品以出口为主，以美元为结算货币。公司管理层召开会议讨论如何管理汇率风险，与会人员提出不少对策。关于这些对策，以下表述正确的有（   ）。

A. 部门经理刘某提出"风险规避"策略：从国外进口相关的原材料，这样可以用外币支付采购货款，抵消部分人民币升值带来的影响

B. 业务员李某提出"风险对冲"策略：运用套期保值工具来控制汇率风险

C. 财务部小王提出"风险转移"策略：干脆公司把目标客户从国外转移到国内，退出国外市场，这样就从根本上消除了汇率风险

D. 负责出口业务的副总张某提出"风险控制"策略：加强对汇率变动趋势的分析和研究，以减

少汇率风险带来的损失

【解析】风险规避、风险对冲、风险转移、风险控制均属于风险管理工具。A选项中用外币支付采购款实质上是对冲了美元收账结算货币的汇率风险属于风险对冲，而非规避了汇率风险；选项C是属于规避风险的行为，而非风险转移，故选择B、D。

【答案】BD

【例题21·单选题】下列各项关于应对风险的措施中，属于风险转移的是（   ）。

A. 甲地区有一家奶制品生产企业，为了推广其B产品的销售，采取"买一送一"营销方式将以前畅销的A产品与B产品捆绑起来

B. 乙公司是一家小型唱片制作企业，为保护唱片版权，其与C商场签订合作协议，由该商场每年支付固定版权费用，C商场的会员就可无限次下载受到版权保护的乙公司制作的唱片音乐

C. 丙地区有一家稀有资源开发企业。按照要求，企业每年向矿区所在地政府预付一定金额的塌陷补偿费

D. 丁公司是一家商品零售企业。为了扩大市场占有率，筹建更多商场，乙公司要求母公司为其提供金额为5亿元的中长期贷款提供担保

【解析】风险转移是指企业通过签订合同等方式将风险转移到第三方，企业对转移后的风险不再拥有所有权。4个选项中只有B选项是通过签订协议转移了风险，故选择B。

【答案】B

（五）确定风险偏好和风险承受度

风险偏好和风险承受度是风险管理概念中的重要组成部分，是针对企业重大风险而制定的。风险偏好和风险承受度要正确认识和把握风险与收益的平衡，防止和纠正忽视风险，片面追求收益而不讲条件、范围，认为风险越大、收益越高的观念和做法；同时也要防止单纯为规避风险而放弃发展机遇。

企业的风险偏好依赖于企业的风险评估的结果，由于企业的风险不断变化，企业需要持续进行风险评估，并调整自己的风险偏好。

确定企业整体风险偏好要考虑4个因素，如表5-9所示，且重大风险的偏好由董事会制定。

表5-9 确定企业整体风险偏好要考虑的因素

考虑因素	内容阐释
风险个体	可以对每个风险个体确立风险偏好和风险承受度
相互关系	在考虑同一风险在分配的同时，考虑不同风险间的关系
整体形状	整体风险偏好和风险承受度的形状决定于每个个体风险
行业因素	不同行业对同一风险都会有不同的偏好

◀)) **名师点拨** ·············

重大风险的风险偏好是企业的重要决策，应由董事会决定。

（六）风险度量

风险度量即指度量风险的方法。为建立风险管理策略的需要，企业应该采取统一制定的风险度量模型，取得对所采取的风险度量的共识，在度量方法上却不一定唯一，企业可以对不同的风险采取不同的度量方法。

1. 风险度量关键

风险偏好可以定性，但风险承受度一定要定量，风险承受度的表述需要对所针对的风险进行量化描述。

2. 风险度量

风险度量模型是指度量风险的方法。确定合适的企业风险度量模型是建立风险管理策略的需要。企业应该采取统一制定的风险度量模型，对所采取的风险度量取得共识；但不一定在整个企业使用唯一的风险度量，允许对不同的风险采取不同的度量方法。所有的风险度量应当在企业层面的风险管理策略中得到评价。

3. 风险度量方法

常用的风险度量包括：最大可能损失、概率值、期望值、在险值4类建立在概率统计基础上的方法，以及不依赖于概率统计结果的直观方法，具体如表5-10所示。

表5-10 风险度量常用方法

分类基础	方法名称	定 义	相关内容
概率统计	最大可能损失	风险事件发生后可能造成的最大损失	用最大可能损失来定义风险承受度是最差情形的思考逻辑。只有当无法判断发生概率或无须判断概率的时候，才使用最大可能损失作为风险的衡量
	概率值	风险事件发生的概率或造成损失的概率	在可能的结果只有好坏、对错、是否、输赢、生死等对立之类的简单情况下，常常使用概率值
	期望值	指的是数学期望，即概率加权平均值	期望值的办法综合了概率和最大损失两种方法，适用于多种可能结果的情况
	在险值	又称VAR，是指在正常的市场条件下，在给定的时间段中，给定的置信区间内，预期可能发生的最大损失	优点：通用、直观、灵活。缺点：适用的风险范围小，数据要求严格，计算困难，对肥尾效应无能为力
直观判断	直观方法	不依赖于概率统计结果度量而进行的一种直观的判断	若统计数据不足或需要度量结果包括人们的偏好，就可以使用层次分析法等直观方法

【知识拓展】肥尾效应是指极端情况发生的概率增加，可能因为发生一些不寻常的事件造成市场上大震荡的效应。

【例题22·单选题】（2013年真题）企业在无法判断发生概率或无须判断概率的时候，度量风险一般使用（　　　）。

A. 在险值　　　　B. 效用期望值

C. 最大可能损失　　D. 统计期望值

【解析】最大可能损失是指风险事件发生后可能造成的最大损失，其经常运用于在无法判断发生概率或无须判断概率的时候。这时候最大可能损失度量风险最有效，可以最大限度地把控风险，而其他方式只能在知道概率的时候才可以使用。因此本题选择C。

【答案】C

【例题23·单选题】以下选项中，不属于风险度量方法的是（　　　　）。

A. 期望值　　　　B. 直观方法

C. 在险值　　　　D. 风险资本

【解析】常用的风险度量包括：最大可能损失、概率值、期望值、在险值4类建立在概率统计基础上的方法，以及不依赖于概率统计结果的直观方法。因此，本题的答案为D，风险资本不属于风险度量的方法。

【答案】D

4. 概率方法与直观方法

不依赖于概率统计结果的度量是人们直观的判断，如专家意见。

当统计数据不足或需要度量结果包括人们的偏好时，可以使用直观的度量方法，如层次分析法（AHP）等。

🔊 名师点拨 ••••••••••••••••••••••••••

很多情况下，会综合使用统计与直观的方法。首先使用专家意见来缩小范围，取得初始数据，然后再使用统计的度量方法。

5. 选择适当的度量

风险种类不同，就要使用不同的度量模型进行度量。对外部风险的度量包括市场指标、景气指数等。对内部运营风险的度量相对来讲比较容易，如各种质量指标、执行效果、安全指数等。对战略风险度量比较困难，一般可以考虑财务表现、市场竞争力、指标创新能力系数等。要找到一种普遍性的风险度量是很困难的，也没有必要，因为人们有不同的目的和偏好。

6. 风险量化困难

风险量化的主要困难有以下4项。

（1）方法误差。企业情况十分复杂，导致建立的风险度量不能准确反映企业的实际情况。

（2）数据。经常出现企业的有关风险数据不足，质量不好。

（3）信息系统。企业信息传递不够理想，需要的信息不能及时到达。

（4）整合管理。在数据和管理水平的现实条件的限制下，不能与管理连接而有效应用结果。

【例题24·多选题】（2015年真题）风险度量建立在概率基础上的方法是（　　　　）。

A. 在险值法　　　　B. 层次分析法

C. 期望值法　　　　D. 最大可能损失

【解析】风险度量的方法包括：最大可能损失、概率值、期望值、波动性、方差或均方差、在险值。在险值法和期望值法是在已知概率的条件下计算出来的，而最大可能损失是无法判断发生概率或无须判断概率的时候，使用最大可能损失作为风险的度量。所以选项A、C正确，选项D错误。选项B不是风险度量方法，属于干扰项。

【答案】AC

（七）风险管理的有效性标准

风险管理的有效性标准即指衡量企业风险管理是否有效的标准，量化的有效性标准与企业风险承受度具有相同的度量基础。

（1）风险管理有效性标准的作用是帮助企业了解以下两个方面。

①风险是否优化。企业现在的风险是否在风险承受度范围之内。

②风险的变化是否优化。企业风险状况的变化是否是所要求的。

（2）风险管理有效性标准的原则包括以下几个。

①对象为企业的重大风险，能够反映企业重大风险管理的现状。

②与全面风险管理的总体目标相呼应，从5个方面保证企业的运营效果。

③应用于风险评估阶段中，并根据风险的变化随时调整。

④应用于衡量全面风险管理体系的运行效果。

（八）风险管理的资源配置

（1）资源类别：设备、信息系统、资金等有形资源，人才、组织设置、政策、信息、经验、知识、技术等无形资源。

（2）特点：全面风险管理覆盖面广，资源的使用一般是多方面的、综合性的。

（3）关键：企业应该统筹兼顾，应当将资源用于管理需要优先管理的重大风险。

◀)) 名师点拨 ••••••••••••••••••••

企业既可以使用外部资源，也可以使用内部资源。例如可以从外部获得信息、知识、技术等，但有些资源只能从内部得到，如经验。

（九）确定风险管理的优先顺序

《中央企业全面风险管理指引》明确指出，企业应该在风险与收益相平衡的原则的基础上，结合各风险在风险坐标图上的位置，确定风险管理的优先顺序，以明确风险管理成本的资金预算，更好地控制风险的组织体系、人力资源及应对措施等。

（1）作用：体现企业的风险偏好，决定企业优先管理哪些风险。

（2）原则：风险与收益相平衡的原则。

（3）确定风险管理的优先顺序考虑的相关因素：

①风险发生的可能性及影响；

②风险管理难度；

③可能的收益；

④合规的需要；

⑤技术、人力、资金等资源的需求；

⑥利益相关者的要求。

（十）风险管理策略检查

随着企业经营状况、经营战略、外部环境风险等的变化，企业应定期总结和分析已制定的风险管理策略的有效性和合理性，必要时，调整有效性标准，不断修订和完善风险管理策略。

风险管理策略定期检查的频率依赖于企业面临的风险。制定风险管理策略要注意整个全面风险管理体系的配合，如是否有强有力的组织职能支撑，经济上是否划算，技术上能否掌握，等等。由此可见，一个好的风险管理策略通常要到解决方案完善后才能完成。

二、风险管理组织体系（★★）

完整的企业风险管理组织体系包括规范的治理结构，风险管理职能部门、内部审计部门和法律事务部门等有关职能部门，具体业务单位的组织领导机构及其职责，具体如表5-11所示。

表5-11 风险管理组织体系

组织体系构成	简 介	在风险管理方面的职责
规范的公司法人治理结构	包括股东（大）会、董事会、监事会，主要是指董事会。同时建立外部董事、独立董事制度	董事会就全面风险管理工作的有效性对股东（大）会负责，主要职责有： ①审议并向股东（大）会提交企业全面风险管理年度工作报告 ②确定企业风险管理总体目标、风险偏好、风险承受度3项标准，批准风险管理策略以及重大风险管理解决方案 ③了解和掌握各项重大风险及其管理现状，做出有效控制风险的决策 ④批准重大决策、重大事件、重大风险以及重要业务流程的判断标准或判断机制 ⑤批准重大决策的风险评估报告 ⑥批准风险管理监督评价审计报告 ⑦批准有效的风险管理组织机构设置及其职责方案 ⑧批准风险管理措施，纠正和处理任何超越风险管理制度做出的风险性决定的行为 ⑨督导培育企业风险管理文化 ⑩处理全面风险管理的其他重大事项
风险管理委员会	董事会下设风险管理委员会，其召集人由不兼任总经理的董事长担任，两职合一的企业，召集人由外部董事或独立董事担任	风险管理委员会对董事会负责，主要履行以下职责（对比董事会的职责）： ①提交全面风险管理年度报告（本职，而董事会是审议提交股东大会） ②审议风险管理策略和重大风险管理解决方案（而董事会是批准） ③审议重大决策、重大事件、重大风险以及重要业务流程的判断标准或判断机制，也对重大决策的风险评估报告进行审议（而董事会是批准） ④审议风险管理监督评价审计综合报告（董事会是批准） ⑤审议风险管理组织机构设置及其职责方案（董事会是批准） ⑥办理董事会授权的有关全面风险管理的其他事项

续表

组织体系构成	简 介	在风险管理方面的职责
风险管理职能部门	企业应设立专职部门或确定相关职能部门履行全面风险管理的职责	该职能部门对总经理或其委托的高级管理人员负责，主要履行以下职责（对比风险管理委员会）： ①研究提出全面风险管理工作报告（风险管理委员会是审议） ②研究提出跨职能部门的重大决策、重大事件、重大风险以及重要业务流程的判断标准或判断机制（由风险管理委员会审议） ③研究提出跨职能部门的重大决策风险评估报告（由风险管理委员会审议） ④研究提出风险管理策略以及跨职能部门的重大风险管理解决方案，并负责组织实施与监控（风险管理委员会审议） ⑤负责对评估全面风险管理有效性，研究提出全面风险管理的改进方案（风险管理委员会中未提及） ⑥负责组织建立风险管理信息系统（基础工作） ⑦负责组织协调全面风险管理日常工作（基础工作） ⑧负责指导、监督相关部门、业务单位等开展全面风险管理工作（基础工作） ⑨办理风险管理的其他有关工作
审计委员会	在董事会下设立审计委员会，内部审计部门对审计委员会负责	内部审计部门在风险管理方面，主要职责是出具监督评价审计报告。负责研究提出全面风险管理监督评价体系，并制定监督评价相关制度，开展监督与评价
企业其他职能部门及各业务单位	在风险管理工作中，配合风险管理职能部门和内部审计部门，接受组织、协调、指导和监督	主要职责（对比风险管理部门）： ①执行风险管理基本流程（基础工作） ②研究提出与本职能部门或业务单位相关的重大决策、重大事件、重大风险以及重要业务流程的判断标准或判断机制（本部门） ③研究提出本职能部门或业务单位的重大决策风险评估报告（本部门） ④建立好本职能部门或业务单位风险管理信息系统的工作（本部门） ⑤做好培育风险管理文化的有关工作（基础工作） ⑥建立健全本职能部门或业务单位的风险管理内部控制子系统（基础工作） ⑦办理风险管理其他有关工作
下属公司	由总公司给予指导	企业应通过法定程度，结合下属公司自身的特点，建立制定适合企业的风险管理组织体系

风险管理组织体系中各个组织机构承担着不一样的职责，各司其职，必须准确对比掌握，注意每个职位职责的关键词：①董事会：批准相关报告、方案等，作出决策；②风险管理委员会：审议相关报告、方案；③风险管理职能部门：研究提出跨职能的决策、报告等，执行基础风险管理工作；④审计委员会：出具监督评价审计报告；⑤其他职能部门及各业务单位：研究提出本职能的决策、报告等，配合风险管理职能部门和内部审计部门执行相关工作。

🔊 **名师点拨** ⋯⋯⋯⋯⋯⋯⋯⋯⋯⋯⋯⋯⋯

企业总经理对全面风险管理工作的有效性向董事会负责。总经理或总经理委托的高级管理人员，负责主持全面风险管理的日常工作，负责组织拟订企业风险管理组织机构设置及其职责方案。

【例题25·多选题】（2013年真题）某公司设置了内部审计部、风险管理部和审计委员会，制定了本企业的风险管理监督与改进措施。下列选项中，符合《中央企业全面风险管理指引》要求的有（ ）。

A. 各有关部门定期对风险管理工作进行自查和检验，及时发现缺陷并改进，将风险管理报告报送企业总经理

B. 外聘风险管理中介机构进行风险管理评价并出具报告

C. 风险管理部对跨部门和业务单位的风险管理解决方案进行评价，提出建议和出具报告，报送公司决策层

D. 内部审计部门每年至少一次对风险管理部和各业务部门的风险管理工作及效果进行监督评价，评价报告直接报送审计委员会

【解析】在风险管理工作中，各有关部门应配合风险管理职能部门和内部审计部门，接受组织、协调、指导和监督，定期对风险管理工作进行自查和检验，及时发现缺陷并改进，但其提出的风险管理报告不是交给总经理而是交给专门的机构——风险管理职能部门，故选项A错误。风险管理可以外包，B选项正确；风险管理职能部门负责跨部门业务风险的报告职责，故C选项正确。内审部门对审计委员会负责，故D选项正确。

【答案】BCD

【例题26·单选题】完整的企业风险管理组织体系包括规范的治理结构，如风险管理部门、内部审计部门和法律事务部门等有关职能部门，其中需提交全面风险管理年度报告的部门是（   ）。

A. 董事会

B. 风险管理委员会

C. 风险管理职能部门

D. 审计委员会

【解析】本题考查的是风险管理组织体系在风险管理各方面的职责。全面风险管理年度报告应该由风险管理委员会提出并上报董事会，由董事会审议批准。因此本题应该选择B。

【答案】B

【例题27·单选题】下列各项中，属于风险管理委员会职责的是（   ）。

A. 组织协调全面风险管理日常工作

B. 批准重大决策的风险评估报告

C. 审议风险管理策略和重大风险管理解决方案

D. 执行风险管理基本流程

【解析】风险管理委员会的关键词是审议相关报告、方案，因此选项C审议风险管理策略和重大风险管理解决方案是本题的答案，而关键词"批准"相关报告、方案等是董事会的职责，因此选项B是董事会的职责。董事会就全面风险管理工作的有效性对股东（大）会负责，故A选项错误。

【答案】C

三、内部控制系统（★★）

内部控制系统是指围绕风险管理策略目标，针对企业战略、财务、内部审计、人力资源、采购、规划、产品研发、投融资、销售、物流、质量、安全生产等各项业务管理及其重要业务流程，在执行风险管理基本流

程的基础上，进一步制定并执行的一系列规章制度、程序和措施。具体内容在第6章内部控制的应用的18条规范中会给予详细阐述。

四、风险理财措施（★★）

风险管理体系中的一个重要部分是风险理财。其相关内容介绍如下。

（一）风险理财的一般概念

1. 风险理财概念

风险理财是用金融手段管理风险，如购买保险、套期保值等。

2. 风险理财的对象

风险理财是全面风险管理的重要组成部分。可以针对不可控风险，也可以针对可控风险。对于可控风险，一般采取风险控制。

◀)) 名师点拨 ••••••••••••••••••••••••••••

对于可控风险，如果存在重大损失的可能，只有风险控制而无风险理财，仍然不能提供合理的保证，使人安心。

3. 风险理财的特点

（1）既不改变风险事件发生的可能性，也不改变因此可能引起的直接损失程度。

（2）风险理财需要判断风险的定价，因此量化的标准较高，在判断风险事件的可能性和损失的分布的同时，还需要判断风险本身的价值。

（3）风险理财应用范围有限，一般不包括声誉等难以衡量其价值的风险，也难以消除战略失误造成的损失。

（4）风险理财手段技术性强，风险理财工具本身就比较复杂，运用不当容易造成重大损失。

4. 风险理财的发展

（1）与公司理财相比：风险理财超越了财务管理范畴，影响现金流、资本结构以及企业战略。

（2）与传统风险理财相比：传统风险理财为损失理财，目的是降低公司承担的风险。而现代风险理财通过金融工具承担额外风险，可以改善企业财务状况，创造价值。

（二）风险理财策略的原则和要求

风险理财策略就是运用金融手段配合七大风险管

理策略工具进而实现风险管理的方式。风险理财策略的原则与要求如下。

（1）与公司整体风险管理策略相一致。

（2）与公司所面对的风险相匹配。

（3）选择风险理财工具的要求：合规性、可操作性、法律法规环境、对企业的熟悉程度、风险特征等。

（4）成本与收益平衡原则。

【例题28·单选题】下列关于风险理财的一般概念描述中，正确的是（　　　）。

A. 风险理财注重风险因素对现金流的影响

B. 风险理财的应用范围包括声誉等难以衡量其价值的风险

C. 风险理财可以有效降低风险事件可能引起的直接损失

D. 风险理财主要针对可控的风险

【解析】风险理财应用范围有限，一般不包括声誉等难以衡量其价值的风险，故B选项错误。风险理财既不改变风险事件发生的可能性，也不改变因此可能引起的直接损失程度，故C选项错误。风险理财对象一般为不可控风险。对于可控风险，一般采取风险控制，故D选项错误。因此，本题选择A，风险理财注重风险因素对现金流的影响。

【答案】A

除了要注重选择策略的原则与要求，还要注重选择的金融衍生产品等金融工具，以及损失事件管理等方面。

（三）损失事件管理

损失事件管理是与金融衍生品对应的一种风险理财方法，是指在事前和事后全方位对可能给企业造成重大损失的风险事件采取的相应管理的一系列方式、方法，其主要包括损失融资、风险资本、应急资本、保险和专业自保，如图5-6所示。

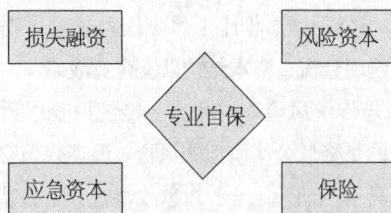

图5-6　损失事件管理方法

这五大类型的方法各有特点，各有侧重，考生要

注意对比记忆各方式方法含义及优缺点。

1. 损失融资

（1）定义

损失融资是为风险事件造成的财物损失融资。

（2）分类

损失融资分为预期损失融资和非预期损失融资。预期损失融资是运营资本中的一部分；非预期损失融资属于风险资本范畴。

2. 风险资本

风险资本是指除经营所需的资本之外，公司准备的额外用于补偿风险造成的财务损失的资本。资本的多少取决于公司的风险偏好，传统风险资本的表现形式是风险准备金。

3. 应急资本

（1）定义

应急资本是一项金融合约，在向应急资本提供方缴纳一定的权利费用的基础上，在某一个时间段内，某个特定的触发事件发生时，公司有权从应急资本提供方处募集股本或贷款的一个金融合约。它是风险资本的一种表现形式。

（2）特点

①应急资本的提供方并不承担特定事件发生的风险，在特定事件发生时，只起到类似资金借贷的作用。

②应急资本综合运用了保险和资本市场技术设计和定价等技术方法。

③应急资本是一种选择权，即使特定情况发生，公司也可以不使用这个权利。

④应急资本为经营的持续性提供有力的保证。

4. 保险

（1）保险是传统的风险转移手段，保险公司经营的本质是风险的分散化。

（2）保险对象为纯粹风险，即只有损失而不会有收益的风险，故不可为机会风险投保。

（3）主要类别有财产保险、责任保险、海险、雇员福利险等。

5. 专业自保

专业自保公司是指非保险公司的附属机构，由其母公司筹集保险费，建立损失储备金，为母公司提供保险。

（1）特点

①由被保险人所有和控制。

②服务对象为母公司。

③不在市场上开展保险业务。

（2）优缺点

专业自保的优缺点如表5-12所示。

表5-12　　　　　　　　　　专业自保方式的优缺点对比

优　点	缺　点
①有效降低运营成本 ②改善公司现金流 ③更多的保障项目 ④公平的费率等级 ⑤稳定保障 ⑥直接进行再保险 ⑦服务水平提高 ⑧减少规章的限制 ⑨国外课税扣除和流通转移	①增加了内部管理成本 ②加大了资本与投入 ③可能产生管理人员的新核心 ④损失储备金不充足和潜在损失 ⑤税收检查的不便 ⑥成本增加，或减少其他保险的可得性

【例题29·多选题】 损失事件管理是指在事前、事中和事后全方位对可能给企业造成重大损失的风险事件采取相应管理的一系列方式、方法。以下选项属于损失事件管理方法的有（　　　　）。

A. 损失融资　　　　B. 专业自保

C. 保险　　　　　　D. 应急资本

【解析】 损失事件管理是与金融衍生品对应的另一种风险理财方法，主要包括损失融资、风险资本、应急资本、保险和专业自保。因此A、B、C、D选项均正确。

【答案】 ABCD

【例题30·多选题】 甲公司是一家大型集团上市公司，近期正在发展海外业务。为避免遭受巨大风险，甲公司成立了一家专业自保公司乙为集团公司提供保险服务，下列属于该专业自保公司的特点的有（　　　　）。

A. 乙公司的所有权是属于甲公司的

B. 乙公司不仅为甲公司提供服务同时还为其他公司提供服务

C. 乙公司不在市场上开展保险业务

D. 乙公司服务对象是其母公司

【解析】 专业自保公司是指非保险公司的附属机构，由其母公司筹集保险费，建立损失储备金，为母公司提供保险。其特点是：①由被保险人所有和控制；②服务对象为母公司；③不在市场上开展保险业务。因此乙公司不会为市场上的其他公司提供保险服务，因此选项B是错误的。

【答案】 ACD

（四）金融衍生产品

【要点】 风险理财——金融衍生产品

【要点精析】 金融衍生产品是风险理财中的重要工具，有效使用金融衍生产品不仅可以达到规避或转移风险等作用，还可能达到风险投机获取收益的作用。然而，由于金融衍生产品本身的复杂性，其工具本身就存在着极大地不确定性，因此要熟练掌握金融衍生产品的概念、特点、种类及运用方法。

1. 概念

衍生产品是指其价值决定于一种或多种基础资产或指数的金融合约。

2. 衍生产品的特点

（1）优点：准确性、有效性、成本优势、使用方便、灵活，对于管理金融市场等市场风险有不可替代的作用。

（2）缺点：杠杆效应强，风险大，如用来投机可能会造成巨大损失。

3. 运用衍生产品进行风险管理要满足的条件

①合规性。

②一致性：与战略保持一致。

③建立完善的内部控制措施。

④明确头寸、损失、风险限额，采用准确反映风险状况的风险计量方法。

⑤完善的信息沟通机制。

⑥保证操作人员的能力和素质。

4. 类型

常用的衍生产品主要包括远期合约、互换交易、期货、期权，具体如表5-13所示。

表5-13   常用的衍生产品

类型	定义	相关阐述
远期合约	远期合约是指买卖双方签订的合约：①在未来日期按照固定价格交换金融资产②承诺以当前约定的条件在未来进行交易③指明买卖的商品或金融工具种类、价格及交割结算的日期	特点：①必须履行的协议，无选择权②场外交易③非标准化合约④规定了交换的资产、日期、价格和数量⑤现金交易主要类型：远期利率协议、远期外汇合约、远期股票合约
期货	①期货是指约定在将来某个日期，以约定的条件买入或卖出一定标准数量的某种资产②期货合约是指由期货交易所统一制定的，在规定的时间和地点买卖商品的标准化合约	特点：①场内交易；②标准化合约期货类型：①商品期货；②金融期货按标的物划分期货合约的类型：①商品期货：标的为实物商品②外汇期货：标的物是外汇③利率期货：标的资产价格依赖于利率水平④股票指数期货：标的物是股价指数
期权	期权是指在规定的时间内，以规定的价格，购买或者出卖某种规定的资产的权利	特点：将权利与义务分开定价，给予了期权买方的选择权，锁定了期权买方的风险，而卖方则必须履行义务按交易主体划分：①买方期权 赋予期权持有人买进规定的资产的权利②卖方期权 赋予期权持有人卖出规定的资产的权利期权合约的内容：①标的资产 买入或者卖出的规定资产②执行价格 是指行权时买入或卖出规定资产的价格③到期日 期权有效截止日④行权方式 美式期权，到期日及之前的任何时间都能执行；欧式期权，只能在到期日执行⑤期权价格 为获得期权买方付出的代价
互换交易	通过金融中介对相同货币的债务和不同货币的债务进行互换的一种行为	类型：①利率互换；②货币互换；③商品互换；④其他互换，如股权互换、信用互换、气候互换和互换期权等

【例题31·多选题】金融衍生产品是风险理财中的重要工具，以下选项内容中属于远期合约的特点的有（   ）。

A. 远期合约是标准化的合约，一般在场内进行交易

B. 远期合约是必须履行的协议，没有选择的权利

C. 远期合约在签订时就规定了未来的成交价格

D. 远期合约一般为现金交易

【解析】远期合约是买卖双方签订的在未来日期按照固定价格交换金融资产的合约，因此C选项正确。同时，远期合约有：①必须履行的协议，无选择权；②场外交易；③非标准化合约；④规定了交换的资产、日期、价

格和数量；⑤现金交易五大特点，因此选项B和选项D也正确。

【答案】BCD

（五）套期保值

【要点】风险理财——套期保值

【要点精析】在风险管理中，企业经常运用上述金融衍生产品进行套期保值，尤其是利用期货与期权。套期保值对于企业风险管理起着十分重要的作用，因此考生务必掌握教材所列举的几种基本的套期保值方法，明白其原理，达到熟练的目的。

1. 套期保值与投机

套期保值与投机是期货或者期权市场上的两类主要业务，其主要内容对比如表5-14所示。

表5-14 套期保值与投机

类型 项目	套期保值	投　机
概念	套期保值是指为冲抵风险而买卖相应的衍生产品的行为	与套期保值相反，投机是为了投机而买卖衍生产品的行为
目的	降低风险	承担额外的风险以盈利
结果	降低了风险	增加了风险

2．期货套期保值

（1）期货价格与现货价格

如图5-7所示，期货与现货的价格之差为基差，其值可正可负，并且越靠近到期日越接近于0。同时，与远期合约不同，期货合约到期一般不会兑现标的物，通常只是结算损益。

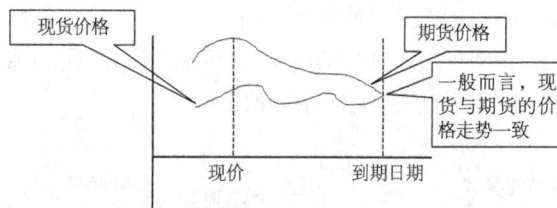

图5-7　期货价格与现货价格

（2）期货的套期保值

期货的套期保值亦称为期货对冲，是基于某一特定

商品的期货价格和现货价格受相同的经济因素影响和制约的基本原理，为抵消价格风险，在现货市场上进行交易的同时，而在期货市场上配合做与现货市场商品相同或相近但交易部位相反的买卖行为。具体有以下两种分类。

①空头套期保值

空头即卖出，若某公司未来要出售某项资产，为避免价格下降等风险，则可以在现在时点先卖出期货，再以约定的固定价格在未来出售日买回期货进而对冲风险。

②多头套期保值

多头即买入，若某公司未来要购买某项资产，为避免价格上升等风险，则可以在现在时点先买入期货，再以约定的固定价格在未来出售日购买日卖回期货进而对冲风险。空头与多头套期保值的时间点对比，如表5-15所示。

表5-15 空头与多头套期保值对比

类型 时间点	空　头		多　头	
	现货	期货	现货	期货
现在时点		卖出期货（空头）		买入期货（多头）
未来时点	出售资产	买入期货（对冲）	购买资产	卖出期货（对冲）

③商品期货的套期保值

期货合约包括商品期货、外汇期货、利率期货等，本书以商品期货为例说明期货套期的原理，案例及分析如表5-16和表5-17所示。

表5-16 商品期货空头套期保值

日　期	现货市场	期货市场
6月（现在）	签订合同，约定在11月出售1 000吨铁给客户，于是购买现货铁1 000吨，每吨价格900元 （现货市场买入）	为预防铁的价下降，在期货交易所卖出11月到期的期铁1 000吨，每吨期铁价格950元 （期货空头）
11月（未来）	现货市场每吨铁的价格下降为800元。按照合同以及现货价格提交客户1 000吨铁 （现货市场卖出）	到期日，期铁价格接近现货价格，为每吨800元。因此，以每吨800价格买进期铁1 000吨 （买入期货）
结果	每吨亏损100元	每吨盈利150元
综合结果	综合收益每吨50元（不仅降低了亏损甚至得到了收益，不考虑期权费）	

表5-17　　　　　　　　　　　　　商品期货多头套期保值

日　期	现货市场	期货市场
6月（现在）	签订合同约定在11月购买1000吨铁，此时，现货每吨价格900元	为避免价格上涨风险，在期货交易所买进11月到期的期货铁1000吨，每吨价格920元 （期货多头）
11月（未来）	现货市场每吨铁的价格上涨到是950元。于是按现货价格购买1000吨铁 （现货市场买入）	到期日，期铁价格接近现货价格，为每吨950元。因此，以每吨950价格卖出期铁1000吨 （期货市场卖出）
结果	每吨亏损50元	每吨盈利30元
综合结果	每吨亏损20元（降低了亏损，不考虑期权费）	

④期货投机

期货投机是指基于对市场价格走势的预期，以盈利为目标，而在期货市场上进行的买卖行为。此行为不同于套期保值，不能降低风险，反而会增加风险。

【例题32·单选题】2014年7月1日甲公司准备到上海商品交易所购买绿豆期货，其中9月1日到期的期货合约的价格为3000元/吨，10月1日到期的期货合约价为4000元/吨，购买当日的绿豆现货价格为2500元/吨。请问该大豆的基差为（　　　　）元/吨。

　　A．500

　　B．1500

　　C．−500

　　D．−1000

【解析】期货与现货的价格之差为基差，并且期货价格是对应产品最近月份的价格，其值可正可负，并且越靠近到期日越接近于0。因此，在本题目中，现货价2500元/吨，最近的期货为9月份的期货价，为3000元/吨，基差为：2500−3000=−500（元/吨）。故选择C。

【答案】C

（3）期权的套期保值

期权的套期保值是指在规定的时间内，以规定的价格，购买或者出卖某种规定的资产的权利，期权作为对冲的工具可以起到类似保险的作用。

①利用期权套期保值

某人现持有某股票，每股价格为100美元。为了避免股票价格下降造成的损失，以7.5美元的价格购进一项在一定期间内、行权价为100美元的卖方期权，若股票价格上升则不行权，若股票价格下降，则以100美

元价格卖出股票。如图5-8所示：横轴为股票的未来可能价格，A曲线代表股票的纯收益，B曲线代表期权的收益，C曲线代表对冲后的整体收益。

由图可见，对冲组合锁定了最高损失，即7.5美元，说明期权确实有类似保险的作用。

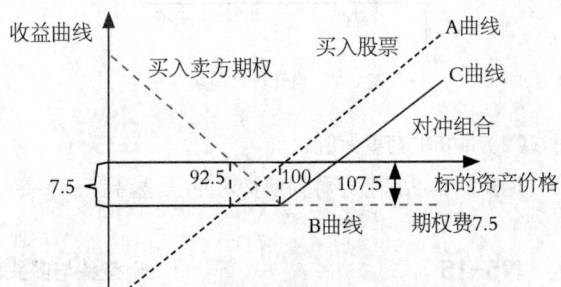

图5-8　期权套期保值

②期权投机

期权也可以作为投机的工具，但相比期货投机，风险更大。主要是因为期权投资的杠杆性特别强，以较小的成本购买的期权，是一种选择权。只有在对自己有利时才会行权，从而可能得到超过成本的收益，但是只要不行权，那将损失所有期权费用。

知识拓展　（1）看涨期权与看跌期权。

看涨期权又称买权选择权，是指期权的购买者拥有在期权合约有效期内按执行价格买进一定数量标的物的权利。

看跌期权又称卖权选择权，是指期权的购买者拥有在期权合约有效期内按执行价格卖出一定数量标的物的权利。

（2）期货交易与期权交易

期货交易与期权交易的主要区别如表5-18所示。

表5-18 期货交易与期权交易的主要区别

比较项目	期货交易	期权交易
买卖双方权利义务	在期货交易中，买卖双方均有相应的权利和义务，除非用相反的合约抵消	期权的买方有权在其认为合适的时候行使权利，但不负有必须买进或卖出的义务。而期权的卖方却没有任何权利，他只有义务满足期权的买方要求履约时买入或卖出一定数量的期货合约
交易内容	期货交易是在未来支付一定数量和等级的实物商品或有价证券	期权交易的是权利
交割价格	期货交割价格在到期前是一个变量	期权的交割价格是执行价格
交割方式	期货交易除非在到期日前对冲，否则到期必须交割	期权交易在到期日可以不交割，致使期权合约作废
保证金	期货交易的买卖双方均需要缴纳一定数额的保证金	期权交易的买方不需缴纳保证金，而卖方必须缴纳一笔保证金（场外交易的期权卖方是否需要缴纳保证金取决于当事人的意愿）
价格风险	期货交易的买卖双方所承担的价格风险都是巨大的	期权交易的买方亏损是有限的，不会超过权利金
获利机会	在期货交易中作套期保值就意味着投资者放弃了当市场价格出现有利变动时获利的机会，作投机则既可能获厚利，又可能损失惨重	期权交易中，买方盈利机会则较大
合约的标准化程度	期货合约都是标准化的，因为在交易所交易，所以由交易所统一制定	期权合约不一定是标准化的合同。比如美国的场外交易的期权合约为非标准化的，但在交易所交易的期权合约则是标准化的

【例题33·单选题】甲公司是一家食品加工企业，需要在3个月后采购一批大豆。目前大豆的市场价格是4 000元/吨。甲公司管理层预计3个月后大豆的市场价格将超过4 600元/吨，但因目前甲公司的仓储能力有限，现在购入大豆将不能正常存储。甲公司计划通过衍生工具交易抵消大豆市场价格上涨的风险，下列方案中，甲公司可以采取的是（   ）。

A. 卖出3个月后到期的执行价格为4 500元/吨的看涨期权

B. 卖出3个月后到期的执行价格为4 500元/吨的看跌期权

C. 买入3个月后到期的执行价格为4 500元/吨的看涨期权

D. 买入3个月后到期的执行价格为4 500元/吨的看跌期权

【解析】看涨期权又称买权选择权，是指期权的购买者拥有在期权合约有效期内按执行价格买进一定数量标的物的权利。本题中，甲公司预计大豆价格会上涨，因此应该购买看涨期权，锁定大豆的购买价格。因此选择C。

【答案】C

【例题34·单选题】（2013年真题）甲企业是一家大型纺织企业，主要生产用原材料为棉花。甲企业预计未来棉花价格将持续上涨。为了降低已经承接的纺织品订单的生产成本上涨风险，甲企业决定以套期保值的方式规避棉花现货风险。下列选项中，不符合套期保值特征的是（   ）。

A. 甲企业从事棉花套期保值的目的是通过降低棉花价格变动风险而获利

B. 甲企业为套期保值所持有的棉花期货合约可以在到期日之前卖出平仓或者到期交割

C. 甲企业棉花期货合约开仓时的价格反映了市场参与者对棉花的远期预期价格

D. 甲企业持有的棉花期货合约对应的"基差"反映了棉花现货和棉花期货的价格差异，该差异在期货合约到期日之前，既可以为正，也可以为负

【解析】套期保值是通过利用金融衍生产品等的组合，从而达到降低风险目的的一种风险管理手段，而投机是以盈利为目的而进行的一种业务活动。因此，本题中A选项，"甲企业从事棉花套期保值的目的是通过降低棉花价格变动风险而获利"是以盈利为目的，是投机而非套期保值。因此，选项A错误。

【答案】A

五、风险管理信息系统（★★）

企业信息管理系统在风险管理中发挥着至关重要的作用。企业应将信息技术应用于风险管理的各项工作。

（1）企业应建立涵盖风险管理基本流程以及内部

控制系统各环节在内的风险管理信息系统，包括信息的采集、存储、加工、分析、测试、传递、报告、披露等。

（2）风险信息系统应确保输入信息与风险量化值的准确性、一致性、及时性等。

（3）风险信息系统应该能应对各种风险的各种情况。

（4）风险信息系统应该在企业各部门间共享。

（5）企业应该不断改进、完善风险信息系统。

第五节 风险管理技术与方法

考情分析：本节内容的出题方式既涉及客观题也涉及主观题，但主要以客观题为主。本节重要考点为：11种风险管理技术方法（见表5-19）的名称、适用范围、实施步骤、主要优点与局限性等内容。

学习建议：本节内容重在理解并适当记忆，了解各分析方法的实施步骤，对比掌握各分析方法的优缺点，注意德尔菲法、流程图分析法、风险评估系图法的适用范围。

表5-19 风险管理技术与方法

类 型	具体方法
定性分析	头脑风暴法；德尔菲法；流程图分析法；风险评估系图法
定量分析	马尔可夫分析法；敏感性分析法；决策树法；统计推论法
定性分析与定量分析结合	失效模式影响和危害度分析法；情景分析法；事件树分析法

一、头脑风暴法（★★）

头脑风暴法又称自由思考法、BS法、智力激励法，是通过集体讨论等形式，刺激并鼓励一群知识渊博、知悉风险情况的人员畅所欲言的一种方法，具体分为直接头脑风暴和质疑头脑风暴法两类。前者是通过专家群体决策，尽可能正向激发创造性而产生想法；后者是逆向思维，对已提出的设想、方案等质疑，从而产生新的想法。

（一）适用范围

适用于充分发挥专家意见，在风险识别阶段进行定性分析。

（二）实施步骤

（1）会前准备讨论主题等内容。

（2）会中展开风险主题探讨。

（3）会后风险主题探讨意见分类及整理。

（三）主要优点及局限性

头脑风暴法的主要优点及局限性，如表5-20所示。

表5-20 头脑风暴法主要优点及局限性

主要优点	局限性
①激发想象力，利于发现新的风险和全新的解决方案 ②多方参与，有助于所有利益相关者的全面沟通 ③易于开展，速度较快	①实施成本较高，可能影响实施结果 ②要求参与者有较好的素质，否则不能提出有效意见 ③可能会出现有重要观点的人保持沉默而其他人成为讨论的主角的特殊小组状况，导致讨论效果不理想 ④形式相对松散，较难保证过程的全面性

【例题35·多选题】头脑风暴法又称自由思考法、BS法、智力激励法，下列选项中，属于头脑风暴法优点的有（   ）。

A. 清晰明了，易于操作

B. 速度较快并易于开展

C. 有助于发现新的风险和全新的解决方案

D. 形式相对松散，较难保证过程的全面性

【解析】头脑风暴法的主要优点如下。

①激发想象力，利于发现新的风险和全新的解决方案。

②多方参与，有助于所有利益相关者的全面沟通。

③易于开展，速度较快。

因此选项B和C正确，D选项属于头脑风暴法的缺点，而A选项属于流程图分析法的优点。

【答案】 BC

二、德尔菲法（★★）

德尔菲法又名专家意见法，是在匿名发表意见方式的前提下，通过反复征询和反馈专家意见，使意见趋于集中，最终获得高准确率的集体判断结果的一种方法。

（一）适用范围

适用于在专家一致性意见基础上，在风险识别阶段进行定性分析。

（二）实施步骤

（1）成立专家小组。

（2）向专家提出问题及要求。

（3）专家根据资料与要求，提出自己的意见。

（4）汇总专家意见再分发给专家以修改。

（5）汇总修改意见再分发。

（6）综合处理专家意见。

（三）主要优点和局限性

德尔菲法的主要优点和局限性，如表5-21所示。

表5-21　　　　　　　　　　　德尔菲法的主要优点及局限性

主要优点	局限性
①匿名发表意见方式使专家更有可能表达出那些不受欢迎的看法 ②同等看待所有专家的意见，避免重要人物占主导地位的问题 ③不必聚集，方便易行 ④此方法具有广泛的代表性	①受权威人士意见较大 ②碍于情面，有些专家不愿意发表不同意见 ③碍于自尊心，专家不愿意修改之前不全面的意见 ④过程复杂，花费时间较长

（四）案例

案例背景： 欣欣学校校长准备将学校的饮食服务外包给外部的服务供应商，由其接管现有的食堂员工、厨师并对饮食安全等负责。为此，学校委托一家专业公司进行调查，该公司采用德尔菲法对相关风险因素进行了分析。

实施步骤如下。

（1）组织30名相关领域专家共同探讨。

（2）提出风险因素：包括承包商的财务结构不稳定；承包商的卫生标准、在为学生提供服务、饮食方面有不良记录；学校无法控制绩效；公众对于饮食外包的敌对情绪；食品卫生情况与学生生病及感染病症等之间的关联关系。

（3）针对风险因素编制20个问题。

（4）反复征询专家意见。

（5）最终达成共识。

【例题36·单选题】（2016年真题）甲公司是一家计划向移动互联网领域转型的大型传统媒体企业。为了更好地了解企业转型中存在的风险因素，甲公司聘请了20位相关领域的专家，根据甲公司面临的内外部环境，针对六个方面的风险因素，反复征询每个专家的意见，直到每一个专家不再改变自己的意见，达成共识为止。该种风险管理方法是（　　　　）。

A. 德尔菲法　　　B. 情景分析法

C. 头脑风暴法　　D. 因素分析法

【解析】 本题考查的是德尔菲法。德尔菲法（Delphi Method），又称专家规定程序调查法。该方法主要是由调查者拟定调查表，按照既定程序，以函件的方式分别向专家组成员进行征询；而专家组成员又以匿名的方式（函件）提交意见。经过几次反复征询和反馈，专家组成员的意见逐步趋于集中，最后获得具有很高准确率的集体判断结果。

【答案】 A

三、流程图分析法（★★）

流程图分析法是通过调查与分析流程的每一阶段、每一环节，发现潜在风险以及导致风险发生的因素的目的，最终分析得出风险产生后可能造成的损失以及对整个组织可能造成的不利影响的一种方法。

（一）适用范围

运用流程图分析，对企业生产或经营中的风险及其成因进行定性分析。

（二）实施步骤

（1）绘制流程图。

（2）识别业务节点上的风险因素。

（3）针对风险及成因，提出监控与预防的方法。

（2）局限性：实施效果依赖于专业人员的水平。

（三）主要优点和局限性

（1）主要优点：清晰明了，易于操作，尤其是针对于业务较多的大型企业，运用流程图分析，能够更好地发现风险点，从而为防范风险提供支持。

（四）案例

在某经济开发集团建立了详细地财务费用报销制度，从中可以看出整个财务费用报销流程中的各个环节的风险点及权责部门，如表5-22所示。

表5-22　　　　　　　　　　　　　**财务费用报销流程风险分析**

流程图	风险审核点	权责部门
报销单据整理粘贴	根据公司费用报销制度要求，报销人员整理并粘贴需要报销的发票或单据。同时根据报销内容填写《费用报销单》	报销人员
填写《费用报销单》	（1）报销单不得用铅笔或红色字体的笔填写，不得涂改，并附上相关的报销发票或单据 （2）出差的费用报销，必须附上经过批准签字的《差旅费报销单》 （3）采购物品报销需附上总经理签字确认的《采购申请表》	报销人员
部门领导审核	准备完成《费用报销单》及相关单据后，报销人员提交给直接主管审核签字，主要审核： （1）费用产生的原因及真实性 （2）费用的标准性及合理性 （3）费用的控制等 对不符合要求的报销，应立即退并要求重新整理提报	相关部门领导
财务部主管审核	部门领导审核签字后，由财务部门审核确认报销费用，审核内容主要包括： （1）产生的费用是否符合报销标准 （2）财务是否能及时安排此费用 对不符合要求的报销，应立即退并要求重新整理提报	财务部主管
财务负责人审查	财务主管审核签字后，还需要由财务负责人再次对报销费用审查，审查的主要内容包括： （1）单据或票据是否符合财务规范要求 （2）财务人员是否合理按照报销标准审核 对不符合要求的报销，应立即退还并要求重新整理提报	财务部负责人
副总经理批准	将相关单据提交副总经理（总经理助理）进行最终核查，最终核查的内容主要包括： （1）部门领导审核和公正性 （2）财务部门审核和严谨性 对不符合要求的报销，应立即退还并要求重新整理提报	副总经理（总经理助理）
董事长总经理批准	将相关单据呈交董事长（总经理）批准签字后，方可去财务部领款	董事长（总经理）

四、风险评估系图法（★★）

风险评估系图主要是通过制作风险评估系图来识别某一风险是否会对企业产生重大影响，同时结合风险发生的可能性，为确定企业风险的优先次序提供框架。风险评估系图法是最简单的一种定性方法，因此要注意相关客观题的考查。

（一）适用范围

适用于对风险初步的定性分析。通过业务流程图方法，对企业生产或经营中的风险及其成因进行定性分析。

（二）实施步骤

1. 绘制风险评估系图

如图5-9所示，横轴代表的是风险发生的可能性，纵轴代表的是风险对企业可能产生的影响程度，X1和X2代表的是识别出的两项风险。

2. 风险分析

分析风险的重大程度与影响，确立风险的优先秩序。如图5-9所示，由于风险X1发生的可能性与影响程度均比风险X2更高，因此要优先应对风险X1，其次应对风险X2。

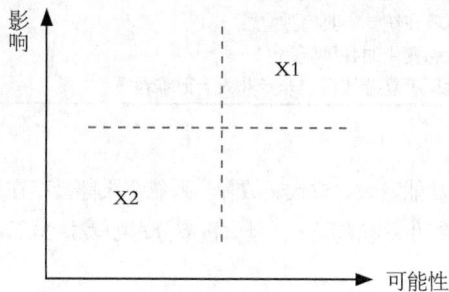

图5-9　风险评估系图

（三）主要优点及局限性

（1）主要优点：简单的定性方法，直观明了。

（2）局限性：不能进一步探求风险原因，缺乏经验证明和数据支持。

【例题37·单选题】在风险评估系图中，风险对企业所产生的影响是风险评级的重要参数，另一个影响风险评级的重要参数是（　　）。

A. 应对风险措施的成本

B. 风险发生的可能性

C. 企业对风险的偏好

D. 企业对风险的承受能力

【解析】本题考查的是风险评估系图的基本概念。如图5-9所示，绘制风险评估系图时，横轴表示的是风险发生的可能性，纵轴表示的是风险产生的影响，因此选择B。

【答案】B

【例题38·单选题】乙公司为一家专营空中物流货运的航空公司，现正为可能开发的中东航线进行风险评估。图5-10是所制定的风险评估系图。

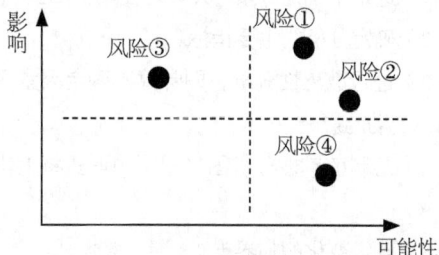

图5-10　乙公司风险评估系图

在风险管理的基本原则下，乙公司应将注意力集

中应对所面临的风险有（　　）。

A. 风险①和风险②

B. 风险①、风险②和风险③

C. 风险①、风险②和风险④

D. 风险①、风险②、风险③和风险④

【解析】风险评估系图法主要是通过制作风险评估系图来识别某一风险是否会对企业产生重大影响，同时结合风险发生的可能性，为确定企业风险的优先次序提供框架，从而优先应对风险性较大且发生的可能性较强的风险。本题中，风险①和风险②处于第一象限，属于风险发生的可能性和影响都比较大的风险，风险③虽然影响大，但发生的可能性不高，风险④虽然发生的可能性高，但影响不大，因此，乙公司应将注意力集中应对风险①和风险②。故选择A。

【答案】A

【例题39·多选题】风险管理的技术与方法多种多样，下列选项中属于定性的风险管理技术和方法的有（　　）。

A. 头脑风暴法　　　　B. 德尔菲法

C. 流程图分析法　　　D. 风险评估系图法

【解析】风险管理技术方法中的定性方法主要有头脑风暴法、德尔菲法、流程图分析法、风险评估系图法4种，因此选项A、B、C、D均正确。

【答案】ABCD

五、马尔可夫分析法（★★）

马尔可夫分析法是指在马尔可夫过程的假设前提下，在分析随机变量的现时变化情况的基础上，预测其未来变化情况的一种预测方法。

（一）适用范围

适用于对复杂系统中不确定性事件及其状态改变的定量分析。

（二）实施步骤

（1）调查不确定性事件各状态及其变化情况。

（2）建立数学模型。

（3）求解模型，得到风险事件各个状态发生的可能性。

（三）主要优点和局限性

马尔可夫分析法的主要优点及局限性如表5-23所示。

表5-23 马尔可夫分析法的主要优点及局限性

主要优点	局限性
能够计算出具有维修能力和多重降级状态的系统的概率	①假设状态变化的概率是固定的,限制性强 ②要求所有事项在统计上具有独立性 ③需要了解状态变化的各种概率 ④涉及矩阵运算等复杂知识,非专业人士很难看懂

（四）案例

假设一个复杂系统存在3种状态,S1代表功能正常,S2代表功能降级,S3代表故障。系统每天都会存在于上述3种状态中的一种,因此今、明两天结合发生的概率图如下列马尔可夫矩阵所示,具体概率分布如表5-24所示。

表5-24 马尔可夫矩阵

明天状态 ＼ 今天状态	S1	S2	S3
S1	0.95	0.3	0.2
S2	0.04	0.65	0.6
S3	0.01	0.05	0.2

矩阵每列数值之和为1,代表的是每种情况的一切可能结果的总和。这个系统也可以采用马尔可夫图来表示,其中圆圈代表的是状态,概率的转移用箭头表示,具体如图5-11所示。

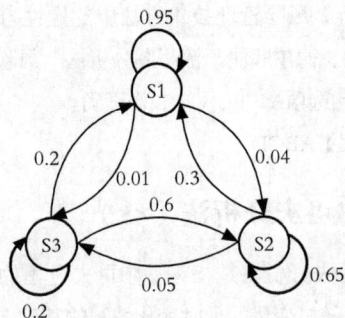

图5-11 马尔可夫系统图

用 Pi 代表系统所处状态 i（i 为1、2或3）,则可以根据表5-24的相互关系建立方程组:

$$P1=0.95P1+0.3P2+0.2P3 \qquad (1)$$
$$P2=0.04P1+0.65P2+0.6P3 \qquad (2)$$
$$P3=0.01P1+0.05P2+0.2P3 \qquad (3)$$
$$P1+P2+P3=1 \qquad (4)$$

通过求解上述方程组,得到 $P1=0.85$, $P2=0.13$, $P3=0.02$,说明系统充分发挥功效的可能为85%,处于降级状态的为13%,而存在故障的可能为2%。

六、敏感性分析法（★★）

敏感性分析是针对潜在的风险性,在确定性分析的基础上,进一步研究项目的各种不确定因素变化对其主要经济指标的变化率及敏感程度影响大小的一种方法。如果不确定性因素的小幅度变化引起主要指标的较大变化,则称此因素为敏感性因素。该分析从改变可能影响分析结果的不同因素的数值入手,估计结果对这些变量的变动的敏感程度。找到敏感性因素后,还可以进一步分析其成因等,进而控制分析。

敏感性分析最常用的显示方式是龙卷风图。

（一）适用范围

适用于对项目的不确定性对于结果产生的影响进行的定量分析。

（二）实施步骤

（1）选定不确定因素,并设定变动范围。

（2）确定分析的主要指标。

（3）进行敏感性分析,即计算不确定因素变动对主要指标变动的影响。

（4）绘制敏感性分析图,用图的形式将上述结果体现出来。

（5）确定变化的临界点。

（三）主要优点和局限

敏感性分析法的主要优点及局限性,如表5-25所示。

表5-25 敏感性分析法的主要优点及局限性

主要优点	局限性
①提供有价值的参考信息 ②清晰地指明风险分析方向 ③帮助企业制定紧急预案	①数据缺乏，无法提供可靠的参数变化 ②公式计算，未考虑发生的概率，可能导致分析结果和实际相反

（四）案例

欣欣公司是一家大型上市公司，最近准备投资一个化纤项目，因此重点关注该项目的内部收益率。其中影响项目收益率的主要有投资额的大小、经营成本以及销售收入的高低，并且由于这3个因素都不是企业能够控制的，于是将其作为敏感性分析的对象。相应地根据预计的现金流量表数据，该公司计算出了各因素的数值变化对于内部收益率变化的比例，然后描绘出敏感性分析图，发现最为敏感的因素，并且依据企业要求的最低报酬率计算各要素的临界值，进而为作出决策提供依据。

【例题40·单选题】（2015年真题）甲公司拟新建一个化工项目。经过可行性研究，该项目预计净现值为420万元，内部收益率为13%。甲公司进一步分析初始投资，建设期及寿命期的变动对该项目预计净现值的影响及影响程度。甲公司风险管理技术与方法是（　　）。

A. 事件树分析法　　B. 敏感性分析法
C. 决策树分析法　　D. 情景分析法

【解析】 事件树分析法是一种表示初始事件发生之后互斥性后果的图解技术，其根据是为减轻其后果而设计的各种系统是否起作用，故选项A错误。敏感性分析是针对潜在的风险性，研究项目的各种不确定因素变化至一定幅度时，计算其主要经济指标变化率及敏感程度的一种方法。敏感性分析是在确定性分析的基础上，进一步分析不确定性因素对项目最终效果指标的影响及影响程度。敏感性因素一般可选择主要参数（如销售收入、经营成本、生产能力、初始投资、寿命期、建设期、达产期等）进行分析。因此，故选项B正确。决策树分析法是考虑到在不确定性的情况下，以序列方式表示决策选择和结果，故选项C错误。情景分析法可以用来预计威胁和机遇可能发生的方式，以及如何将威胁和机遇用于各类长期和短期的风险，故选项D错误。

【答案】B

七、决策树法（★★）

决策树是利用概率论的原理，在考虑到不确定性

情况下，运用序列的形式来表示决策选择和结果。其方法简便，而且适合在题目中考查。因此，考生要注意理解决策树的决策方法，并且可以将其运用至具体的案例中。

（一）适用范围

适用于对不确定性投资方案期望收益的定量分析。

（二）实施步骤

如图5-12所示。决策树中方块代表决策节点，每一条分枝就代表一个方案。分枝数就是可能的方案数。圆圈代表方案的节点，引出概率分支。圆圈代表方案的节点，从它引出的每条概率分枝标明了状态及其发生的概率。根据右端的损益值和概率，计算出期望值。确定期望结果的选择。

（三）案例

如图5-12所示，A1和A2方案，假设其投资分别为400万元和200万元，经营的年限均为5年。假设销路好的概率和销路差的概率分别为70%和30%，A1方案销路好的收益为300万元，销路差时就亏损100万元，而A2方案销路好的收益为100万元，销路差的收益为50万元。

则A1方案的收益＝（300×0.7－100×0.3）×5－400＝500（万元）

A2方案的收益＝（100×0.7+50×0.3）×5－200＝225（万元）

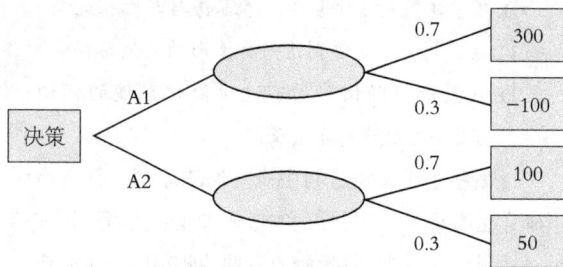

图5-12 决策树示例

（四）主要优点和局限性

1. 主要优点

（1）能清楚地用图解说明细节。

（2）可以计算出到达一种情形的最优路径。

2. 局限性

（1）有些决策树过于复杂，不容易与其他人交流。

（2）树形图有过于简化环境的倾向，考虑不全面。

【例题41·单选题】某公司财务部使用净现值法评价一个投资项目。根据公司发展战略有很多影响投资的变量，其中多个变量是不确定的。一些变量的值可能会取决于其他变量的值，因此该方法列出各个不确定变量及其结果以便衡量替代行为的范围与可能的结果。根据描述选择这种财务风险管理技术是（　　　　）。

A. 净现值法

B. 敏感性分析法

C. 决策树法

D. 决策矩阵法

【解析】净现值法属于财务管理中探讨投资决策的一种方法，而非财务风险管理技术方法，决策矩阵法也不是基本的风险管理技术方法，而选项B、C则均属于风险管理技术方法。敏感性分析法是探讨一因素的变化对主要指标变化的影响，因此不是本题目的答案。采用排除法就应该选择C。并且，决策树法是利用概率论的原理，在考虑到不确定性情况下，运用序列的形式来表示决策选择和结果。决策树中方块代表决策点，每一条树枝代表一个方案，其后续的变量值取决于前面变量的值，因此本题答案为C。

【答案】C

【例题42·多选题】下列有关决策树的说法中，正确的有（　　　　）。

A. 决策树适用于对不确定性投资方案期望收益的定量分析

B. 有些决策树过于复杂，不容易与其他人交流

C. 决策树可以计算到达一种情形的最优路径

D. 决策树中的树形图有过于简化环境的倾向，可能会导致考虑不全面

【解析】决策树是利用概率论的原理，在考虑到不确定性情况下，运用序列的形式来表示决策选择和结果，适用于对不确定性投资方案期望收益的定量分析。决策树的优点为：①清楚地用图解说明细节；②可以计算到达一种情形的最优路径。其局限性为：①有些决策树过于复杂，不容易与其他人交流；②树形图有过于简化环境的倾向，考虑不全面。故选择A、B、C、D。

【答案】ABCD

八、统计推论法（★★）

统计推论法是进行项目风险评估和分析的一种十分有效的方法，是通过分析现有数据或未知事件等进而推断得出结论的一种方法。

（一）类型

（1）前推：根据历史的经验和数据向前推断出未来事件发生的概率及其后果。

（2）后推：在没有历史数据的情况下，把未知的、想象的事件与一已知事件结合起来，尽量收集已有的数据，从而对风险做出评估和分析。

（3）旁推法：就是利用历史记录对类似新建项目的数据进行相关性地外推。

（二）适用范围

统计推论法适合于各种风险分析预测。

（三）实施步骤

（1）收集整理历史数据。

（2）选择合适的评估指标并给出数学模型。

（3）预测风险发生的可能性及损失大小。

（四）主要优点和局限性

（1）主要优点：若数据充足可靠，此方法简单易行，结果准确率高。

（2）局限性：若前提和环境发生变化，结果则不一定适用；没有考虑事件的因果关系，使外推结果可能产生较大偏差。

【例题43·单选题】（2017年真题）甲公司是一家大型商场。开业以来，公司积累了丰富的销售数据。公司战略部门每年都会对这些数据进行收集整理，据此推算出未来年度企业的销售风险。根据上述信息，甲公司采用的风险管理方法是（　　　　）。

A. 后推法

B. 前推法

C. 逆推法

D. 正推法

【解析】本题考查的是统计推论法。前推法是从历史的经验和数据出发，向前推测未来事件可能发生的概率及后果，是采用最普遍而又行之有效的一种预测方法。题干中根据积累的销售数据推算未来年度企业的销售风险，就是根据以往的历史数据来推测的，此方法属于前推法，故B选项为正确答案。

【答案】B

九、失效模式影响和危害度分析法（★★）

失效模式影响及危害分析法，就是通过对系统各部件的每一种可能潜在的故障模式进行分析，找出故障原因，分类并分析，进而提出预防和纠正措施的方法，具体分为故障模式分析、故障影响分析和故障后果分析3类。

（一）适用范围

失效模式影响和危害度分析法适用于对失效模式、影响及危害进行定性或定量分析，对于其他风险识别方法而言还可为之提供数据支持。

（二）实施步骤

（1）将系统分为组件或步骤，并进行相关的失效分析。

（2）结合故障的严重性，确定风险等级。

（3）识别风险的优先级。

（4）输出总体清单。

（三）主要优点和局限性

失效模式影响和危害度分析法的优点及局限性，如表5-26所示。

表5-26 失效模式影响和危害度分析法的主要优点及局限性

主要优点	局限性
①应用广泛 ②结果的表现形式可读性较强 ③较早发现问题，避免不必要的开支 ④识别单点失效模式以及对冗余或安全系统的需要	①无法同时识别多个失效模式 ②研究工作既耗时且开支较大

十、情景分析法（★★）

情景分析法是通过分析特定的情景，识别出此情景下可能发生的事件及其潜在的结果，进而采取相应的对应措施的一种方法。情景分析既依靠现有的数据，同时在数据不充分的情况下，还依靠人们的想象力。

（一）适用范围

情景分析法通过模拟和分析不确定性情景，对企业面临的风险进行定性和定量分析。

（二）分析对象

情景分析法中关键是要分析变化的因素，如外部环境、宏观环境、今后的决策、利益相关者的需求等因素的变化对于情景结果的影响。

（三）主要优点及局限性

（1）主要优点：若未来情况变化不大，结果则比较准确。

（2）局限性：不确定性越大，情景分析结果则无意义；受限于数据有效性及情景分析师的能力；情景分析可能靠想象决策，缺乏充分的基础。

十一、事件树分析法（★★）

事件树分析法是在决策树分析法的基础上建立起的一种定性与定量结合的方法。图5-13所示是一种典型的事件树示例。其建立在初始事件之上，并有相应概率发生的不同结果。

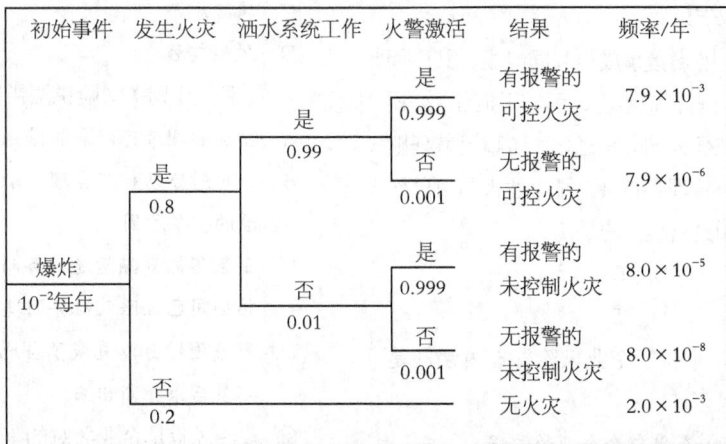

初始事件	发生火灾	洒水系统工作	火警激活	结果	频率/年
		是 0.99	是 0.999	有报警的可控火灾	7.9×10^{-3}
	是 0.8		否 0.001	无报警的可控火灾	7.9×10^{-6}
爆炸 10^{-2}每年		否 0.01	是 0.999	有报警的未控制火灾	8.0×10^{-5}
			否 0.001	无报警的未控制火灾	8.0×10^{-8}
	否 0.2			无火灾	2.0×10^{-3}

图5-13 事件树分析图示例

（一）适用范围

事件树分析法适用于对故障发生以后，考虑各种可减轻事件严重性影响的事件，对多种可能后果的定性和定量分析。

（二）主要优点和局限性

（1）主要优点：图示清晰显示了各种情景；体现了时机、依赖性以及故障树模型中很烦琐的多米诺效应；可以体现事件的顺序。

（2）局限性：需要识别所有的初始事项；不能将恢复事项纳入其中；后续事项的发生取决于以前支点事项。

【例题44·单选题】下列分析方法中，属于定性分析与定量分析结合的方法是（　　　）。

A. 流程图分析法　　　B. 德尔菲法

C. 决策树法　　　　　D. 事件树分析法

【解析】定性与定量结合的分析方法有失效模式影响和危害度分析法、情景分析法和事件树分析法，选项A和选项B属于定性分析方法，选项C属于定量分析方法，只有选项D是定性与定量结合的风险管理技术与方法。故选择D。

【答案】D

过关测试题

一、单项选择题

1. 企业所面对的风险既有外部风险也有内部风险，下列风险属于企业内部风险的是（　　　）。

A. 政治风险

B. 法律风险

C. 操作风险

D. 市场风险

2. A集团正在筹备以下4个项目，假设投资成本一致，各项目在预计损益区间内发生的概率是均衡的，那么风险应对时最应该实施风险控制策略的项目是（　　　）。

A. 甲项目，新增产品线，预计的损益区间为-200万元至400万元

B. 乙项目，新设办公用房，预计的损益区间0万元

C. 丙项目，战略投资，预计的损益区间-300万元至600万元

D. 丁项目，短期股票投资，预计的损益区间-1 600万元至1 400万元

3. A公司董事会由7名董事成员共同组成，其中甲出任董事长兼首席执行官，董事乙、丙、丁担任A公司的独立董事。董事戊兼任公司副总经理，董事己兼任财务总监。企业下设风险管理委员会，那上述人员可以作为该公司风险管理委员会召集人的是（　　　）。

A. 甲　　　　　　　B. 乙

C. 戊　　　　　　　D. 己

4. 以下各项中，不属于企业风险管理内涵的是（　　　）。

A. 一个正在进行并贯穿整个企业的过程

B. 能够对企业的管理层和董事会提供保证

C. 识别能够影响企业及其风险管理的潜在事项

D. 受到企业各个层次人员的影响

5. 甲公司是一家上市医药公司，其董事会下设专门的风险管理委员会。下列选项中，不属于风险管理委员会职责的是（　　　）。

A. 提交全面风险管理年度报告

B. 审议内部审计部门提交的风险管理监督评价审计综合报告

C. 审议并向股东（大）会提交企业全面风险管理年度工作报告

D. 审议风险管理策略和重大风险管理解决方案

6. 甲公司是一家上市农业类公司，为避免自然灾害可能对其造成的巨大损失而购买了巨灾保险。本案例中，该公司选择的风险管理工具是（　　　）。

A. 风险控制

B. 风险对冲

C. 风险规避

D. 风险转移

7. 下列关于财务风险说法错误的有（　　　）。

A. 企业管理者可以采取措施完全消除财务风险

B. 公司财务结构不合理、融资不当是导致财务风险的重要原因

C. 如果不能到期偿还债务而产生财务风险意味着该公司已经陷入财务困境

D. 财务困境可以直截了当地由债务违约和法律等不良后果推断出来

8. 政治风险是企业面对的常见外部风险之一，尤其是跨国企业在经营发展的过程中，遭遇政治风险在所

难免。直接干预也可能导致政治风险，下列选项中，不属于直接干预的是（　　　）。

    A. 政府的不作为

    B. 没收资产

    C. 不履行合同

    D. 关税壁垒

9. 收集到了风险管理初始信息之后，企业要运用适当的方法对收集的信息以及企业各项业务管理及其重要的业务流程进行风险评估。下列选项不属于风险评估步骤的是（　　　）。

    A. 风险分析

    B. 风险辨识

    C. 风险评估

    D. 风险评价

10. 风险管理策略是企业的一项总体策略，下列选项中不属于风险管理策略的定位的是（　　　）。

    A. 风险管理策略作为全面风险管理的总体策略，其制定依据为企业经营战略

    B. 在整个风险管理体系中，风险管理策略起着统领全局的作用

    C. 风险管理策略指导企业所有风险管理活动

    D. 在企业战略管理的过程中，风险管理策略承上启下，与企业战略紧密联系，保持一致，减少了企业战略错误的可能性

11. 风险管理技术与方法既有定性分析，也有定量分析，下列选项中属于适用于风险识别阶段的定性分析方法的是（　　　）。

    A. 马尔可夫分析法

    B. 德尔菲法

    C. 敏感性分析法

    D. 决策树法

12. 甲公司是一家大型的集团上市公司，为保障企业的发展，管理层做出了如下风险应对措施。下列决策各项中属于风险转换的是（　　　）。

    A. 为缓解和分散集中投资的风险，甲公司决定在本国和其他国家或地区都进行投资

    B. 提高信用标准防止坏账损失的扩大

    C. 由于企业处于业务发展时期，业务量大、人手不够，甲公司将集团全部信息技术业务外包

    D. 基于成本效益考虑，管理层认为风险发生的概率小且影响不大，因此决定接受风险

13. 下列管理风险的做法中，最有效的是（　　　）。

    A. 对所有经营的主要风险，即发生可能性较高的风险进行应对

    B. 对所有已识别的风险进行应对

    C. 集中应对所有已识别发生可能性较大及其对企业影响较重大的主要风险

    D. 对所有已识别发生可能性较高及对企业财务有较大影响的风险进行应对

二、多项选择题

1. 损失事件管理是与金融衍生品对应的另一种风险理财方式、方法，下列关于专业自保公司的特点的说法中，正确的有（　　　）。

    A. 会增加运营成本

    B. 可以通过租借的方式承保其他公司的保险

    C. 不在保险市场上开展业务

    D. 由被保险人所有和控制

2. 甲公司是一家大型洁具上市公司，其面对的市场风险可能有（　　　）。

    A. 税收政策发生变化的风险

    B. 股票价格下降的风险

    C. 甲公司法律意识淡薄，在经营活动中不考虑法律因素而引发的风险

    D. 洁具的价格及供需变化带来的风险

3. 下列选项中，属于企业面临产业风险时考虑的因素的有（　　　）。

    A. 产品或服务的价格及供需变化带来的风险

    B. 产业波动性

    C. 产业（产品）生命周期阶段

    D. 产业集中程度

4. 下列选项中，属于以风险管理为基点的分类的成本有（　　　）。

    A. 进入成本

    B. 预防成本

    C. 损失成本

    D. 评估成本

5. 风险管理理念在传统风险理念的基础上，从单一、局部或分离性层面转到了企业整体层面，下列选项中属于全面风险管理特征的有（　　　）。

    A. 全员化

    B. 系统性

C. 战略性

D. 专业性

6. 甲公司是一家大型高科技性企业，其企业文化特别注重技术创新，下列选项中属于甲公司在技术活动所属的阶段中面临的风险的有（　　　）。

A. 技术研发风险

B. 技术设计风险

C. 技术应用风险

D. 技术创新风险

7. 未来的不确定性可能对企业实现其战略目标产生影响，进而引发战略风险。为规避战略风险，在制定企业发展战略时需关注的主要风险有（　　　）。

A. 缺乏明确的发展战略或发展战略实施不到位的风险

B. 企业内、外部人员的道德风险或业务控制系统失灵的风险

C. 发展战略因主观原因频繁变动

D. 发展战略因主观原因频繁变动的风险

8. 在传统风险管理的基础上，全面风险管理更加紧密联系企业战略，其总体目标体现了这一点。在下列说法中，正确的有（　　　）。

A. 控制风险在与公司总体目标相适应并可承受的范围内

B. 确保内外部之间实现真实、可靠的信息沟通，尤其是企业与股东之间

C. 确保遵守有关法律法规

D. 确保建立针对各项重大风险发生后的危机处理计划

9. 甲公司是一家专门为其他公司出具风险管理评估和建议专项报告的服务中介机构，专项报告一般应涉及以下（　　　）的实施情况、缺陷内容，相应提出修改建议。

A. 风险管理基本流程、风险管理策略

B. 重大风险、重大事件以及重要管理及业务流程的风险管理及内部控制系统的建设

C. 风险管理组织体系、信息系统

D. 全面风险管理总体目标

10. 风险承担是风险管理工具中的一种，对于辨识出的风险，下列可能导致企业主动采用风险承担的原因有（　　　）。

A. 缺乏能力进行主动管理

B. 从成本效益考虑，风险承担方案最优

C. 无其他备选方案

D. 所面对的风险属于重大风险

11. 下列选项中，可以采用风险承担、风险转换、风险规避、风险控制等方法来应对的风险类型有（　　　）。

A. 运营风险

B. 战略风险

C. 法律风险

D. 政治风险

12. 甲公司、乙公司按照出资比例7∶3共同新设立有限责任公司丙。丙公司董事会共有9名董事，由甲公司派出6位，乙公司派出3位。2013年新公司召开董事会临时会议，并作出如下决议。请判断其中不属于董事会职责的有（　　　）。

A. 批准设立公司风险管理部

B. 批准风险管理监督评价审计报告

C. 对并购小型公司的风险评估报告进行审议

D. 批准企业全面风险管理年度工作报告

13. 衍生产品是指其价值决定于一种或多种基础资产或指数的金融合约。下列各项中，属于衍生产品优点的有（　　　）。

A. 灵活性

B. 风险很小

C. 使用方便

D. 成本优势

三、简答题

1. A公司是一家高科技软件开发公司，由于企业的经营性质，公司文化特别强调创新的重要性，于是在企业形成了一股新软件的开发热潮。然而，软件开发过程存在着很多风险，开发失败不仅可能会给企业带来经济损失，甚至会使企业名誉扫地，无法继续经营。为应对开发风险，甲公司采取了以下一系列应对措施。

（1）针对软件项目开发过程中存在的技术风险，A公司通过采用成熟且为团队成员熟悉的技术，以及更为先进的迭代式的开发过程等方法将风险控制在一定范围内。

（2）针对完全陌生领域的项目，A公司采用投保的方式，在合同开始时，向保险公司支付保险费，与保险公司签订保险合同，合同规定若项目开发失败，保险公司为预定的损失支付补偿。

（3）针对软件开发过程需要大额资金，但是投资者的资金可能不足以维持的情况，企业采取应急资本的损

失事件管理方式，与银行签订应急资本协议。协议规定，若A公司在开发过程中资金严重短缺，则由银行为A公司提供协议规定范围内的资本以保证公司的持续经营。

要求：

（1）简述风险管理文化的作用；

（2）判断各项措施所对应的应对风险策略。

2. 摩托罗拉公司成立于1928年，是一家全球跨国经营的公司。作为世界财富百强企业之一，摩托罗拉由企业移动解决方案部、宽带及移动网络事业部和移动终端事业部三大业务构成，是全球芯片制造、电子通信的领导者。

为了实现在世界任何地方使用无线手机通信的目的、夺得对世界移动通信市场的主动权，在美国政府的帮助下，摩托罗拉与其他一些公司于1987年共同提出了新一代卫星移动通信星座系统——铱星的概念。铱星系统技术在目前的卫星通信系统中处于领先地位，可以使铱星系统中各个卫星通过星际联络这种方式直接传送信息，从而摆脱对于地面网系统的依赖。

然而，在这种直接通信大大地提高了通信的质量与效率的同时，系统风险大、成本过高、维护成本相对于地面系统也高出许多，仅整个卫星一年的系统维护费就需要几亿美元。

虽然大家都承认铱星的高科技含量可能会为企业带来利润，然而在商用之初便定位于"贵族科技"的这66颗高技术卫星组网，也给摩托罗拉带来了极大的阻碍。

由于投资于高科技技术，摩托罗拉业务成本上升，每部铱星手机价格高达3 000美元，通话费用也比以前高出一倍，这使得摩托罗拉新业务开业的前两个季度，用户发展缓慢，在全球只发展了1万用户。由于用户数量较少，铱星公司前两个季度遭受巨额亏损10亿美元。尽管铱星手机后来降低了收费，同时加大了企业产品的宣传力度，但还是不能与诺基亚等其他性价比较高的企业抗衡，未能扭转企业亏损的颓势。

要求： 根据材料分析摩托罗拉公司当时面临的风险种类以及该种风险包含的哪些方面。

四、综合题

案例： 甲公司属于建筑防水材料行业，是一家专业化的建筑防水系统供应商，集研发、生产、销售、技术咨询和施工服务于一身。随着国家基础设施建设力度的加大和城镇化速度的加快，建筑防水材料作为建筑功能材料的重要组成部分，其应用领域和市场容量持续走高。同时在产业政策方面，国家也将逐步规范防水市场，完善产品标准，扶持优势企业，淘汰落后产品及产能。受宏观环境影响，越来越多的企业更加青睐应用能够提高产品的优异性能并有利于环保节能的新型建筑防水材料生产技术。因此，面对良好的市场发展环境，甲公司的主营产品新型建筑防水材料的市场份额在最近几年一直保持着持续增长。

虽然宏观环境给企业带来了巨大的发展机会，但是我国建筑防水行业也有着一些特殊的特点：竞争性强、行业分散、市场规模大，行业集中度很低。面对如此激烈的市场竞争，未来我国建筑防水材料行业很可能呈现出如下竞争格局：一是在国家产业政策的引导下，防水市场逐步规范，有实力的企业更易取得竞争优势，获得高于行业平均的增长速度，从而市场集中度逐渐提升，引领着行业的健康发展；二是为达到环保要求，国家将实施相关产业结构调整政策，促使行业内生产成本过高、环保不达标的一部分企业退出市场竞争，并淘汰落后的产品、生产技术及产能，从而达到市场资源优势企业的集中。

目前与该公司在国内市场上竞争的企业主要有三类：一是老牌的国有防水企业，虽然这些企业在业内拥有较高的知名度，但技术落后；二是民营防水企业，虽然这些企业发展较晚，但是价格低廉，争夺了越来越多的客户；三是少数外资企业，这些企业拥有品牌和技术优势，准备开始进入国内市场。

为应对激烈的市场竞争，甲公司在成立之初就十分重视研发的投入。虽然在研发过程中，有一部分技术或产品投入并没有转化为现实，但是甲公司积累的技术和研发优势已经形成较为明显的竞争优势，形成强大的内生性发展动力，竞争对手在短期内无法超越。因此，甲公司品牌知名度和美誉度进一步提高，市场版图份额不断地提高。以下是企业面临的最新的市场情况：

（1）公司产品面临着由局部市场走向全国市场的重大机遇。自2013年公司实行"渗透全国"的市场开发战略以来，成效显著，市场辐射能力大幅度提高，市场领域已从局部市场走向全国市场。然而随着公司大规模扩张，现有的公司人员已经满足不了企业快速增长的人才需求，而对外招聘的新增员工，短期内又难以适应与融合现有的企业文化，公司战略和经营目标的实现严重受到影响。

（2）随着经验的积累，研发投入效率越来越高，企业不断开发优质新产品和新的应用技术，公司产品线不断拓宽,集成系统应用领域和市场空间不断得到拓展。甲公司产品结构越发完善,公司市场份额持续走高。

(3)行业内的并购重组机遇。随着我国广大消费者质量意识的逐步提高以及建筑防水行业产品结构调整政策的实施,市场资源将越来越向注重产品和服务质量、品牌形象良好、管理能力强的优势企业集中,行业面临巨大的整合机会,可以淘汰劣势企业。

(4)加快国际化进程的机遇。国内企业充分利用成本领先优势,防水材料出口力度加强,防水行业国际化进程加快。

公司的主要客户是基础设施建设项目专业承包商与重点房地产开发商。这些客户往往要求供应商提供一定额度的垫资,且在较长的周期时间内才进行货款结算,导致企业应收账款回收期过长。同时在当前的招标模式下,支付方式成为了客户选择供应商的重要条款,公司应收账款余额增长过快,公司的资金使用效率和资产的安全,甚至企业的经营业绩均受到应收账款回收的重大影响。

虽然原材料供应商比较稳定,但随着原材料采购量及产品种类的逐步增加,同时引入竞争机制,公司也相应增加了供应商数量,客户占公司采购、销售比例超过30%的,单一供应商或严重依赖少数供应商及客户的情况不复存在。可是,随着供应商数量的增多,供应商管理也出现了问题,有一部分供应商在履行合同方面存在拖期、以次充好,给公司的验收工作带来了很大的压力。

公司主要原材料为石油化工产品,如果国际原材料的价格出现较大幅度波动,公司的盈利水平也会受到一定的影响。

要求:

(1)该公司采用的战略类型是什么?简要分析实施该种战略的风险。

(2)请使用SWOT分析法对该公司的环境进行分析。

(3)简要分析甲公司面临的风险种类,并有针对性地提出风险应对策略。

(4)为加强风险应对,公司在董事会下设立风险管理委员会,决定完善风险管理的组织体系。请简要分析该公司风险管理应考虑的目标,以及企业风险管理组织体系应包含的主要组成部分,并相应地指出风险管理委员会在风险管理工作中的职责。

(5)针对该公司最后有关主要原材料受国际原油市场的影响较大的情况,分析指出甲公司可以采用哪些金融衍生工具来应对该风险(假设该公司未来需要买入一批石油产品)。

内部控制

第6章

本章内容是考试的重点章，主要介绍了内部控制基本规范以及应用指引与评价指引中的相关内容，全面阐述了内部控制的目标、原则和要素，18项具体业务的内部控制应用指引，以及内部控制评价的相关内容，其所涉及的概念和方法较多，尤其是18项应用指引的具体内容，考生需要在理解的基础上记忆某些考点的要点。

结合近几年考试，本章的平均分值为22分左右，考试题型一般为客观题和主观题。通常以客观题考查的考点有：内部控制活动、不相容岗位分离、票据管理、业务外包、内部控制缺陷、发展战略、资金活动、销售业务等；以主观题考查的考点有：工程项目、内部控制评价等具体的细节内容。

【本章考点概览】

内部控制	一、内部控制概述	COSO委员会关于内部控制的定义与框架	★★
		我国内部控制规范体系	★★
	二、内部控制的要素	控制环境	★★★
		风险评估	★★★
		控制活动	★★★
		信息与沟通	★★★
		监控	★★★
	三、内部控制的应用	组织架构	★★★
		发展战略	★★★
		人力资源	★★★
		社会责任	★★★
		企业文化	★★★
		资金活动	★★★
		采购业务	★★★
		资产管理	★★★
		销售业务	★★★
		研究与开发	★
		工程项目	★
		担保业务	★★★
		业务外包	★★★
		财务报告	★★★
		全面预算	★★★
		合同管理	★
		内部信息传递	★★★
		信息系统	★
	四、内部控制评价与审计	内控控制评价	★★
		企业内部控制审计	★★★
		审计委员会在内控控制中的作用	★★

第一节 内部控制概述

考情分析： 本节为2015年新增内容，是对内部控制的一个基本介绍，从COSO委员会以及我国内部控制规范体系两个方面对内部控制进行简单介绍，本节考题方式主要涉及客观题。

学习建议： 主要了解并适当记忆COSO委员会《内部控制——整合框架》与我国内部控制规范体系的构成。

一、COSO委员会关于内部控制的定义与框架（★★）

COSO委员会全称Committee of Sponsoring Organization，包括美国会计协会以及美国注册会计师协会两个组织，主要负责制定大小型企业实施内部控制系统指南的相关事务。

（一）内部控制定义

COSO委员会认为内部控制是公司的董事会、管理层等人士为实现运营效益和效率、财务报告可靠性及遵守适用的法律法规3项目标提供合理保证而实施的程序。此定义表明，内部控制是一种实现目标的方法，而非目标本身；同时内部控制只能为目标提供合理保证，而非绝对性的保证；最后，内部控制并非孤立的，需要高管等各级人员的实施与配合。

（二）《内部控制——整合框架》

该框架系COSO委员会于1992年提出，经过多年增补和修订而成，简称《内部控制框架》。该框架被认为是最受广泛认可的内部控制整体框架，主要内容如图6-1所示。

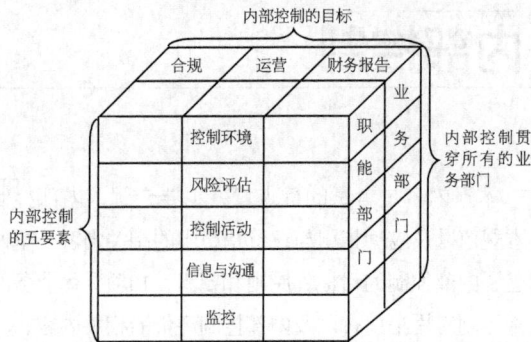

图6-1 COSO整体框架图

（1）内部控制3目标：①合规性，遵循适用的法律法规；②运营，取得经营的效率和有效性；③财务报告，确保财务报告的可靠性。

（2）内部控制5要素：①控制环境 员工道德素质、管理理念、风格等；②风险评估 对风险的辨别及分析等；③控制活动 包括审批、授权确认、经营复核等政策、程序；④信息与沟通；⑤监控 包括日常管理、监督等在内的对内部控制实施质量的评价。

二、我国内部控制规范体系（★★）

我国的内部控制规范体系主要包括《企业内部控制基本规范》（简称《基本规范》）、《企业内部控制配套指引》（简称《配套指引》）。其中《配套指引》中包括《企业内部控制应用指引》（简称《应用指引》）、《企业内部控制评价指引》（简称《评价指引》）、《企业内部控制审计指引》（简称《审计指引》）。各项规范的主要内容如表6-1所示。

表6-1 我国内部控制规范体系

规范名称	主要内容
《企业内部控制基本规范》	①此基本规范是内部控制的总体框架，规定了内部控制的目标、要素以及原则和总体要求等，在整个内部控制标准体系中起统领作用 ②内部控制的目标：提高经营效率和效果；合理保证企业经营管理的资产安全、合法合规、财务报告以及相关信息真实与完整；促进企业实现发展战略（相比COSO框架增加了资产安全和促进实现战略两项） ③内部控制5大要素：内部环境，风险评估，控制活动，信息与沟通，内部监督（与COSO框架一致）
《企业内部控制应用指引》	①在整个内部控制规范体系中占据主体地位 ②18项应用指引：组织结构、人力资源、社会责任、发展战略、企业文化、采购业务、资金活动、资产管理、销售业务、工程项目、研究与开发、担保业务、财务报告、业务外包、全面预算、内部信息传递、合同管理、信息系统
《企业内部控制评价指引》	为全面评价内部控制有效性，形成评价结论、出具评价报告而提供相应的指引
《企业内部控制审计指引》	为会计师事务所对单位内部控制有效性的审计提供指引

第二节 内部控制的要素

考情分析：本节由2014年一个小点的内容扩充至2015年一个小节的内容，说明此部分内容十分重要，是考试的重点。内部控制要素是内部控制的灵魂，本节主要从COSO《内部控制框架》和我国《企业内部控制基本规范》对比内部控制要素的规定，并对内部控制5大要素进行详细阐述，本节考题方式主要涉及主观题与客观题。

学习建议：理解并记忆本节内容，对比COSO《内部控制框架》与我国《企业内部控制基本规范》对五大要素的不同规定，精准掌握内部控制五要素的含义以及相关解释。

一、控制环境（★★★）

控制环境即指内部控制实施的环境，是企业实施内部控制的基础，直接影响企业员工的控制意识，是其他内部控制要素的根基。我国《企业内部控制基本规范》是在借鉴COSO《内部控制框架》的基础上结合我国具体情况而制定的，在控制环境要素的要求与原则制定上，两者有一些细节上的差别，具体内容如表6-2所示。

表6-2 控制环境要素的要求与原则对比

COSO《内部控制框架》	我国《企业内部控制基本规范》
要素： ①员工诚信度、职业道德和才能 ②管理哲学和经营风格 ③权责分配方法、人事责任 ④董事会的经营重点和目标 原则： ①企业对诚信和道德价值观作出承诺 ②董事会独立于管理层，并监控其内部控制的制定和绩效 ③监理目标实现过程中所涉及的组织架构、报告路径以及适当的权力和责任 ④企业致力于吸引、发展和留任优秀人才，以配合企业达成目标 ⑤根据企业目标，使每个员工各自担负起内部控制的相关责任	①要求建立规范公司治理结构和议事规则 ②内部机构设置与职责分工：第一，董事会、监事会以及管理层分别负责内部控制的建立健全、监督以及日常运行；第二，董事会下设审计委员会，负责内部控制的审查、内部控制实施的监督以及内部控制自我评价等；第三，结合业务特点和内部控制要求相应地设置内部机构，明确权责分配 ③加强内部审计工作 ④制定适当的人力资源政策利于企业的可持续发展 ⑤加强员工培训和继续教育，提升员工素质 ⑥加强企业文化的建设 ⑦加强法制教育 ⑧董事会负责内部控制的建立健全和有效实施 ⑨在董事会下设立审计委员会

二、风险评估（★★★）

风险评估是指企业通过及时识别并系统分析经营活动中与实现内部控制目标相关的风险，进而确定合理的风险应对策略。COSO《内部控制框架》对风险评估的要求与原则以及我国《企业内部控制基本规范》对风险评估的要求如表6-3所示。

表6-3 风险评估要素的要求与原则对比

COSO《内部控制框架》	我国《企业内部控制基本规范》
要求： 企业建立一套成熟的机制以识别与应对来自内外部的各种风险 原则： ①制定足够清晰的目标以识别、评估风险 ②从整个企业的角度识别、应对、管理风险 ③在评估影响目标实现的风险时，考虑可能出现的舞弊行为 ④识别、评估会对企业的内部控制系统产生重要影响的一些变更	要求： ①及时开展风险评估 ②准确识别内外部风险，确定相应的风险承受度 ③识别内部风险需关注的因素：董监高的职业操守等人力资源因素；组织机构、经营方式等管理因素；研究开发等自主创新因素；财务因素；安全环保因素；其他因素 ④识别外部风险关注的因素：经济因素、法律因素、社会因素、科学技术因素、自然环境因素、其他 ⑤运用定性与定量相结合的方法，对识别的风险进行分析和排序 ⑥根据风险分析的结果，结合风险承受度等因素确定适当的风险应对策略 ⑦运用适当的风险应对策略有效控制风险 ⑧持续关注风险变化情况，及时调整分析应对策略

三、控制活动（★★★）

控制活动是指企业根据风险评估结果，运用相应的控制措施，达到控制风险在可承受度之内目的的一系列活动。COSO《内部控制框架》对控制活动的要求与原则以及我国《企业内部控制基本规范》对控制活动的要求如表6-4所示。

表6-4 控制活动要素的要求与原则对比

COSO《内部控制框架》	我国《企业内部控制基本规范》
要求： 开展必要的措施管理风险，确保经营目标的实现 原则： ①选择能够实现目标并且能够使分析降低至可接受水平的控制活动 ②选择并控制必要的支持技术 ③通过政策和程序来部署控制活动	要求： ①根据风险评估结果，结合手工、自动等多种方法，运用适当的控制措施，控制风险在可承受的范围之内；控制措施主要有7类，不相容职务分离控制、财产保护控制、会计系统控制、授权审批控制、预算控制、运营分析控制、绩效考评控制 ②不相容职务分离要求企业全面、系统梳理业务流程中所有不相容的职务，采取相应的分离措施 ③财产保护控制要求企业建立相应的财产日常管理和定期清查制度，运用各种方法确保财产安全 ④会计系统控制要求企业严格执行会计准则制度，加强科技基础工作，明确会计处理程序，保证会计资料的真实性与完整性 ⑤授权审批控制要求企业明确各岗位业务和事项办理的权限范围、审批的程序以及相应的责任 ⑥预算控制要求企业实施全面的预算管理制度 ⑦运营分析控制要求企业建立运营情况分析制度，及时分析运营状况，发现问题并及时改进 ⑧绩效考评控制要求企业建立和实施相应的绩效考评制度 ⑨对企业各种业务和事项实施有效的控制 ⑩建立重大风险预警机制和突发事件的应急处理机制

四、信息与沟通（★★★）

信息与沟通是指企业通过及时、准确地收集和传递与内部控制相关的信息，达到信息在企业内部以及企业与外部之间进行有效沟通的目的。COSO《内部控制框架》对信息与沟通的要求与原则以及我国《企业内部控制基本规范》对信息与沟通的要求如表6-5所示。

表6-5 信息与沟通要素的要求与原则对比

COSO《内部控制框架》	我国《企业内部控制基本规范》
要求： 及时传递公允的信息 原则： ①获取、生成、使用高质量的信息，支持内部控制其他要素发挥效用 ②在内部沟通的内部控制信息也必须支持其他要素发挥效用 ③与外部沟通影响内部控制其他要素发挥作用的事项	要求： ①建立信息与沟通制度促进内部控制的有效运行 ②筛选、整合信息，提高信息的有用性 ③将内部控制的相关信息在企业内部与相关外部各方面之间沟通与反馈 ④促进信息集成与共享，充分发挥信息技术在信息与沟通中的作用 ⑤建立反舞弊机制，规范公司行为 ⑥建立举报投诉制度和举报人保护制度

五、监控（★★★）

监控在2014年教材中指内部监督，是企业通过监督检查内部控制的建立与实施情况，评价分析内部控制的有效性，发现内部控制缺陷并加以改进的活动。COSO《内部控制框架》对监控的要求与原则以及我国《企业内部控制基本规范》对监控的要求如表6-6所示。

表6-6　　　　　　　　　　　　监控要素的要求与原则对比

COSO《内部控制框架》	我国《企业内部控制基本规范》
要求： 监控系统有效性评估的全过程 原则： ①选择持续或单独的评估判定内部控制各要素是否存在并且发挥了相应的作用 ②及时评估内部控制的缺陷，及时向上级报告	要求： ①制定内部控制监督制度，明确机构职责权限，规范内部监督的程序、要求、方法 ②制定内部控制缺陷认定标准，其中内部控制缺陷包括设计缺陷及运行缺陷，不同缺陷不同等级对待 ③结合内部监督情况，定期自我评价内部控制有效性，出具内部控制自我评价报告 ④以书面等适当的方式妥善保管内部控制监督的相关资料，确保内部控制建立、实施过程的可验证性

◀)) **名师点拨** ·········

内部环境设定了内部控制的基调，影响员工对内部控制的意识。而控制活动针对的是每项具体控制活动。

【知识拓展】控制活动中有关不相容职务分离的控制是以前考题中常出现的考点，虽然教材中没有明确的知识点，但是结合审计等相关内容，有必要掌握一些基本的不相容职务分离岗位。例如，授权批准与业务经办、授权批准与监督检查、业务经办与会计记录、业务经办与稽核检查、会计记录与财产保管。

会计岗位设置中的不相容职务：①出纳与会计岗位；②会计核算与会计稽查岗位；③总分类账与明细账登记业务岗位；④电算化会计岗位中的软件操作、审核记账、电算审查、档案保管等职务。

货币资金业务中的不相容职务：①钱账分管，出纳与会计分管；②出纳与核对职务；③除公章外，签章保管人不能由同一人保管；④付款经办人与审批人分离。

【例题1·多选题】企业的下列各项活动中，属于内部控制活动的有（　　　）。

A. 办公楼设立门禁系统

B. 人力资源部门安排员工年度考核评价

C. 员工如请事假，需向部门经理申请及获得批准

D. 为一投资项目编制预算

【解析】控制活动是指企业根据风险评估结果，运用相应的控制措施，达到控制风险在可承受度之内目的的一系列活动。内部控制活动主要包括：①不相容职务分离控制；②财产保护控制；③会计系统控制；④授权审批控制；⑤预算控制；⑥运营分析控制；⑦绩效考评控制。选项A属于控制活动中的财产保护控制；选项B属于控制活动中的绩效考评控制；选项C属于控制活动中的授权和批准；选项D属于控制活动中预算控制。

因此A、B、C、D均正确。

【答案】ABCD

【例题2·单选题】下列各项中，不属于常见的内部控制活动是（　　　）。

A. 预算控制

B. 会计系统控制

C. 运营分析控制

D. 财务决算控制

【解析】内部控制的要素包括内部环境、风险评估、控制活动、信息与沟通和内部监督。其中，内部控制活动主要包括：①不相容职务分离控制；②财产保护控制；③会计系统控制；④授权审批控制；⑤预算控制；⑥运营分析控制；⑦绩效考评控制，因此D财务决算控制不属于控制活动的内容。

【答案】D

【例题3·多选题】甲公司管理层为了改进完善内部控制，正在重新检查本公司现有的职责、岗位设置的合理性。下列各项中，属于兼任不相容岗位的情况有（　　　）。

A. 财务部主任同时担任采购部的审批主管

B. 记录存货明细账的会计人员同时负责存货的实物管理

C. 行政部经理兼任工会主席

D. 销售部经理同时负责客户信用的调查评估与销售合同的审批签订

【解析】本题考查不相容职务分离控制的内容。在会计岗位中，一般授权批准与业务经办、授权批准与监督检查、业务经办与会计记录、业务经办与稽核检查、会计记录与财产保管等岗位以及知识拓展中的有关货币资金业务也有部分不能兼任。选项A属于业务经办

与会计记录不可兼任,选项B属于会计记录与财产保管不可兼任,选项D违背了授权批准与业务经办不能兼任的原则,只有C不属于兼任不相容岗位。

【答案】 ABD

【例题4·单选题】(2014年真题)根据COSO框架,反舞弊机制属于内部控制要素中的( )。

A. 风险评估　　　　B. 信息与沟通

C. 内部监督　　　　D. 内部环境

【解析】 信息与沟通主要包括:①内外部信息收集;②内外部信息传递;③信息技术平台;④举报投诉制度;④反舞弊机制;⑤举报人保护制度,因此B选项是本题的答案。

【答案】 B

【例题5·多选题】(2014年真题)下列选项中,内部控制要素中的控制活动在风险管理框架下的公司治理中的体现有( )。

A. 董事长对经理的决策授权与监督

B. 董事、监事、经理的考核激励控制

C. 董事会聘请独立第三方对经理履行职责情况的检查

D. 独立董事的独立性

【解析】 内部控制要素包括内部环境、风险评估、控制活动、信息与沟通和内部监督5个方面,其中控制活动包括:①不相容职务分离控制;②财产保护控制;③会计系统控制;④授权审批控制;⑤预算控制;⑥运营分析控制;⑦绩效考评控制;⑧重大风险预警机制和突发事件应急处理机制,故A、B正确,C选项属于监督的内容,D选项属于控制环境的内容。

【答案】 AB

第三节　内部控制的应用

考情分析:本节内容知识点细碎、繁杂,其出题方式主要以客观题为主。重点考查各企业主要业务面临的主要风险点,以及相应的内部控制建设要求与措施。尤其是内部控制建设要求与措施,不仅常以客观题的形式考查,同时还易以主观题形式进行考查。

学习建议:重在理解并适当记忆本节内容,着重理解相关定义和概念,熟练掌握企业文化、采购业务、资金管理等业务面临的主要风险点,精准掌握组织架构、发展战略等的内部控制建设要求及措施。

在《企业内部控制基本规范》的基础上,财政部、证监会等联合发布了《企业内部控制配套指引》,其中包括《企业内部控制应用指引》《企业内部控制评价指引》与《企业内部控制审计指引》。其中《企业内部控制应用指引》针对组织结构、发展战略等18项企业主要业务(见图6-2)的内控手段,为企业提供了建设性的建议,为企业建立与评价内控体系提供了参照。

应用指引主要包括三大类的指引。

(1)控制环境类指引,主要涉及的是有关企业内部环境方面的内容,是企业实施内部控制的基础性指引。

(2)控制活动类指引,是对各项具体业务活动实施相应的控制建议的指引。

(3)控制手段类指引,是涉及企业整体业务或管理,偏重于"工具"性质的指引。

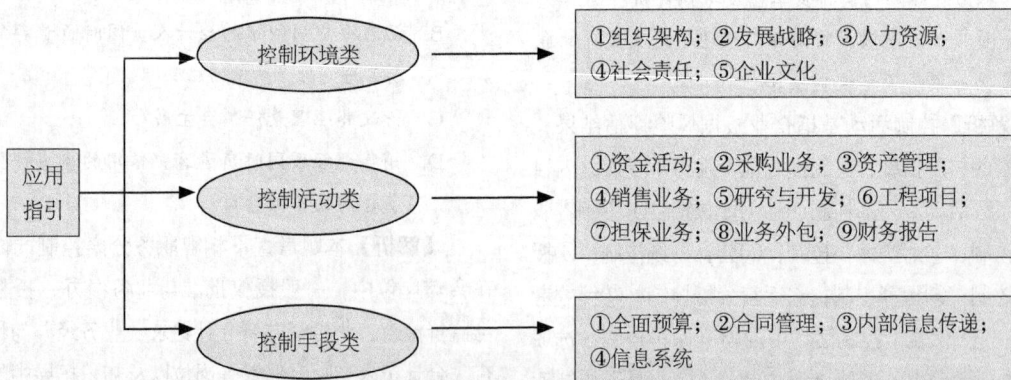

图6-2　企业内部控制应用指引内容

一、组织架构（★★★）

组织架构是企业结合本企业实际，按照国家有关法律法规等要求，明确股东（大）会等内部各层级机构的机构设置、职责权限等相关要求的一种制度安排，主要包括治理结构和内部机构设置。

（一）组织架构设计与运行中需关注的主要风险

（1）内部机构设计不科学。在设计组织架构时，可能由于权责分配不合理，机构重叠、职能缺失或交叉、推诿扯皮，导致运行效率低下。

（2）治理结构形同虚设。虽然设计了有效的组织架构，但是在执行过程中，缺乏科学决策、良性运行机制，也可能导致企业经营失败，难以实现发展战略。

（二）组织架构内部控制要求与措施

1. 组织架构的设计

（1）企业应当根据国家有关法律法规的规定，明确董事会、监事会和经理层的任职条件、职责权限、工作程序和议事规则，确保决策、执行和监督相互分离，形成制衡。

①董事会具有经营决策权，对股东大会（股东会）负责。可以依据股东大会的决议，设立战略、提名、薪酬以及审计等专门委员会，并明确相应的任职资格、职责权限等，为董事会的决策提供强有力的支持。

②监事会要履行监督企业董事、经理以及其他高级管理人员的职责，仍然对股东大会（股东会）负责。

③经理层的工作主要是主持企业的生产经营管理工作，要做到分工明确，对董事会负责。

④无论是董事、监事还是高层经理人员的产生，均要经过合法合规的选举程序，人员构成、知识以及其他能力素质均要满足岗位职责的要求。

（2）重大决策、重大事项、重要人事任免及大额资金支付业务（俗称"三重一大"，具体标准由企业自行决定）等需实行集体决策审批或者联签制度，不得单独由任何个人单独决策。

（3）合理设置内部职能机构，明确各机构的职责权限，避免职能缺失、交叉或者权责过于集中，形成各司其职、相互协调、相互制约的工作机制。机构的设置要遵循科学、精简、高效、透明以及制衡原则，同时还要综合考虑企业的性质、文化因素以及发展战略等多方因素。

（4）合理分解机构职能，确定具体岗位的名称、工作要求和职责等，明确各个岗位的权限和相互关系。常见的不相容职务通常包括：

①可行性研究与决策审批；

②决策审批与执行；

③执行与监督检查等。

（5）制定如业务流程图、组织结构图、权限指引和岗（职）位说明书等内部管理制度或文件，使员工了解和掌握组织架构设计及权限分配，进而准确履行职责。

【例题6·单选题】（2016年真题）下列各项关于企业组织架构内部控制的表述中，错误的是（　　）。

A. 经理层对董事会负责

B. 监事会对股东（大）会负责，监督企业董事，经理和其他高管依法履行职责

C. 经理层依法行使企业的经营决策权

D. 企业重大决策、重大事项，应当按照规定的权限和程序实行集体决策审批或联签制度

【解析】本题考查的是内部控制应用——组织架构。董事会具有经营决策权，对股东（大）会负责。可以依据股东大会的决议，设立战略、提名、薪酬以及审计等专门委员会，并明确相应的任职资格、职责权限等，为董事会的决策提供强有力的支持，所以选项C错误。

【答案】C

2. 组织架构的运行

（1）全面梳理现有内部机构和治理结构，确保内部机构与企业治理结构等设置和运行机制等符合现代企业制度要求。

①对于治理结构的梳理，要重点关注董事、监事、经理以及其他高层管理人员的任职资格是否符合要求，是否履行了相应的职责，结构运行效果是否良好，若存在问题，及时加以改进。

②对于内部机构的设置，要重点关注设置的合理性及运行的高效性，对于存在职能交叉、岗位缺失以及运行效率低下等情况的，及时解决。

（2）对于拥有子公司的企业，要注重以下两点。

①建立科学的投资管控制度，在履行出资人职责基础上，切实维护出资人的权益。

②对于子公司尤其是异地、境外子公司的重点行为予以特别关注，包括其发展战略以及年度财务决算的制定，重大的投融资、担保的决策，大额资金的使用，处置主要的资产，对重要人事的任免，内部控制体系建设等。

（3）定期全面评估组织架构设计与运行的效率和效果，发现缺陷及时优化调整。尤其要听取董事、监事、高级管理人员以及其他员工的意见，根据相应的权限及程序执行决策审批等。

【例题7·单选题】下列对于企业组织架构设计的相关说法中，错误的是（　　）。

A. 企业的重大决策、重要人事任免、重大事项及大额资金支付业务等，可以由一人审批

B. 企业应合理设置内部职能机构，明确各机构的职责权限，避免职能缺失、交叉或者权责过于集中，形成各司其职、相互协调、相互制约的工作机制

C. 企业应该制定如业务流程图、组织结构图、权限指引和岗（职）位说明书等内部管理制度或文件，使员工了解和掌握组织架构设计及权责分配进而准确履行职责

D. 企业应合理分解机构职能，确定具体岗位的名称、工作要求和职责等，明确各个岗位的权限和相互关系

【解析】企业的重大决策、重大事项、重要人事任免及大额资金支付业务等实行集体决策审批或者联签制度，不得单独由任何个人单独决策，因此A选项错误，故选择A。

【答案】A

二、发展战略（★★★）

发展战略是指企业在综合分析现实状况和科学预测未来趋势的基础上，制定并实施的长远发展目标与战略规划。企业要想求得长期生存和持续发展，其制定的发展战略必须适应外部环境变化和自身实际情况。

（一）制定与实施发展战略需关注的主要风险

（1）缺乏明确的发展战略或发展战略实施不到位，导致企业盲目发展，丧失发展机遇和动力。

（2）发展战略过于激进，脱离企业实际能力或偏离主业，导致经营失败。

（3）由于企业主观原因，发展战略频繁变动，导致资源浪费，危及企业生存和发展。

（二）发展战略内部控制要求与措施

1. 发展战略的制定

（1）综合考虑宏观经济政策、国内外市场需求变化等因素和变化，在充分调查研究、科学分析预测、广泛征求意见的基础上，制定企业发展目标。

（2）根据企业的发展目标制定战略规划，明确发展的阶段性和发展程度，落实每个发展阶段的具体目标、工作任务和实施路径。

（3）健全组织机构，设立战略委员会或指定相关机构负责发展战略管理工作。

①在董事会下设立战略委员会。

②明确战略委员会的职责及议事规则，规定会议的召开的程序、会议的表决方式、提案的审议方法以及对会议内容保密、做好会计记录等要求，确保决策程序科学民主，议事过程规范且透明。

③战略委员会要通过组织有关部门针对发展目标即战略规划做可行性研究，并对其作出科学论证，形成发展战略的建议方案；必要时，还可以向中介机构及专家咨询。

④战略委员会成员的任职资格及选任程序必须符合企业章程及法律法规等规定。

（4）董事会应对战略委员会或其他机构提交的发展战略方案执行严格的审议程序，重点关注其长期性、全局性和可行性。一经通过，再报经股东（大）会予以实施。

2. 发展战略的实施

（1）根据发展战略，制订年度工作计划，编制全面预算，分解、落实年度目标，确保发展战略有效实施。

（2）重视发展战略的宣传工作，通过内部各层级会议和教育培训等方式，向内部各管理层级和全体员工传递发展战略及其分解落实情况。

（3）加强对发展战略实施情况的有力监控，定期收集和分析相关信息，及时报告明显偏离发展战略的情况。

（4）若发生重大经济形势、产业政策等不可抗力的因素变化，应当按照规定权限和程序调整确实需要改变的发展战略。

【例题8·多选题】（2013年真题）美捷商务连锁酒店近期频频开展对地方酒店的并购活动。根据《企业内部控制应用指引第2号——发展战略》，下列选项中，与美捷商务连锁酒店发展战略有关的风险有（　　）。

A. 过度扩张，超出了美捷商务连锁酒店管理人员的实际能力，且实施发展战略的资金存在较大缺口

B. 偏离主业，导致企业资源分散，难以形成自身核心能力

C. 未及时向企业员工宣传企业规章制度，出现员工因不了解制度而违反管理规定的情形

D. 收购后没有注重文化管理，导致不同企业文化差异带来新的矛盾

【解析】制定与实施发展战略需关注的主要风险：①缺乏明确的发展战略或发展战略实施不到位，导致企业盲目发展，丧失发展机遇和动力；②发展战略过于激进，脱离企业实际能力或偏离主业，导致经营失败；③由于企业主观原因，发展战略频繁变动，导致资源浪费，危及企业生存和发展。故选项A和D正确。美捷商务酒店并购的是地方酒店未偏离主业，故选项B错误。选项C强调的是宣传企业规章制度而非宣传发展战略相关内容，故也不正确。

【答案】AD

三、人力资源（★★★）

人力资源是指包括董事、监事、高级管理人员和全体员工在内的企业组织生产经营活动而录（任）用的各种人员。

（一）人力资源管理需关注的主要风险

（1）人力资源结构不合理、开发机制不健全，导致人力资源缺乏或过剩，难以实现企业的发展战略。

（2）人力资源关键岗位人员管理不完善、激励约束制度不合理，可能导致经营效率低下、人才流失或关键技术、国家秘密和商业机密泄露。

（3）人力资源退出机制不当，可能引发法律诉讼风险，导致企业声誉受损。

（二）人力资源内部控制要求与措施

人力资源对于企业的发展至关重要，企业应该重视人力资源的建设，围绕发展战略，结合人力资源现状及未来需求的预测制定人力资源的总体目标，优化人力资源整体布局，明确人力资源的引进、开发、激励、退出等管理要求，合理配置人力资源，全面提升企业核心竞争力。

1. 人力资源的引进与开发

（1）制订计划：结合生产经营实际需要，根据人力资源总体规划制订年度人力资源需求计划。严格按照计划、制度和程序组织人力资源的引进工作。

（2）选聘人才：根据人力资源能力框架要求，明确各岗位的任职条件、职责权限和工作要求，通过公开招聘、内部竞争上岗等多种方式选聘优秀人才。选聘过程中，要重点关注选聘对象的价值取向和责任意识，切实做到因事设岗、以岗选人，确保选聘人员能够胜任岗位职责要求。若选聘人员与企业有相关联系，要实行岗位回避制度。

（3）确立劳动用工关系：确定选聘人员后，应当依法签订劳动合同，建立劳动用工关系。若招聘岗位涉及关键技术、知识产权、商业秘密、国家机密，或者对于企业在产品技术、市场、管理等方面的掌握具有重要影响，还应该与相应的员工签订保密协议，明确保密义务。

（4）考查选聘人员：建立选聘人员试用期和岗前培训制度，严格考察试用人员，促进选聘员工了解岗位职责，掌握岗位基本技能，适应工作要求。若考核合格，则可上岗，如若不合格，还应当及时解除劳动关系。

（5）人力资源开发：重视人力资源开发工作，建立员工培训长效机制，持续更新全体员工的知识和技能，提升员工的服务效能。

2. 人力资源的使用与退出

（1）建立和完善人力资源的激励约束机制，确保员工队伍处于持续优化状态。通过设置科学的业绩考核指标体系考评各级管理人员和全体员工，作为薪酬、职级调整和解除劳动合同等重要事项的决策依据。

（2）制定与业绩考核挂钩的薪酬制度，体现效率优先，兼顾公平。

（3）制定各级管理人员和关键岗位员工的轮岗制度，全面提升员工素质。

（4）建立健全员工退出机制，包括辞职、解除劳动合同、退休等，明确退出的条件和程序。

①若员工经过考核，不能胜任相关工作，则应马上暂停其工作，安排再培训或转岗培训；若仍不符合的，则应解除劳动合同。

②就保守关键技术、商业秘密以及国家安全机密和竞业限制的期限与退出员工形成约定，在企业关键岗位人员离职前，应该进行严格的工作交接或离任审计。

（5）定期对年度人力资源计划执行情况进行评估，寻找并改进缺陷，完善人力资源政策。

四、社会责任（★★★）

社会责任是指包括安全生产、产品质量（含服务）、

促进就业、员工权益保护、环境保护、资源节约等在内的，企业在经营发展过程中应当履行的社会职责和义务。

（一）履行社会责任方面需关注的主要风险

（1）由于安全生产措施不到位，相关责任未落实，企业发生安全事故的概率大大增加。

（2）产品质量低劣，损害消费者利益，给企业带来巨额赔偿损失，名誉受损，甚至破产。

（3）资源耗费大，环境保护投入不足，环境污染严重，资源枯竭，导致企业巨额赔偿甚至停业。

（4）若企业不能促进就业和员工权益保护，员工积极性会受挫，进而影响企业发展和社会稳定。

（二）内部控制要求与措施

企业应当重视履行社会责任，协调企业的短期利益与长远利益，兼顾经济效益与社会效益、自身发展与社会发展，真正实现企业与员工、企业与社会、企业与环境的健康和谐发展。

1．安全生产

（1）遵守国家安全生产规定，结合企业自身情况，建立严格的安全生产管理体系、操作规范以及应急预案，切实做到安全生产。同时还可以通过设立专门的安全管理部门和监督机构监管企业日常安全生产工作。

（2）重视安全生产投入，提供人力、物力、资金、技术等保障，健全检查监督机制，不随意降低保障标准和要求，确保各项安全措施落实到位。

（3）预防为主。增强员工安全意识，重视岗位培训，特殊岗位特殊对待，实行资格认证制度。为及时排除安全隐患，企业还应当加强生产设备的经常性维护管理。

（4）妥善处理安全事故。若发生生产安全事故，要妥善处理，排除故障，减轻损失，追究责任。对于重大生产安全事故，还应启动应急预案，并及时报告。

2．产品质量

（1）提高产品质量和服务水平。遵循国家和行业相关产品质量的要求，切实提高产品质量和服务水平，为社会提供优质安全健康的产品和服务，满足消费者的需求，接受社会监督，承担社会责任。

（2）规范生产流程。建立严格的产品质量控制及检验制度，保证产品质量，避免劣质产品、危害人们生命健康的产品流入社会。

（3）加强产品售后服务。对售出后出现严重产品

质量及隐患的产品，及时召回，尽可能地减低或消除不合格产品对于消费者及社会的危害。同时要妥善处理消费者的投诉与建议，切实维护消费者的合法权益。

3．环境保护与资源节约

（1）建立环境保护与资源节约制度。结合企业的实际情况，建立环境保护与资源节约制度，通过积极开发和使用节能产品，降低污染物的排放等方式，提高资源的综合利用效率。同时，通过宣传教育等形式，提高员工的环境保护及资源节约意识。

（2）加大环保投入，重视生态保护。为实现清洁生产，保护生态环境，企业需加大对于环保工作的人力、财力、物力、技术等多方面的投入与支持，以改进工艺流程、降低能源消耗与污染物的排放水平。同时，建立废料回收和循环利用等制度，综合治理废气、废渣、废水等。

（3）重视资源节约和资源保护。加大开发与利用可再生资源的力度，避免掠夺性或毁灭性的开发不可再生资源，重视国家产业结构的调整，切实转变发展方式，加快高新技术开发和传统产业改造，实现低投入、低消耗、低排放但高效率。

（4）建立环境保护与资源节约监控制度。企业应当定期展开监督检查，一旦发现问题立即采取纠正措施。承担污染物排放超过国家规定的治理或法律责任，对重大而紧急的污染事件采取应急机制，及时报告、处理，并依法追究相关人员的责任。

4．促进就业与员工权益保护

（1）依法保护员工合法权益，不随便辞退员工。贯彻人力资源政策，保持工作岗位的相对稳定，促进充分就业，避免正常经营情况下批量辞退员工，切实履行社会责任。

（2）与员工签订并严格履行劳务合同。建立科学的员工薪酬制度及激励机制，建立高级管理人员与员工薪酬的正常增长机制，维护社会公平。

（3）办理员工社会保险，保障员工依法享受社会保险待遇。做好健康管理工作，预防、控制和消除职业危害；对从事危害职业的员工进行职业性的健康监护；遵守法定劳动时间及休假制度，确保员工休息以及休假的权利。

（4）加强职工代表与工会建设，维护员工合法权益。尊重员工人格，维护员工尊严，严禁传播歧视性别、民族、宗教、年龄等思想，保障员工的身心健康。

（5）积极创建实习基地，培养、锻炼社会需要的人才。

（6）履行社会公益责任与义务。支持慈善事业，关心弱势群体。

【例题9·单选题】为回馈社会，改善贫困地区学校的教学环境，甲公司会定期向贫困地区的小学捐款。甲公司的做法体现的是（　　　　）。

A. 组织架构　　　　B. 社会责任

C. 人力资源　　　　D. 发展战略

【解析】社会责任是指包括安全生产、产品质量、促进就业、员工权益保护、环境保护、资源节约等在内的，企业在经营发展过程中应当履行的社会职责和义务。甲公司向贫困地区小学捐款属于慈善行为，履行的是社会责任方面的内容。故选择B。

【答案】B

五、企业文化（★★★）

企业文化是企业的灵魂，渗透于企业的一切经营管理活动之中，是在企业生产经营实践的过程中逐步形成的，为企业整体团队所认同并遵守的经营理念、价值观、企业精神，以及在此基础上形成的行为规范的总称。

（一）企业文化建设需关注的主要风险

（1）缺乏积极向上的企业文化，员工对企业的信心和认同感丧失，企业缺乏凝聚力和竞争力。

（2）缺乏开拓创新、团队协作和风险意识，企业发展目标难以实现，影响可持续发展。

（3）缺乏诚实守信的经营理念，舞弊事件可能经常发生，进而给企业造成损失，影响企业信誉。

（4）忽视企业间的文化差异和理念冲突，并购重组失败的可能性增加。

（二）企业文化内部控制要求与措施

1. 企业文化的建设

（1）积极培育具有自身特色的企业文化，打造以主业为核心的企业品牌。只有这样，才能形成整体团队的向心力，促进企业长远发展。

（2）培育体现企业特色的发展愿景、诚实守信的经营理念、积极向上的价值观、开拓创新和履行社会责任的企业精神，以及团队协作和风险防范意识，尤其要重视并购重组后的企业文化建设。

（3）根据发展战略和实际情况，确定文化建设的目标和内容。并且要将相关内容形成企业文化规范，作

为员工行为守则的重要组成部分。

（4）既注重"上下结合"，更应注重企业治理层和经理层的示范作用。充分发挥董事、监事、经理和其他高级管理人员在企业文化建设中的主导和垂范作用，以其优秀品格和脚踏实地的工作作风带动团队营造出一种积极向上的企业文化环境。

（5）加强宣传，促进文化建设在内部各层级的有效沟通。

（6）将企业文化建设融入到生产经营的全过程。将文化建设与发展战略相结合，增强员工的责任感和使命感，在全面提升员工的文化修养和内在素质的基础上，充分发挥并体现员工真正的价值。

2. 企业文化的评估

（1）建立企业文化评估制度，明确评估的内容、程序和方法等，避免企业文化建设流于形式。

（2）重点关注治理、经理高层在企业文化建设中的责任履行情况、企业经营管理行为与企业文化的一致性、全体员工对企业核心价值观的认同感、参与企业并购重组各方文化的融合、企业品牌的社会影响力，以及员工对企业未来发展的信心。

（3）重视企业文化的评估结果，巩固和发扬成果，对于发现的问题，及时分析并及时改进。

名师点拨

文化是企业战略中的主要内容，通过内部控制制度规定可以为企业塑造良好的企业文化氛围，为企业形成优质的企业核心文化提供极大的帮助，因此要关注企业文化内部控制建设面临的风险以及相应的要求与措施。

【例题10·多选题】下列有关企业文化内部控制要求的相关说法中，正确的有（　　　　）。

A. 企业应该特别重视并购后文化的整合建设工作

B. 企业应该着力打造以企业主业品牌为核心，富有自身特色的文化

C. 企业文化建设应该融入企业的肌体，汇入整个企业的血脉之中

D. 企业的文化建设，既要注重"上下结合"，同时更应注重董事、监事、高级管理人员等在企业文化建设中的示范作用

【解析】企业文化的建设主要包括5个方面的内容，重视并购后的整合建设、打造主业文化、广泛融入生产以及注重治理层与管理层的示范作用，均是企业文

化建设的要求，因此A、B、C、D选项说法均正确。

【答案】 ABCD

六、资金活动（★★★）

资金活动是指企业筹资、投资和资金营运等活动的总称。资金是企业生产经营循环的血液，是企业生存和发展的基础，企业必须注意资金活动可能为企业带来的风险，并采用有效的内部控制措施以降低风险。

（一）资金活动需关注的主要风险

（1）筹资决策不当，引发无效融资或资本结构不合理或无效融资，进而导致企业由于筹资成本过高陷入经营危机或债务危机。

（2）投资决策失误，引发企业丧失发展机遇或者盲目扩张，致使资金链断裂或资金使用效益低下。

（3）资金调度不合理、营运不畅，可能造成企业资金冗余，或令企业陷入财务困境。

（4）资金活动管控不严，出现资金被侵占、挪用、抽逃或遭受欺诈。

（二）资金活动内部控制要求与措施

企业应当结合自身的发展战略，科学确定投融资目标和规划。加强资金活动的集中归口管理，完善严格

的资金授权、批准、审验等相关管理制度，明确筹资、投资、营运等各环节的职责权限和岗位分离要求，并对相应的资金活动情况展开定期或不定期检查和评价，最终落实责任追究制度，确保资金安全和有效运行。

1. 筹资

（1）拟订筹资方案，明确筹资用途、结构、方式和规模等相关内容，充分估计筹资成本及潜在风险。对于境外筹资，还应综合考虑所在地的政治、经济、法律、市场等因素的影响。

（2）科学论证筹资方案，不得依据未经论证的方案开展筹资活动。根据实际需要，企业可以聘请具有相应资质的专业机构进行可行性研究，对重大的筹资方案应当形成可行性研究报告，全面反映风险评估情况。

（3）严格审批筹资方案，重大筹资方案实行集体决策或者联签制度。筹资方案需要批准的，要先经过有关部门的批准；发生变更的，应当重新开展可行性研究并履行相应审批程序。

（4）资金筹集，根据批准的筹资方案，严格按照规定权限和程序筹集资金。资金筹集主要有 3 种，银行借款筹资、债券筹资及股票筹资，关注的内控要点如表6-7所示。

表6-7	资金筹资方案内控要点
筹资方案	**内控要点**
银行借款筹资	应当与有关金融机构进行洽谈，明确借款的规模、利率、期限等内容，重点关注利率风险、筹资成本、偿还能力以及流动性风险等
发行债券筹资	应当合理选择债券种类，并且做好还本付息方案的系统安排，确保企业能够按期、足额偿还到期本金和利息
发行股票筹资	应当遵守有关法律法规的规定，选择具备相应资质的中介机构协助企业，确保股票发行的合规性，重点关注股票的发行风险、市场风险、政策风险以及公司控制权风险等

（5）资金使用：严格按照筹资方案确定的用途使用资金。若因市场变化，资金用途发生改变的，需先履行审批程序，严禁擅自改变资金用途的行为。

（6）收益分配管理：加强债务偿还和股利支付环节的管理。对于债权人而言，应当根据筹资方案或合同等的约定，准确计算利息按期支付；对于股东而言，在兼顾投资者的长短期利益基础上，制定合适的股利分配政策，并报经股东大会（股东会）批准、执行。

（7）加强筹资业务的会计系统控制。按照统一的会计制度要求，正确核算并监督资金筹集、本息偿还、股利支付等业务，同时保管好筹资合同、协议等原始凭

据以及业务的记录、凭证和账簿资料等，定期与资金的提供方进行账务核对，确保筹资活动符合要求。

2. 投资

（1）重点关注投资项目的收益和风险，合理安排资金投放结构，科学确定投资项目，拟订投资方案。投资项目应该突出主业，对于股票投资或衍生金融产品等高风险投资应该保持谨慎的态度；对于境外投资要考虑政治、经济等多方面因素；严格控制以并购方式进行投资的风险。

（2）加强对投资方案的可行性研究，重点对投资目标、方式、资金来源、规模、风险与收益等作出客观

评价，必要时委托具备相应资质的专业机构执行可行性研究。

（3）按照规定的权限和程序对投资项目进行决策审批。重点审查项目的可行性、合法性、是否符合企业投资战略目标、资金的可收回性、投资资金的充足性、预期收益能否实现以及风险的可控性等；重大投资项目执行集体决策或联签制度；需要报批的要经过批准；发生变更的，应该重新开展可行性研究并履行相应的审批程序。

（4）根据批准的投资方案，与被投资方签订投资合同或协议，审批后履行投资合同或协议。合同或协议应当明确出资时间、方式、金额、双方权利与义务、违约责任等内容；同时指定专人跟踪管理投资项目，发现异常情况，及时报告并妥善处理。

（5）加强对投资项目的会计系统控制。合理确定投资的会计政策，建立投资管理台账，详细记录相关业务，妥善保管相关资料；对于出现财务状况恶化等情形的，按照相关规定合理计提减值准备、确认减值损失。

（6）加强投资收回和处置环节的控制，明确规定投资收回、转让、核销等决策和审批程序。重视到期资本的回收；合理确定转让投资的价格；对于到期无法收回的投资，建立责任追究制度。

【例题11·单选题】（2016年真题）下列各项关于企业投资活动内部控制措施的表述中正确的是（　　）。

A. 重大投资项目应当按照规定权限和程序实行集体决策或联签制度

B. 企业选择投资项目应当突出企业，不得从事股票投资或衍生金融产品和高风险投资

C. 转让投资必须委托具有相应资质的专门机构进行评估并报授权批准部门批准

D. 投资方案发生重大变更的应视情况决定是否重新进行可行性研究并履行相应审批程序

【解析】本题考查的是内部控制应用——资金活动。重大项目，应当实施集体决策或者联签制度，选项A正确；企业选择投资项目应当突出主业，谨慎从事股票投资或衍生金融产品和高风险投资，选项B错误；转让投资必须委托具有相应资质的专门机构进行可行性研究，提供独立的可行性研究报告，并报请有关管理部门批准，选项C错误；投资方案发生重大变更的应当重新进行可行性研究并履行相应审批程序，选项D错误。

【答案】A

3. 营运

（1）加强资金营运全过程的管理，全面提升资金营运效率。

（2）充分发挥全面预算管理的作用，实现资金的合理占用和营运良性循环。严禁资金的体外循环，切实防范营运中的风险。

（3）定期组织召开资金调度会或资金安全检查，追踪资金预算执行情况。对于异常情况，应及时采取措施处理。

①若营运资金出现短缺，应该通过短期融资等方式获取资金。

②若出现资金闲置，应该通过购买国债等方式实现资金的保值增值，提高资金的效益。

（4）加强对营运资金的会计系统控制，对于资金的收支条件、程序和审批权限应该予以严格规范。

①经营活动收入应该及时入账，企业不得账外设账，严禁企业设立"小金库"。

②对于资金支付业务，应当明确款项的用途、金额、限额、预算、支付方式等内容，并附相关单据、证明，执行严格的审批。

③资金收付业务应遵守现金及银行存款管理的相关规定，严禁一人办理货币资金的全过程，严禁一人同时保管办理资金支付业务的相关印章及票据。

【例题12·单选题】（2013年真题）根据《企业内部控制应用指引第6号——资金活动》，以下需关注的主要风险是（　　）。

A. 存货积压，导致流动资金占用过多

B. 固定资产更新改造不够，资产价值贬值

C. 无形资产缺乏核心技术，缺乏可持续发展能力

D. 筹资决策不当，引发资本结构不合理

【解析】资金活动需关注的主要风险：①筹资决策不当，引发无效融资或资本结构不合理，进而导致企业由于筹资成本过高陷入经营危机或债务危机；②投资决策失误，引发企业丧失发展机遇或者盲目扩张，致使资金链断裂或资金使用效益低下；③资金调度不合理、营运不畅，可能造成企业资金冗余，或令企业陷入财务困境；④资金活动管控不严，出现资金被侵占、挪用、抽逃或遭受欺诈。选项A、B、C属于资产管理需关注的主要风险。

【答案】D

七、采购业务（***）

采购是指购买物资（或接受劳务）及支付款项等相关活动。主要需要关注采购计划等方面的风险，同时为规避风险，确保物资采购满足企业生产经营需要，还要采取措施加强请购、审批、购买、验收、付款、采购、评估等多项环节的风险管控。

（一）采购业务需关注的主要风险

（1）由于对市场变化趋势预测不准确，采购计划安排不合理，造成库存短缺或积压，导致企业生产停滞或资源浪费。

（2）供应商选择不当，采购方式不合理，授权审批不规范，招投标或定价机制不科学，致使采购物资质次价高，出现舞弊或遭受欺诈。

（3）由于采购验收不规范，付款审核不严，导致采购物资、资金损失或信用受损。

（二）采购业务内部控制要求与措施

企业应当结合实际情况，对采购业务流程进行全面梳理，并完善采购业务的相关管理制度，采取有效控制措施，确保物资采购满足企业生产经营需要。

1. 采购

（1）集中采购业务，避免多头采购或分散采购，提高采购业务的效率。

①定期轮换采购业务人员。

②对于重要以及技术性强的采购业务，组织专家论证，并实行集体决策、审批。

③除小额零星物资或服务外，企业不得安排同一机构办理采购业务的全过程。

（2）建立采购申请制度，并依据购买物资或接受劳务的类型，确定归口管理部门。

①对于预算内的采购项目，具有请购权的部门应当严格按照预算执行的进度办理相关的请购手续。

②对于超预算或者预算外的采购项目，应当先预算调整，经审批后再办理请购手续（严禁先请购再执行审批手续）。

（3）加强供应商管理，建立科学的供应商评估和准入制度、供应商管理信息系统，必要时，委托中介机构调查供应商资信。

（4）根据市场情况和采购计划合理选择招标、询价及定向采购、直接购买等采购方式，具体内容如表6-8所示。

表6-8   采购方式的适用情形

采购方式	适用情形
招标方式	大宗采购
询价或定向采购	一般物资或劳务的采购
直接购买	小额零星物资或劳务的采购

（5）建立采购物资定价机制，采取协议采购、谈判采购、询比价采购、招标采购等多种方式合理确定采购价格。

①对于大宗采购，采用招投标方式确定采购的价格。

②对于其他商品或者劳务的采购，实行最高采购限价（依据市场行情制定的价格），并适时调整最高限价。

（6）签订采购合同。合同应当以供应商、采购方式、采购价格等为依据拟定，明确双方权利、义务和违约责任，按照规定权限签订采购合同。同时涉及运输的，要选择合理的运输工具和运输方式，办理运输、投保等事宜。

（7）建立严格的采购验收制度，出具验收证明。验收是对采购物资质量等的最终把控，因此企业应当建立严格的采购验收制度，由专门的验收机构或验收人员验收采购项目的品种、规格、数量、质量等相关内容。发现异常情况，应立即报告并及时处理。

（8）加强物资采购供应过程的管理，做好采购业务各环节的记录。企业应当跟踪合同履行的情况，发现异常情况，及时报告并提出解决方案。

2. 付款

（1）加强采购付款的管理，严格审核采购预算、相关单据凭证、审批程序、合同等相关内容，严格审查采购发票的真实性、合法性和有效性，重视采购付款的过程控制和跟踪管理，合理选择付款方式。

（2）加强预付账款和定金的管理。定期追踪核查大额或长期的预付款项，对于有疑问的预付款项应当及时采取措施。

（3）加强对购买、验收、付款业务的会计系统控制。确保会计记录、采购记录以及仓储记录的核对一致；指定专人通过函证等方式定期核对与供应商的应付账款、应付票据、预付账款等往来款。

（4）建立退货管理制度，明确规定退货条件、退货手续、货物出库以及退货款的回收等，及时收回退货货款。

【例题13·单选题】甲企业是一家大型的上市企业，由于7月企业要开展员工培训活动，因此计划采购200本笔记本等学习用品。那么在确定采购方式时可以采用（　　）。

A. 询价　　　　B. 招标方式

C. 直接购买　　D. 定向采购

【解析】企业应该建立采购物资定价机制，采取直接购买、协议采购、谈判采购、询比价采购、招标采购等多种方式合理确定采购价格。本题中，200本笔记本等学习用品对于一家大型的上市企业而言，是比较小的物资采购，直接购买即可，故选择C。

【答案】C

八、资产管理（★★★）

会计中的资产是指可以为企业带来经济利益的资源，而《企业内部控制应用指引》中的资产主要是指企业拥有或控制的存货、固定资产和无形资产。

（一）资产管理需关注的主要风险

（1）存货积压或短缺，可能导致流动资金占用过量、生产中断或存货价值贬损。

（2）固定资产更新改造不够、维护不当、产能过剩、使用效能低下，致使资产价值贬损、安全事故频发、企业缺乏竞争力或资源浪费。

（3）无形资产缺乏核心技术、技术落后、存在重大技术安全隐患、权属不清，导致法律纠纷、缺乏可持续发展能力。

（二）资产管理内部控制要求与措施

1. 存货

（1）采用先进的存货管理技术和方法，有效控制存货管理全过程的风险。

（2）建立存货管理岗位责任制，明确职责权限，确保不相容岗位相互分离、相互制约和相互监督。

（3）重视存货验收工作。外购货物，重点核对原始单据与存货的数量、质量、规格等；自制存货，重点关注产品质量；其他方式，重点关注存货来源、质量状况、实际价值是否与合同或协议约定的内容一致。

（4）建立存货保管制度，定期检查存货。重点关注下列内容：①不同仓库存货的流动要办理出入库手续；②储存条件；③加强现场生产资料的管理；④单独存放和记录代管、代销、暂存、受托加工的存货；⑤加强存货的保险投保。

（5）明确存货发出和领用的审批权限，对于贵重商品、危险品或者是大批存货的出货要实行特别地授权。

（6）详细记录存货入库、出库及库存情况，定期与财务等部门核对。

（7）结合企业各类信息，确保存货处于最佳库存状态。

（8）建立存货盘点清查制度，及时发现存货减值迹象。企业至少应与每年的年末开展全面的存货盘点清查；对于盘点中发现的存货盘盈、盘亏、毁损、限制等情况，查明原因并追究相应的责任，最后按照规定权限批准后予以处置。

【知识拓展】存货业务中主要的不相容岗位有：①存货的采购与验收、付款；②存货的请购、审批与执行；③存货的保管与相关会计记录；④存货的申请与审批，申请与会计记录（包括发出申请和处置申请）。

2. 固定资产

（1）加强固定资产的管理，重视资产维护与更新改造，促进资产处于良好运行状态。尤其加强房屋建筑物、机器设备的管理。

（2）运用制定固定资产卡片形式记录单项资产情况。严格执行固定资产日常维修和大修理计划，强化对生产线等关键设备运转的监控。

（3）促进固定资产技术升级，淘汰落后设备，保持企业固定资产技术的先进性以及企业发展的可持续性。

（4）严格执行固定资产投保政策。

（5）规范固定资产抵押管理，由资产管理部门办理抵押手续。

（6）建立固定资产清查制度，至少每年进行全面清查。对清查中发现的问题，查明原因并追究责任、妥善处理；同时加强对固定资产处置的控制。

3. 无形资产

（1）加强对品牌等无形资产的管理，分类制定无形资产管理办法。无形资产主要包括品牌、商标、专利、专有技术、土地使用权等，企业应当充分发挥这些无形资产对提升企业核心竞争力的作用。

（2）全面梳理各类无形资产的权属关系，防范侵权行为和法律风险，加强无形资产权益保护。

（3）定期对无形资产的先进性进行评估，努力做到核心技术处于同行业领先水平。

（4）重视品牌建设，加强商誉管理。

【例题14·多选题】 下列说法中，符合资产管理内部控制要求的有（ ）。

A. 将固定资产用作抵押的，首先应由相关部门提出申请，然后经企业授权部门或人员批准后，最后才由资产管理部门办理抵押手续

B. 对应投保的固定资产项目按规定程序进行审批，并及时办理投保手续

C. 大批存货、贵重商品或危险品的发出应当实行特别授权

D. 企业应当建立固定资产清查制度，至少每年进行全面清查

【解析】 资产管理主要包括存货、固定资产、无形资产的相关管理，对于固定资产的管理而言，其抵押应当执行申请、审批等程序，同时对重大的固定资产办理投保手续，避免风险，并且至少每年实行一次全面的清查，故选项A、B、D均正确；对于存货而言，要注意大批存货、贵重商品或危险品的发出的特别授权制度，因此选项C也正确。

【答案】 ABCD

【例题15·简答题】 （2014年真题）秦川公司是一家研发、制造和销售手机设备的上市公司。由于没有掌握核心技术，秦川公司只能从外部购买手机芯片。经测算，手机芯片占秦川公司手机生产成本的40%。秦川公司采购制度规定：每季度初，采购部经理以定向集中采购方式采购本季度生产所需要的数量较大的手机芯片，验收部门负责人对购进手机芯片的品种、规格以及数量进行验收。如果无误，在开具验收单后直接入库。

秦川公司仓库管理制度规定，仓库保管员同时负责登记手机芯片、手机产品等存货明细账，一边对仓库中的所有存货项目的收、发、存进行永续记录。收到验收部门送交的存货和验收单据后，仓库保管员根据验收单登记存货明细账。仓库保管员根据车间材料员填写的领料单和销售人员填写的销货单发出手机芯片和手机产品。

仓库保管员在空闲时间对存货进行必要的实地盘点。

要求：

（1）根据《企业内部控制应用指引第7号——采购业务》中"内部控制要求与措施"，分析秦川公司在采购业务环节存在的内部控制弱点，并提出改进建议。

（2）根据《企业内部控制应用指引第8号——资产管理》中"内部控制要求与措施"，分析秦川公司在资产管理环节存在的内部控制弱点，并提出改进建议。

【答案】

（1）内控弱点①： 每季度初，采购部经理以定向集中采购方式采购本季度生产所需要的数量较大的手机芯片。

改进建议： 采购业务的方式要注意选择，对于重要或者是技术性比较强的采购业务，企业应当组织相关专家进行论证，并且要在集体决策的基础上执行审批后再进行相关的采购。由于手机芯片占秦川公司手机生产成本的40%，是属于公司非常重要的采购，并且技术性又强，因此应当组织专家进行论证、讨论、集体决策、审批。

内控弱点②： 验收部门负责人对购进手机芯片的品种、规格以及数量进行验收。如果无误，在开具验收单后直接入库。

改进建议： 企业应当建立严格的采购验收制度，出具验收证明。验收是对采购物资质量等的最终把控，因此企业应当建立严格的采购验收制度，由专门的验收机构或验收人员验收采购项目的品种、规格、数量、质量等相关内容。发现异常情况，应立即报告并及时处理。所以，该单位除对购进手机芯片的品种、规格以及数量进行验收外，还应当进行专业测试，保证产品的质量等。

内控弱点③： 秦川公司缺乏采购申请制度。

改进建议： 秦川公司应依据购买物资或接受劳务的类型，确定归口管理部门，授予相应的请购权，明确相关部门和人员的职责权限及相应的请购和审批程序。

内控弱点④： 秦川公司采购手机芯片没有合理选择采购方式。

改进建议： 每季度手机芯片购买数量较大，应按大宗采购处理，采用招标方式来采购，合理确定招投标的范围、标准、实施程序和评标规则。

（2）内控弱点①： 秦川公司仓库管理制度规定，仓库保管员同时负责登记手机芯片、手机产品等存货明细账，一边对仓库中的所有存货项目的收、发、存进行永续记录。收到验收部门送交的存货和验收单据后，仓

库保管员根据验收单登记存货明细账。

改进建议：存货的保管和记账属于不相容职务，应由不同的人来担任保管和记录职责。

内控弱点②：仓库保管员根据车间材料员填写的领料单和销售人员填写的销货单发出手机芯片和手机产品。

改进建议：企业应当明确存货发出和领用的审批权限，对于贵重商品、危险品或者是大批存货的出货要实行特别地授权。因此仓储部门应该根据经审批的销售或者出库通知单发出货物，而非直接根据销货单即发出商品。

内控弱点③：仓库保管员在空闲时间对存货进行必要的实地盘点。

改进建议：企业应当建立存货盘点清查制度，及时发现存货减值迹象。企业至少应于每年年末展开全面的存货盘点清查；对于盘点中发现的存货盘盈、盘亏、毁损、限制等情况，查明原因并追究相应的责任，最后按照规定权限批准后予以处置。

九、销售业务（★★★）

销售是指企业出售商品或提供劳务以及收取款项等相关活动。销售环节既是实现产品增值的最终环节，也是最重要的环节，因此必须建立有效的内部控制严格把控销售业务可能给企业带来的风险。

（一）销售业务需关注的主要风险

（1）销售政策和策略不当，销售政策与策略是影响销售的重要因素，只有准确预测市场，有效管理销售渠道才能实现良好的销售，否则可能导致销售不畅、库存积压、经营难以为继。

（2）客户信用管理不到位，账款回收不力，结算方式选择不当等，可能导致无法收回销售款项或遭受欺诈。

（3）销售过程存在舞弊行为，损害企业利益。

（二）销售业务内部控制要求与规范

企业应当结合实际情况，对销售业务流程进行全面的梳理，并对销售业务的相关管理制度予以完善，采取有效控制措施，以确保销售目标的实现。

1. 销售

（1）加强市场调查，合理确定定价机制和信用方式，通过及时更新、调整销售策略，促进销售目标的实现，不断提高市场占有率。

①企业应当灵活运用销售折让、销售折扣、信用

销售、代销以及广告宣传等多种销售策略及营销方式。

②健全客户的信用档案。

③对境外客户，建立严格的信用保证制度。

（2）合同磋商、谈判时，关注客户信用状况、销售定价、结算方式等相关内容。对于重大的销售业务的磋商、谈判，可以吸收法律、财会等专业人员参加；严格审核销售合同中有关双方权利与义务的确立内容；重要的销售合同，征询法律顾问或者是专家的意见。

（3）销售部门开具销售通知，由发货和仓储部门进行审核。同时加强销售退回管理；严格按照发票管理规定开具销售发票。

（4）做好销售业务各环节的记录。

（5）完善客户服务制度，不断改进产品质量和服务水平。

2. 收款

（1）完善应收款项管理制度，销售部门负责应收款项催收方面的工作及记录，财会部门负责办理资金结算并监督款项回收。

（2）加强商业票据管理，严格审查商业票据的真实性和合法性，防止票据欺诈；关注商业票据的取得、贴现和背书等特殊情况。

（3）加强对销售、发货、收款业务的会计系统控制。包括对业务的记录，指定专人通过函证等方式定期核对往来款项，以及对无法收回的款项的责任追究制度。

【例题16·多选题】某贸易公司的应收票据管理存在缺陷。下列选项中可以完善应收票据的内部控制措施的有（　　　　）。

A. 审查背书审批手续

B. 指定专人登记保管应收票据

C. 复核并调查所有与发票不配比的销售凭证

D. 定期对应收票据进行清查盘点

【解析】收款中应该加强商业票据管理，严格审查商业票据的真实性和合法性，防止票据欺诈，同时关注商业票据的取得、贴现和背书等特殊情况，因此选项A、B、D正确。选项C不属于完善应收票据的内部控制措施的内容，应属于销售中应该注重的风险内容。

【答案】ABD

【例题17·单选题】（2013年真题）以下选项中，不符合《企业内部控制应用指引第9号——销售业务》要求的是（　　　　）。

A. 重大销售合同谈判时，由销售、财务和法律人员组成小组参加谈判，并征求法律顾问的意见

B. 建立客户信用档案，并实施严格的新开发客户信用审查制度，简化大客户的信用审查流程

C. 指定专人以函证的方式定期与客户核对应收账款、应收票据等往来款项

D. 财务部门负责办理销售资金的结算和监督应收款项的回收

【解析】根据销售业务具体的内部控制要求及措施，重大销售合同谈判时，应由销售、财务和法律人员组成小组参加谈判，并征求法律顾问的意见；建立客户信用档案，严格实施新开发客户信用审查制度，重点关注大客户的信用审查流程；指定专人以函证的方式定期与客户核对应收账款、应收票据等往来款项；财会部门负责办理资金结算并监督款项回收。因此只有B选项不正确，大客户的信用审查应予以重点关注。

【答案】B

十、研究与开发（★）

研究与开发是指企业为获取新技术、新工艺或新产品等所开展的各种研发活动。

（一）开展研发活动需关注的主要风险

（1）研发前：未经科学论证研究项目或论证不充分，可能导致创新不足或资源浪费。

（2）研发中：研发过程管理不善或者未配备合理的研发人员，可能导致研发成本过高、舞弊或研发失败。

（3）研发完成后：研究成果转化应用不足、保护措施不力，可能损害企业利益。

（二）研究与开发内部控制要求与措施

1. 立项与研究

（1）结合企业研发实际情况，提出研究项目立项申请，并开展可行性研究。

（2）严格审批研究项目，重大研究项目报经董事会或类似权力机构集体审议决策。

（3）强化管理研究过程。

（4）合作研究应当尽职调查合作单位，并签订书面合作研究合同。

（5）建立和完善研究成果验收制度，组织人员独立评审与验收。

（6）重视专业人才，建立严格的核心研究人员管理制度。

2. 开发与保护

（1）强调自主创新，加强研究成果的开发，促进研究成果转化。

（2）建立研究成果保护制度，以防研究成果泄露。

（3）建立研发活动评估制度，不断改进和提高研发水平。

十一、工程项目（★）

工程项目是企业自行或者委托其他单位所进行的建造、安装活动。工程项目是企业的大型投资活动，建设期长，关联方多（涉及建设单位、施工企业、设计单位、监理单位、政府部门），投资额大。

（一）工程项目需关注的主要风险

（1）立项失误：工程项目缺乏可行性研究或者可行性研究流于形式，决策不当，导致难以实现预期效益或项目失败。

（2）中标成本过高：项目招标暗箱操作，中标价格失实，可能导致中标人难以承担工程项目。

（3）预算脱离实际：工程造价信息不对称，预算脱离实际，可能导致项目投资失控。

（4）实施不规范：工程监理不到位，项目资金不落实，工程物资质次价高，可能导致工程质量低劣，进度延迟或中断。

（5）竣工验收不规范，可能导致工程交付使用后存在重大隐患。

（二）工程项目内部控制要求与规范

企业应当建立和完善工程项目的各项管理制度，对工程立项、招标等各个环节可能存在的风险点进行全面梳理。

1. 工程立项

（1）专门机构归口管理，提出项目建议书，开展可行性研究，编制可行性研究报告（注意项目建议书与可能性研究报告包含的内容）。

①项目建议书的内容包括：项目的必要性和依据、拟建规模、建设地点、产品方案、投资估算、项目进度安排、资金筹措、经济效果和社会效益的估计、环境影响的初步评价等。

②可行性研究报告的内容包括：市场预测，项目

概况，项目建设的必要性，项目建设选址及建设条件论证，建设内容和建设规模，项目外部配套建设，项目建设周期及进度安排，劳动保护，环境保护与卫生防疫，消防、节能、节水，总投资及资金来源等。

③必要时委托专业机构开展可行性研究，形成可行性研究报告。

（2）充分论证和评审项目建议书和可行性研究报告。

①组织规划、工程、技术、财会、法律等部门的专家共同论证和评审。

②重点关注项目投资方案、资金筹措、生产规模、投资规模、投资效益、布局选址、安全、技术、设备、环境保护等方面内容，确保相关资料的来源和取得真实、可靠和完整。

③必要时委托专业机构评审可行性研究报告，出具评审意见。

④从事项目可行性研究的专业机构不得再评审可行性研究报告。

（3）严格按照规定的权限和程序对工程项目进行决策，并作书面记录。会计师或分管会计工作的负责人应该参与项目决策，对于重大工程项目的立项，应该报经董事会或类似权力机构集体审议批准，任何个人不得单独决策或者擅自改变集体决策意见。

（4）在工程项目立项后、正式施工前，依法取得城市规划、环境保护、建设用地、安全、施工等方面的许可。

2．招标工程

（1）公开招标，选择具有相应资质的承包单位和监理单位。

①在不违背工程施工组织设计和招标设计计划的前提下，企业既可以将工程的勘察、设计、施工以及设备采购一同发包给一个承包单位，也可以选择其中的一项或几项发包给一个单位。

②遵循公开、公正、平等竞争的原则，发布招标公告，提供招标文件。

③需要编制标底的项目，对标底的编制过程及标底应当严格保密。

④在确定中标人前，企业不得就投标价格、投标方案等实质性内容与投标人进行相关的谈判。

（2）在有关部门的监督下，依法组织工程招标的开标、评标和定标。

（3）依法组建评标委员会，择优选择中标候选人。

其中评标委员会主要由企业代表以及有关技术、经济方面的专家组成，客观、公正地履行职务，并采取措施保证评标在严格保密的情况下进行。

（4）严禁有关工作人员泄露招标等相关信息。

（5）按照规定的权限和程序确定中标人，及时将通知书发送给中标人。企业和中标人不得再订立背离合同实质性内容的其他协议。

3．工程造价

（1）加强工程造价管理，明确初步设计概算和施工图预算的编制方法。必要时可以委托专业中介机构开展工程造价的咨询工作。

（2）向招标确定的设计单位提供详细的设计要求和基础资料，以便更好地交流。采用先进的设计管理实务技术进行多方案比选，并保证施工图设计深度及图纸交付进度符合项目要求。

（3）建立设计变更管理制度。

（4）聘请专业机构或者组织企业工程、技术、财会等部门的相关专业人员审核概预算。

（5）按照规定和要求严格审核工程项目概预算。

4．工程建设

（1）加强对工程建设过程的监控，确保工程项目达到设计要求。

（2）严格遵守采购业务的相关内控要求，自行采购工程物资的，要严格按照规定组织工程物资采购、验收和付款。

（3）委托经过招标确定的监理单位进行监理，实行严格的工程监理制度。工程监理单位应着力监督施工质量、进度、工期、安全、资金使用等方面；确保监理人员拥有良好的职业操守，胜任相关岗位及任务，发现异常情况及时报告，并要求相应单位改正。

（4）加强财会部门与承包单位的沟通，准确掌握工程进度。

（5）严格控制工程变更，重大的项目变更需要重新履行审批手续。工程有变更，价款支付方式及金额发生变动的，仍要执行严格的审核程序。

5．工程验收

（1）在收到承包单位的工程竣工报告后，及时编制竣工决算，准备竣工验收。

（2）组织审核竣工核算，重点检查相关资料等依据的完备性，加强竣工决算审计，不得为未实施竣工结算的项目办理竣工验收手续。

（3）及时组织工程项目竣工验收。对验收合格的工程项目，及时编制使用财产清单并交付相关使用手续。

（4）及时整理文件资料，建立完整的工程项目档案。

（5）建立完工项目后评估制度。对工程项目预期目标的实现情况以及项目的投资效益等情况实施重点评价，并作为绩效考核及责任追究的依据。

【例题18·多选题】（2016年真题）关于企业工程项目内部控制措施，下列说法错误的有（ ）。

A. 招标前，企业自行决定是否编制标底

B. 确定中标人前，企业可与投标人谈判

C. 从事项目可行性研究的专业机构不能再从事可行性报告的评审

D. 项目立项，报董事会或类似权力机构审议

【解析】本题考查的是内部控制应用指引——工程项目。企业不能自行决定是否编制标底，选项A说法错误；在确定中标人前，企业不得与投标人就投标价格、投标方案等就实质性内容进行谈判，这属于泄露机密，选项B说法错误；从事项目可行性研究的专业机构不得再从事可行性研究报告的评审，选项C说法正确；重大工程项目的立项，应当报经董事会或类似权力机构集体审议批准，选项D说法正确。因此，本题答案为选项A、B。

【答案】AB

十二、担保业务（★★★）

担保是指在公平、自愿、互利的原则前提下，企业作为担保人与债权人约定的，当债务人不履行债务时，依照合同协议和法律规定承担相应法律责任的行为。

（一）办理担保业务需关注的主要风险

（1）如果没有仔细调查担保申请人的资信状况，越权审批担保，或对担保申请审批不严，可能导致企业担保决策失误或遭受欺诈。

（2）如果没能有效监控被担保人出现财务困难或经营陷入困境等状况，或者发行情况后应对措施不当，可能导致企业承担法律责任。

（3）担保过程中可能会出现人员有意的舞弊行为，导致经办审批等相关人员涉案或企业利益受损。

（二）担保业务的内部控制要求和措施

企业应当依法制定和完善担保业务的政策以及相关管理制度，明确相关事项及相关工作流程，并定期检查担保政策的执行情况及效果。

1. 调查评估与审批

（1）担保业务相关工作由企业指定的相关部门胜任，主要工作包括对担保申请人进行资信调查和风险评估，并重点关注以下几个方面。

①担保业务的合规性，确保业务符合法律法规以及企业担保政策的要求。

②担保申请人的资信情况，主要包括申请人的基本情况、经营情况、偿债能力、资产质量、盈利水平、信用程度以及行业情景等，控制担保风险。

③确保担保及第三方担保资产的状况及权利归属。

④提供反担保的，应当及时评估反担保资产的状况。

（2）不得提供担保的情形。

不得提供担保的情形包括以下几个方面。

①担保项目不符合国家法律法规和本企业担保政策。

②担保申请人已进入重组、托管、兼并或破产清算程序。

③担保申请人出现财务状况恶化、管理混乱、资不抵债等高风险情况。

④担保申请人面临法律诉讼且可能承担较大赔偿责任的。

⑤担保申请人还未解决与本企业的担保纠纷，或不能及时足额缴纳担保费用的。

（3）建立担保授权和审批制度，重大担保业务应该报经董事会等高级部门批准，不得越权审批。对于越权审批的担保，相关人员应当拒绝办理。

（4）加强对子公司担保业务的统一监控。

①未经授权，"内设机构"不得办理担保业务。

②关联方担保业务，关联方相应人员要回避。

③"境外担保"要关注法律等宏观因素的限制及要求。

（5）担保事项的变更，要重新履行调查评估与审批程序。

2. 执行与监控

（1）订立的担保合同要以审核批准的担保业务为准。担保合同中应对权利、义务、违约责任等相关内容予以明确，要求被担保人定期提供财务报告与有关资料通报担保事项的实施情况。多方担保的，应在合同中明

确约定本企业的担保份额和相应的责任。

（2）加强担保合同的日常管理，定期监测被担保人的财务状况和经营情况，有效跟踪和监督被担保人。主要了解担保项目的执行贷款的归还、资金的使用、财务运行及风险情况等；出现异常情况的，及时报告；被担保人未按要求履行偿付债务或其他义务的，担保企业应当履行相关义务，同时向被担保人追索。

（3）加强对担保业务的会计系统控制，确保及时收取担保费用，对相关事项进行详细记录。同时财会部门还要收集、分析被担保人的财务报告等相关资料，密切关注其财务状况、现金流量、经营成果及担保合同履行情况等内容，对出现财务状况恶化等情形的合理确认预计负债和损失，配合防范担保风险。

（4）加强对反担保财产的管理，确保反担保财产的安全完整。

（5）建立担保业务责任追究制度。严格追究对未履行集体审批程序、出现重大决策失误、不按规定办理担保业务的部门及人员的责任。

（6）全面清查用于担保的财产、权利凭证，担保合同到期时，按照合同约定及时终止担保关系。对担保合同以及相关的主合同、反担保函、反担保合同以及相关质押、抵押的权利凭证等原始资料，予以妥善保管。

【例题19·多选题】某大型集团公司为强化担保业务内部控制，制定了担保业务内部控制制度。在该制度规定的下列内容中，符合内部控制要求的是（　　）。

A. 被担保人要求变更担保事项的，公司应当重新履行评估与审批程序

B. 重大对外担保业务由集团公司总经理审批

C. 加强担保合同的日常管理，定期监测被担保人的财务状况和经营情况，有效跟踪和监督被担保人

D. 严禁子公司自行对外担保或者子公司之间提供互保

【解析】担保，是指在公平、自愿、互利的原则前提下，企业作为担保人与债权人约定的，当债务人不履行债务时，依照合同协议和法律规定承担相应法律责任的行为。企业应建立担保授权和审批制度，重大担保业务应该报经董事会等高级部门批准，不得越权审批，而加强担保合同的日常管理以及严格控制对外担保等是内部控制的明确要求。因此A、C、D选项正确。

【答案】ACD

十三、业务外包（★★★）

业务外包是指企业利用本企业以外的专业服务机构或其他经济组织（以下简称"承包方"）的专业优势，将本企业日常经营中的部分业务委托给承包方来完成的一种经营行为。外包业务通常包括：研发、可行性研究、委托加工、资信调查、客户服务、IT服务、物业管理等。业务外包通常划分为重大外包业务和一般外包业务。

（一）企业的业务外包需关注的主要风险

（1）外包范围的选择、外包价格的确定以及承包方的选择不当，可能导致企业遭受损失。

（2）承包方服务质量低劣，出包方对外包业务监控不严，可能导致企业难以发挥业务外包的优势。

（3）商业贿赂等舞弊行为的存在，可能导致企业相关人员涉案。

（二）业务外包的内部控制要求及措施

企业应当建立和完善外包管理制度，对业务外包的范围、条件、方式、程序等相关内容予以规定，明确部门级岗位的职责权限，强化监控业务外包的全过程，切实防范外包风险。但要注意权衡外包的利弊，避免核心业务的外包。

1. 承包方选择

（1）依据业务外包管理制度，结合企业年度生产经营计划确定业务外包范围。重大业务外包的决策需有总会计师或分管会计工作的负责人参与，并提交董事会或类似权力机构审批。

（2）严格按照批准的业务外包实施方案选择承包方。承包方至少要具备以下条件。

①承包方必须是依法成立并且合法经营的，具有相应的经营范围及固定办公场所的专业服务机构或其他经济组织。

②承包方应具备相应的专业资质，其从业人员应具备相应的专业技术资格，符合岗位要求及任职条件。

③承包方的技术以及经验水平应当符合本企业业务外包的要求。

（3）在成本效益原则的基础上，合理确定外包价格。

（4）引入竞争机制，择优选择外包业务的承包方。

选择承包方要遵循公开、公平、公正的原则，在选择承包方的过程中不得收受贿赂、回扣等，承包方也不得利用不正当手段承揽业务；采用招标方式要符合招投标法的规定。

（5）确定最终承包方，并签订业务外包合同。合同内容主要包括外包业务的内容和范围、服务和质量标准、双方权利与义务、保密事项、费用结算标准和违约责任等。

（6）注意业务外包的保密性，在外包合同中或者另外签订保密协议约定承包方的保密义务和责任。

2. 业务外包实施

（1）加强业务外包实施的管理，严格根据要求组织实施外包，并确保承包方严格按照要求履行外包合同。

（2）加强业务外包实施的管理，实现与承包方的良好对接。密切关注重大的业务外包的承包方的履约能力，为避免外包业务失败而建立相应的应急机制。

（3）加强对外包业务的核算与监督，做好业务外包费用结算工作。

（4）持续评估承包方的履约能力，发现异样情况及时终止合同。若承包方违约，要依法追究相关责任人的责任。

（5）组织相关部门或人员严格验收外包业务合同的成果。发现异常情况，应当立即报告，并及时处理。

【例题20·多选题】甲企业为某国际时尚品牌做代工，公司的订单、生产、发货通过信息系统处理。该企业将信息系统交予外包公司进行开发并负责系统运行与维护，甲公司对信息系统外包进行控制，正确的做法有（　　）。

A. 通过公开招标，择优确定开发单位

B. 与中标公司签订服务合同和保密协议

C. 项目完成后，外包公司留下一人在甲企业，作为外包公司在甲企业的永久联络员

D. 甲企业各部门提出开发需求和关键控制点

【解析】企业的业务外包需关注外包范围等主要风险，要加强措施控制风险，因此甲公司应该注重对信息系统外包的控制。A选项，大型业务外包可以采用公开招标的形式引入竞争机制确立合适的开发单位。B选项，业务外包要注意业务外包的保密性，在外包合同中或者另外签订保密协议约定承包方的保密义务和责任。C、D选项，加强业务外包实施的管理，加强与承包单

位的交流沟通，向承包单位提出要求，实现与承包方的良好对接。

【答案】ABCD

十四、财务报告（★★★）

财务报告可以反映企业某一特定日期财务状况，也可以反映某一会计期间经营成果、现金流量，包括资产负债表、利润表等。

（一）财务报告需要关注的风险

（1）编制风险。编制风险是指财务报告的编制违反会计法律法规和会计准则制度等，导致企业声誉受损并承担法律责任。

（2）对外提供风险。对外提供风险是指提供虚假财务报告，误导报告使用者。

（3）自己使用风险。自己使用风险是指不能有效利用财务报告及时发现经营管理问题，导致财务和经营风险。

（二）内控要求及措施

企业应当严格遵守会计的法律法规，按照国家统一的会计准则制度编制财务报告并按期对外提供，明确相关的工作流程及要求，确保财务报告的合法合规、真实性。由总会计师或其他负责人组织财务报告编制、对外提供及分析利用等工作，财务报告的真实性、完整性由企业负责人负责。

1. 财务报告的编制

（1）重点关注下列事项：会计政策；会计估计；按照规定的权限和程序对财务报告产生重大影响的交易和事项进行审批。

（2）按照会计准则制度的规定，根据会计账簿记录等资料编制财务报告，要做到数字真实、内容完整、计算准确等。

（3）确保财务报告中列示的资产、负债、所有者权益等要素金额真实可靠。对于资产而言，应当合理计提减值准备，严禁资产的虚增及虚减；严禁虚增或虚减负债，不得提前、推迟或不确认负债；所有者权益由实收资本、资本公积和留存收益构成，严禁虚假出资、抽逃出资、资本不实。

（4）确保当期收入、费用及利润的真实完整。不虚列、隐瞒、推迟、提前确认收入；不虚列、多列、不列或少列费用、成本，不随意改变费用、成本的确认标

准及计量方法；不得随意调整计算机分配方法，编造虚假的利润。

（5）划清各类交易及事项的现金流量的界限，包括经营活动、投资活动及筹资活动的现金流量。

（6）根据统一的会计准则编制财务报告附注，对于企业的财务状况、现金流量以及经营成果等作出必要的说明，确保信息真实、完整、清晰。

（7）企业集团应当编制合并财务报表的，应当对合并财务报表的范围及合并方法予以明确。

（8）充分利用信息技术编制财务报告，减少或避免编制差错和人为调整因素，从而提高工作效率和工作质量。

2. 财务报告的对外提供

（1）根据相关规定，及时对外提供财务报告。

（2）编制完成财务报告后，装订成册，加盖公章，并由企业负责人、总会计师或其他分管会计工作的负责人以及财会部门的负责人签名并且盖章。

（3）经注册会计师审计的财务报告，在对外提供的同时还要附上注册会计师及其所在事务所出具的审计报告，并妥善保存财务报告。

3. 财务报告的分析利用

（1）重视财务报告分析工作，定期召开财务分析会议，吸收相关部门负责人参加，利用财务报告中的信息分析企业经营管理状况及存在的问题，提高企业的管理水平。

（2）分析企业资产分布、负债水平及所有者权益结构。通过净资产增减变动分析，理解企业规模及净资产的变化过程；通过资产负债率等分析企业偿债能力；通过分析资产周转率等分析企业的营运能力。

（3）分析企业收入、费用的构成及增减变动情况。通过每股收益、净资产收益率等指标了解企业的发展能力及盈利能力。

（4）分析企业经营活动、筹资活动、投资活动的现金流量的运转情况，确保现金流量能够保证企业经营过程的正常运行。

（5）定期进行财务分析并形成财务报告，作为内部报告的组成部分。

【例题21·单选题】（2014年真题）下列各项中，符合《企业内部控制应用指引第14号——财务报告》规定的是（　　　　）。

A. 在编制年度财务报告后，进行资产清查、资产减值测试和债权债务核实

B. 为达到企业目标，可以虚增利润

C. 对财务报告可能产生重大影响的会计政策，按规定权限和程序审批后报告

D. 企业应当根据已批准的全面预算编制财务报告

【解析】进行资产清查、资产减值测试和债权债务核实应该在年度财务报告编制前，故A选项错误。企业不得虚增利润，故选项B错误。对财务报告可能产生重大影响的会计政策，按规定权限和程序审批后报告，故C选项正确。财务报告应该按照会计准则制度的规定，根据会计账簿记录等资料编制财务报告，要做到数字真实、内容完整、计算准确等，故选项D不正确。

【答案】C

十五、全面预算（★★★）

全面预算是指企业对一定期间经营活动、财务活动、投资活动等作出的预算安排。

（一）全面预算需要关注的主要风险

（1）预算编制不健全或者不编制预算，可能导致企业经营缺乏约束或盲目发展。

（2）预算的目标不合理、预算编制方法不科学，导致企业资源浪费或发展目标难以实现。

（3）预算执行缺乏刚性要求、考核不严，可能导致预算管理流于形式。

（二）全面预算的内部控制要求与措施

预算管理委员会负责全面预算管理职责，下设预算管理工作机构，一般设在财会部门，总会计师及分管相关负责人协助企业预算总负责人编制全面预算。

1. 预算编制

（1）建立和完善预算编制工作制度，确保预算编制依据合理、方法科学。企业应当在年度开始前完成全面预算草案的编制工作。

（2）依据发展战略和年度生产经营计划，综合考虑市场环境、经济政策等因素，按照上下结合、分级编制、逐级汇总的程序，为企业编制年度的全面预算。预算方法可以选择固定预算、弹性预算、滚动预算等方法。

（3）预算管理委员会对提交的预算方案进行研究论证，形成全面预算草案并提交董事会审核。

（4）董事会审核全面预算草案，在确保全面预算与企业发展战略、年度生产经营计划相协调的基础上，重点关注预算的科学性和可行性。

2. 预算执行

（1）加强对预算执行的管理，确保预算刚性，严格预算执行。

（2）各预算执行单位将预算指标横向和纵向分解，形成全方位的预算执行责任体系。将年度预算细分为季度、月度预算，全面预算一经批准下达，各单位均要认真组织实施。

（3）严格预算执行和控制，加强资金收付业务的控制，对预算外的资金支付，实行严格的审批，防范支付风险。采购与付款、销售与收款等业务事项均要符合预算要求。密切跟踪对外投融资等重大项目的实施进度及完成情况，实施严格的监控。

（4）预算管理工作机构应加强与执行机构的沟通，监控预算执行情况，及时报告与反馈，促进全面预算目标的实现。

（5）各预算执行单位和预算管理工作机构应当建立预算执行情况分析制度，不断改进预算的执行。充分收集有关财务、市场、业务、技术、政策以及法律等方面的信息质量，采用比率分析、因素分析、比较分析等方法，定量或定性反映预算执行单位的现状、发展趋势及潜力。

（6）预算一经下达，不得随意调整，由于重大差异需要调整的，必须严格审批。

3. 预算考核

（1）建立严格的预算执行考核制度，对各预算执行单位和个人进行考核。

（2）预算管理委员会应当定期组织预算执行情况考核，核对监控信息与上报信息的一致性。

（3）坚持公开、公平、公正的原则，完整记录考核过程以及结果。

【例题22·单选题】为了建立针对预算考核流程的内部控制，企业应该采取的措施是（　　　　）。

A. 对于超预算的资金支付，实行严格的审批制度

B. 将全面预算的编制外包给经验丰富的咨询机构

C. 董事会审核批准预算考核方案

D. 要求将预算执行单位负责人签字上报的执行报告和动态监管信息进行核对

【解析】对预算外的资金支付，实行严格的审批，但这属于预算执行流程中的内部控制，A选项错误。企业依据发展战略和年度生产经营计划，综合考虑市场环境、经济政策等因素，按照上下结合、分级编制、逐级汇总的程序，为企业编制年度的全面预算，而

不应该外包出去，B选项错误。预算管理委员会应当定期组织预算执行情况考核，核对监控信息与上报信息的一致性，而非董事会，故C选项错误，D选项正确。

【答案】D

十六、合同管理（★）

合同是一项协议，是企业与法人、自然人及其他组织等平等主体之间签订的，设立、变更、终止民事权利义务关系的协议。

（一）合同管理需关注的主要风险

（1）合同本身拟订有问题：未经授权对外订立合同甚至未订立合同，签订合同的对方主体资格未达要求、欺诈、合同内容存在重大疏漏，可能导致企业合法权益受到侵害。

（2）合同履行或监控不当，可能导致企业诉讼失败、经济利益受损。

（3）合同双方存在纠纷，企业处理不当可能影响企业形象、信誉，造成利益损失。

（二）合同管理的内部控制要求及措施

1. 合同的订立

（1）对外发生的经济行为，除及时结清方式外，应当订立书面合同，并且注意以下两点内容。

①妥善记录与保存谈判过程中双方重要人员的意见。

②影响重大、技术性强、法律关系复杂的合同，必要时聘请专家参与。

（2）根据协商、谈判等的结果，规范拟订合同文本，确保条款内容完整、表述严谨、手续齐备。一般的合同文本由业务部门起草，法律部门审核，重要的由法律部门参与起草。合同文本须报经国家审查或备案的，应当履行相应的程序。

（3）严格审核合同文本。审核要重点关注合同的主体、内容及形式的合法性，与企业经济利益的一致性，对方当事人的履约能力等；对重要的合同文本进行审核，准确记录相关部门提出的意见，确保相关部门履行职责。

（4）合同要按照规定的程序和权限与相关当事人签订。正式对外订立的合同，由企业法定代表人或代理人签名并盖章；除非向上申请并得到批准，下级管理部门不得越级签署合同；上级单位应当监督检查下级单位合同的订立及履行情况。

（5）建立合同专用章保管制度。

（6）加强合同信息安全保密工作，不得泄露任何商业机密和国家机密。

2. 合同履行

（1）严格履行合同，有效监控合同的履行情况。合同生效后，若缺乏相关约定或约定不明确的，可以协议补充；不能达成补充协议的，根据合同、法律法规的相关条款或者交易习惯确定。

（2）及时发现合同履行过程中的异样状况，与合同对方协商，变更合同或是解除合同。异样情况包括发现显失公平、订立的条款有误或者对方欺诈等行为。

（3）加强合同纠纷管理。发生纠纷的，应当及时与当事人协商并及时报告；经协商一致的，双方应当签订书面协议；协商无法解决的，可以申请仲裁或提起诉讼；合同纠纷的处理应当严格授权。

（4）财会部门应该在审核合同条款后再办理结算业务。财务部门应当拒绝给未按合同条款履约或应签订书面合同而未签的合同付款，并及时向上级报告。

（5）加强合同登记管理。企业应当充分利用信息化的手段定期统计、分类合同并归档，详细登记合同的订立、履行变更等情况。

（6）建立合同履行情况评估制度。企业应当至少每年年末分析并评估合同履行的总体情况和重大合同履行的具体情况，对发现的不足加以改进。

十七、内部信息传递（★★★）

内部信息传递是指通过内部报告形式在企业内部各管理层级之间传递生产经营管理信息的过程。内部信息的有效传递，是保证内部控制有效控制风险的重要手段。

（一）内部信息传递需关注的主要风险

（1）内部报告系统缺失、内容不完整、功能不健全，影响生产经营有序运行。

（2）内部信息传递不及时、不通畅，导致决策失误、难以落实相关政策措施。

（3）内部信息传递的过程中商业秘密的泄露可能削弱企业核心竞争力。

（二）内部信息传递的内控控制要求与措施

企业应当全面梳理内部信息传递过程中的薄弱环节，加强内部报告管理，建立科学的内部信息传递机制，明确相关内容、保密等职责权限，有效利用内部报

告，充分发挥内部报告的作用。

1. 内部报告的形成

（1）根据发展战略、业绩考核和风险控制等要求，科学规范不同级次内部报告的指标体系，全面反映各种内外部信息。内部报告应当通俗易懂、简洁明了、传递及时，并且随环境和业务变化不断修订、完善。

（2）制定严密的内部报告流程，强化内部报告信息集成和共享，构建科学的内部报告网络体系。

①内部各管理层级均应当指定专人负责内部报告工作。

②为确保内部报告信息质量，建立内部报告审核制度。

（3）关注外部信息变化，通过内部报告及时传递至企业内部相关管理层级。

（4）拓宽内部报告渠道，广泛收集合理化建议。同时，通过设立员工信箱、投诉热线等方式鼓励举报和投诉内部违法违规行为，重视和加强反舞弊机制建设。

2. 内部报告的使用

（1）充分利用内部报告管理和指导企业的生产经营活动，反映预算执行情况，协调运营进度，确保企业实现发展目标。

（2）有效利用内部报告进行风险评估，及时解决报告反映出的问题，对重大风险及时采取应急措施。

（3）制定严格的内部报告保密制度，防止商业机密的泄露。

（4）建立内部报告的评估制度，重点关注内部报告的及时性、有效性与安全性。

【例题23·多选题】内部信息的有效传递，是保证内部控制有效控制风险的重要手段。内部信息传递需关注的主要风险有（　　　）。

A. 内部信息传递不及时、不通畅，导致决策失误、难以落实相关政策措施

B. 内部报告系统缺失、内容不完整、功能不健全，影响生产经营有序运行

C. 企业应建立内部报告的评估制度，重点关注内部报告的及时性、有效性与安全性

D. 内部信息传递的过程中商业秘密的泄露可能削弱企业核心竞争力

【解析】内部信息传递是指通过内部报告形式在企业内部各管理层级之间传递生产经营管理信息的过程。选项C属于内部信息传递的内部控制要求与措施，

故A、B、D选项均正确。

【答案】ABD

十八、信息系统（★）

利用计算机和通信技术，企业的信息系统对内部控制进行集成、转化和提升，形成稳定的信息化管理平台。

（一）利用信息系统需关注的主要风险

（1）缺乏信息系统或信息系统规划不合理，造成信息孤岛或建设成本的重复，进而导致企业经营管理效率低下。

（2）系统开发不适应内部控制要求，授权管理不当，导致无法有效利用信息技术实施控制。

（3）由于系统运行维护和安全措施不到位，导致信息泄露或毁损，甚至系统无法正常运行。

（二）信息系统的内部控制要求与措施

企业应当高度重视发挥信息系统在内控中的作用，结合组织架构、业务范围等因素，根据内部控制要求制定信息系统建设整体规划，有序组织企业的信息系统开发、运行及维护工作，切实防范经营风险，全面提升企业的管理水平。

1. 信息系统的开发

（1）根据信息系统建设的整体规划，相应地提出项目建设方案，并且经过严格的审批后再实施。

①注重开发信息系统的方式的选择，如自行开发、外购调试、业务外包等。

②若采用外购或外包方式，企业要采用公开招标等形式择优确定供应商或开发单位。

（2）注重开发信息系统的相关要求

①信息系统开发应当将生产经营管理业务流程、关键控制点和处理规则嵌入系统程序。

②根据不同业务的控制要求，相应地设置控制用户的操作权限。

③考虑不同数据的输入方式对进入系统数据的检查和校验功能。

④加强管理必须的后台操作，监控或审计操作情况。

⑤设置操作日志功能，确保操作的可审计性。

（3）跟踪管理信息开发全过程，并设置归口管理部门。督促开发单位根据要求完成编程工作，严格检查、

验收配备的硬件设备及系统软件，组织系统的上线运行。

（4）组织独立于开发单位的专业机构，验收测试开发完成的信息系统，从而确保信息系统的功能、性能等均符合要求。

（5）做好信息系统上线的准备工作。对业务操作及管理人员开展系统的培训，制订科学的上线计划及新旧系统的转换方案，确保新旧系统的顺利转换，涉及数据迁移的，还要制定详细地数据迁移计划。

2. 信息系统的运行与维护

（1）加强信息系统运行与维护的管理，及时跟踪、发现、解决系统中存在的问题，确保系统的稳定运行。信息系统操作人员要恪守职责，做到以下几点。

①不得擅自修改、删除系统软件。

②不得随意改变、升级信息系统版本。

③不得擅自更改软件系统环境配置。

（2）根据涉密情况、业务性质、重要性程度等确定信息系统的安全等级。不同等级信息授权给不同级别的人员，并采用一系列技术手段保证系统的稳定运行。企业应当建立信息系统的安全保密及泄密责任的追究制度。若信息系统委托专业机构运行与维护管理的，要严格审查其资质，并与其签订服务合同及保密协议。同时采取按照安全软件等措施防范信息系统遭到病毒感染或恶意软件的破坏。

（3）加强对重要业务系统的访问权限管理，定期审阅系统账号，禁止不相容职务用户账号的交叉操作。

（4）加强网络安全，防范来自网络的攻击和非法侵入。网络传输的关键或涉密数据，应当采取加密措施，确保信息传递的准确性、保密性和完整性。

（5）建立系统数据定期备份制度。

（6）建立良好的物理环境，加强服务器等关键信息设备的管理，指定专人负责检查，及时处理异常情况。

🔊 **名师点拨** ••••••••••••••••••••••••••

《企业内部控制应用指引》涉及18项常经营业务，本节就围绕这18项具体的指引内容展开。在历年的考试中虽然主要是以客观题形式进行考查，但是很多时候也是解答主观题部分要求的关键。本章知识点内容较多，知识点十分细碎，因此记忆难度较大，尤其是各个业务的内部控制要求与措施，考生要注意理解并适当的记忆，考生在复习时应尽量细致。

【例题24·单选题】信息系统缺乏或规划不合理

可能造成的影响是（　　　）。

  A. 授权管理不当　　　B. 信息孤岛或重复建设

  C. 系统无法正常运行　D. 信息泄露

【解析】缺乏信息系统或信息系统规划不合理，造成信息孤岛或建设成本的重复，进而导致企业经营管理效率低下。因此本题答案为B选项。

【答案】B

第四节　内部控制评价与审计

考情分析：本节内容出题方式主要以客观题为主。重点考查内部控制评价原则与内容、内部控制缺陷、内部控制评价报告以及审计委员会在内部控制中的作用。

学习建议：本节内容需重点理解并适当记忆，着重理解相关定义和概念，熟练掌握内部控制评价的相关内容，精准掌握企业内部控制审计以及审计委员会在内部控制中的职能及其发挥的作用。

一、内部控制评价（★★）

在企业内部控制实务中，内部控制评价是极为重要的一环。内部控制自我评价是由企业董事会、管理层或类似权力机构共同实施的，围绕内部控制5个要素的内容，对内部控制有效性进行全面评价，形成并记录相关的评价结论，最终出具评价报告的过程。企业董事会对内部控制评价报告的真实性负责。

（一）内部控制评价应当遵循的原则

《企业内部控制评价指引》明确指出，企业的内部控制应该遵循以下3个原则，如图6-3所示。

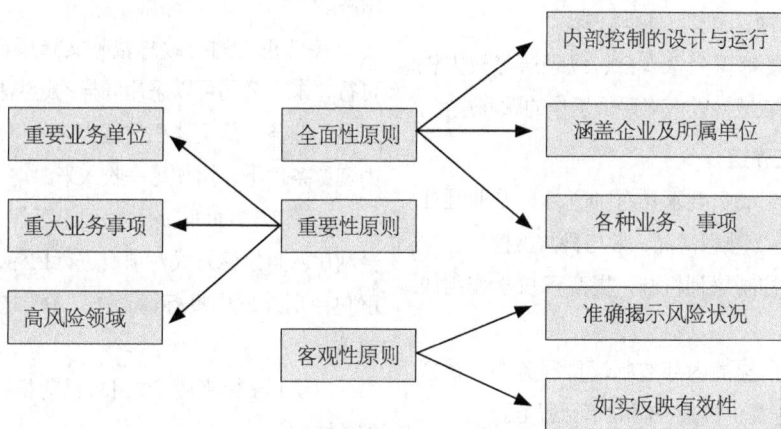

图6-3　内部控制评价应该遵循的原则

🔊 **名师点拨** ·······················

要注意区分内部控制评价的三大原则与全面风险管理的五大特征。内部控制评价三大原则为全面性、重要性与客观性；全面风险管理的五大特征包括战略性、全员化、专业性、二重性与系统性。

（二）内部控制评价的内容

内部控制评价的内容主要包括以下7个方面。

①全面评价内部控制设计与运行情况，包括内部环境、风险评估、控制活动、信息与沟通以及内部监督等要素。

②对内部环境的设计及实际运行情况进行认定和评价，关注组织架构、人力资源、发展战略、企业文化、社会责任等方面。

③建立风险评估机制评价，对日常经营管理中的风险识别、分析与应对策略进行认定和评价。

④开展控制活动评价，结合基本规范、各项应用指引以及本企业的内控制度展开。

⑤开展信息与沟通评价，以应用指引为依据，结合本企业的内部控制制度，对信息的收集、信息的处理以及信息传递的及时性、财务报告的真实性、反舞弊机制的健全性、信息系统的安全性等进行认定和评价。

⑥内部监督评价，重点关注监事会、审计委员会以及内审机构等监督作用的发挥；重点关注审计委员会、监事会、内部审计机构等的监督作用是否得到了有效的发挥。

⑦详细记录执行评价工作的内容，形成工作底稿。包括记录评价要素、主要的风险点、采取的相应措施以及相关资料、认定结果等，确保工作底稿证据充分、设计合理、简便易行、便于操作。

（三）内部控制评价的程序

1. 制定评价控制方案

指定专门机构实施评价工作，该机构需满足以下要求。

（1）独立性。独立行使监督内部控制系统建立与运行的权利。

（2）能力。具备监督与评价内部控制的专业能力及道德素养。

（3）协调性。在评价与监督内部控制建立与运行上，与其他职能部门相互配合，协调一致。

（4）权威性。能够得到董事会、经理层等权力机构支持，具备相应的权威性以保障评价工作的顺利进行。

2. 组成评价工作组

（1）评价工作组成员要求具有独立性、专业胜任能力、职业道德素养、熟悉情况、参与日常监控。

（2）建立内部控制培训机制，提高评价工作组成员的能力。

（3）聘请事务所提高内部控制评价服务的，该事务所不得同时为企业提供内部控制的审计服务。

3. 实施工作评价与测试

（1）了解公司层面基本情况。主要包括内部环境及内部控制 5 要素的运作情况。

（2）了解各业务层面的主要流程及风险。评价工作组可能审阅的内部控制流程文档包括以下几类。

①风险控制矩阵文档。关注复合风险流程的合理性。

②流程图文档。关注流程图与风险控制矩阵、实际操作的一致性；是否清晰的显示风险点与控制点；是否清晰表述责任部门、岗位及管理机构；是否清晰显示了流程途径；流程途径是否有交叉；是否涵盖所有流程、操作及控制点。

③审批权限表文档。关注岗位及部门的描述是否

清晰；权限划分及设置是否合理；关注业务流程中的关键业务及固有风险。

（3）确定检查评价范围和重点。

（4）开展现场检查测试。可采用个别访谈、调查问卷、穿行测试、专题讨论、抽样、实地检验、比较分析、审阅与检查等多种评价方法综合使用。

【例题25·简答题】（2013年真题）凌辉重工创立于1990年，是一家主要从事建筑工程、能源工程、环境工程、交通工程等基础设施建设的工程公司。凌辉重工成立二十多年来，销售额年均增长率超过45%，是国内增长最为迅速的企业之一，国际业务也蒸蒸日上。但是，凌辉重工承接的业务已经超越了公司人力资源的承受能力。

最近，公司管理层花了很大精力与C国政府达成协议，将已中标承接的C国政府一项环保建设工程进行外包，凌辉重工由负责工程建设改为管理该工程项目的质量和监督承包商的施工及竣工，并提供项目建设的咨询服务。

凌辉重工的行政总裁陈文峰预计，如果这个项目可行，未来公司可以采用同样的运营模式，承接和开拓更多的业务。陈文峰相信这类业务将使公司在有限的人力资源条件下，增加另一收入来源。

为有效管理C国的环保建设工程，陈文峰建议董事会利用密封投标方式对项目进行招标，他已预先向几个承包商朋友发出投标邀请书，并告知有关投标程序和要求。

（1）投标者应于7月31日前把密封投标文件提交到工程部。

（2）标书中应包含投标的项目细节。

（3）收到密封投标文件信封后，凌辉重工工程部主管在信封口签名，并将投标文件放入保险箱。

（4）8月5日，陈文峰将负责打开所有密封的投标文件，以最低价为标准选出中标者，并于稍后向董事会汇报。

陈文峰根据以上程序，在8月5日选出中标者，并于一周内向公司董事会汇报，获得董事会审批。

要求：

（1）依据《企业内部控制应用指引第11号——工程项目》，指出凌辉重工在工程招标管理上存在的不足之处。

（2）凌辉重工的内控评价工作组评价公司招标管

理流程是否完善，简要说明工程部应当提供的几种内控流程文档及其用处。

【答案】

（1）①在面对大型的工程项目时，企业应该公开招标，选择具有相应资质的承包单位和监理单位。本案例中凌辉重工只是"向几个承包商朋友发出投标邀请书"，未能考虑相应承包商的资质等，也未引入竞争机制。

②工程招标严禁有关工作人员泄露招标等相关信息，而案例中陈文峰"预先向几个承包商朋友发出投标邀请书并告知有关投标程序"，属于泄露信息。

③招标工程应该在有关部门的监督下，依法组织工程招标的开标、评标和定标。本案例中"陈文峰将负责打开所有密封的投标文件"，违反公开原则等。

④企业应当依法组建评标委员会，择优选择中标候选人。本案例中凌辉重工招标仅"以最低价者为标准选出中标者"，并且都是陈文峰一人决策，不符合规则。

（2）评价工作组可能审阅的内部控制流程文档包括：

①风险控制矩阵文档。关注复合风险流程的合理性。

②流程图文档。关注流程图与风险控制矩阵、实际操作的一致性；是否清晰的显示风险点与控制点；是否清晰表述责任部门、岗位及管理机构；是否清晰显示了流程途径；流程途径是否有交叉；是否涵盖所有流程、操作及控制点。

③审批权限表文档。关注岗位及部门的描述是否清晰；权限划分及设置是否合理；关注业务流程中的关键业务及固有风险。

4. 汇总评价结果

（1）建立评价质量交叉复核制度。

（2）编制内部控制缺陷认定汇总表，全面复核内部控制缺陷的成因、表现形式及影响程度。

（3）重大缺陷由董事会最终认定。

（四）内部控制缺陷认定

1. 内部控制缺陷认定分类

内部控制缺陷认定分类如表6-9所示。

表6-9　　　　　　　　　　内部控制缺陷认定分类

分类标准	缺陷名称	相关阐述
按照内部控制本质上的不同	设计缺陷	现存的控制并不合理及未能满足控制目标，甚至是缺少为实现控制目标的必须控制。例如"未建立定期的现金盘点程序"即属于控制设计问题
	运行缺陷	运行缺陷是指虽然内部控制设计合理且有效，但在运作上没有被正确的执行。例如"有规定超预算的采购要申请，但是执行过程中却未向上级申请"
按照内部控制严重程度分类	重大缺陷	重大缺陷是指由于某一个或者是多个内部控制缺陷组合，严重影响内部整体控制的有效性，导致企业无法发现或者是及时防范严重偏离整体控制目标的情形。例如"某内部控制缺陷导致财务报表重大错报、漏报或者是造成了企业的重大损失"
	重要缺陷	严重程度低于重大缺陷，但是仍需引起管理层关注。例如"有关缺陷造成的负面影响在部分区域流传，为公司声誉带来损害"
	一般缺陷	除重要缺陷、重大缺陷外的其他缺陷。合理确定相关目标发生偏差的可容忍水平

【例题26·单选题】（2017年真题）2014年华阳矿业公司由于一次投资活动失败而遭受重大损失。后经相关机构调查发现，华阳公司投资失败的原因是该公司未建立重大投资项目按照规定的权限和程序实行集体决策或者联签的制度。按照内部控制缺陷的本质分类，华阳公司的上述缺陷属于（　　　）。

A. 运行缺陷　　　　B. 其他缺陷

C. 一般缺陷　　　　D. 设计缺陷

【解析】本题考查的是内部控制缺陷的认定。内部控制缺陷按其成因分为设计缺陷和运行缺陷，按其影响程度分为重大缺陷、重要缺陷和一般缺陷。首先确定华阳公司的缺陷属于成因缺陷，排除选项B、C；运行缺陷是指内部控制设计合理且有效，只是在运作上没有被正确的执行造成的缺陷。设计缺陷是指企业缺少为实现控制目标的必需控制，或现存的控制并不合理及未能满足控制目标。从题干可知，华阳公司的投资活动失败是公司未建立相关的制度而造成的，即属于内控设计缺陷，故D选项为正确答案。

【答案】D

2. 内部控制认定程序与整改

（1）发现控制差异，要及时评价是否属于内部控制缺陷及其严重程度。对于出现的内部控制设计缺陷，需在已有的内控管理制度体系中补充相关规定或修改原有规定，重新对既定的管理制度报批程序做出的补充或修改进行审批。对于出现的内部控制执行缺陷，要加强内控的执行力度，要求严格执行内部控制相关规定。

（2）发现重大缺陷，要立即向董事会报告。重大缺陷及重要缺陷的整改方案，应向董事会（审计委员会）、监事会或经理层报告并审定。发现诸如管理层财务舞弊之类的事件，应越过管理层，直接向董事会、监事会汇报。

（3）对于发现的一般缺陷，要及时向管理层汇报，必要时也要向董事会或监事会汇报。内部控制的一般缺陷、重要缺陷应定期（至少每年）报告一次。

【例题27·单选题】甲公司在内部控制自我评价中发现，多项业务流程和控制手段存在缺陷或风险隐患。有些属于设计缺陷，有些属于运行缺陷。下面所列情况中，属于运行缺陷的是（　　　　）。

A. 规定更换库房保管员时要盘点核实库存，但没有规定要交接双方一同进行

B. 规定使用清澈的酒精溶液清洗容器，但未提供酒精溶液清澈的判断标准

C. 规定要对大宗物料供应商实地考察，但对必须考察生产现场则缺少核实办法

D. 规定审核研发产品的技术先进性，但研发人员并不提供技术先进性的证据及证明

【解析】设计缺陷是指现存的控制并不合理及未能满足控制目标，甚至是缺少为实现控制目标的必须控制。运行缺陷是指虽然内部控制设计合理且有效，但在运作上没有被正确的执行。因此从题目可知，选项A、B、C属于设计缺陷，选项D属于运行缺陷。

【答案】D

【例题28·单选题】（2014年真题）企业进行内部控制评价时，发现某部分采购项目并未按照规定进行公开招标，按照内部控制缺陷的本质分类，缺陷属于（　　）。

A. 一般缺陷　　　　B. 设计缺陷
C. 重要缺陷　　　　D. 运行缺陷

【解析】内部控制缺陷认定分类如表6-9所示。其中运行缺陷是指虽然内部控制设计合理且有效，但在运作上没有被正确地执行。例如"有规定超预算的采购要申请，

但是执行过程中却未向上级申请"，因此本题选择D。

【答案】D

（五）内部控制评价报告

内部控制评价报告应当以每年12月31日为基准日，于基准日后4个月之内结合评价工作底稿以及内部控制缺陷汇总等资料，编制内部控制评价报告，并经董事会或类似权力机构报批后对外披露或报送。其内容包括董事会对内部控制评价报告真实性的声明；概要说明；内控评价依据、范围、程序和方法；内控缺陷认定及整改情况；内部控制有效性的结论。

二、企业内部控制审计（★★★）

（一）内部控制的审计要求

内部控制是企业一项十分重要的管理活动，其目的就是提高经营的效率效果，实现企业发展战略。经过多年的发展，我国公司治理的相关法律法规日渐完善。《企业内部控制基本规范》明确要求企业在出具自我评价报告的同时，还要聘请符合资格的会计师事务所对企业财务报告相关的内部控制进行审计并出具审计报告。但注意，《基本规范》表明事务所不得为同一企业既提供内部控制评价服务又提供内部控制审计服务。

（二）注册会计师的责任与角色

内部控制审计，即指会计师事务所在接受企业委托的前提下，审计特定基准日下企业内部控制设计与运行的有效性。

《审计指引》中明确董事会的责任是评价内部控制的有效性，而注册会计师的责任是在实施审计工作的基础上对内部控制的有效性发表审计意见。

注册会计师既可以单独对企业实施内部控制审计，也可以与财务报告审计一起整合审计（简称"整合审计"）。整合审计的目标之一就是获取充分、适当的证据为内部控制审计中对内部控制有效性发表的意见提供支持，同时也为财务报表审计中对于控制风险的评估结果提供相应的依据。

三、审计委员会在内部控制中的作用（★★）

（一）审计委员会与内部控制

审计委员会是在董事会下直接设立的，负责审查企业内部控制，监督内部控制的有效实施和内部控制的

自我评价情况，协调内部控制及其他相关事宜等。审计委员会的职能是监督、复核和评估企业其他部门和系统。审计委员会的职员一般由独立、非行政董事构成，其负责人应当具备独立性、良好的职业操守及专业胜任能力。

通常情况下，审计委员会负责整个风险管理过程，包括确保内部控制系统是充分且有效的。审计委员会还应批准年报中有关内部控制和风险管理的陈述。

【例题29·单选题】某科技类上市公司董事会由下述人员构成：董事长张跃、总经理林君、技术总监王能、财务总监区翔、独立董事刘克（某会计师事务所合伙人）、独立董事翟飞（某律师事务所合伙人）、独立董事肖锋（另一家上市公司董事长）。最符合公司治理结构要求的上市公司审计委员会的构成是（　　　　）。

A. 刘克、翟飞、肖峰

B. 林君、区翔、刘克

C. 张跃、刘克、肖峰

D. 张跃、林君、区翔

【解析】审计委员会是在董事会下直接设立，职能是监督、复核和评估企业其他部门和系统，审计委员会的职员一般由独立、非行政董事构成，其负责人应当具备独立性、职业道德素养及专业胜任能力。因此本题选择A。

【答案】A

（二）审计委员会履职方式

建议每年至少举行3次审计委员会会议；每年至少与外聘及内部审计师会面一次；允许审计委员会主席与诸如董事会主席及其他关键人员进行私下会面；每年复核审计委员会的权限及有效性，并就必要的人员变更向董事会报告。

（三）审计委员会与合规

审计委员会的主要活动之一就是核查对外报告规定的遵守情况。审计委员会有责任确保公司履行对外报告的义务。审计委员会应结合财务报表的编制情况，对重大的财务报告的事项和判断进行复核。

审计委员会应倾听审计师关于这些问题的看法。如果对拟采用的财务报告的任何方面不满意，审计委员会应该告知董事会。

◆》 名师点拨 ·········

审计师的责任是编制审计计划和执行审计，管理层的责任是编制财务报表。

（四）审计委员会与内部审计

审计委员会的义务是确保充分且有效的内部控制。包括监督内部审计部门角色和有效性、批准对内部审计主管的任命和解聘，以及复核与评估年度内部审计工作计划；确保内部审计部门提出的建议已执行；保持内部审计部门对压力或干涉的独立性，确保内部审计部门工作的有效运行。主要对以下4个方面进行复核。

1. 内部审计活动

（1）内部审计职能部门的组成考虑企业的规模、复杂性、经营活动范围和风险概况等因素，以及董事会为审计部门分配的责任情况。

（2）为客观地完成工作，内部审计师必须保持独立性。

（3）为保证内部审计师能有效开展工作，董事会必须下放权力。

（4）内部审计师必须具备一定的专业胜任能力以及书面、口头沟通能力。

（5）参加继续教育与培训。

2. 内部审计师在企业中的地位

在保持独立性与客观性的前提下，通过独立且客观地复核与评价企业的活动，进而维持或改善企业内部控制、风险管理及公司治理的效益与效率。

3. 内部审计师的职能范围

（1）与外聘审计师直接沟通，允许审计师不受限制地使用企业账簿或进入控制系统。

（2）为企业增加新产品或服务提供建设性的商业建议，为管理层提供更多的建议服务。

（3）适当规划内部审计部门的工作，并作相应的复核与记录。

4. 内部审计报告

（1）审计工作目标为报告使用者说明复核的目的。

（2）审计师已实施的程序概述说明审计师如何收集和整理能够支持其所发表的意见及所提出的证据及建议。

（3）提出的审计意见是对接受复核的内部控制有效性而进行的总结。

（4）报告中提出的审计建议突出说明了控制上的不足之处，并提出改进措施的建议。

（五）向股东报告内部控制

（1）董事会应对集团内部控制系统的设计以及运行的有效性展开复核，包括财务、运营、合规控制以及风险管理系统等多方面的内容，并至少每年向股东汇报一次。

（2）企业管理层必须就企业实施的内部控制进行汇报。

【例题30·多选题】 甲公司是一家非上市大型企业，为了提前实施《企业内部控制基本规范》，正在考虑设立审计委员会。下列各项关于甲公司设立审计委员会的具体方案内容正确的有（　　）。

A. 在董事会下设立审计委员会

B. 审计委员会的主要活动之一是核查对外报告规定的遵守情况

C. 确保充分有效的内部控制是审计委员会的义务，其中包括负责监督内部审计部门的工作

D. 审计委员会应当每两年对其权限及其有效性进行复核，并就必要的人员变更向董事会报告

【解析】 审计委员会是在董事会下直接设立的，每年都要对其权限及其有效性进行复核，故B选项错误。

【答案】 ABC

过关测试题

一、单项选择题

1. 《企业内部控制基本规范》中将内部控制定义为由企业董事会、监事会、经理层和全体员工实施的、旨在实现控制目标的过程，下列各项关于我国内部控制的描述中，错误的是（　　）。

A. 内部控制只能向企业董事会和经理层提供合理的保证

B. 内部控制是为了实现5类既相互独立又相互联系的目标

C. 内部控制是一个过程，它是实现目的的手段，而非目的本身

D. 内部控制的效果主要取决于董事会

2. 董事会应当严格审议战略委员会提交的发展战略方案，下列不属于应该重点关注的是（　　）。

A. 长期性　　　　B. 适宜性
C. 可行性　　　　D. 全局性

3. 下列说法中，不符合资金活动内部控制要求的是（　　）。

A. 严格按照筹资方案确定的用途使用资金

B. 重大筹资方案应实行集体决策或者联签制度

C. 为方便管理，企业可以账外设账，设立"小金库"

D. 若筹资、投资方案发生重大变更的，企业应当对其重新进行可行性研究并履行相应审批程序

4. 下列说法中，属于采购付款业务中的内部控制要求的是（　　）。

A. 大宗采购应当采用招投标方式确定供应商和采购价格

B. 加强采购付款的管理，严格审核采购预算、相关单据凭证、审批程序、合同等相关内容

C. 对于预算内采购项目，具有请购权的部门应当严格按照预算执行进度办理请购手续

D. 一般商品或劳务的采购，应当根据市场行情制定最高采购限价

5. 下列说法中，不符合工程项目内部控制要求的是（　　）。

A. 企业应当根据发展战略和年度投资计划，提出项目建议书，编制可行性研究报告

B. 在确定中标人前，企业应当与投标人就投标价格、投标方案等实质性内容进行谈判

C. 重大工程项目的立项，应当报经董事会或类似权力机构集体审议批准

D. 企业应当依法组建评标委员会

6. 为了强化担保业务内部控制，甲公司制定了担保业务的内部控制制度。下列内容中该公司相关规定不符合内部控制要求的是（　　）。

A. 被担保人要求变更担保事项的，公司应当重新履行评估与审批程序

B. 对外担保业务应当指定专人进行跟踪分析，密切关注担保项目的进展情况

C. 重大对外担保业务由集团公司总经理审批

D. 严禁子公司自行对外担保或者子公司之间提供互保

7. 以下企业规定的要求或是采取的措施属于针对预算考核流程的内部控制的是（　　）。

A. 建立和完善预算编制工作制度

B. 董事会审核批准预算考核方案

C. 将全面预算的编制外包给经验丰富的咨询机构

D. 预算管理委员会应当定期组织预算执行情况考核，核对监控信息与上报信息的一致性

8. 企业应当建立有效的内部报告的评估制度，以下选项不属于内部报告重点关注的方面的是（　　　）。

A. 及时性

B. 适宜性

C. 有效性

D. 安全性

9. 以下针对信息系统的内部控制的做法中，不恰当的是（　　　）。

A. 禁止不相容职务用户账号的交叉操作

B. 操作人员不得擅自进行系统软件的删除、修改等操作

C. 避免将不相容职责的处理权限授予同一用户

D. 各业务单位应当加强信息系统开发全过程的跟踪管理

10. 以下关于审计委员会责任的说法不正确的是（　　　）。

A. 若审计委员会成员之间的不同意见无法内部调解，应提请董事会解决

B. 建议每年至少举行3次审计委员会会议，并于审计周期的主要日期举行

C. 审计委员会的任务不会因企业的规模、复杂性及风险状况而有所不同

D. 每年复核审计委员会的权限及有效性，并就必要的人员变更向董事会报告

11. 下列不属于独立董事职责的有（　　　）。

A. 战略角色

B. 风险角色

C. 资本角色

D. 监督或绩效角色

12. （　　　）是指企业根据风险评估结果，运用相应的控制措施，达到把风险控制在可承受度之内目的的一系列活动。

A. 内部环境

B. 内部监督

C. 风险评估

D. 控制活动

二、多项选择题

1. 下列选项中，属于不相容职务分离控制活动的有（　　　）。

A. 甲公司规定销售人员不得接触销售现款

B. 乙公司规定采购合同的订立人员不得负责审批

C. 丙公司规定非实物保管人员应限制接近资产，不得办理物资收发

D. 丁公司由出纳负责开出银行支票，并编制银行存款余额调节表

2. 有一家绿色食品加工企业A公司，其董事长肖某兼任总经理。由于公司长期以来对员工权益的重视度不够，导致越来越多的员工对公司产生抱怨，甚至很多人抱着"多一事不如少一事"的心态在工作。同时，最近公司产品又出现质量问题，严重损害了企业的信誉。由此我们可以判断，该公司在内部环境方面存在的问题与（　　　）有关。

A. 内部审计

B. 社会责任

C. 企业文化

D. 组织结构

3. 下列有关发展战略制定的说法中，正确的有（　　　）。

A. 企业的发展战略方案经总经理审议通过后，报经董事会批准实施

B. 发展战略过于激进，可能导致企业过度扩张，甚至经营失败

C. 企业应当健全组织机构，设立战略委员会或指定相关机构负责发展战略管理工作

D. 企业应当充分调查研究、科学分析预测相关变化数据，在广泛征求意见的基础上制定发展目标

4. 下列说法中，符合企业文化内部控制要求的有（　　　）。

A. 企业文化建设应融入企业的肌体、汇入企业的血脉

B. 企业应积极培育具有自身特色的企业文化，打造以主业为核心的企业品牌

C. 企业文化建设既要注重"上下结合"，更应注

重企业治理层和经理层的示范作用

D. 企业应重视并购重组后的企业文化建设

5. 下列选项中，属于企业销售业务应该建立的控制措施的有（　　　　）。

A. 重要销售合同应征询法律专家的意见

B. 建立客户信用档案

C. 销售部门负责办理资金结算并监督款项回收

D. 财会部门负责应收款项催收方面的工作及记录

6. 下列说法中，符合研究与开发内部控制要求的有（　　　　）。

A. 企业应该严格审批研究项目，重大研究项目报经董事会或类似权力机构集体审议决策

B. 企业应当建立研发活动评估制度

C. 企业应当组织参与申请及立项审批的专业机构和人员进行评估论证，出具评估意见

D. 企业对于需要申请专利的研究成果，应当及时办理有关专利申请手续

7. 企业在对担保申请人进行资信调查和风险评估时，不得担保的情形有（　　　　）。

A. 经查证，担保申请人已进入重组、托管、兼并或破产清算程序

B. 由于担保申请人产品质量存在极大的问题，可能面临法律诉讼且可能承担较大赔偿责任

C. 担保申请人用于担保的资产状况良好

D. 担保项目符合国家法律法规和本企业担保政策

8. 由于公司内部信息传递存在的问题，甲公司决定加强控制。下列公司制定的制度中，符合相关规定的有（　　　　）。

A. 应当有效利用内部报告进行内部风险评估

B. 内部各管理层级均应当指定专人负责内部报告工作

C. 内部报告指标体系的设计应当与全面预算管理相结合

D. 利用多种多样的形式鼓励员工及企业利益相关方举报和投诉企业内部的违法违规情况

9. 《企业内部控制评价指引》明确指出，内部控制应该遵循的三大原则有（　　　　）。

A. 全面性原则

B. 客观性原则

C. 重要性原则

D. 适应性原则

10. 按照内部控制本质上的不同，可以将内部控制缺陷分为（　　　　）。

A. 设计缺陷

B. 一般缺陷

C. 运行缺陷

D. 重要缺陷

三、简答题

案例：甲公司为一家以饮品生产和销售为主业的上市公司。企业根据相关规定，结合自身经营管理实际，制定了《企业内部控制手册》等规范性文件，并成立了内部控制评价工作组，检查并评价内部控制设计与运行情况。2014年4月，审计委员会召集公司内部相关部门对检查情况进行讨论，会议要点如下：

（1）为加强公司预算管理，2014年3月甲公司引进新的预算管理信息系统，但是由于对信息系统操作还不够成熟，因此公司决定于2014年6月才在各子公司及公司整个范围内全面实行。因此关于内部控制评价的范围，甲公司认为由于该系统至今未在甲公司范围内全面推广，董事会则同意不将此系统相关的内部控制纳入2014年度内部控制评价的范围。

（2）为确保控制活动的有效运行，内部控制评价工作组全面测试了公司业务层面的控制活动，发现《企业内部控制手册》中有关资金投放与资金筹集等业务的内部控制设计可能存在缺陷，有关资料如下：

①资金投放环节。《企业内部控制手册》规定：一是加强货币资金的支付管理，对货币资金的支付实行审批分级管理。由财务部经理审批单笔付款金额5万元及5万元以下的；由总会计师审批5万元以上、20万元及20万元以下的；由总经理审批20万元以上的资金支付。二是提高资金使用效率，在报经总会计师批准后，投资部门可以在权限范围内从事一定额度的投资，但若要进行大额的期权期货等高风险交易，必须报经总经理批准。

②资金筹集环节。为降低资金链断裂给企业带来的财务风险，《企业内部控制手册》规定，如果总会计师无法正常履行职权，可以授予其副职在紧急状况下进行直接筹资的一切权限。

（3）关于信息沟通。甲公司在已有的业务信息系

统和管理信息系统的基础上，充分利用信息系统之间的可集成性。不再将内部控制从企业整个流程中分离出来，而是将内部控制措施嵌入公司内部的业务流程和经营管理中，初步实现了自动控制。

（4）关于内部监督。在董事会下设立审计委员会，由董事会授权，审计委员会确保内部审计部门的权利，开展内部控制监督和评价，进而检查发现内部控制缺陷，提出缺陷整改的建议。甲公司内部审计部门和财务部门均由总会计师分管。

要求：

（1）请根据基本规范及其配套指引等有关规定的要求，逐项一一判断资料（1）、（2）、（3）、（4）项中内容是否存在着不当之处，并分别指出具体的不当之处，并逐项说明理由。

（2）结合第（2）项中有关资金投放以及资金筹集的相关内容，具体阐述资金活动还应该关注哪些风险。

过关测试题参考答案与解析 附录

第1章 战略与战略管理

一、单项选择题

1.【答案】C

【解析】本题考查公司战略的层次及相关含义。对于C选项，又称为竞争战略的是业务单位战略，它是第二层次战略，职能单位战略是第三层次战略。因而，选项C的说法错误，其他选项的说法均正确。

2.【答案】D

【解析】高层管理者的作用：①支持代理人，当变革使得代理人和企业内部利益集团产生矛盾，并进一步激化时；②审议和监控变革的进程；③签署、批准并公开变革。故选项D说法错误。

3.【答案】C

【解析】戴富特将战略变革划分以下4类。

类型	含义
技术变革	涉及企业生产过程的变革，包括工作方法、设备和工作流程的变革
产品和服务变革	涉及企业的产出变革，包括开发新产品或改进现有产品
结构和体系变革	涉及企业运作的管理方法的变革，包括结构变化.政策变化等
人员变革	涉及企业员工价值观。工作态度、技能等的转变

题目中，"试图对原有的技术进行改进，使新产品的性能较原有产品能进一步提高"，属于涉及企业的产出变革，包括开发新产品或改进现有产品，即产品和服务变革，故选择C选项。

4.【答案】D

【解析】根据不同层次管理人员介入战略分析和战略选择工作的程度，可以将战略形成的方法分为以下3种形式。

（1）自上而下。先由总部制定企业总体战略，然后由下属各部门将总体战略具体化。

（2）自下而上。总部先要求各部门积极提交战略方案，然后总部对各方案进行必要的修改后加以确认。

（3）上下结合。总部和下属共同参与制定适宜的战略。可见，"横向管理办法"不包括在内，故选择D。

5.【答案】A

【解析】总体战略又称公司层战略，是企业最高层次的战略。它需要根据企业的目标，选择企业可以竞争的经营领域，合理配置企业经营所必需的资源，使各项经营业务相互支持、相互协调。公司战略常常涉及整个企业的财务结构和组织结构方面的问题。甲公司确定未来5年的战略规划属于总体战略。

6.【答案】A

【解析】选项A，公司目的，是企业组织的根本性质和存在理由的直接体现。选项B，公司宗旨，旨在阐述公司长期的战略意义。选项C，经营哲学，是公司为其经营活动方式所确立的价值观、基本信念和行为准则。

7.【答案】A

【解析】选项A，职能战略，又称职能层战略，主要涉及企业内各职能部门，如营销、财务、生产、研发、人力资源、信息技术等，如何更好地配置企业内部资源，为各级战略服务，提高组织效率。

选项B，业务单位战略涉及各业务单位的主管及辅助人员。业务单位战略（竞争战略）包括成本领先战略、差异化战略、集中化战略等。

选项D，总体战略（公司层战略），是企业最高层次的战略，包括发展战略、稳定战略、收缩战略等。

题干中所述为营销战略，属于职能战略，故选择A。

8.【答案】A

【解析】题干中"在市场上并购了其他一些地方性的空调生产公司，使空调的生产能力和市场占有率大大提高，增加了空调类产品的竞争力"属于公司战略中的发展战略。故选择A。

9.【答案】C

【解析】评估战略备选方案通常使用3个标准：适宜

性标准、可接受性标准、可行性标准。因此本题选C。

10.【答案】B

【解析】1989年，约翰逊和施乐斯提出企业战略的变化是渐进的。他们将企业战略的变革分为4个阶段：连续阶段、渐进阶段、不断改变阶段和全面阶段。

这4个发展阶段的特点如下表所示。

连续阶段	战略基本没有大的变化
渐进阶段	战略会发生缓慢的变化，限于零打碎敲性的
不断改变阶段	战略变化呈现出无方向或无重心
全面阶段	在较短时间内发生革命性的、转化性的变革

依题意可知，应选择B。

11.【答案】B

【解析】职能战略主要涉及企业内各职能部门，更好地配置企业内部资源，为各级战略服务，提高组织效率。故选择B。

12.【答案】D

【解析】选项D属于总体战略的核心要素。

13.【答案】A

【解析】业务单位战略又称为竞争战略，细分为成本领先战略、差异化战略、集中化战略3类战略。故选择A。

二、多项选择题

1.【答案】ABCD

【解析】基于不同的抵制原因，变革会面临以下不同的障碍。

（1）文化障碍。企业过去形成的文化积累，变革可能会与原有的文化相矛盾，这就会受到变革阻力——文化障碍。

（2）私人障碍。变革中遇到的一些个人的变革阻力。主要包括：①习惯；②变革对个人收入的影响可能相当的大；③对未知的恐惧；④选择性的处理信息。故选择A、B、C、D。

2.【答案】ABCD

【解析】变革可能会对人们的境遇甚至下列领域的健康产生重要的影响。

（1）生理变化。一般指工作模式、工作地点等。

（2）环境变化。一般指新的工作空间，新的人际

关系等。

（3）心理变化。主要包括：①迷失方向，新的人际关系，会让人不知所措；②不确定可能导致无安全感；③无力。

选项A、D属于心理变化，选项B属于生理变化，故选择A、B、C、D。

3.【答案】BCD

【解析】"一系列或整套的决策或行动方式"，这套方式包括刻意安排（或计划性）的战略和任何临时出现（或非计划性）的战略。题干中"刻意安排"，体现了战略的计划性。故选择B、C、D。

4.【答案】ABC

【解析】外部环境分析包括：宏观环境分析、产业环境分析、竞争环境分析、市场需求分析；内部环境分析包括：企业资源分析、企业能力分析、企业核心能力分析等（具体的内容将在第2章中进行讲解）。故选择A、B、C。

5.【答案】AD

【解析】本题主要考查公司目标体系的组成以及建立。公司目标是一个体系，建立该体系的目的是将公司使命转换成明确具体的业绩目标。需要建立以下两种类型的业绩标准：与财务相关的业绩标准和与战略相关的业绩标准，故选项A正确。财务目标体系和战略目标体系都应该从短期和长期目标两个角度体现出来，故选项B、C错误。公司中每一个单元都必须有一个具体的、可测度的业绩目标，其中各个单元的目标必须与整个公司的目标相匹配，故选项D正确。

6.【答案】ABD

【解析】评估战略备选方案通常使用以下3个标准：一是适宜性标准；二是可接受性标准；三是可行性标准。故选择A、B、D。

7.【答案】ABC

【解析】制定组织结构涉及如何分配企业内的工作职责范围和决策权力，需要作出如下决定。

（1）企业的管理层次数目是高长型还是扁平型结构。

（2）决策权力集中还是分散。

（3）企业的组织结构类型能否适应公司战略的定位等。故选择A、B、C。

8.【答案】BD

【解析】一般来讲，战略管理过程包含3个关键要素：战略分析、战略选择和战略实施。故选择B、D。

9.【答案】ABC

【解析】公司战略类型如下表所示。

可选择战略类型	总体公司层战略	包括发展战略、稳定战略、收缩战略
	业务单位竞争战略	包括成本领先战略、差异化战略、集中化战略
	职能层战略	包括市场营销战略、生产运营战略、研究与开发战略、人力资源战略、财务战略、信息战略等

选项D应为职能战略包括市场营销战略、生产运营战略、研究与开发战略、人力资源战略、财务战略、信息战略等多个职能部门的战略。故选择A、B、C。

10.【答案】AC

【解析】战略的传统概念强调了公司战略的一方面属性——计划性、全局性和长期性；现代概念更强调战略的另一方面属性——应变性、竞争性和风险性。故选择A、C。

11.【答案】ABD

【解析】本题主要考查战略的三大层次，即公司战略、业务单位战略和职能战略。首先该公司有100多家超市，规模较大，应该有公司战略层次；其次下设的5个地区事业部管理，各个事业部实行自我计划和自我管理，主要目的是获得竞争优势，因此应该有业务单位战略；最后每个事业部为了更好地管理，肯定会设置各职能部门，因此会有职能战略。而本题C市场战略不属于公司战略的三大层次。故选择A、B、D。

12.【答案】BCD

【解析】业务单位层面的竞争战略包括成本领先战略、差异化战略、集中化战略3种基本类型。选项B、D属于公司层战略，选项C属于职能战略。故选择B、C、D。

三、简答题

1.【答案】

（1）诺基亚的此次变革属于反应性变革。"诺基亚在手机市场领域，保持了14年冠军宝座，如今，出于各方面的原因，诺基亚的领军优势在过去几年渐渐减少，销售量大不如前。"企业已经感觉到存在的危机，并且已经为过迟变革付出了一定的代价，所以为反应性变革。诺基亚应该汲取教训，在以后的经营过程中及时地关注内外部环境以及市场等的变化，进行提前性战略变革。

（2）戴富特在1992年对企业为了适应环境和在市场条件下生存而推行的战略变革进行了分类，共有以下4种类型。

①技术变革。技术变革涉及工作方法、设备和工作流程等生产产品和服务技术。

②产品和服务变革。产品和服务变革包括开发新产品或改进现有产品，这在很大程度上影响着市场机会。

③结构和体系变革。结构和体系变革包括结构变化、政策变化和控制系统变化。

④人员变革。人员变革是指企业员工价值观、工作态度、技能和行为方式的转变，目的是确保职工努力工作，完成企业目标。

（3）根据约翰逊和施乐斯的观点，提出企业将企业战略的变革分为4个阶段：连续阶段、渐进阶段、不断改变阶段、全面阶段。

①连续阶段，在此阶段战略基本没有大的变化，仅有一些小的修正。

②渐进阶段，在此阶段，战略会发生缓慢地变化。这种变化可能是零打碎敲性的，也可能是系统性的。

③不断改变阶段，在此阶段战略变化呈现出无方向或无重心。

④全面阶段，在此阶段在较短时间内发生革命性的、转化性的变革。

（4）企业战略变革的主要任务有以下3点：①调整企业理念。首先，确定企业的使命（即企业展开生产经营的原动力是什么）；其次，确定经营思想（即指导企业经营活动的观念、思想等）；最后，建立行为准则以约束员工。②企业战略重新定位。例如，根据波士顿矩阵对企业的业务进行分析，针对不同的类型，采用不同的战略。③重新设计企业的组织结构。根据企业战略目标的实施途径确定适合企业的组织结构（扁平化或集中化）。

2.【答案】

（1）好时代公司战略变革的类型为结构和体系变革。涉及企业运作的管理方法的变革，包括结构变化、政策变化和控制系统变化等。"将东南亚地区的行政、支持性部门，包括人力资源部、会计部、采购部等工作重组为共享服务中心的运作模式，在重庆市集中处理；开拓网上商城；在中国及新加坡增设专卖店"均体现了这一类型。

（2）变革计划（一）可能面临的人员方面的阻力主要有以下几个方面。

①将东南亚地区的相关部门重组为共享服务中心的运作模式，在重庆市集中处理有关支持性工作，使以前在东南亚相关部门工作的人员工作的地点、工作模式和工作习惯上等生理、环境出现了一些变化，甚至导致各相关部门会精减人员，导致人员心理出现了对未来工作存在不确定性和缺乏工作安全感等。

②各相关部门的主管对于集团董事会正考虑在运营上可能实施的变革和重组方案并不了解，对方案的细节更一无所知，这就会导致部门主管的不支持，变革方案不能很好地落实、实施，形成变革的阻力。

处理变革阻力时应考虑变革的以下3个方面。

（1）变革的节奏。变革应尽量循序渐进一些，需要更多一点的时间来完成变革；过于激进的变革，会激发人们的反感。

（2）变革的管理方式。面对变革的抵制者，尽可能的鼓励抵制者发表自己的意见，并与之沟通。压制抵制不是一种良好的变革方式。

（3）变革的范围。认真审阅变革的范围，范围过大会导致变革涉及面过广带来了巨大不安全感。

第2章　战略分析

一、单项选择题

1.【答案】 D

【解析】 决定产业进入障碍大小的因素包括结构性障碍和行为性障碍。

结构性障碍包括：规模经济、现有企业对关键资源的控制（货币、专利或者专利技术、原材料的供应、分销渠道、学习曲线及资源使用方法的积累与控制）、现有的市场优势（政府的政策、法规和法令）。

行为性障碍包括：限制进入定价和进入对方领域。故选择D。

2.【答案】 B

【解析】 波士顿矩阵的局限性包括以下几点。

（1）对于企业实务来说，要确定各业务的市场增长率和相对市场占有率是一件比较困难的事情。

（2）波士顿矩阵过于简单。市场增长率和企业相对占有率两个单一指标不能全面反映这两方面的状况。市场占有率、相对市场份额只划分为高、低两级，过于粗略。

（3）波士顿矩阵是以企业的市场份额与投资回报是呈正比的为前提进行的分析。但在有些情况下这种假设可能是不成立或不全面的。

（4）另外，波士顿矩阵还以资金是企业的主要资源作为前提进行分析。但在许多企业内，重要资源还有技术、时间和人员的创造力。

（5）波士顿矩阵在具体运用中有很多困难。

通用矩阵的局限性包括以下几点。

（1）用综合指标来测算产业吸引力和企业的竞争地位，各个指标权数较难确定，且容易造成综合指标的不准确进而带来偏差。

（2）分划较细，对于多元化业务类型较多的大公司没有必要且较为繁杂。

综上所述，选择B选项。

3.【答案】 B

【解析】 国外对我国橡胶产品的反倾销，属于外部环境中的政治和法律环境的因素，所以选项B正确。

4.【答案】 C

【解析】 根据题干"近年来新生儿的出生率正呈现出不断下降的趋势"，这属于对年龄结构的分析，属于PEST分析的社会和文化因素，故选择C。

5.【答案】 B

【解析】 成长期特点包括以下几点。

（1）销售量：销售量节节攀升，增长快速。

（2）成本费用：产品成本以及销售由于销售量的扩大，规模效应显现，使得单位销售成本降低。

（3）净利润：由于供大于求，此时的价格最高，由此净利润也达到最高。

（4）产品特性：产品性能和质量参差不齐。

（5）竞争者：竞争者大量涌入。

（6）经营风险：经营风险有所下降，但由于竞争加剧了，所以经营风险仍然维持在一个较高的水平。

（7）战略目标：争取最大的市场份额。

（8）战略路径：市场营销，改变价格形象和质量形象的好时机。

综上所述，选择B选项。

6.【答案】 D

【解析】 成熟期特点包括以下几点：

（1）销售量：销售量达到最高，销售额以及现金流量也达到前所未有的水平，但销售的增长率变缓。

（2）成本费用：生产稳定，局部产能过剩。

（3）净利润：产能过剩，毛利开始降低，利润空间开始被压缩。

（4）产品特性：产品逐渐标准化，差异越来越不明显。

（5）竞争者：竞争激烈，并爆发价格竞争。

（6）经营风险：进一步降低，达到中等水平。

（7）战略目标：转向巩固市场份额，同时提高投资效率。

（8）战略路径：提高效率，降低成本。

故选择D。

7.【答案】 B

【解析】 本题考查五力模型的有关内容。智能手机企业数量增多导致产业现有企业的竞争加剧。故选择B。

8.【答案】 C

【解析】 哈佛商学院教授大卫·亚菲（David Yoffie）弥补了波特五种竞争力模型的不足，根据企业全球化经营的特点，提出了第六个要素，即互动互补作用力，进一步丰富了五种竞争力理论框架，故选择C。

9.【答案】 D

【解析】 本题考查基准的类型知识点。不同的基准对象决定了不同的基准类型。

（1）内部基准。企业内部之间互为基准进行学习与比较。

（2）竞争性基准。直接以竞争对手为基准进行学习与比较。

（3）过程或活动基准。以具有类似核心经营的企业为基准进行比较，但二者之间的产品和服务不存在直接竞争的关系。

（4）一般基准。以具有相同业务功能的企业进行比较。

（5）顾客基准。以顾客的预期为基准进行比较。

根据题干，B公司和广告企业都属于服务行业，但是不具有类似的核心经营，这样的基准类型属于一般基准。故选择D。

10.【答案】 D

【解析】 基准分析循环（若以基准对象为起点）：选择作为基准对象的过程—责任分配—确定潜在的合作伙伴—交流—分析—实施—评价，故选择D。

11.【答案】 D

【解析】 本题考查人力资源的相关内容。人力资源是指组织成员向组织提供的技能、知识以及推理和决策能力。故选择D。

12.【答案】 B

【解析】 波士顿矩阵如下图所示，属于高增长率、低市场占有率的业务为问题业务，故选择B。

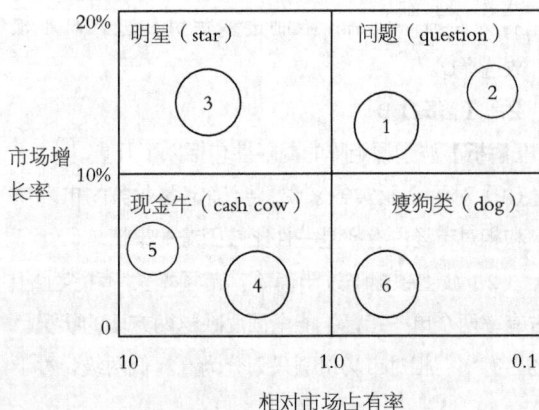

13.【答案】B

【解析】外部环境的分析着眼于企业所处的宏观环境、行业环境和经营环境。内部环境的分析集中在资源、企业能力和市场竞争能力方面。故选择B。

14.【答案】B

【解析】进行基准分析，在选择基准对象时主要关注以下几个方面：①占用较多资金的活动；②能显著改善与顾客关系的活动；③能最终影响企业结果的活动。

15.【答案】B

【解析】消费者细分可以从以下3个战略问题展开：①消费细分；②消费动机；③消费者未满足的需求。故选择B。

16.【答案】D

【解析】企业资源的主要包括有形资源、无形资源和人力资源。

（1）有形资源包括：①物质资源：土地、厂房、生产设备、原材料等；②财务资源：资金，即应收账款、有价证券等。

（2）无形资源包括品牌、商誉、技术、专利、商标、企业文化及组织经验。

（3）人力资源指组织成员向组织提供的技能、知识以及推理和决策能力。

选项A属于有形资源中的财务资源；选项B、C属于无形资源；选项D属于物质资源，故选择D。

17.【答案】A

【解析】识别企业核心能力的方法包括：功能分析、资源分析以及过程系统分析。但是，其中识别企业核心竞争力常用的方法是功能分析。因此，选项A正确。

18.【答案】B

【解析】本题考核钻石模型分析。钻石模型分析的提出者为迈克尔·波特。

二、多项选择题

1.【答案】ACD

【解析】五力模型的局限性包括以下几个方面。

（1）该分析模型基本是静态的，即反映的是某一时点的竞争格局。

（2）该模型能够确定行业的盈利水平，但对于非营利机构，该模型不适用。

（3）该模型是基于这样一种理想的假设：一旦进行了分析，企业就可以制定战略来处理分析结果。

（4）该模型是基于这样一种理想的假设：战略的制定者可以了解整个行业的信息（包括所有潜在的进入者和替代产品）。

（5）该模型低估了企业与供应商、客户与分销商、合资企业之间可能建立长期合作关系以减轻相互之间的威胁的可能性。

（6）该模型对产业竞争力的构成要素考虑不够全面。

综上所述，选择A、C、D。

2.【答案】ABC

【解析】成功的关键因素（KSF）是指公司在特定市场获得盈利必须拥有的技能和资产。

对于胶卷行业而言，一般不存在很明显的差异化，不需要太多的技术设计等，工程设计和技术能力并不是其成功的关键因素，胶卷行业成功的关键因素在于其营销的渠道，营销的网络。故选择A、B、C。

3.【答案】BCD

【解析】企业的能力主要有研发能力、生产管理能力、营销能力、财务能力和组织能力等，故选择B、C、D。

4.【答案】ABD

【解析】选项A错误，市场增长率高的业务类型包括明星业务和问题业务。

选项B错误，明星业务应采取积极扩大市场份额的战略，不应该为收获战略。

选项D错误，放弃战略适用于瘦狗业务和问题业务。故选择A、B、D。

5.【答案】ACD

【解析】本题考查波士顿矩阵。相对市场占有率比较低，市场增长率比较高，属于问题产品。采取的主要战略包括：①对于想尽快成为"明星"的"问题"产品，应采取发展战略，加大投资；②对于没有发展前途的"问题"产品，应采取收割战略；③对于无利可图的"问题"产品，应采取放弃战略。故选择A、C、D。

6.【答案】ABCD

【解析】选项A，采购人员素质下降，不具有高超的谈判技巧进而会导致御风公司讨价还价能力降低。

选项B，御风不能后向一体化，即不能自行生产产品，从而会降低其讨价还价能力。

选项C，御风的几个大客户采购量占供应商销售量的比例高达80%，会降低御风的讨价还价能力。

选项D，市场上供应商数目多将加剧竞争，且购买方会有更多的选择机会，进而降低了御风的讨价还价能力。

7.【答案】AC

【解析】活动被分离的基本原则如下。

（1）具有不同的经济性。

（2）对产品差异化产生很大的潜在影响。

（3）在成本中比例很大或所占比例在上升。故选择A、C。

8.【答案】ACD

【解析】技术环境对战略所产生的影响包括以下几个方面。

（1）基本技术的进步使企业能对市场及客户进行更有效的分析。例如，使用数据库或自动化系统来获取数据，能够更加准确地进行分析。

（2）新技术的出现使社会和新兴行业对本行业产品和服务的需求增加，从而使企业可以扩大经营范围或开辟新的市场。

（3）技术进步可创造竞争优势。例如，技术进步可促使企业利用新的生产方法，在不增加成本的情况下，提供更优质和更高性能的产品和服务。

（4）技术进步可导致现有产品被淘汰，或大大缩短产品的生命周期。

（5）新技术的发展使企业可更多关注环境保护，企业的社会责任及可持续成长等问题。

9.【答案】BCD

【解析】具有价值的资源，能够使企业获得竞争优势，必须满足以下几个要求。

（1）资源的稀缺性。

（2）资源的不可模仿性。

（3）资源的不可替代性。

（4）资源的持久性。

临江而建，视野宽阔，景色优美，其中地理位置属于有形资源，景色优美属于稀缺的有形资源，能为企业带来竞争优势。

10.【答案】BC

【解析】业务组合分析方法有波士顿矩阵和通用矩阵。

选项A，PEST分析法是用来分析宏观环境的。选

项D，SWOT分析是用来分析企业外部内部环境的。故选择B、C。

11.【答案】AD

【解析】这里需要分清政治因素中的执政党所推行的基本政策和经济因素中的宏观经济政策。政治因素中的执政党所推行的基本政策一般包括税收政策、进出口限制等；经济因素中的宏观经济政策包括国民收入分配政策、价格政策、物资流通。

12.【答案】BD

【解析】SWOT分析具体为：

S：Strengths，企业内部的优势。

W：Weaknesses，企业内部的劣势。

O：Opportunities，企业外部环境的机会。

T：Threats，企业外部环境的威胁。

选项A属于优势，选项C属于机会，选项B、D属于威胁。

13.【答案】BCD

【解析】一个战略群组是指某一个产业中在某一战略方面采用相同或相似战路，或具有相同战略特征的各公司组成的集团。故选择B、C、D。

14.【答案】ABD

【解析】通用矩阵如下图所示。

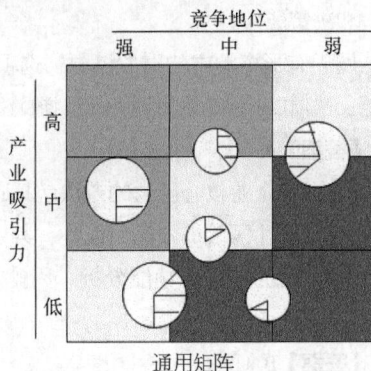

通用矩阵

左上方3个方格：最适用采取增长与发展战略。

对角线3个方格：最适用采取维持或有选择的发展的战略。

右下方3个方格：一般就采取停止、转移、撤退战略。故选择A、B、D。

15.【答案】ABC

【解析】识别企业核心能力的方法包括功能分析、资源分析以及过程系统分析，故选择A、B、C。

16.【答案】ABD

【解析】本题考查战略分析。波士顿矩阵、通

用矩阵、波特5种竞争力模型都是常用的战略分析工具。

17.【答案】 ABC

【解析】 初级生产要素是指天然资源、气候、地理位置、非技术人工、资金等；高级生产要素则是现代通信、信息、交通等基础设施，受过高等教育的人力、研究机构等。故选项D受过高等教育的人力属于高级生产要素。

18.【答案】 ABCD

【解析】 本题考查钻石模型分析。钻石模型分析的决定要素包括以下几点。

（1）生产要素。

（2）需求条件。

（3）相关的支持性产业。

（4）企业战略、企业结构和竞争对手的表现。

三、简答题

1.【答案】

（1）从政治和法律因素角度看，政府主管部门出台了相应的法规对保健品行业进行规范和整顿，明晰了保健品的管理部门，有利于改善保健品行业混乱的现状。从长期看，国家食品药品监督管理局接手保健品行业管理职责，有助于让保健品行业更规范、更健康的发展。

（2）从经济因素的角度看，国家整体较好的经济发展对于保健品行业是一个利好的消息。然而，市场竞争日益激烈，安利等跨国公司进军中国的步伐加快，并逐步成为行业中的"领头羊"，国内保健业面临更大的市场竞争压力。

（3）从社会和文化因素角度看，人们生活水平的明显提高，消费观念、健康观念的改变、人民生活方式的改变预示着保健品行业有广阔的发展空间。

（4）从技术因素角度看，保健品未来的发展趋势是效果好、质量高、有特点，未来保健品竞争的核心必将是科技含量，加强科技投入迫在眉睫。在加紧研发保健品的同时，生产和销售也相应地发生了全新变化。

2.【答案】

S——优势：在客户资源、完善的网络基础设施、大量的人才储备、日趋完善的服务质量等方面具有较强的竞争和发展优势。

W——劣势：企业战略管理与发展的矛盾、企业内部创新与发展的矛盾、中国电信现有的基础设施不能为用户提供特色服务、拆分让中国电信由主体电信企业降级到一个区域性的电信企业。

O——机会：国民经济的持续快速发展，形成了潜力巨大的市场需求；法制的逐步完善为其建立了一个公平、有序的环境；市场未填补空间巨大。

T——威胁：引入移动、联通、网通，竞争加剧；中国电信人才流失较为严重、非对称管制对中国电信的影响。

第3章 战略选择

一、单项选择题

1.【答案】 B

【解析】 并购失败的主要原因包括：

（1）并购后不能很好地进行企业整合；

（2）决策不当的并购；

（3）支付过高的并购费用。

选项B不是并购失败的原因，故选择B。

2.【答案】 A

【解析】 采用差异化战略存在的风险具体为：

（1）采取差异化的成本太高，差异化导致产品的成本过高，消费者不愿为差异化买单；

（2）市场需求由关注差异化转变为价格敏感；

（3）竞争对手通过模仿、学习，逐步缩小产品之间的差异。

选项A属于采取差异化战略的优点，故选择A。

3.【答案】 D

【解析】 采购经理职责包括：①成本控制；②管理投入；③生产投入；④供应链管理；⑤获取有关以下事项的信息，用于评价各种采购方案（可用性、质量、价格、分销以及供应商）。⑥维持库存水平。因此答案为D。

4.【答案】 B

【解析】 信息系统外包的优缺点如下表所示。

主要优点	①能更好地了解不断变化的技术 ②能对成本进行最准确的预测，并相应地进行预算控制 ③专业外包供应商能够提供更高标准和质量的服务 ④公司减轻了管理专业人员的负担
主要缺点	①成本节约是短期的，从长远的战略考虑上来看，成本会更高 ②当外包服务不再受公司的控制时，企业不能对环境的改变做出迅速的反应 ③外包增加了成本，且更换外包服务商或者自己内设信息系统管理部门将会更难 ④供应商的质量和服务可能存在一定风险

从长远的战略考虑上来看，这种成本节约是短期的，这是信息技术外包的主要缺点，而不是优点。故选择B。

5.【答案】B

【解析】公司内在因素对进入方式选择的影响因素包括：技术水平、产品年龄、产品在母公司战略中所占的地位、品牌与广告开支、对外直接投资的固定成本和企业的国际经营经验。选项B，公司和东道国谈判地位的演变不属于内在因素，属于外部环境因素。故选择B。

6.【答案】B

【解析】总体战略，又称公司层战略，是企业的最高层次战略。它需要根据企业的目标，选择企业可以竞争的领域，合理配置企业经营所必需的资源，使各项经营业务相互支持、相互协调。公司战略常常涉及整个企业的财务结构和组织结构方面的问题。故选择B。

7.【答案】D

【解析】选项A，后向一体化，是指获得上游企业的所有权或加强对其控制权。选项B，横向一体化，是指企业收购、兼并或联合竞争企业的战略。选项C，相关多元化，是指进入的领域和市场是以企业现有的领域和市场为基础，所采取的战略。选项D，前向一体化战略是指获得分销商或零售商的所有权或加强对他们的控制权的战略。前向一体化战略通过控制销售过程和渠道，有利于企业控制和掌握市场，增强对消费者需求变化的敏感性，提高企业产品的市场适应性和竞争力。

题干中"由于销售渠道的利润比较高，为了企业的长期发展，该公司成立1+1专营店，以实体店的形式销售自己生产的计算机"，符合前向一体化的特征，故选择D。

8.【答案】B

【解析】产业资本并购是靠购入然后以谋求产业利润为首要目的。金融资本并购是靠购入然后售出企业的所有权来获得投资利润，这是金融资本并购风险较大的主要原因。故选择B。

9.【答案】A

【解析】并购失败的原因包括：决策不当的并购、决策后不能很好地进行企业整合、支付过高的并购费用和跨国并购面临的政治风险。其中，决策不当的并购——企业在并购前，没有认真地分析目标企业的潜在成本和效益，过于草率地并购，结果无法对被并购企业进行合理的管理；或者过高估计并购对象所在产业的吸引力和自己对被并购企业的管理能力，从而高估并购后所带来的潜在经济效益，结果遭到失败。故选择A。

10.【答案】D

【解析】7类信息系统的具体功能如下表所示。

信息系统名称	信息系统的功能	具体解释
事务处理系统	收集源数据	①它收集与顾客订单、销售、采购和库存变动等相关的源数据 ②事务处理报告对控制和审计而言是很重要的，但是对管理决策而言提供的信息较少
管理信息系统	数据处理，提出信息	①它主要将来自内部的数据转化成综合性的信息 ②它从事务处理系统获得数据并生成报告 ③在将从标准报告中摘录出来的信息转移到电子表中，供管理层处理和分析。此时，信息技术十分有用 ④在计划层面上，管理信息系统并不是特别有用
企业资源计划系统	信息整合平台	①企业资源计划系统的依据是："企业整体"系统化的管理为企业合理调配资源 ②企业资源计划系统的目的是：使创造价值最大化，实现企业内部决策和管理 ③企业资源计划系统的发展有3个方向： 第一，面向供应商 第二，面向客户 第三，面向管理层

信息系统名称	信息系统的功能	具体解释
战略性企业管理	提供战略信息	战略性企业管理是为战略管理过程提供支持
决策支持系统	对信息处理，提出备选方案	决策支持系统包含了一些数据分析模式，这些分析模式可以一些问题的形式提出，例如，"如果发生了某事，应该怎么办？"并提出相应的备选方案，供管理者选择
经理信息系统	摘要信息、向下钻取	①经理信息系统包含了对摘要数据（通常是图表格式）的访问，高层经理能基于这些摘要数据来评价企业及其环境有关的信息 ②经理信息系统的一个重要特点是易于使用
专家系统	做决策	①专家系统将从专家处获得的与专门领域相关的数据保存在结构化的格式或知识库中 ②专家系统的最佳实例是用于信用批准（即信用贷款）

具有"向下钻取"功能，从总计数据下移到更具体详细的层次的信息系统战略是经理信息系统，故选择D。

11.【答案】C

【解析】国际化的战略类型如下图所示。

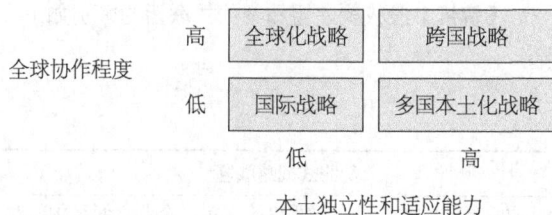

全球协作程度　高　全球化战略　跨国战略
　　　　　　　低　国际战略　多国本土化战略
　　　　　　　　　低　　　　高
　　　　　　　本土独立性和适应能力

故选择C。

12.【答案】A

【解析】波特的吸引力测试，包括以下两类测试。

（1）"进入成本"测试：为收购企业而支付的溢价是一个很重要的考虑因素。

（2）"相得益彰"测试：收购必须能为股东带来他们自己无法创造的好处。

二、多项选择题

1.【答案】ABC

【解析】设计信息系统的一种方法是利用系统开发周期，包括：可行性研究及方案制定、系统分析、系统设计、信息系统测试与上线计划。故选择A、B、C。

2.【答案】ABD

【解析】本题考查研究与开发战略。研发定位是指企业计划在行业中研发领域所扮演的角色。主要包括

以下几类。

（1）成为市场创新的"领头羊"，但风险较大。

（2）成为创新的"模仿者"，风险和成本都较小。

（3）成为低成本的生产者，以低价获取顾客的认可。

选项C成为研发领导者或跟随者属于研发政策应考虑的内容。故选择A、B、D。

3.【答案】ACD

【解析】放弃战略的具体方式包括特许经营、分包、卖断、管理层与杠杆收购和拆产为股/分拆、资产互换与战略贸易。选项B不属于放弃战略，故选择A、C、D。

4.【答案】ABC

【解析】本题考查多货源采购策略的优点。多货源策略的优点包括以下几点。

（1）能获得更多的知识和技术。

（2）若供应中断，对企业产生影响较低。

（3）多方供货会增强企业的议价能力。

选项A、B、C均属于采购方选择多货源策略的优点，选项D属于采用单一货源策略的优点。故选择A、B、C。

5.【答案】ABC

【解析】经济约束通常包括通货膨胀、利率和汇率的影响。故选择A、B、C。

6.【答案】ACD

【解析】产品生命周期不同阶段的财务战略如下表所示。

	企业的发展阶段			
	导入期	**成长期**	**成熟期**	**衰退期**
经营风险	非常高	高	中等	低
财务风险	非常低	低	中等	高
资本结构	权益融资	主要是权益融资	权益+债务融资	权益+债务融资
资金来源	风险资本	权益投资增加	保留盈余+债务	债务
股利（现金流）	不分配（负）	分配率很低（低）	分配率高（高）	全部分配（减少）
价格/盈余倍数	非常高	高	中	低
股价	迅速增长	增长并波动	稳定	下降并波动

根据上表可知，成长期主要是权益融资，故选项B错误，选择A、C、D。

7.【答案】ABC

【解析】与信息相关的战略包括信息系统、信息技术系统、信息管理。故选择A、B、C。

8.【答案】ABCD

【解析】成本领先战略的主要优势包括以下几点。

（1）形成进入障碍。

（2）增强讨价还价能力。

（3）降低替代品的威胁。

（4）保持领先的竞争地位。

9.【答案】AD

【解析】企业的成熟阶段股利分配率很高，固定股利政策、固定股利支付率政策常见于成熟期的企业，所以选项A、D正确。零股利政策、剩余股利政策适用于成长期，故B、C选项错误。

10.【答案】AB

【解析】股权式联盟和契约式联盟的区别如下表所示。

股权式战略联盟	**契约式战略联盟**
必须组成经济实体，且严格规定了资源分配、出资比例、利益分配等问题	无须成立经济实体，没有很严格的规定，企业之间结构相对松散
各方的出资比例决定了企业的发言权，且出资的多少决定了企业地位的主次	各联盟成员之间处于平等、独立的地位
各企业间利益分配按出资比例的大小	各企业间的利益分配可以企业视实践情况而定
初始投资大、不灵活	不存在初投资大等问题
彼此之间相互持股，能使联盟成员间信任感和责任感大大增加	没有严格的规定、松散的结构会导致成员之间沟通不充分，甚至彼此信任度下降

故选项A、B正确。

11.【答案】BD

【解析】选项A，属于逻辑访问控制，属于一般控制。选项B，属于应用控制中的输入控制。选项C属于网络控制。选项D属于应用控制中的输入控制。故选择B、D。

三、简答题

【答案】（1）A业务单位：投资资本回报率7%<资本成本11%，减损价值；销售增长率17%>可持续增长

率12%，现金短缺。B业务单位：投资资本回报率12%>资本成本6%，创造价值；销售增长率4%<可持续增长率10%，现金剩余。

（2）A业务单位：处于财务战略矩阵的第四象限，属于减损型现金短缺业务单位。减损型现金短缺主要是解决价值减损的问题，关键是解决企业盈利能力差的问题，具体方法有如下两种。

①彻底重组。当盈利能力差是企业的独有问题时，采取彻底重组。

②出售。当盈利能力差是整个行业衰退引起的，则尽快出售业务单元。

B业务单位：处于财务战略矩阵的第二象限，属于增值型现金剩余业务单位。增值型现金剩余主要是解决现金剩余的问题，关键是能否利用剩余的现金迅速增长，具体方法有如下两种。

①利用剩余现金加速增长。第一，内部扩张；第二，收购相关的业务。

②把剩余的钱还给股东。第一，增加股利支付；第二，回购股份。

第4章 战略实施

一、单项选择题

1.【答案】B

【解析】利益相关者是指对企业产生影响的，或受企业行为影响的任何团体和个人。企业主要利益相关者有内部利益相关者和外部利益相关者两类，内部相关利益者主要包括股东与机构投资者、经理阶层、企业员工，而B选项贷款人属于外部利益相关者，故选择B。

2.【答案】A

【解析】规避是不坚定行为与不合作行为的组合。

以时机选择的早晚来区分：①当预期将要发生矛盾与冲突时，通过调整来躲避冲突；②当矛盾与冲突实际发生时主动撤出。本题甲公司的行为属于第一种情况的规避，故选择A。

3.【答案】A

【解析】权力不同于职权，它们主要有如下表所示的4点区别。因为职权在企业的组织结构图上职权很容易确定，故A选项错误。

项 目	权 力	职 权
影响力不同	权力的影响力在各个方面	职权沿着企业的管理层次方向自上而下
接受性不同	受制权力的人不一定能够接受这种权力	职权一般能够被下属接受
来源不同	来自各个方面	只包含在企业指定的职位或功能之内
识别难易程度不同	很难识别和标榜	在企业的组织结构图上职权很容易确定

4.【答案】B

【解析】本题考查企业利益相关者的权力来源。其中对资源的控制与交换的权力即指由于资源的稀缺以及相应的企业依赖性，企业利益相关者可以通过利用这些权力来争取和保卫自己的利益，故选择B。

5.【答案】A

【解析】组织结构的基本构成要素是分工与整合。

整合是指协调各部门、各员工之间协作的能力。而分工是指企业为创造价值而对其人员和资源的分配方式。结合题干"一些企业通过协调各部门、各员工之间协作的能力，从而使得企业运作良好。"故选择A。

6.【答案】B

【解析】创业型组织结构是指由一个管理者直接控制管理所有的员工和单位事宜。

创业型组织结构适用于企业成立初期或者小型企业。

根据题干"整个机构的所有大小事务都由陈某一人直接管理"，属于创业型组织结构的特征。故选择B。

7.【答案】B

【解析】国际化经营的结构分类如下表所示。

分 类	含 义
国际部结构	企业的母国承担产品开发，东道国则承担制造和营销职能
全球区域分部结构（多国本土化战略）	各国家和地区高度自主，可以采取适合本国的战略
全球产品分部结构（全球化战略）	由总部制定统一的目标和经营战略，各地区和国家在运营上没有太大的自主权
跨国结构（跨国战略）	企业总部从全球范围来协调各产品和地区分布的运营，以提高效率

根据题干"按照不同国家的不同饮食习惯以及当地的社会文化风俗，为当地顾客提供相适宜的快餐"，符合全球区域分布结构的含义，各国家和地区高度自主，可以采取适合本国的战略。故选择B。

8. 【答案】C

【解析】题干"但是由于技术革新，导致产品间的差异化减小，进而导致该企业战略失效而倒闭"，表明是在战略实施后，发生的战略失效，属于晚期失效。故选择C。

9. 【答案】A

【解析】预算分为零基预算和增量预算。零基预算是指在每一个新的期间必须重新判断所有的费用。增量预算是指以以前期间的预算或者实际业绩为基础，并增加相应的内容来编制新的预算。故A企业采用的是增量预算，选择A。

10. 【答案】A

【解析】企业文化为企业创造价值的途径有以下3种。

（1）文化简化了信息处理。

（2）文化补充了正式控制。

（3）文化促进合作并减少讨价还价成本。故选择A。

11. 【答案】A

【解析】组织结构服从战略理论可以从两方面展开，一方面为"企业发展阶段与结构"，另一方面为"战略的前导性与结构的滞后性"。故选择A。

12. 【答案】B

【解析】公司治理的职能是指导而不是控制，选项A错误；公司上市的后果是外部投资者变成"缺席的所有者"，选项B正确；公司治理是一种对公司内部和外部的制衡体系，以保证公司对其所有的利益相关者履行受托责任，并且以一种对社会负责的方式开展各地区的业务经营活动。公司治理不仅仅是一种对公司内部的制衡体系，选项C错误；财务报告是内部和外部用来测试有效经营和监督公司战略、管理和资源的一个通用的依据，选项D错误。

二、多项选择题

1. 【答案】ABC

【解析】领导的影响力由法定权力和自身影响力两个方面构成。法定权是通过职位优势，使作出的决定必须被遵从，它也来源于对奖励或惩罚的行使（包括奖励权与强制权）。它主要取决于领导者在企业组织中的职位。故A、B、C选项均正确。

2. 【答案】ABC

【解析】企业主要利益相关者有内部利益相关者和外部利益相关者两类，其分类与期望如下表所示。因此本题只有D选项正确，其余选项均错误。

利益相关者分类		利益期望
内部利益相关者	包括股东、机构投资者在内的向企业投资的利益相关者	资本收益——股息、红利
	经理阶层	企业增长（能为其带来好处），主要表现为销售额最大化
	企业员工	人员众多，追求是多方面的，但主要追求个人收入和职业稳定的极大化
外部利益相关者	政府（提供一定的经营环境条件）	多方面，但最直接的利益期望是对企业税收的期望
	消费者和供应商	期望在他们各自的阶段增加更多的价值
	贷款人	期望企业能够拥有理想的现金流量管理状况、较高的偿付贷款及利息的能力
	社会公众（内部与外部利相关者的交叉部分）	企业能够承担一系列的社会责任

3. 【答案】ACD

【解析】本题考查企业利益与社会效益的矛盾，企业外部所有企业外部利益相关者的共同利益，即"社会效益"。因此企业需要承担相应的社会责任：①保证企业利益相关者的基本利益要求；②保护自然环境；③赞助和支持社会公益事业。因此本题选择A、C、D选项。

4. 【答案】CD

【解析】选项A，"使不同职能的员工一起工作"体现的是整合，即协调各部门、各员工之间协作的能力。

选项B，"决定事业部的管理人员授予多少权责"，属于分工中的纵向分工，即企业高层管理人员必须在如何分配组织决策权上做出选择，以便很好地控制企业创造价值的活动。

选择C，"设立销售部门与广告等促销部门，还是将两个部门合并为一个实体"和选项D，"按照北美区域、东南亚区域以及中东区域划分事业部"属于分工中的横向分工，即企业管理人员必须在如何分配人员、职能部门以及事业方面做出选择，以便增加企业创造价值的能力。故选择C、D。

5. **【答案】**ABC

【解析】平衡计分卡分为4个维度，包括财务角度、顾客角度、内部流程角度、创新与学习角度。其中，选项A、B、C属于顾客角度；选择D属于财务角度。故选择A、B、C。

6. **【答案】**ABD

【解析】平衡计分卡的特点包括以下几个方面。

（1）平衡计分卡有助于进行企业战略管理。

（2）平衡计分卡有助于企业整体管理效率的提高。

（3）平衡计分卡强调团队合作，可以降低企业管理机能失调的可能。

（4）平衡计分卡可以鼓励并促进员工的参与意识。

（5）平衡计分卡可以减少企业的信息量。

选项C错误，因为平衡计分卡强调团队合作，可以降低企业管理机能失调的可能性。故选择A、B、D。

7. **【答案】**ABC

【解析】战略控制的特点如下表所示。

类　型	战略控制
时　间	比较长，从几年到十几年以上
方　法	定性和定量
重　点	内部和外部
纠正行为	不断纠正

故选择A、B、C。

8. **【答案】**ABD

【解析】销售数量、毛利率、市场份额等指标属于市场营销活动的关键指标。故选择A、B、D。

9. **【答案】**ABD

【解析】管理层在决定区域事业部结构纵向层次时，应考虑以下4个方面的因素：集权与分权、中层管理人员人数、信息传递、协调与激励。

10. **【答案】**BC

【解析】选项A，顾客订单的增加属于财务角度。财务角度的计量方法主要包括：①利润；②销售增长率；③投资回报率；④现金流。

选项B、C订单到交货所需的时间、顾客满意度属于顾客角度。顾客角度的计量方法主要包括：①滞后指标：市场份额、客户保留率、新客户开发率、客户满意度等；②领先指标：时间指标、质量指标、价格指标等。

选项D新产品类型的开发，属于创新与学习角度。故选择B、C。

11. **【答案】**ABC

【解析】企业内部利益相关者主要包括：①投资于企业的利益相关者，例如股东与机构投资者；②经理层；③企业职工。故选择A、B、C。

12. **【答案】**BC

【解析】企业业绩衡量指标分为财务指标和非财务指标。相较于财务指标，非财务指标更能够及时快速地传递信息，反映企业情况。选项A、D都是财务指标，选择B、C为非财务指标。故选择B、C。

13. **【答案】**ABC

【解析】批准外聘审计师的业务条款及审计服务的报酬、监察和评估内部审计职能在企业整体风险管理系统中的角色和有效性、结合企业财务报表的编制情况对重大的财务报告事项和判断进行复核均属于审计委员会的职责。在内部审计完成后，依据有关工作目标、已实施审计程序、意见及建议编制审计报告属于内部审计师的职责。所以，选项A、B、C正确。

14. **【答案】**ACD

【解析】信息技术支持新型组织结构，在信息技术的支持下，一些组织设计并采用了一些新型的组织结构以增强组织竞争力，其中最为重要的是团队结构和虚拟组织。所以，选项B错误。

三、简答题

【答案】

（1）战略变革的时机的3种类型

①提前性变革。提前性变革指的是在未来的危机到来前，管理者能及时地预测到，并提前采取一些必要的战略变革。

②反应性变革。反应性变革指的是在已经能够意识到、感觉到危机的存在，且企业已经为较慢的变革付出了一定的代价。

③危机性变革。危机性变革指的是企业再不进行战略变革，就只能面临倒闭和破产的局面。

根据题干可知，2008年金融危机爆发，由于企业的海外经营业务未能及时作出有效反应，导致2008年、2009年企业经营出现巨额亏损，甚至面临破产边缘。这意味着该公司企业再不进行战略变革，就只能面临倒闭和破产的局面。因此判断属于危机性变革。

（2）"职能制"组织结构的缺点

①不利于协调各部门。

②各产品的盈亏难以确定。

③为了争夺资源，各部门容易发生冲突。

④减慢反应的速度。

神州公司实施"区域事业部制"组织结构的优点如下。

①企业与客户之间可以直接联系，便于企业做出快速决策。

②相较于一切由总部运营，成本费用会削减。

③有利于应对各地区的变化，特别是海外经营。

（3）神州公司组织"区域事业部制"组织结构的具体方法。

针对神州公司的实际经营状况，该公司可以设置亚洲、美洲、欧洲和中国4个事业部，分别负责亚洲、美洲、欧洲和中国本土的相关事务。

第5章 风险与风险管理

一、单项选择题

1.【答案】C

【解析】企业面对的主要风险可以分为两大类：外部风险和内部风险。具体分类如下表所示，故选择C。

分 类	简要阐释	具体种类
外部风险	由于外部环境等因素而导致的风险	政治风险、法律风险与合规风险、社会文化风险、技术风险、自然环境风险、市场风险、产业风险、信用风险
内部风险	由于内部决策、操作等因素而导致的风险	战略风险、操作风险、运营风险、财务风险

2.【答案】D

【解析】风险控制是指通过控制风险事件发生的动因、环境、条件等因素，达到减轻风险事件发生时的损失或降低风险事件发生的概率的目的。最该进行风险控制的应该是发生的可能性较高并且可能导致高损失的项目。本题中股票投资的风险性最高，故应该对股票实施风险控制。故选择D。

3.【答案】B

【解析】董事会下设风险管理委员会，其召集人由不兼任总经理的董事长担任，而两职合一的企业，召集人由外部董事或独立董事担任。本题中，由于甲出任董事长兼首席执行官，因此甲不能成为召集人，而应该由外部董事乙、丙、丁任何一人担任，故选择B。

4.【答案】B

【解析】企业风险管理的内涵主要包括：①正在进行并贯穿整个企业的过程（全过程）；②受到各个层次人员的影响（全员化）；③战略制定时得到应用（战略性）；④适用于各个级别和单位的企业（普遍性）；⑤识别可能影响企业及其风险管理的潜在事项（管理的前提）；⑥可以对企业的管理层和董事会提供合理保证（管理的限制）；⑦致力于实现一个或多个单独但是类别相互重叠的目标（管理目的）。选项B只说到保证，未明确合理保证，因此不正确。故选择B。

5.【答案】C

【解析】本题考查的是风险管理委员会的职责。风险管理委员会的职责包括：①提交全面风险管理年度报告；②审议风险管理策略和重大风险管理解决方案；③审议风险管理监督评价审计综合报告；④审议风险管理组织机构设置及其职责方案等。因此A、B、D选项正确，而选项C是董事会的职责。故选择C。

6.【答案】D

【解析】风险管理工具包括风险承担、风险规避、风险转移、风险转换、风险对冲、风险补偿、风险控制7种。风险转移是指企业通过签订合同等方式将风险转移到第三方，企业对转移后的风险不再拥有所有权。保险就是风险转移的典型案例，故本题选择D。

7.【答案】A

【解析】财务风险是指由于公司财务结构不合理、融资不当，企业丧失偿债能力，使得投资者预期收益下降、陷入财务困境甚至破产的风险，因此B、C选项是正确的。债务违约和法律等不良后果是可以推断出财务困境的，故D选项正确。财务风险只能采取有效措施来降低风险，而不可能完全消除，故A选项错误。

8.【答案】A

【解析】政治风险是指由于政府官员行使权力和政府组织的行为而产生的不确定性。同时政府直接干预也可能导致政治风险，例如不履行合同、货币不可兑换、关税壁垒、没收资产或限制将利润带回母国等。故本题选择A。

9.【答案】C

【解析】风险评估包括风险辨识、风险分析、风险评价3个步骤，其中风险辨识是识别出可能的风险；风险分析是对识别出的风险进行分析，确认发生的可能性；风险评价是对风险的影响程度进行分析。故选择C。

10.【答案】C

【解析】风险管理策略的定位：①风险管理策略作为全面风险管理的总体策略，其制定依据为企业经营战略；②在整个风险管理体系中，风险管理策略起着统

领全局的作用；③在企业战略管理的过程中，风险管理策略承上启下，与企业战略紧密联系，保持一致，减少了企业战略错误的可能性。风险管理策略的作用：①服务于企业的总体战略，保证企业经营目标的实现；②在企业的整体经营战略和运营活动中起连接作用；③指导企业所有风险管理活动；④分解为具体的各领域的风险管理指导方针。故选择C。

11.【答案】B

【解析】风险管理技术与方法既有定性分析，也有定量分析，其中定性分析方法主要有头脑风暴法；德尔菲法；流程图分析法；风险评估系图法；定量分析方法主要有马尔可夫分析法；敏感性分析法；决策树法；统计推论法；定性分析与定量分析结合的方法有失效模式影响和危害度分析法；情景分析法；事件树分析法。故本题选择B。

12.【答案】B

【解析】选项A属于将本国和外国的风险进行对冲；选项B通过提高标准降低坏账损失，是属于风险转换；选项C外包企业部分业务属于显著的风险转移；选项D中甲公司觉得接受风险是属于风险承担。

13.【答案】C

【解析】管理风险的第一步是评估风险，而评估风险主要是评估两个方面的内容来确定风险管理的先后顺序：一是风险发生的可能性，二是风险发生对于企业的影响程度。企业应该优先管理发生的可能性较大且对企业有较大影响的风险，故本题选择C。

二、多项选择题

1.【答案】BCD

【解析】专业自保的特点是：由被保险人所有和控制，要承保其母公司的风险，但可以通过租借的方式承保其他公司的保险，不在保险市场上开展业务。故答案选择B、C、D。

优 点	缺 点
①有效降低运营成本	①增加了内部管理成本
②改善公司现金流	②加大了资本与投入
③更多的保障项目	③可能产生管理人员的新核心
④公平的费率等级	④损失储备金不充足和潜在损失
⑤稳定保障	⑤税收检查的不便
⑥直接进行再保险	⑥成本增加，或减少其他保险的可得性
⑦服务水平提高	
⑧减少规章的限制	
⑨国外课税扣除和流通转移	

2. 【答案】ABD

【解析】企业面对的市场环境是多变的，在进行市场风险分析时，要考虑包括产品或服务的价格及供需变化；能源、原材料、配件等物资供应的充足性、稳定性和价格的变化；税收政策和利率、汇率、股票价格指数的变化；潜在进入者、竞争者与替代品的竞争等多个方面的因素，选项A、B、D均属于市场风险范畴，而选项C属于法律风险的范畴。

3. 【答案】BCD

【解析】产业风险是指在特定产业中与经营相关的风险，其关键影响因素包括：①产业（产品）生命周期阶段；②产业波动性；③产业集中程度。而选项A是属于市场风险应该关注的范畴，故选择B、C、D。

4. 【答案】AD

【解析】本题考查风险管理成本的分类。以风险管理为基点的分类（即按照管理风险的目的来划分）可分为进入成本、维持成本、评估成本和处置成本；而以风险为基点的分类（即按照管理风险的内容来划分）可分为预防成本、纠正成本、惩治成本和损失成本。故本题应该选择A、D。

5. 【答案】ABCD

【解析】经过多年的发展，对新旧理念的对比，全面风险管理具有以下5项特征：①战略性。②全员化。③专业性，人才专业化管理。④二重性：全面风险管理既要管理纯粹风险（只有损失机会，而无获利可能的风险），也要管理机会风险，其商业使命在于损失最小化管理、不确定性管理和绩效最优化管理。⑤系统性。故A、B、C、D选项均正确。

6. 【答案】ABC

【解析】从技术活动过程所处的不同阶段来看，技术风险可以划分为技术设计风险、技术研发风险和技术应用风险3类。选项D技术创新不属于技术活动中的风险。故选择A、B、C。

7. 【答案】ACD

【解析】制定发展战略需关注的主要风险包括：①缺乏明确的发展战略或发展战略实施不到位；②发展战略过于激进；③发展战略因主观原因频繁变动。故选择A、C、D。

8. 【答案】ABCD

【解析】全面风险管理紧密联系企业战略，其总体目标充分体现了这一思想，具体包括：①控制风险在与公司总体目标相适应并可承受的范围内；②确保内外部之间实现真实、可靠的信息沟通，尤其是企业与股东之间；③确保遵守有关法律法规；④确保采取重大措施，确保企业规章制度的完善，保障经营管理的有效性，提高经营活动的效率和效果，实现经营目标，降低实现经营目标的不确定性；⑤确保建立针对各项重大风险发生后的危机处理计划，避免因灾害性风险或人为失误而遭受的重大损失。故选择A、B、C、D。

9. 【答案】ABCD

【解析】外包聘请的中介机构出具的风险管理评估和建议专项报告一般应涉及以下4个方面的实施情况、缺陷内容，并相应提出修改建议：①风险管理基本流程、风险管理策略；②重大风险、重大事件以及重要管理及业务流程的风险管理及内部控制系统的建议；③风险管理组织体系、信息系统；④全面风险管理总体目标。

10. 【答案】ABC

【解析】风险承担亦称风险保留、风险自留，指在面对风险时采取接受的态度。对于辨识出的风险，主动采用风险承担的原因主要有以下3种：①缺乏能力进行主动管理；②无其他备选方案；③从成本效益考虑，风险承担方案最优。对于重大风险，企业一般不采取风险承担，因此选择A、B、C。

11. 【答案】ABCD

【解析】选项A、B、C、D是企业发展过程中常见的风险类型，均可以采用风险承担、风险转换、风险规避等方法，因此4个选项都正确。

12. 【答案】CD

【解析】批准设立公司风险管理部、批准风险管理监督评价审计报告属于董事会的职责；董事会要批准重大决策、重大事件、重大风险以及重要业务流程的判断标准或判断机制，并购属于企业重大决策的内容，因此应由风险管理委员会审议，董事会批准，C选项不正确；董事会应该审议并向股东（大）会提交企业全面风险管理年度工作报告，而不是直接由其批准，因此D选项也不正确。考生务必注意几大风险组织机构的职能划分！这是考试中常常混淆的内容。

13. 【答案】ACD

【解析】衍生产品是指其价值决定于一种或多种

基础资产或指数的金融合约。主要包括：远期合约、互换交易、期货、期权等。主要优点是：准确性、有效性、成本优势、使用方便、灵活，对于管理金融市场等市场风险有不可替代的作用。其缺点是：杠杆效应强，风险大，如用来投机可能会造成巨大损失。因此，选项B属于衍生产品的缺点，而选项A、C、D均是衍生产品的优点。

三、简答题

1.【答案】（1）区分全面风险管理与传统风险管理的主要标志之一就是全面风险管理将风险融合到了企业文化和价值观中。一方面，风险文化决定企业如何成功进行风险管理；另一方面，作为日常业务的重要组成部分，良好的管理很可能会形成强有力的风险文化。建立风险管理文化的主要作用：①促进员工沟通；②加强员工协作；③建立利益相关者联系。

（2）风险应对策略即风险管理工具，包括风险承担、风险规避、风险转移、风险转换、风险对冲、风险补偿、风险控制7种。

A公司通过采用成熟且为团队成员熟悉的技术，以及更为先进的迭代式的开发过程等方法将风险控制在一定范围内，明显是在控制风险，选择的是风险控制这一风险管理工具。

针对完全陌生领域的项目，A公司采用投保的方式，是属于转移风险，采用的是风险转移的风险管理工具。

与银行签订应急资本协议是为避免大额风险损失，进而在风险发生前，对风险可能导致的损失提前补偿的风险补偿方式。

2.【分析】企业面对的主要风险可以分为两大类：外部风险和内部风险。外部风险是由于外部环境等因素而导致的风险，包括政治风险、法律风险与合规风险、社会文化风险、技术风险、自然环境风险、市场风险、产业风险、信用风险等；内部风险是由于内部决策、操作等因素而导致的风险，包括战略风险、操作风险、运营风险、财务风险等。在解答这类题型的时候要在熟悉风险种类的前提下，与案例所提及的情况一一对应，进而筛选出正确答案。

【答案】（1）摩托罗拉是一家全球跨国经营的公司，故肯定会受到政治风险的影响，政治风险的种类繁多，但常见的有：①外汇管制的规定；②进口配额和关税；③当地投资人的最低持股比例和组织结构等的规定；④限制向东道国的银行借款；⑤没收资产等。

（2）摩托罗拉加大了企业产品的宣传力度，与诺基亚等其他性价比较高的企业抗衡，属于外部风险中市场风险的范畴，包括税收风险、利率风险、汇率风险、股票价格风险等。

（3）摩托罗拉投资于新一代卫星移动通信星座系统——铱星系统，属于企业的发展战略，并且这一发展战略为企业的经营带来了极大的不确定性，因此公司面临重大的战略风险。

战略风险即指未来的不确定性对企业实现其战略目标的影响。在制定发展战略时，需要关注的主要风险有：①缺乏明确的发展战略或发展战略实施不到位；②发展战略过于激进；③发展战略因主观原因频繁变动。

四、综合题

【答案】（1）公司采用的战略类型是集中差异化战略。甲公司属于建筑防水材料行业，是一家专业化的建筑防水系统供应商，集研发、生产、销售、技术咨询和施工服务于一身，这说明企业的目标市场集中，属于集中化战略。同时企业注重研发投入，经过长时间的发展与积累，甲公司的技术和研发优势已经形成较为明显的竞争优势，形成强大的内生性发展动力，竞争对手在短期内无法超越。因此属于集中差异化战略。实施该战略的风险主要有：①目标市场过于狭小导致的风险；②购买者群体之间需求差异越来越小；③竞争对手很容易进入并与之竞争。

（2）SWOT分析法是综合内外部因素对企业环境进行分析进而选择适应的经营战略的方法。S（企业的内部优势）：①甲公司集研发、生产、销售、技术咨询和施工服务为一体；②研发能力强，新产品和应用技术不断提高；③公司实行"渗透全国"的市场开发战略以来，成效显著，市场辐射能力大幅度提高，市场领域已从局部市场走向全国市场；④原材料供应商比较稳定。W（企业内部的劣势）：①随着公司大规模扩张，现有的公司人员已经满足不了企业快速增长的人才需求，而对外招聘的新增员工，短期内又难以适应与融合现有的企业文化，公司战略和经营目标的实现严重受到影响；②公司应收账款余额增长过快，公司的资金使用效率和资产的安全，甚至企业的经营业绩都受到应收账款回收的重大影响；③随着供应商数量的增多，供应商管理也出现了问题。O（外部机会）：①市场前景较好。一方面是随着国家基础设施建设力度的加大和城镇化速度的加快，建筑防水材料作为建筑功能材料的重要组成部分，其应用领域和市场容量持续走高；另一方面是在产业政策方面，国家也将逐步规范防水市场，完善产品标准，扶持优势企业，淘汰落后产品及产能，公司面对良好的市场发展环境；②行业内的并购重组机遇。随着我国广大消费者质量意识的逐步提高以及建筑防水行业产品结构调整政策的实施，市场资源将越来越向注重产品和服务质量、品牌形象良好、管理能力强的优势企业集中，行业面临巨大的整合机会，可以淘汰劣势企业；③国际化进程的机遇。T（外部威胁）：①行业集中度低，我国建筑防水行业也有着一些特殊的特点：竞争性强、行业分散、市场规模大、行业集中度很低；②竞争压力极大，老牌的国有防水企业、民营防水企业以及少数拥有品牌和技术优势的外资企业均是企业的强大竞争对手。

（3）企业面临的风险主要包括内部风险和外部风险，其中外部风险包括：①产业风险。尤其是产业集中风险。我国建筑防水行业也有着一些特殊的特点，如竞争性强、行业分散、市场规模大、行业集中度很低，导致该公司面临的产业风险较大。可以采用的风险应对策略——对冲风险，如开展战略上的多种经营。②技术风险。甲公司重视技术研发投入，但在研发过程中，有一部分技术或产品投入并没有转化为现实。可以采用的风险应对策略——风险转移，如使用战略联盟方式签订技术共同开发。③信用风险。企业在生产产品或提供劳务，可能会提供给客户商业信用，允许客户在一定时间内付款，这种赊欠行为会产生不予支付的信用风险。甲公司往往要求供应商提供一定额度的垫资，且在较长的周期时间内才进行货款结算，导致企业应收账款回收期过长。同时，这也导致企业应收账款回收期过长，进而导致较高的信用风险。可以采用的风险应对策略是风险控制和风险规避。例如加强供应商管理，控制风险，拒绝与信用不好的客户或供应商交易，规避风险。④市场风险。包括：A.产品或服务的价格及供需变化带来的风险。公司主要原材料为石油化工产品，国际原材料的价格出现较大幅度波动会给企业盈利性带来极大的影响。B.汇率风险。企业加快国际化进程的机遇，对外出口，因此受汇率波动的影响。可以采用的风险应对策略为风险对冲策略，尤其是针对汇率风险，可利用金融衍生产品进行套期保值。

内部风险包括：①运营风险。公司实行"渗透全国"的市场开发战略，不断拓宽公司产品线，因此面临运营风险。可以采用的风险应对策略为风险补偿，例如提取风险准备金，以补偿产品失败带来的损失。②操作风险。公司大规模扩张，现有的公司人员已经满足不了企业快速增长的人才需求，而对外招聘的新增员工，短期内又难以适应与融合现有的企业文化，公司战略和经营目标的实现严重受到影响。可以采用的风险应对策略为风险控制，如加强员工培训，提高新员工技能。

（4）全面风险管理应紧密联系企业战略，其总体目标充分体现了这一思想，具体包括：①把风险控制在与公司总体目标相适应并可承受的范围内；②确保内外部之间实现真实、可靠的信息沟通，尤其是企业与股东之间；③确保遵守有关法律法规；④采取重大措施确保企业规章制度的完善，保障经营管理的有效性，提高经营活动的效率和效果，实现经营目标，降低实现经营目标的不确定性；⑤确保建立针对各项重大风险发生后的危机处理计划，避免因灾害性风险或人为失误而遭受的重大损失。完整的企业风险管理组织体系包括规范的治理结构，风险管理部门、内部审计部门和法律事务部门等有关职能部门。

风险管理委员会对董事会负责，主要履行以下职责：①提交全面风险管理年度报告；②审议风险管理策略和重大风险管理解决方案；③审议重大决策、重大事件、重大风险以及重要业务流程的判断标准或判断机制，也对重大决策的风险评估报告进行审议；④审议风险管理监督评价审计综合报告；⑤审议风险管理组织机构设置及其职责的方案；⑥办理董事会授权的有关全面风险管理的其他事项。

（5）金融衍生产品是风险理财中的重要工具，有效使用金融衍生产品不仅可以达到规避或转移风险等作用，还可能达到风险投机获取收益的作用。常用的衍生产品主要包括：远期合约、互换交易、期货、期权。由于甲公司未来要购买一批石油产品，为避免价格上升风险，可以在现在时点先买入石油期货，若未来石油价格上升现货市场亏损，但是期货市场上由于以事先约定的固定价格购买石油，因此期货轧差盈利，进而可以对冲货市场石油价格上升的风险。

第6章 内部控制

一、单项选择题

1.【答案】D

【解析】内部控制的定义反映了以下一些基本观点：①过程性。内部控制是一个过程，是实现目的的手段，而非目的本身，C选项正确。②涉及面广。内部控制涉及政策手册和图表等资料以及企业各层次的人员，D选项不正确。③合理保证性。内部控制只能提供合理的保证，而非绝对保证，A选项正确。④独立性、联系性。内部控制实现的5大目标既相互独立也相互联系。

2.【答案】B

【解析】董事会应当严格审议战略委员会或其他机构提交的发展战略方案，重点关注其长期性、全局性和可行性，故B选项适宜性不属于该要求。

3.【答案】C

【解析】企业不得账外设账，严禁收款不入账、设立"小金库"，因此C选项错误。

4.【答案】B

【解析】B选项属于采购付款业务中的要求与措施，而其他3项属于采购过程业务中的内部控制要求与措施。

5.【答案】B

【解析】企业应当设立专门机构对过程立项进行归口管理，提出项目建议书，开展可行性研究，编制可行性研究报告；若要申请重大工程项目，应当报经董事会或类似权力机构集体审议批准。招标过程中，企业应当依法组建评标委员会，故A、C、D选项正确，企业在进行投标时，严禁有关工作人员泄露招标等相关信息，故B选项错误。

6.【答案】C

【解析】企业应该建立担保授权和审批制度，重大担保业务应该报经董事会等高级部门批准，不得越权审批。因此C选项错误。

7.【答案】D

【解析】预算考核的内部控制要求及措施包括：建立严格的预算执行考核制度，对各预算执行单位和个人进行考核；预算管理委员会应当定期组织预算执行情况考核，核对监控信息与上报信息的一致性；完整记录考核过程以及结果。本题只有选项D才是考核阶段的措施。

8.【答案】B

【解析】企业应建立内部报告的评估制度，重点关注内部报告的及时性、有效性与安全性，故选项B不正确。（结合发展战略关注的3个方面内容区分记忆）

9.【答案】D

【解析】企业应该跟踪管理信息开发全过程，并设置归口管理部门，而不是让各业务单位都参与跟踪，这样只会降低效率。因此选项D不正确。

10.【答案】C

【解析】审计委员会履职方式：建议每年至少举行3次审计委员会会议；每年至少与外聘及内部审计师会面一次；允许审计委员会主席与诸如董事会主席与其他关键人员进行私下会面；每年复核审计委员会的权限及有效性，并就必要的人员变更向董事会报告。因此A、B、D选项均正确。审计委员会的任务会因企业的规模、复杂性及风险状况而有所不同，故C选项错误。

11.【答案】C

【解析】独立董事的职责角色：①战略角色；②监督或绩效角色；③风险角色；④人事管理角色。故选择C。

12.【答案】C

【解析】内部控制基本规范在借鉴COSO框架的基础上，将内部控制的要素分为5类，包括内部环境、风险评估、控制活动、信息与沟通及内部监督。其中控制活动是5要素中的一大基本要素，是指企业根据风险评估结果，运用相应的控制措施，以达到控制风险在可承受度之内目的的一系列活动。

二、多项选择题

1.【答案】AB

【解析】不相容职务分离控制是控制活动中的一大重要方面，授权批准与业务经办；授权批准与监督检查；业务经办与会计记录；业务经办与稽核检查；会计记录与财产保管。均是不相容的职务，而在会计岗位设置中，出纳与会计岗位等也是不相容职务。选项C属于财产保护控制活动，不属于不相容职务分离控制活动。本题选项D不正确，出纳人员负责保管支票以及现金收支内容，而银行存款余额调节表应指定其他专人负责，不得由出纳兼任。

2.【答案】BCD

【解析】内部环境6大方面：①公司治理结构；②内部机构设置与职责分工；③法制环境；④人力资源政策；⑤企业文化；⑥内部审计。董事长肖某兼任总经理两职合一，组织结构不合理；公司长期以来对员工权益的重视度不够，企业文化缺乏；员工对公司产生抱怨，公司产品又出现质量问题说明企业未尽到社会责任，因此选择B、C、D，而内部审计方面本题中并未体现。

3.【答案】BCD

【解析】董事会应严格审议战略委员会或其他机构提交的发展战略方案，并报经股东大会批准，故A选项不正确。发展战略过于激进，可能导致企业过度扩张，甚至经营失败，B选项正确。企业应当健全组织机构，设立战略委员会或指定相关机构负责发展战略管理工作，故C选项正确；企业应当综合考虑宏观经济政策、国内外市场需求等因素和变化，在充分调查研究、科学分析预测、广泛征求意见的基础上，制定企业发展目标，故D选项正确。

4.【答案】ABCD

【解析】企业文化的建设应将企业文化建设融入到生产经营的全过程；积极培育具有自身特色的企业文化，打造以主业为核心的企业品牌；既注重"上下结合"，更应注重企业治理层和经理层的示范作用；重视并购重组后的企业文化建设。故4个选项均正确。

5.【答案】AB

【解析】重要销售合同应征询法律专家的意见、健全客户的信用档案属于销售业务中的要求与措施，选

项C与选项D刚好说反了，企业应完善应收款项管理制度，由销售部门负责应收款项催收方面的工作及记录，财会部门负责办理资金结算并监督款项回收，故选择A、B。

6.【答案】ABD

【解析】企业应该严格审批研究项目，重大研究项目报经董事会或类似权力机构集体审议决策；建立研发活动评估制度，不断改进和提高研发水平；企业对于需要申请专利的研究成果，应当及时办理有关专利申请手续，故A、B、D选项正确。企业应该组织独立于申请及立项审批之外的专业机构和人员进行评估论证，为项目出具评估意见，故C选项错误。

7.【答案】AB

【解析】不得提供担保的情形包括：①担保项目不符合国家法律法规和本企业担保政策；②担保申请人已进入重组、托管、兼并或破产清算程序；③担保申请人出现财务状况恶化、管理混乱、资不抵债等高风险情况；④担保申请人面临法律诉讼且可能承担较大赔偿责任的；⑤担保申请人还未解决与本企业的担保纠纷，或不能及时足额缴纳担保费用的。因此只有A、B两个选项正确。

8.【答案】BCD

【解析】企业应该有效利用内部报告对内外部风险进行风险评估，而非只对内部风险评估，故A选项错误。

9.【答案】ABC

【解析】《企业内部控制评价指引》明确指出，企业的内部控制应该遵循的3大原则包括：①全面性原则；②重要性原则；③客观性原则。故选择A、B、C。

10.【答案】AC

【解析】按照内部控制本质上的不同，内部控制缺陷可分为设计缺陷与运行缺陷；按照内部控制严重程度分类，内部控制缺陷可分为重大缺陷、重要缺陷和一般缺陷。因此，本题应该选择A、C。

三、简答题

【答案】

（1）资料（1）存在不当之处。内部控制评价应当涵盖企业及其所属单位的各种业务和事项。虽然公司整个范围内还没有全面实行该信息系统，但是它还

是属于甲公司的业务范围，对于企业的其他事项有着十分重要的作用，因此董事会不将此系统相关的内部控制纳入2014年度内部控制评价的范围的做法是错误的。

对于资料（2）：①资金投放环节仍然存在不当之处。第一个不当之处：20万元以上资金支付由总经理审批的规定是不当的。因为大额资金的支付应当实行集体决策或联签制度，20万元以上的资金支付属于大额支付，应该实行集体决策或联签制度。第二个不当之处：进行大额的期权期货等高风险交易，必须报经总经理批准也不恰当。因为大额期权期货交易也属于重大事件，因此仍然要实行集体决策或联签制度。②资金筹集环节的内部控制设计无效。即使总会计师无法正常履行职权，也不能直接授予副职许多权限，因为特别授权必须按照规定的权限和程序进行。

资料（3）没有存在不当之处，因为风险管理整合框架下的内部控制不再被人为地从企业整个流程中分离出来，努力寻求切入点嵌入组织内部，为实现组织战略目标多做贡献的做法是正确的。

资料（4）存在不当之处。总会计师同时分管内部审计部门和财务部门不当，因为审计部门与财务部门属于不相容职务，同时二者作为企业中重要的职能部门，也应当相互制衡，因此不能由总会计师同时分管。

（2）资金活动是指企业筹资、投资和资金营运等活动的总称，资金活动需关注的主要风险包括：①筹资决策不当，引发无效融资或资本结构不合理，进而导致企业由于筹资成本过高陷入经营危机或债务危机；②投资决策失误，引发企业丧失发展机遇或者盲目扩张，致使资金链断裂或资金使用效益低下；③资金调度不合理、营运不畅，可能造成企业资金冗余，或令企业陷入财务困境；④资金活动管控不严，出现资金被侵占、挪用、抽逃或遭受欺诈。